国家林业和草原局普通高等教育"十三五"规划教材

世界文明史

曹顺仙 编著

中国林业出版社

内容简介

为了适应高等院校加强文史哲通识教育和开设《世界文明史》公共选修课的需要，作者根据多年来从事世界文明史教学的经验和体会，并在吸纳国内外学术研究成果的基础上编写了这本《世界文明史》教程，旨在有助于大学生系统地、科学地、准确地理解人类文明多样化的进程，把握人类文明加速发展的规律，增强应对文明挑战的思辨能力。

本书以城市、阶级和国家等要素的产生作为文明的起点，侧重于农业文明时代和工业文明时代的世界文明史。基本内容共有八章，包含古代亚洲文明、古代欧洲文明、其他古代文明、世界中古文明、工业文明兴起的前提、工业文明、工业文明的扩展与回应、工业文明时代的思想文化。本书以文明的世界性为基点，超越了东西方对立的思维方式，全面地、客观地展示不同时代最具先进性、代表性的文明成就和其他文明的贡献。

图书在版编目(CIP)数据

世界文明史 / 曹顺仙编著. —北京：中国林业出版社，2019.8（2023.4重印）
国家林业和草原局普通高等教育"十三五"规划教材
ISBN 978-7-5219-0177-1

Ⅰ.①世… Ⅱ.①曹… Ⅲ.①世界史–文化史 Ⅳ.①K103

中国版本图书馆 CIP 数据核字（2019）第 148103 号

中国林业出版社教育分社

责任编辑：曹鑫茹
电　话：（010）83143560　　　　　　　　传真：（010）83143516

出版发行	中国林业出版社（100009　北京市西城区德内大街刘海胡同7号）	
	E-mail:jiaocaipublic@163.com　电话:（010）83143500	
	http://www.forestry.gov.cn/lycb.html	
经　　销	新华书店	
印　　刷	北京中科印刷有限公司	
版　　次	2019年8月第1版	
印　　次	2023年4月第3次印刷	
开　　本	710mm×1000mm　1/16	
印　　张	20.75	
字　　数	400千字	
定　　价	59.00元	

未经许可，不得以任何方式复制或抄袭本书之部分或全部内容。

版权所有　侵权必究

基金资助

  2017年教育部高校示范马克思主义学院和优秀教学科研团队建设项目（17JDSZK115）：双主体"问题+"复合教学模式的建构

  2018年度江苏高校哲学社会研究重点项目（2018SJZDI026）：基于生态哲学的高质量发展"江苏方案"研究

  2018年南京林业大学教学成果培育工程一期项目

序 foreword

曹顺仙教授编著的《世界文明史》即将出版，恳切地要我作序。以我对世界文明史了解程度之肤浅，本来不能答应的。不过，我还是欣然从命了。她1982年考入南京大学历史系，我给他们上过一段课。毕业以后她到南京林业大学工作，兢兢业业，取得了很大成就。许多年下来了，师生情谊不曾断过。这么想，说上几句，鼓励一下，难道不应该吗？

本书是介绍世界文明的，"文明"自然是一个关键词。

关于"文明"一词的词义，商务印书馆1997年版《现代汉语词典》有三个义项：文化，社会发展到较高阶段和具有较高文化的，旧时指代西方现代色彩。以上解释自然是有道理的。晚清时期，李伯元曾经写过一本《文明小史》，其中说：

"你这几年，新政新学，早已闹得沸反盈天，也有办得好的，也有办得不好的；也有学的成的，也有学不成的。现在无论他好不好，到底先有人物肯办；元论他成不成，到底有人肯学。加以人心鼓舞，上下奋兴，这个风潮，不同那太阳要出、大雨要下的风潮一样么？所以这一干人，是废是兴，是公是私，是真是假，将来总是要算是文明世界上一个功臣。"

上述《现代汉语词典》释义的后两个义项，和李伯元所说的"文明世界"意思相通。但是，推敲下来，和本书所说的文明，似乎还不太一样。

在目前语境下，文明的含义似乎可以作三个方面的解释。一是特定时期社会所达到的物质生产和精神生活的水平，比如人们常说的建设社会主义物质文明、精神文明和政治文明；二是特指人与他人交往和在社会活动中显示出来的知识、教养和风度，通常和那些不文明的落后状态相对照，比如经常看到的"文明驾驶""文明乘车""杜绝不文明行为"等宣传口号；三是在历史、文化、哲学等研究领域，代表过去某个时代的具有本质性特征的文化内容。比如，人们常说的史前文明、农业文明、工业文明、东方文明、西方文明、后现代文明等。

本书所说的文明，属于上述第三种范畴。

站在本书的立场上，文明的含义是什么呢？笔者认为，文明是特定社会文化经过长期陶冶与沉淀所结晶而成的带有标志性时代意义的精神形态。文明与文化是有一定区别的。文化是现时态的，文明则是文化的产物；文化包含物态的生活，文明则主要是精神形态的，某种意义上甚至带有意识形态的性质；文化反映特定社会的多样性，文明则是特定文化凝结成的具有时代意义的整体性的精神成果。

说文明是精神形态的东西，丝毫不是说文明是抽象的纯道德的牧歌。任何时代的社会文化，都是该时代的具体经济政治条件的产物，都代表着对社会成员经济政治利益的某种分配方式。所谓文明的水平，其实就是根源于这一点的社会政治合法性指标。

礼是中华古文明很重要的内容，它是调节利益的产物。对此，司马迁说得很清楚：

"礼由人起。人生有欲，欲而不得则不能无忿，忿而无度量则不能无争，争则乱。先王恶其乱，故制礼义以养人之欲，给人之求，使欲不穷于物，物不屈于欲，二者相待而长，是礼之所起也。故礼者，养也。"

到了近代，孟德斯鸠直截了当地指出了权力与腐败的关系：无论君主政治、贵族政治、共和政治，专横的权力必然导致腐败。而一旦腐败，则除了铲除腐败，将"没有任何办法可以补救所滋生的任何弊害"。他举例说，当罗马腐化以后，把司法的权力交给任何团体、势力或个人都没有用。因为，"武士并不比元老们有品德，度支官也不比武士们好，武士和百人长一样的缺少品德"。

由此可见，无论古代近代，无论东方西方，文明的酝酿，都是利益、制度、生活方式、思想方式、组织方式等社会现实性条件及其进化规律支配的结果，而不是抽象的、先验的、概念化的所谓纯粹理论。中国文明与西方文明之间，本来没有优劣之分，有的，只是在顺应时代进步和服从人民利益方面，是否拥有主动性、积极性与正当性。

本书是作者为了适应南京林业大学"世界文明史"课程的需要，总结多年来的教学实践，并吸收学术界的有关研究成果而编写的。在理工科大学里，开设这类介绍世界文明，包括中国传统文明与近代文明的课程，是很受学生欢迎的。

首先，现在的中学教育制度，从知识内容的设计上就是有欠缺的。早先很长时间，高中就实行文理分班，理科班的学生从此很少接触到人文社会科学类的知识，更不要说系统的世界文明知识了。最近几年，高考实行3+X的办法，学生所接受的知识面，受到限制。进入大学之后，学一点世界文明史，多少能起些弥补的作用。文科的学生严重欠缺理工科的知识，理工科的学生严重欠缺文科的知识，是目前中国大学教育的重要缺陷。世界文明史课程的开设，虽然不能从根本上解决这个问题，但总是有益的。

其次，由于受意识形态的影响，要消除曾经长期实行自我封闭的思想文化政策在思想观念的领域造成的消极影响，养成自主的、活泼的、开放的、进步的文化、思想与政治的传统，仍然是一个艰难的时代命题。

最后，第二次世界大战结束以来，虽然国际范围内大仗不曾打，小仗不曾断，但总算已经有了半个多世纪的相对和平。世界处在不断的发展变化之中，机遇在酝酿，危机也在酝酿。无论东方还是西方，无论中国还是外国，都要面对问题，迎接挑战，突破困局，寻求出路。克服文明的危机，在社会进步中改善人类自身的命运，应该是一个世界性的话题。

每一个中国人，都应该关心这个话题。从这个角度上说，读一点世界文明史的书，对于丰富我们的政治智慧，是十分有意义的！

是为序。

李良玉
2019 年 5 月于南京大学

前言
preface

弗兰西斯·培根被马克思誉为"英国唯物主义和整个现代实验科学的真正始祖"。① 他在《论人生》中意味深长地告诉我们："读史使人明智，读诗使人聪慧，演算使人精密，哲理使人深刻，伦理学使人有修养，逻辑修辞使人善辩。"②几千年来，中外众多的政治家、思想家、教育家和科学家对读史明智有着惊人的共识。早在1300多年前，唐太宗李世民就深有体会地感叹道：以铜为镜可以正衣冠，以古为镜可以知兴替，以人为镜可以明得失。正是这种深刻的历史感悟，使他成为留传千古的明君，开创了中外历史上影响深远、繁荣兴盛的局面——"贞观之治"。进入21世纪，全球化、信息化、市场化、民主化、价值多元化等浪潮不断推进，世界呈现出多元、互动、多样、复杂的特征。"欲知大道，必先为史。"正如习近平总书记所指出的："重视历史、研究历史、借鉴历史，可以给人类带来很多了解昨天、把握今天、开创明天的智慧。中国人民正在为实现中华民族伟大复兴的中国梦而奋斗，需要从历史中汲取智慧，需要博采各国文明之长。"③

因此，世界文明史的学习不仅关乎启智养性，拓展视野，提升个人的综合素质，更关乎民族兴衰，国家强弱。我们今天对大学生进行世界文明史教育的目的和意义恰恰在于：既要帮助学生立足现实，赢得未来，更要使我们的学生在把握几千年来世界文明演进规律的基础上，更加自觉地为实现中华民族的伟大复兴而奋发，为实现中国在21世纪的和平崛起而拼搏，使我们的栋梁之才能胸怀世界，放眼全球，敢于应对国内与国外的实际挑战，成为"以头立地"的、具有大智慧的人。

当今世界经济的全球化、政治的多极化和综合国力竞争的加剧，使我们的现代化建设事业面临极其复杂的局面，民族复兴的道路不可能一帆风顺。中华民族

---

① 马克思恩格斯全集[M].2卷.北京：人民出版社，1972：136.
② [英]弗兰西斯·培根.培根论人生——培根随笔选[M].何新，译.上海：上海人民出版社，1983：13-14.
③ 习近平.担负起历史赋予的光荣使命——时政——人民网　http://politics.people.com.cn/n1/2016/0519/c1001-28364380.html.

五千多年的历史文化积淀、人类文明的一切有益成果等有助于当代大学生正确地秉承传统，正视现实，冷静地应对各种政治、经济和文化挑战。事实上，20世纪末，世界文明史教育在国内的兴起也恰恰是由于中国改革开放和应对国际文化竞争与合作的现实需要。

一、世界文明史教育兴起的背景

世界文明史教育的兴起有着深刻的国内外政治、经济和文化背景。

第一，在国际舞台上，自从1993年美国学者塞缪尔·亨廷顿发表《文明的冲突》一文后，真是一石激起千重浪，文明冲突与文明共存的论争引起了人们对世界文明的高度关注。这种关注为世界文明史教育在国内素质教育中的兴起提供了依据。

塞缪尔·亨廷顿的"文明冲突论"是20世纪以来，西方学者长期探讨世界文明史研究新模式的一个产物。

20世纪初以来，西方部分学者就一直致力于世界文明史的研究，并陆续出版了一些颇有影响的著作。例如，奥斯瓦尔德·斯宾格勒的《西方的没落》；卡尔·亚斯贝斯的《历史的起源和目标》；阿诺尔德·汤因比的《历史研究》；赫伯特·马尔库塞《爱欲与文明——对弗洛伊德思想的哲学探讨》；威尔·杜兰《世界文明史》；菲利普·巴格比《文化：历史的投影》；西格蒙特·弗洛伊德《文明及其缺憾》；伯恩斯、拉尔夫：《世界文明史》；费尔南·布罗代尔：《文明史：过去解释现时》；塞缪尔·亨廷顿《文明的冲突与世界秩序的重建》；威廉·麦克尼尔《西方的兴起》等。日本学者的著作主要有：福泽谕吉《文明论概论》《劝学篇》；梅棹忠夫《文明的生态史观》；伊东俊太郎《比较文明》；神川彦松《从文明的视角看世界现状和未来》；岸根卓郎《文明论——文明兴衰的法则》等。这些研究成果不仅很大程度上推进了世界文明史的学术研究，开创了文明史研究的一些新模式，而且使20世纪80年代中期以来西方国家哲学研究的重心发生了转移，转向了文明、文化问题的研究。这种转移为冷战结束后一些国家寻找新的政治对抗与协调模式提供了可能。两极世界的直接军事对抗消失后，以科技为先导的、经济为中心的综合国力竞争的展开，使文化因素凸显出来。"文明的冲突"模式似乎既满足了某些学者开创文明史研究新模式的需要，又符合了某些政治当局以新的框架来理解世界政治图景的现实要求。面对"文明的冲突"，各国的学者和人民则必须唤醒自己的文化意识，根据自己对文明和文化的把握来重新界定自己的过去，认清未来的方向。

第二，全球化时代文明的价值问题凸显出来，对文明问题的深入研究，从一个侧面反映了对文明过去、现实和未来的价值关注。联合国教科文组织《关于文化和发展的国际报告》提出：要探索和阐明文化与发展的某些关键问题，研究文化因素如何决定不同的民族和国家看待自己的未来和选择各种不同的发展道路，形成一种新的以人为中心、重视文化发展的战略。法国历史学家、年鉴学派的领袖费尔南·布罗代尔认为，政治、经济乃至意识形态的变革并不决定文明的生死，文明却暗中对这些变革施加有力的影响。"谁想认识和影响当今的世界，它就必须花点力气在世界地图上辨认现有的各种文明，确定它们的界限、中心和边缘，弄清每个文明中各地区的区划和气氛，以及那里的一般生活方式和特殊生活方式，否则那将会出现多少差错和灾难"。① 与此同时，全球化时代一系列全球问题的出现强化了人们对文明价值的理性反思。自20世纪60年代开始，传统工业文明引发的种种发展危机日益明显地暴露出来，迫使人们不断地进行深刻反思并寻求出路。但是，面对全球化时代人类文明发展的危机与转型、失调与协调、冲突与融合、嬗变与重构等重大历史变革，"当今世界上，还没有一种思想或意识形态能够明确地、圆满地、有说服力地回答我们所面临的，关于不同文明之间应该如何相处的问题。"②时代的变迁和社会的发展，强烈呼唤我们对人类文明及其价值进行理性反思与重新审视。"只有当不同族群、民族、国家以及各种不同文明，达到了某些新的共识，世界才可能出现一个相对安定祥和的局面，这是全球化进程中不可回避的一个挑战。"③

第三，对文明史的认识正确与否，这关系中华民族的复兴和中国在新世纪的强盛。现在，一些西方大国极力想使"西方文明"成为世界的主流文明，使西方文化成为普世文化，要用西方的文化观和价值观来建立新的国际秩序。美国著名未来学家阿尔文·托夫勒以《未来冲击》《第三次浪潮》和《战争与反战争》扬名世界。他认为，军事力量和经济力量不再作为衡量国家实力的主要目标，知识的控制是明日世界争夺的焦点。谁的文明成为主流文明，谁将掌握世界。④ 美国政府则将新经济、高科技和美国文化三者相提并论，认为它们将共同成为美国作为世界超级大国的支柱。在举世震惊的美国"9·11"事件后，塞缪尔·亨廷顿1996年出版的《文明的冲突与世界秩序的重建》一书大为畅销，持续列《华盛顿邮报》图书排行榜非小说类榜首，现已被译成22种文字。其关于"文明的冲突"的中心思想在世界传播。塞缪尔·亨廷顿认为，不同文明之间的差异，是最根本的差异，文明的冲突是世界政治的主要内容。距西方最为遥远的儒家文明和伊斯兰文明有可能联合起来向西方的利益和价值观提出挑战。⑤ "文明冲突论"提出后，虽然受

---

① Fernand Braudel, On history. Chicago: University of Chicago Press, 1980: 210-211.
② 费孝通. "美美与共"和人类文明[J]. 新华文摘, 2005(8): 13.
③ 同上, p13-14.
④ 于沛. 近年西方学者对文明问题的研究概况[J]. 中国社会科学院古代文明研究中心通讯, 2002(3): 10.
⑤ [美]塞缪尔·亨廷顿. 文明的冲突与世界秩序的重建[M]. 周琪, 刘绯, 张立平, 译, 北京: 新华出版社, 1999: 8.

到了一些学者的批判，但我们还是要在综合国力竞争的过程中警惕深层次的文化危机。中华民族在世界上和平崛起的道路不可能一帆风顺，必须随时应对各种时代挑战。文明冲突还是文明共存就是一个新的时代课题，我们必须找到文明对话、文明共存的现实途径，端正文明共荣的心态，对人类社会的文明转型做出科学的理论回答，才能使我们真正获得和平与发展的有利条件。

加强文明史的基础理论研究，建构文明史的理论体系，揭示人类文明发展的规律，把握人类文明发展的方向，指导文明建设的实践，这些都是国内外学者正在努力做的事情。加强文明史的教育，让我们的大学生能够系统、准确地理解人类文明多样化的进程，把握人类文明加速发展的规律，增强应对文明挑战的思辨能力，科学地、人性地为新文明而奋斗等，这些是我们教育工作者应尽的责任。我们相信几千年的世界文明史可以为世人厘清全球化与不同文明之间的关系指明方向，也坚信拥有 5000 多年文明传统的中国能为世界树立一个"和而不同"，多样文明共存共荣，协同发展的美好范式。

二、文明的涵义

"文明"无疑是世界文明史学习和研究中不可回避的最基本概念，也是近 200 年来学术界最难说得清、道得明的一个概念。早在 170 多年前，法国史学家基佐就说过："文明就像海洋，它构成一个民族的财富，该民族生命的一切要素、支持它存在的一切力量，都集中并团结在它的周围。"100 多年过去，关于"文明"的界定仍然众说纷纭，至今没有达成共识。

要罗列历代学者对文明的定义是件轻而易举的事，而给文明下一个比较令人信服的定义则是难度极大的。为了帮助同学们比较清楚地理解文明一词，我们试图在综合学者们研究成果的基础上，从分析文明的本质和特性入手，阐明文明的涵义。

从词源上讲，"文明"一词源于欧洲，最初是用来形容人的行为方式，与有教养、有礼貌、开化等词义相似。[①] 也有人认为"civilization"来自拉丁文"civitas"（城邦），意思是指"城市公民的"或"国家的"。18 世纪后半叶，启蒙思想家在抨击中世纪的黑暗统治时，则把"文明"一词与"野蛮"相对。《韦氏大辞典》确定文明的定义为"教化的行为"。在近代人们对"文明"的阐释中，虽然还无法深入到对"文明"本质的认识，但已经向我们表明了"文明"的一些基本内涵，例如，现在大多数学者把城市、国家、阶级的产生作为一个民族进入文明时代的标志，也就是说"文明"是人类社会发展到一定阶段的产物，它是与"野蛮"相对的，以城市、阶级和国家的诞生为标志，以人的行为发展为内容的进化过程。

---

① 埃利亚斯. 文明的进程（上册）[M]. 王佩莉，译. 上海：三联书店，1998：62，103.

经过19世纪的探讨，20世纪的人们对文明的认识有所深入，也试图厘清文明与文化的关系。

阿诺尔德·汤因比洞见了文明的社会整体性，指出"文明乃是整体，他们的局部彼此相依为命……在这个整体里，经济的、政治的和文化的因素都保持着一种非常美好的平衡关系"。威尔·杜兰经过三四十年潜心研究，也终于认识到"文明是增进文化创造的社会秩序，它包含了四大因素：经济的供应、政治的组织、伦理的传统以及知识与艺术的追求"。西格蒙特·弗洛伊德则指出：文明是人类抵御自然和调剂人际关系的结果以及制度的总和。"文明只不过是意指人类对自然之防卫及人际关系之调整所累积而造成的结果、制度等的总和"。威廉·麦克尼尔认为文明是生活方式相同的社会群体。福泽谕吉指出"文明就是指人的安乐和精神的进步"。

这些学者的研究指明了文明的两个重要特性：整体性和群体性。文明不是指单个人的行为活动，它是不同人类群体共同创造的物质和精神成就的总和。如雅利安人创造的吠陀文明、苏美尔人创造苏美尔文明等。创造文明的主体是人类群体，体现文明的载体是人类创造的物质成就和精神财富，代表文明状态的是人类社会的整体进步形态，是自然、政治、经济和文化等关系的平衡、和美。

恩格斯用辩证唯物主义和历史唯物主义的观点和方法揭示了文明的本质，指出"文明是实践的事情，是一种社会品质"。① 换言之，文明的本质首先在于它的实践性。它包含了文明的主体（人类）所进行的生产实践、生活实践、社会实践和科学实践的进化，包含着这些实践所创造的、有利于人类整体发展和人类与自然关系和谐、平衡的成就。其次，文明具有社会性。即文明是社会的文明，不是属于单个人的。个人不能离开社会、社会文明而存在。正是由于社会的文明，社会成员才能成为文明的人。文明包含个人的物质和精神创造活动及成果，但这些创造活动和成果必须是符合社会利益，被社会所吸纳的。再次，文明具有历史性或时代性。在马克思、恩格斯看来，历史是文明的直接背景，文明就是人类历史中的文明。作为历史范畴的文明，是指一个特定的历史时代即"文明时代"。"文明时代是社会发展的一个阶段"。

另外，马克思、恩格斯还指明了文明的基本要素：第一，物质生产力是文明的果实。马克思明确指出："由于最重要是不使文明果实——已经获得的生产力被剥夺，所以必须粉碎生产力在其中产生的那些传统形式。"②第二，科学技术是文明发展的杠杆。恩格斯指出：马克思"把科学首先看成是历史的有力的杠杆，

---

① 马克思恩格斯全集[M].1卷.北京：人民出版社，1972：666.
② 马克思恩格斯全集[M].1卷.北京：人民出版社，1972：152.

看成是最高意义上的革命力量"。① 第三，文化艺术是文明的精致品。恩格斯批评一些头脑简单的革命者："他们想把世界变成工人的公社，把文明中间一切精致的东西——科学、美术等等，都当作有害的、危险的东西"来消灭掉，"这是一种偏见"。② 第四，哲学是文明的灵魂。马克思指出："哲学已经获得了这样的意义：它是文明活的灵魂，哲学已经成为世界的哲学，而世界也成为"哲学的世界。""任何真正的哲学都是自己时代精神的精华""人民最精致、最珍贵和看不见的精髓都集中在哲学思想里。"③

  总之，文明是一个内涵极为丰富的概念，具有多重规定性，只有深入剖析才能把握其本质。首先，文明是一个人文的概念。文明的起源和进步与人类的实践活动，即对自然界的改造相联系，因而文明是一个"人造的"世界。④ 文明作为人类实践创造出来的文化成果，虽附着于一定的物质形态，但其本质属性却是超越自然的，是社会的，具有文化性的、精神性的属于人的特征，是在人类社会中才能生成并属于人的存在。文明是人类本质力量的对象化和实践价值的自我确证，是社会发展的内在尺度，是合乎人性的生活方式。人创造了文明，反过来文明也塑造人，规定并提升人性，从自然野蛮的生存方式一步步走向文明的生活方式。其次，文明是一个价值概念。文明是人类创造出来的有积极意义的文化成果，是合乎人性的价值存在，是人类社会发展进步的标识，它能起到促进人的生存和发展的肯定性作用。再次，文明是一个时空的概念。文明具有鲜明的历史性，人类史就是以文明为史标，呈现出发展的阶段性的；同时文明又具有明显的地域性特征，根据不同的区域文明可以来标识不同类型的社会和文化。正是这种时空性决定了文明是一个具体的相对的概念，没有超时空的抽象的绝对的文明，我们常常根据此对文明进行具体的、相对的分类与比较。最后，文明是一个生活的概念。文明是特定时代、特定社会的人们积极进步的、合乎人性的生活方式，它包括特定的文明生活条件、生活规范、生活习俗、生活关系、生活内容和生活观念等一系列生活要素。离开了人的生活，文明便无从谈起，也将失去其存在的意义，正是通过文明才标识出人类生活的质量、水准及其发展程度。

  在文明与文化的关系上，菲利普·巴格比认为文明是都市化的文化。文明是"那些大规模的、复杂的、都市化的(通常是有文字的)文化。这些文化的发展进程包含了历史学家所描述事件的大部分"。塞缪尔·亨廷顿则说文明是最广泛的文化体。"文明和文化都涉及一个民族全面的生活方式，文明是放大了的文化。"

---

① 马克思恩格斯全集[M].19卷.北京：人民出版社，1972：372.
② 马克思恩格斯全集[M].1卷.北京：人民出版社，1972：580.
③ 马克思恩格斯全集[M].1卷.北京：人民出版社，1972：121-120.
④ 罗浩波.可持续发展的多维意蕴及其取向[J].新华文摘，2002，6：29-32.

"文明是一个最广泛的文化实体。乡村、宗教、种族群体都在文化异质性的不同层次上具有独特的文化。"伊东俊太郎认为文明是物质的,文化是精神的,应将"物质文明"与"精神文化"二者结合起来。他们对文明与文化关系的认识虽然有很大差异,但已体现了现代人对文明、文化的基本把握。现在越来越多的人承认文明是物质的、精神的,是人类创造的一切物质和精神成果的总和,而文化则更多地指人类的精神财富,如文学、艺术、宗教、风俗和习惯等。

文明与野蛮相对立,用来指社会的一种进步的过程,一种进化所达到的状态,一种发展趋向。它应该包括人类所创造的物质文明和精神文明的伟大成果。

文化与文明密切相联,广义的文化是指人类在社会历史发展过程中所创造的物质财富和精神财富的总和,现在较多地用狭义的文化概念,即特指精神财富,如文学、艺术、教育和科学等。文化与文明都是人类社会发展到较高阶段的产物,但文化通常与愚昧相比照,文化有先进与落后之分,文明则指由人类政治、经济、文化、艺术等构成的社会进步状态和先进成果。

三、本书的内容和体例

本书的内容和体例是根据我们对世界文明史的分期而确定的。

对世界文明史的划分,因不同的学者依据的标准不同,所以划分的结果也各不相同。即使按同样的依据也未必有相同的划分。以地域划分法为例,汤因比在《历史研究》中,把全球文明分为23类;亨廷顿则把世界文明划为七大类:中华文明、日本文明、印度文明、伊斯兰文明、西方文明、拉丁美洲文明和非洲文明等。

我国大部分学者主要采用按文明纵向进程划分或横向区域划分两类。纵向划分有两分法(农业文明、工业文明)、三分法(古代文明、近代文明、现代文明)、五分法(畜牧文明、农业文明、商业文明、工业文明、后工业文明)等。横向区域划分有三分法(大学者梁漱溟将文明分为:西洋文明、中国文明、印度文明)、四分法(季羡林把文明划为:中国文明、印度文明、伊斯兰文明、欧洲文明)等。

文明时代作为社会发展到一个较高级阶段的产物,本书以城市、阶级和国家等要素的产生作为文明的起点。对文明进程的划分,主要依据我们对文明的理解,把世界文明史划分为两个时代,即农业文明时代和工业文明时代,对正在生成的生态文明暂时仅作为趋势加以阐述。我们以为文明的实践性和社会品质已指明了划分文明时代的标准。文明是人类演进的过程,也是社会综合发展的一种进化结果或形态。划分的主要依据:一是人类创造物质和精神财富的生产力水平,是人类把自然界对象化的实践能力;二是人类社会经济、政治、科学文化平衡发展的总和。两者在文明演进中结成一个整体,如果没有整体的质的飞跃,文明的形态在一定程度上将保持相对稳定。这种相对稳定的文明形态不管发生在什么区域或什么时候,我们可以用相同的名字来命名。相同的命名表示文明发展的总体情况，并不排斥不同群体创造的文明的多样性。例如，古印度的农业文明与古埃及的农业文明就有着各自的特点和不一样的成就。埃及的金字塔精妙绝伦，印度的宗教石窟艺术则鬼斧神工。它们都是世界文明中的瑰宝。

世界文明源远流长，异彩纷呈。为了能够在极其有限的课时内，把世界文明中最精妙的成就，最深刻的智慧奉献给大家，我们在内容选择和体例编排上做了一些务实和简约的独特考虑。

本书超越了西方中心主义和东方中心主义的思维方式，以文明的世界性为基点，以展示不同时代最具先进性、代表性的文明成就为宗旨，同时又兼顾了其他文明的贡献。

在农业文明时代，重点探讨了四大文明古国在政治、经济、文化、艺术等方面的基本特征和突出成就，重视不同文明演进过程的差异，点明不同文明的地域特色。对中古时期中国农业文明的先进地位予以客观的评价，对古代希腊、罗马的古典民主政治和法制成就进行了重点阐释。对非洲、美洲的文明抛弃了把它们"边缘化"的处理方式，因为它们也是世界文明史中不可分割的有机组成部分，在古代它们还没有被边缘化。

在工业文明时代，以我们对文明的整体性理解为基础，把资本主义萌芽、地理大发现、商业革命、文艺复兴、资产阶级革命的风暴等在农业文明时代向工业文明时代过渡期间发生的重大历史事件，作为新文明兴起的前提，因为它们是瓦解旧文明的新的经济、政治和思想文化因素，是新文明诞生不可或缺的条件。在撰写工业文明兴起的前提中，特别把中国的资本主义萌芽与欧洲资本主义萌芽并列，以表明新经济因素在东西方萌芽期的基本一致性，客观地再现了文明重心转移的原因，让同学们在世界视野中更好地认识文明地位先进与落后的转化。

在对工业文明的认识和把握上，我们认为工业文明是综合文明，是整体文明。于是大胆突破了现有教科书的内容编排，从经济、政治、科学和社会发展四个方面进行了较为系统的梳理，重点表达了工业文明是由工业化、民主化、科学化和城市化共同构成的社会文明形态的思想。这样有利于我们系统理解和完整把握工业文明的内涵和现代本质。通过工业文明的扩展，我们可以更加深刻地认识工业文明的内在性，认识新旧文明冲突与合作的机理和规律，了解不同文明在回应新文明时做出抉择的痛苦与代价，启迪人类在开放的世界中自主发展的觉悟。

总之，世界文明史涉及面广，时间跨度大，内容丰富多彩。不同时代、不同区域的文明灿烂、绚丽，充满生存的智慧。它们会引领人类走向更加和美、诗意和人性的新文明。

一个伟大民族，她必然放眼世界；一个文明国家，她必然心系全球。所有伟大民族和文明国家，都会重视历史和未来。

认识历史是为了赢得未来,而不是沉湎于往事。学习世界文明史可以帮助同学们从世界的视角更加全面地审视和认识中国,更深刻地理解今天我们社会发展的脉络,更好地把握世界进化的规律,高瞻远瞩地迎接和推动新文明时代的到来!

在过去的6000年里,人类文明进程波澜壮阔,浩浩荡荡;
在过去的200多年里,世界工业化浪潮汹涌澎湃,势不可当;
在过去的50多年里,知识革命、绿色文明惊心动魄,改天换地;
在未来的100年里,新的文明将照亮世界,福泽全球。

曹顺仙
2019年5月于南京林业大学

目录 contents

序
前言

第一部分　农业文明时代

第一章　古代亚洲文明 ………………………………………………… 1
第一节　古代两河流域文明 ……………………………………………… 1
第二节　古代印度文明 …………………………………………………… 7
第三节　中华古文明 ……………………………………………………… 17

第二章　古代欧洲文明 ………………………………………………… 34
第一节　古代希腊 ………………………………………………………… 34
第二节　古代罗马 ………………………………………………………… 46

第三章　其他古代文明 ………………………………………………… 64
第一节　古埃及文明 ……………………………………………………… 64
第二节　古代西非与东非 ………………………………………………… 74
第三节　古代美洲文明 …………………………………………………… 82

第四章　世界中古文明 ………………………………………………… 89
第一节　中华文明的兴盛 ………………………………………………… 89
第二节　伊斯兰文明的兴起 ……………………………………………… 101
第三节　神权统治下的欧洲中世纪 ……………………………………… 107

结语：文明的民族性与世界性 ……………………………………………… 124

第二部分　工业文明时代

第五章　工业文明兴起的前提 ………………………………………… 126

  第一节 亚欧资本主义萌芽 …………………………………… 126
  第二节 地理大发现与商业革命 ……………………………… 130
  第三节 欧洲思想观念的革新 ………………………………… 135
  第四节 西方的民主革命风暴 ………………………………… 147

第六章 工业文明 …………………………………………………… 171
  第一节 工业革命与工业化 …………………………………… 171
  第二节 政治的民主化变革 …………………………………… 188
  第三节 科学革命推动工业文明的科学化 …………………… 195
  第四节 工业文明中的城市化 ………………………………… 200

第七章 工业文明的扩展与回应 ………………………………… 211
  第一节 俄国的农奴制改革和工业化进程 …………………… 211
  第二节 日本明治维新与富国强兵之路 ……………………… 221
  第三节 英国的殖民统治与印度反殖革新 …………………… 229
  第四节 中华工业文明的曲折发展 …………………………… 239
  第五节 伊斯兰文明与基督教文明的碰撞 …………………… 246

第八章 工业文明时代的思想文化 ……………………………… 254
  第一节 社会经济理论的现代化发展 ………………………… 254
  第二节 德国古典哲学和非理性主义思潮 …………………… 262
  第三节 欧美的文学艺术 ……………………………………… 276
  第四节 社会主义的思想文化 ………………………………… 289

结语：人类文明的趋势 ……………………………………………… 301

参考文献 ……………………………………………………………… 307

后 记 ……………………………………………………………… 309

第一部分　农业文明时代

第一章　古代亚洲文明

> 文明时代是学会天然产物进一步加工的时期,是真正的工业和艺术产生的时期。
>
> ——恩格斯

第一节　古代两河流域文明

古代两河流域是人类文明的摇篮之一。古希腊人把两河流域称为"美索不达米亚",意为"两河之间的土地"。两河流域分为南北两部分,北部称亚述,南部称巴比伦尼亚。巴比伦尼亚又分为南、北两部,北部称阿卡德,南部称苏美尔。汉谟拉比国王统治时期,统一了两河流域,并把古巴比伦推向了全盛,使巴比伦文明在两河流域占据了十分重要的地位。因此,人们又习惯称古代两河流域文明为巴比伦文明。

两河流域文明由苏美尔文明、巴比伦文明和亚述文明三部分组成,其中巴比伦文明因其成就斐然而成为两河流域文明的典范。所以,古巴比伦王国与古埃及、古印度和中国构成了人们所说的世界四大文明古国。

两河流域民族众多。早在公元前5000年,苏美尔人就在两河流域繁衍生息,后来有古巴比伦人、阿卡德人等。他们用自己的智慧和方式创造了举世闻名的两河流域文明,使这里成为古代人类文明的重要发源地之一。

一、苏美尔文明

1. 苏美尔文明的兴起与发展

苏美尔人建立的苏美尔文明是整个美索不达米亚文明中最早,同时也是全世界最早产生的文明。

通过放射性碳14的断代测试,表明苏美尔文明的开端可以追溯至公元前4000年,结束在公元前2000年左右,被闪米特人建立的巴比伦所代替。

苏美尔文明大约经历了乌鲁克时期(约公元前4300年至前3500年)、杰姆连特·奈西尔时期(约公元前3100至前2800年)、早王朝时期(约公元前2800年至前2371年)、阿卡德时期(约公元前2371年至前2191年)和乌尔第三王朝时期(约公元前2113年至前2006年)等五个时期。其中阿卡德时期使巴比伦实现了空前统一。阿卡德王国的创立者是萨尔贡一世,虽然出身卑微,生不知父亲所在,又被母亲遗弃于幼发拉底河边,但因收养他的园丁后来成了宫廷园丁,使他有机会接近并觊觎王位。他在夺取政权后,先后出征34次,大获全胜,"洗剑于波斯湾",统一了两河流域。他的孙子纳拉姆辛继位后,继续扩张。他自称"世界四方之王""普天下之王",征服远方部落。但他死后,阿卡德王国逐渐衰落,其继任者死于宫廷政变,东北山区的游牧的库提人趁机灭了阿卡德王国。乌尔第三王朝时期的勃兴并不巩固。约公元前2006年,乌尔第三王朝的国王被东南面的埃兰人所俘,王朝覆灭。苏美尔人在两河流域政治舞台上的统治因此终结。

苏美尔早期社会以城邦为特征,各城邦都以一个城市为中心结合周围的村镇形成。每个城市都有若干神庙,其中城邦主神神庙地位最高。神庙不仅是人们精神生活的场所,也是城邦的经济中心,其土地是氏族部落的共同财产,国家形成后则转为国有。神庙的出现不仅是苏美尔文明的一个显著特点,也是早期文明形成的标志之一。城邦首领兼有世俗和宗教双重职能,战时则统帅军队。城邦内部有贵族会议和公民大会。公民大会名义上有一定的政治权力,但后期多为首领或贵族会议操纵。到阿卡德王朝时,萨尔贡建立了中央集权统治。"他使全国只有一张嘴"。① 乌尔纳姆颁布了现今世界历史上第一部法典——《乌尔纳姆法典》,以法律的形式确立了自己在南部两河流域的最高统治。这一时期,苏美尔人已经进入青铜时代,是苏美尔文化的最后一次复兴期。乌尔王朝灭亡以后,苏美尔人就退出了两河地区的政治舞台,但其文化仍然对后世产生影响。

2. 苏美尔人的文明成就

(1)创立人类历史上最早的一部法典

《乌尔纳姆法典》以乌尔第三王朝国王的名字命名,内容分序言和正文两部分,涉及"王权神授"、法律"神圣性"、宣扬统治者的权威和功德、奴隶主对奴隶的所有权、私人土地所有权、债务、家庭、婚姻,还有若干刑法条文等。明确了立法、司法诉讼和审判等司法制度。这部法典对巴比伦法系的形成和发展产生过深刻的影响。

(2)楔形文字——世界最古老的文字、"东方的拉丁语"

苏美尔人在交流中逐渐创造了象形文字。之后,阿卡德人对它加以继承和改造,创造了据今所知的世界上最古老的文字——楔形文字。这种文字用芦苇秆和

---

① 李保华,郑殿华. 走进巴比伦文明[M]. 北京:民主与建设出版社,2001:29.

动物骨头在软泥上所刻,落笔时力度大,速度缓,印痕宽而深;提笔时力量小,速度快,印痕窄而浅,好像木楔子,所以称为"楔形文字"(图1-1)。古巴比伦人、亚述人和波斯人都曾经把它作为自己的文字。公元前3200年,楔形文字在两河流域形成。两河流域缺乏木材和石料,但有取之不尽的来自两河冲积平原上的黏性泥土,苏美尔人将之制成泥版,用芦苇做成的书写工具在上面刻字或画图。

图1-1 楔形文字

(3)制定了世界上最早的天文历法

约公元前3000年,苏美尔人就拥有了自己的历法。苏美尔人用观象台观察月亮的变化,根据月亮的盈亏将一年分为12个月,共354天,没有闰月。一星期七天,用天上星辰各神的名字命名:星期天(太阳神)、星期一(月神)、星期二(火星神)、星期三(水星神)、星期四(木星神)、星期五(金星神)、星期六(土星神)。

此外,苏美尔人作为人类文明的始祖,还创办了世界上最早的学校,确立了正规的学校教育制度。公元前3000年左右,学校已遍及全苏美尔,为王室和神庙培养了大量的书吏和书记员。苏美尔人创作了人类历史上第一部史诗——《吉尔伽美什》,讴歌了乌鲁克的国王、大英雄吉尔伽美什的许多伟大业绩。公元前2300年左右,苏美尔人还制作了世界上最早的地图。在约尔根特佩出土的黏土地图上可以看到一片被小丘环绕的地区,有一条水道穿过,并用楔形文字在地图中央标明了土地所有者和土地的面积。

二、巴比伦和亚述文明

1. 巴比伦与亚述文明的演替

(1)古巴比伦王国

乌尔第三王朝灭亡后不久,埃兰人就退回东方山地,入侵的阿摩利人在两河流域定居了下来。公元前1894年,阿摩利人的首领苏姆·阿布建立了一个重要的王国,史称"古巴比伦王国"(约公元前1894年至前1595年)。古巴比伦立国之初只是一个小邦国,但公元前1792年,巴比伦出现一位杰出的政治家和军事家,就是古巴比伦王国第六代国王汉谟拉比(约公元前1792年至前1750年)。他通过对内加强集权,对外采用灵活的外交手段统一了两河流域。对内,汉谟拉比亲自执掌全国的行政、军事、立法、司法、祭祀等大权,直接任命各级长官,加强军队控制。为了使军队绝对效忠于国家,采取由国家发给士兵服役份地的措施,每个士兵可得一块份地,但无权自由买卖。军官不得侵占士兵的土地和财产，否则处以死刑，若一般人买了士兵的份地或牲畜则必须全部无偿归还。与此同时，实行法治，《汉谟拉比法典》对诉讼、盗窃、军人份地、租赁和雇佣关系、商业高利贷关系、债务、婚姻、遗产继承、奴隶买卖及处罚等都有明确规定。对外，汉谟拉比宣称自己是受神之命来统治世界，是"诸王之王"，通过采用远交近攻的灵活外交政策，先后征战 35 年，消灭自己的主要敌人，完成了两河流域的统一大任。

汉谟拉比执政 40 多年，使古巴比伦王国第一王朝的政治、经济、文化达到了最兴盛时期。古巴比伦人在苏美尔人的基础上，创造了更加绚丽的文明。

公元前 1595 年，北方新兴的奴隶制国家赫梯攻克了巴比伦城，消灭了古巴比伦第一王朝。

(2) 亚述文明

亚述位于两河流域北部，处在底格里斯河中游地区。亚述国家是以亚述城为中心发展起来的。亚述的历史一般可分为三个阶段：古亚述(约公元前 3000 年末至前 16 世纪)、中亚述(公元前 15 世纪至前 10 世纪)和新亚述(公元前 10 世纪至前 7 世纪)。亚述早期一直从属于巴比伦尼亚，到新亚述阶段才形成强大的军事帝国。

公元前 911 年，阿达德尼拉里二世登基，揭开了北方亚述历史上最后也是最辉煌的一页。战神庇护的帝国——亚述帝国兴起。公元前 800 年，历史上第一支训练有素的王家军队建立。亚述军事强国的奠定者提格拉特帕沙尔三世建立的"王家军团"是亚述军队的核心。亚述帝国的军队兵种齐全，拥有当时最强大的攻城武器——投石机。经过多年征战，到公元前 7 世纪，亚述成为一个包括现今的伊拉克、叙利亚、约旦、黎巴嫩、大部分巴勒斯坦、部分土耳其南部与埃及北部的奴隶制大帝国，这是世界历史上空前的大帝国。亚述的都城也从萨尔贡城迁移至底格里斯河左岸的尼尼微。

亚述人创立了世界上第一个图书馆(其中藏有 24000 多块泥版图书)；编写了古老的词典——《西拉巴力里亚》，不仅有苏美尔文字符号表和对符号的发音、含义的解释，还包括了文法的说明。

约公元前 612 年，西徐亚人和米太人结成的反亚述联盟攻陷尼尼微，杀死了亚述萨拉克皇帝，结束了亚述人的统治。

(3) 新巴比伦时期的到来

在亚述帝国岌岌可危之时，居住在两河流域南部的塞姆族迦勒底人趁机控制了巴比伦尼亚。公元前 626 年，迦勒底人首领纳波帕拉沙尔自立为巴比伦王(公元前 626 年至前 605 年)，建立了新巴比伦王国(公元前 626 年至前 539 年)。新巴比伦王国在纳波帕拉沙尔的儿子——尼布甲尼撒二世时最为强盛。尼布甲尼撒二世从小随父南征北战，积累了较丰富的军政实践经验，他继位后发动了一系列征服战争。公元前586年，尼布甲尼撒二世攻陷耶路撒冷，灭犹太王国并大肆烧掠，还剜了犹太王的眼睛，用铜链锁把他系到了巴比伦，并将大部分居民掳往巴比伦尼亚，这就是历史上有名的"巴比伦之囚"。此后，新巴比伦在叙利亚、巴勒斯坦一带的统治牢固建立起来，埃及再也不敢问津。为了加强防卫，尼布甲尼撒二世重新建造巴比伦城，新巴比伦城墙总长度是17.7千米，是一个四方形城市。幼发拉底河从城中穿过；城内除豪华的宫殿（包括传说中的世界七大奇迹之一的空中花园），还建造了50座神庙，其中巴别通天塔为最重要的一座。通天塔（《圣经》中提到的"巴别塔"）有7层高，吉库拉塔顶端有一座蓝色的四角镀金小庙，这是巴比伦城的保护神玛克笃克的神庙。

尼布甲尼撒二世死后不久，统治阶级内部矛盾就开始激化。约公元前540年，波斯帝国开国君主居鲁士率军入侵巴比伦。第二年攻入巴比伦尼亚，新巴比伦灭亡。此后两河流域不断遭受外来统治。

公元前326年，马其顿的亚历山大在伊苏斯击败大流士三世亲率的波斯大军。公元前325年，亚历山大建立亚历山大帝国，首都为巴比伦。亚历山大帝国版图辽阔，西起希腊，东至印度河流域，南达尼罗河流域，北抵多瑙河流域。

公元前305年至公元前208年，两河流域成为亚历山大的部将塞琉古建立的塞琉古王国领土的一部分，包括小亚细亚、巴勒斯坦、伊朗高原及部分中亚地区，建都安条克（今叙利亚境内）。

公元前64年，塞琉古王国被罗马帝国所灭。

2. 巴比伦的文明成就

（1）《汉谟拉比法典》

现在，在法国巴黎的卢浮宫里，我们可以看到世界上迄今为止人类保存最完整和最早的成文法典——《汉谟拉比法典》。法典由前言、正文和结语三部分组成，全文共282条3500行，被刻在一个2.25米高的玄武岩石柱上。该法典很多条文是用来处理自由民的内部关系的，处理的原则就是"以牙抵牙，以眼还眼"。法典内容涉及盗窃动产和奴隶，对不动产的占有、继承、转让、租赁、抵押，涉及经商、借贷、婚姻、家庭等方面；并详细规范了国王、奴隶主与自由民、奴隶之间的阶级关系，还规定要保护孤寡等。为了巩固奴隶主的统治，法典还规定了一些更严厉的条款：逃避兵役的人一律处死；破坏桥梁水利的人将受到严厉处罚甚至处死；帮助奴隶逃跑或藏匿逃亡奴隶的人，都要处死；违法的人在酒店进行密谋，店主如果不把这些人捉起来，店主也要被处死。正是依靠这部法典，汉谟拉比时代的巴比伦社会，成为古代东方奴隶制国家中统治最严密的国家。可见，《汉谟拉比法典》比较全面地反映了当时的社会情况。这部法典不仅具有历史进步意义，而且堪称人类社会法典领域的先河之作，对于研究古巴比伦王国的历史与文明具有很高的学术价值。

(2) 空中花园

空中花园——阿拉伯语称其为"悬挂的天堂"，史称最令人神往的地方。空中花园建于新巴比伦时期。在新巴比伦王国尼布甲尼撒二世(公元前604年至前562年)王朝，新巴比伦城进入鼎盛时期。据史书记载，尼布甲尼撒二世扩建的新巴比伦城呈正方形，每边长约20千米，有护城河和高大的城墙，城墙上建筑了一座座塔楼和100个青铜大门。城内有石板铺筑的宽阔通衢，还有90多米高的玛克笃克神庙，兼有幼发拉底河穿过城区，上有石墩架设的桥梁，两边有道路和码头，其恢弘壮阔可见一斑。为了治愈爱妻的思乡病，尼布甲尼撒二世特地建造了空中花园——这座超豪华的"天堂"作为礼物献给她。爱妻因此思乡愁容一扫而光，白皙的脸上顿时露出了欢快的笑容。相传空中花园为立体结构，共7层，高25米，基层由石块铺成，每层用石柱支撑，层层都有奇花异草，蝴蝶在上面翩翩起舞，宛如人间仙境；园中有小溪流淌，溪水缘自幼发拉底河河水。这座方正的"空中花园"周长500多米，矗立在23米高的人造山上，故古称"悬苑"。新巴比伦王宫的"空中花园"被列为世界七大奇迹之一。此外，公元前1800年，古巴比伦城开凿"汉谟拉比——万民之富"运河，兴建了无数灌溉水渠。

(3) 科学文化

古巴比伦时代的科学以数学、天文和历法最为发达。他们发明了世界上最早的60进制：将一天分成以2小时为单位的12时制，每小时又分为60分，每分又分成60秒，这就是巴比伦时间。计数法采用十进位和六十进位法。六十进位法应用于计算周天的度数和计时，至今为全世界所沿袭。在代数领域，古巴比伦人可解含有三个未知数的方程式。在天文学方面，则已经知道如何区别恒星与行星，还将已知的星体命名。当时的历法为太阴历，将一年分为12个月，一昼夜分为12时，一年分为354日。为适应地球公转的差数，他们已经知道设置闰月。古巴比伦人在天象观测方面的长期积累，使后来的新巴比伦人能预测日月蚀和行星会冲现象，并进一步推算出一年为365天6时15分41秒，比近代的计算只多了26分55秒。对星座的划分，如狮子座、双子座、天秤座、天蝎座、巨蟹座等迄今仍在沿用。每月四周，每周七天的制度影响到世界各国，沿用至今。公元前1700年人类历史上最早的农业历书《农人农历》，以农夫教子的口吻，讲述了一年的农事进程。数学方面如乘法表、平方表、立方表等都有发现，勾股定理也已运用等。这里还诞生了数学史上第一条公式，可根据水渠的矩形断面计算水渠的灌溉水量。

巴比伦人还开办了世界上最早的商业银行，即由巴比伦神庙的祭司开办的借贷机构，分实物借贷和金银借贷。偿还方式为分期付款，每月一还；利息按法律规定：金银借贷为20%，实物为33%。

文学方面，在古巴比伦第三王朝时的作品《主人与奴隶关于生命意义的对话》中，主人与奴隶就12个问题进行对话。第9个对话中，关于要不要祭神，主人先说要，后又说不愿做了，奴隶也表示赞成，然后说："当神有求于你的时候，你就可以让神像狗一样地跟在你后面跑。"话虽简单却很深刻，揭示了奴隶主与神只不过是相互利用关系，也表明奴隶对神权的蔑视。第12个对话中，主人说不知如何是好了，奴隶说把他们两人的头都砍下来投入河中为好，主人竟说："不，奴隶，我要杀你，让你先死。"奴隶反问说："我死，你还能活三天吗？"这一对话，反映了不同阶级思想意识的差异性，体现了当时文学较高的思想水平。

两河流域诞生了世界上最早的城市、最早的学校、最早的文字、最早的图书馆；出现了人类历史上第一位改革家和立法者，迄今所知最早的、保存完整的一部古代法典；产生了最早的谚语、神话和史诗等。遗憾的是如此灿烂的古老文明在整个人类文明史中如昙花一现，其后续文明逐渐稀薄，再也没有创造出引领世界的文明成就，这不能不说是人类文明的一大遗憾。

第二节 古代印度文明

印度是世界最早的文明发祥地之一。约公元前2300年，印度河流域就出现了城市国家，产生了灿烂的哈拉巴文明。至公元4世纪笈多王朝兴起，古印度文明经历了2600多年的发展历程。

一、古代印度文明的历史演进

在古代，印度并非国家名称，而是一个地理概念，它包括现在的印度、巴基斯坦、孟加拉国、尼泊尔和不丹在内的南亚次大陆。在中国史籍《史记》中称"身毒"，《汉书》称"天竺"。唐玄奘著《大唐西域记》始译为印度。在梵文的"印度"中，意为"月亮"。

"它也像月亮一样，具有诗一般的情，画一般的景。这里有高原，有平地，有温湿的海洋气候，丰富的资源，茂密的原始森林等，都为文明在这里产生奠定了条件。这里的居民成分复杂，人口发展迅速。主要有印度斯坦人、泰卢固人、孟加拉人、马拉特人、泰米尔人、古吉拉特人、坎拿达人、马拉亚拉姆人、奥里亚人、旁遮普人。此外，还有几十个少数民族。据估计，这里的人口，在公元前

4世纪就已达到约1亿。"①

雅利安人到来前(约公元前1500年),印度经历了旧石器时代、新石器时代、金石并用时代、哈拉巴文明时代。

印度的旧石器时代从喜马拉雅冰期序列的第二冰期起,分早、中、晚3期。这一时代居民的生活以狩猎和采集为主,可能已开始驯养家畜,种植大麦。

印度新石器时代约为公元前第6千纪至前第4千纪。这一时期的工具有石叶石器、研磨石器和骨器,其中以石叶石器为主。另外,约在公元前第5千纪中期开始出现陶器。器形多为盆、碗和罐,外表有简单的彩色图纹。新石器时期的居民从事畜牧、农业和狩猎,饲养牛、绵羊、山羊,种植大麦、小麦和枣树。

介于新石器时代文化和哈拉巴文化时代之间有一个金石并用时代的文化。其年代约为公元前第4千纪中叶至前第3千纪中叶。主要分布于恒河和贾穆纳河之间地区、旁遮普、拉贾斯坦北部和古吉拉特。工具以石叶石器、研磨石器和骨器为主。但红铜器经常出现,器形有斧、凿、锤、匕首、镯环、别针、铜条等,只是数量不多。陶器以轮制为主,有双色和多色彩陶。金石并用时期的经济以畜牧和农业为基础,饲养牛、绵羊、山羊,种植大麦、小麦、豆类、葡萄。

前期最重要的文明是哈拉巴文明,它是青铜时代的文明,存在于公元前2350至前1750年间,成熟于公元前2200年至前2000年,消逝于公元前1750年左右。最为主要的城市有哈拉帕和摩亨佐·达罗,其文化在古吉拉特、拉贾斯坦及北方邦北部等仍有遗留。

雅利安人进入南亚次大陆后,古代印度逐渐进入奴隶社会,先后经历了吠陀时代、列国时代、佛陀时代和外族入侵的时期。

吠陀时代因婆罗门教的经典《吠陀》而得名,因为它较好地反映了公元前1500年至前600年左右雅利安人国家形成时期的一些社会状况。"吠陀"之意是"知识"。由于婆罗门教的经典《吠陀》包括《梨俱吠陀》《娑摩吠陀》《夜柔吠陀》和《阿达婆吠陀》四部,因此,人们又把《梨俱吠陀》所反映的时代称为前期吠陀时代(约公元前1500年至前1000年),即梨俱吠陀时期,和后期吠陀时代(公元前1000年至前600年,即其他三部所反映的时期)。

吠陀时代的文明是由雅利安(意为"出身高贵",当地土著被称为"达萨",即敌人的意思)入侵者的文化和印度土著文化混合而成。大约从公元前2000年代中叶起,属于印欧语系的雅利安人部落一批一批由中亚侵入南亚次大陆。公元前1000年左右起,雅利安人开始进入恒河流域,征服了孟达人。与此同时,其原始公社解体并转向奴隶社会,其军事首领转化为世袭国王,祭司、武士构成了奴

---

① (印)塔巴.印度古代文明[M].林太,译.杭州:浙江人民出版社,1990:15.

隶主贵族。雅利安人的入侵不仅带来了破坏，也带来了伟大的文化，形成了以婆罗门祭司为社会核心，以祭祀为生活中心，以吠陀经为圣典的吠陀时代。

前吠陀时期主要地区在旁遮普、北方邦西部边缘；后吠陀时期主要地区在恒河上游平原、北方邦西部、拉贾斯坦。前期经济以畜牧为主，无贸易，无城市；后期以农业为主，畜牧为次，铁器已普遍使用。在前期经典中，常常提到部落，从未提到部落地区，王位似已世袭，但无专制权；后期出现区域王国迹象。前期经典很少提到家庭，社会仍属部落性质；后期部落社会分解为4个等级的瓦尔纳社会。4个瓦尔纳中首陀罗为最低层，吠舍为中层，刹帝利和婆罗门为上层，贡奉属于自愿的性质。前期宗教为自然力的人格化，祭祀尚无礼仪程式；后期宗教中梵天成为最高神，动物神居重要地位，在祭祀中大量杀牲，婆罗门创造了祭祀程式。公元前6世纪至前4世纪，北印度各国争霸，史称列国时代；其中以恒河中游的摩揭陀国和恒河中上游的居萨罗国最为强大。此时，铁器已被普遍使用，农业、手工业、商业都有发展。

由于佛教的兴起，人们把从吠陀时代末期（公元前600年）到摩揭陀国孔雀王朝兴起（公元前200年）、佛教反映时期的400多年，称为佛陀时代。佛陀时代是继印度河文化城市繁荣之后的第二次城市繁荣时期。公元前364年，摩揭陀的摩诃帕德摩难陀建立难陀王朝，统一了北印度。释迦牟尼创立了佛教，大雄创立了耆那教。印度古代的政治经济社会制度在这一时期定型。恒河中游平原（今北方邦东部和比哈尔）生产的丰富粮食供应大型国家的财政需要。据佛教文献记载，公元前6世纪初，印度有16个国家，主要的有摩揭陀、迦尸、般遮罗和犍陀罗等。在这一时期的大国里，瓦尔纳等级制取代了部落制。国君和武士成为刹帝利，祭司和教师成为婆罗门，农户和纳税者成为吠舍，服务于这3个等级的劳动者则成为首陀罗。至摩揭陀的孔雀王朝时期（公元前322年至前185年），国力更加强盛，有步兵20万，骑兵6万，战象6000，使亚历山大大帝远征军进入旁遮普时，望而却步。在孔雀王朝中，唯有国王有权拥有常备军和接受贡奉。孔雀王朝的王权标志着在大国内君主制取代了共和制。孔雀王朝的国王权力标志着刹帝利对婆罗门长期斗争的胜利。但婆罗门在孔雀王朝仍然拥有大权。孔雀王朝的社会为奴隶社会，其特点是奴隶制不发达，以家内奴隶为主，在生产劳动中没有大量使用奴隶。到公元前3世纪阿育王统治期间，印度古代奴隶制君主专制的集权统治达到顶峰，也是孔雀帝国极盛时期。阿育王时统一了除半岛南端外的整个印度，成为印度历史上第一个幅员辽阔的统一帝国。其主要社会特征是：实行专制集权统治，国王集政治、军事、司法权于一身，下设省和村社。通过召开第三次"结集"会议，阿育王提高了佛教的地位，并定佛教为国教。经济上，这一时期是印度奴隶制的兴盛时期，奴隶劳动遍及各个领域。公元前187年，补沙弥多罗

图 1-2　树立着阿育王柱的小广场

杀死孔雀王朝最后一个国王，建立巽加王朝（图 1-2）。

孔雀王朝灭亡以后，西北印度不断有外族入侵，印度进入外族入侵时期（公元前 200 年至公元 200 年）。先是中亚的大夏希腊人在公元前 2 世纪初侵入印度西北部。接着又有安息人、塞种人、大月氏人的入侵，其中最重要的是贵霜帝国在印度的统治。贵霜帝国的入侵使从印度西部到恒河流域中部都归入了贵霜帝国的版图。这时印度各宗教也遭受了沉重打击。在迦腻色伽的支持与庇护下，大乘佛教在印度兴起。小乘佛教则流行于斯里兰卡（即锡兰）、缅甸等地。

公元前 100 年至公元 200 年，印度进入萨塔瓦哈纳时期，萨塔瓦哈纳王国 300 年的历史使德干文化与北方文化互相结合。那里的国王最早把土地授予婆罗门，并且对部落地区实行军事统治。

公元 4 世纪，笈多王朝在贵霜废墟上崛起，使印度进入了笈多王朝时期（320 年至 540 年），笈多王朝根据地在恒河中游平原（今北方邦和比哈尔），统治印度北部和西部约 120 年。其军事力量依靠骑兵，资源依靠印度中部和比哈尔南部的铁矿，对外贸易依靠北印度的丝绸。归顺笈多的小王国中，小部分由笈多国王派遣官员直接治理，大部分由当地酋长间接治理。因此，笈多官员少于孔雀王朝，行政机构也比较简单。官员俸禄一部分是现金，另一部分是授地。村镇政权较过去重要。王权缩小，官职已经世袭。外贸不断萎缩。种姓种类和不可接触者的名目都有所增多。偶像崇拜在寺庙里日益普遍。当时文化灿烂，两大史诗（《罗摩衍那》和《摩诃婆罗多》），迦梨陀娑的《沙恭达罗》剧本和较早的《往世书》都是在笈多王朝时编成的，此外，还编纂了一些法书。在艺术方面，中印度的阿旃陀石窟壁画丰富多彩，代表这个时期艺术的成就。

公元前 200 年至公元 750 年的古代南印度与北方社会有所不同。在南印度几乎每个国家都有几个藩属，每个藩属都有自己的军队、自己的行政系统和收税机关。因此，每个国家、每个藩属都不断为扩大财源而发动战争。南印度社会发展较晚，考维里（科弗里）河三角洲的犁耕农业和国家的形成都是在公元前 2 世纪开始的。最南部分国家的历史则从 1 世纪开始。古代南印度分为两个历史时期：第一时期是从公元前 200 年至公元 300 年；第二时期是从公元 300 年到 750 年。由于政治上四分五裂，第二时期的国家比第一时期增多，商业城市和货币经济都越发衰败，各国都实行授地制。

二、古代印度文明三大基本特征

1. 村社制度

村社是种姓制度的堡垒。在古代印度，广大农村普遍存在着村社制度。村社大多是自然形成的，大者上千户，小者几十家。村社里土地公有，农业和手工业结合，并有固定的分工。这种村社经济上自给自足，行政上有较大的自主权。因此，村民们过着闭关自守的生活，并不特别关心外部世界的变化。

村社内部自古以来就实行种姓制度，高种姓把低种姓的人紧紧地束缚在村社的土地上，长期地进行奴役和剥削。种姓制度还实行职业世袭制和内婚制，低种姓人被限制在一个十分狭小的范围之内，只能干一种职业，只能同一种人交往，他们没有选择其他工作的机会和与整个社会交往的自由，从而变得更加愚昧和落后。所以，尽管王朝不断更替，村社却很少变动。随着时间的推移，它们反而变得更加牢固和保守。只要村社存在，依附于村社的种姓制度必然存在。因此，到了现代，虽然印度的城市已经进入了现代化行列，但农村和经济落后地区的种姓制度仍然被完好地保存了下来。

2. 种姓制度

种姓制度是 16 世纪西班牙人来到印度西部海岸后，用来译述印度社会关系的一个概念，与它对等的两个梵语名词是瓦尔那（"瓦尔那"意为颜色、品质，我国常译为种姓）和伽提。公元 364 年在奴隶制国家形成的过程中，印度形成了严格的等级制度。

种姓制度的构成

```
┌ 婆罗门——僧侣——独揽宗教、《吠舍》解释权、参政  ┐
│ 刹帝利——武士贵族——控军政大权                  │ 统治阶级
┤ 吠  舍——平民、一般村社成员——从农、牧、商、工 ┘
└ 首陀罗——土著居民、破产的雅利安人大多沦为奴隶或雇工
```

四等级外还有贱民

特点：①职业世袭；②相互不通婚；③首陀罗无权参加宗教生活。

作用、影响：保护氏族贵族奴隶主特权地位。严重束缚人们的思想，阻碍社会进步。其残余至今影响着印度社会的各个领域。

为了维护种姓制度，婆罗门僧侣宣扬，把人分为四个种姓完全是神的意志，是天经地义的。在婆罗门的经典《吠陀》中，婆罗门把种姓制度的出现用神话来解释，说原始巨人普鲁沙死后，天神梵天用他的嘴造出了婆罗门，用双手制成了刹帝利，用双腿制成了吠舍，用双脚制成了首陀罗。婆罗门僧侣还宣扬：凡是循规蹈矩、安分守己的人，来世才能升为较高种姓，否则，即降为较低种姓。因

此，对于广大劳动者和奴隶来说，应该逆来顺受，放弃斗争，遵守奴隶主阶级制定的"达磨"，即所谓的法，以免加重来生的灾难。

为了维护种姓制度，奴隶主阶级还制定了许多法律，其中最典型的是《摩奴法典》。相传，摩奴是大神梵天的儿子，为了确定人间各种人在社会上的应有次序，确立婆罗门和其他种姓的义务，便制定了这部法典。其实，这只不过是奴隶主用来欺骗劳动人民的谎言。

《摩奴法典》首先确认婆罗门是人世间一切的主宰，而首陀罗只能温顺地为其他种姓服劳役。首陀罗不能积累私人财产，不能对高级种姓有任何不敬的言行。婆罗门和刹帝利则有权夺取首陀罗的一切。

为了镇压低级种姓吠舍、首陀罗的反抗，《摩奴法典》还规定了许多残酷的刑罚。比如，低级种姓的人如果用身体的某一部分伤害了高级种姓的人，就必须将那一部分肢体斩断。再如，动手的要斩断手，动脚的要斩断脚。

四个等级在法律面前是不平等的。《摩奴法典》规定，刹帝利辱骂了婆罗门，要罚款100帕那（银钱单位）。如果是吠舍骂了，就要罚款150帕那到200帕那。要是首陀罗骂了，就要用滚烫的油灌入他的口中和耳中。相反，如果婆罗门侮辱刹帝利，只罚款50帕那；侮辱吠舍，罚款25帕那；侮辱首陀罗罚款12帕那。高级种姓的人如果杀死了一个首陀罗，仅用牲畜抵偿，或者简单地净一次身就行了。

《摩奴法典》还对各个种姓的衣食住行都做了烦琐的规定。比如规定不同种姓的人不能呆在同一个房间里，不能同桌吃饭，不能同饮一口井里的水。不同种姓的人严格禁止通婚，以便使种姓的划分永久化。

每个种姓都有自己的机构，处理有关种姓内部的事务，并监督本种姓的人严格遵守《摩奴法典》及传统习惯。倘有触犯者，轻则由婆罗门祭司给予处罚，重则被开除出种姓之外。被开除出种姓的人就成为贱民，贱民只能居住村外，不可与婆罗门接触，只能从事被认为是最低贱的职业，如抬死尸、清除粪便等。走在路上，贱民要佩带特殊的标记，口中要不断发出特殊的声音，或敲击某种器物，以提示高级种姓的人及时躲避。婆罗门如果接触了贱民，则认为是一件倒霉的事，回去之后要举行净身仪式。

总的说来，印度的种姓制度实质上是一种阶级制度。但是，由于鲜明的阶级关系被掩盖在等级的划分之中，因此，它容易模糊阶级的界限，在劳动人民之间制造隔阂与对立，不利于团结对敌。此外，种姓制度实行职业世袭，把生产限制在一个狭小的范围内，从而阻碍了社会经济的发展。因此，种姓制度的存在，是造成印度社会发展迟缓的重要原因之一。印度自古代至近代，经历了几种社会形态，但是种姓制度一直延续下来，成为历代剥削阶级的统治工具。种姓制度经过长期演变，越来越复杂；在四个种姓之外，又出现了数以千计的亚种姓。今天，在印度仍然保留着种姓制度的残迹，受压迫受剥削最深的贱民达几千万人。

3. 宗教影响广泛

印度是一个"宗教王国"，既有一神教，也有多神教，印度人崇拜的神实在是太多了，有天神、地神，有神化的动物。直至今天，印度仍然是宗教的"博物馆"。

(1) 婆罗门教

在古代印度的哈拉巴文明时期就流行多种原始宗教，主要崇拜自然神。雅利安人进入南亚次大陆后信奉很多自然神。到后期吠陀时代，由于社会经济的发展，雅利安人的多神崇拜状况发生了很大变化，在众神中出现了三位大神，即梵天、毗湿奴和湿婆。梵天为创世之神，毗湿奴为保护世界之神，湿婆为破坏之神，三神的职能体现出对宇宙万物的创造、生存和灭亡。宗教教义也逐渐形成，原始宗教逐渐演变成了婆罗门教。婆罗门教教义以吠陀天启、祭祀万能和婆罗门至上为核心内容，以四部《吠陀》为经典，宣扬"吠陀"传自上天之神，是创世神梵天把火神、风神和日神身上的东西揉合在一起而形成的。"吠陀"是唯一正确的知识。人类社会的一切行为准则和规范均源于吠陀。通过种姓制度明确规定婆罗门至高无上的地位。婆罗门不但主管宗教和文化教育，充任各类祭司，传授吠陀知识，还在政治上占有很大势力，有的充任国王的顾问，直接参与政务；有的通过为国王祈祷，预卜吉凶等方式影响国政。到吠陀末期，婆罗门占有了大量土地，与世俗矛盾日益尖锐。

到列国时期，由于婆罗门至高无上的地位不适合加强王权，提高世俗势力的需要，出现了许多非婆罗门教的思想流派，婆罗门教也因此受到了严重打击。

(2) 佛教

佛教的产生是由于社会经济的新发展。农业、手工业、商业等发展，城市经济的兴起，改变了各等级的社会基础。婆罗门许多人成为占有大量土地和财富的大奴隶主，力图维护其特权地位，认为婆罗门教和种姓制度神圣不可侵犯。刹帝利通过频繁的战争掠夺了大量财富和奴隶，日益强大、富有，要求在军事政治和宗教社会等级中都居于支配地位。吠舍中部分人因经商而成为大商人、高利贷者，他们对特权阶层不满。而劳动阶层则生活更苦，起义和暴动不断。在这样的背景下，代表不同利益的新思潮和新宗教像雨后春笋般产生，新教派被称为"外道"，当时有96种，其中影响最大的是佛教。

佛教创始人乔达摩·悉达多（公元前566年至前486年）即释迦牟尼或佛陀（觉悟者），简称佛。释迦是族名，牟尼意"寂默"即隐居林间的圣哲。传说他是迦毗罗卫国（今尼泊尔境内）净饭王的儿子，属刹帝利种姓。他29岁时出家，修行7年而自称得道，后来在恒河中游传教四十多年。他入灭后佛教继续传播，并传到了亚洲一些国家。

早期佛教教义宣扬"四谛"，即苦谛、集谛、灭谛和道谛，继承了婆罗门教业力、轮回的说教，又加上自己的解释。佛教认为生、老、病、死一切皆苦，而苦的根源在于各种欲望，这就是"苦谛"，有欲望便有行动（思想动机和行动），有行动便造了业（行动的后果），因此因果不断，轮回不已（即集谛），消灭苦和摆脱轮回的关键在于消除欲望。为此必须达到"欲爱永尽无余"、绝对清静的涅槃境界（灭谛）；道谛即修行方法论，佛教认为要消灭欲望必须要靠自己修行，不需要婆罗门引导，也不需要祭祀和崇拜偶像（早期佛教没有佛寺和佛像），修行要实行五戒——戒杀、戒盗、戒淫、戒妄语和戒饮酒，坚持六度（布施、持戒、忍辱、精进、禅定和般若）和八正道（正见、正语、正思维、正业、正命、正精进、正念、正定）等。

早期佛教的特点：不承认婆罗门教的神能主宰人的命运，不承认婆罗门教的经典和祭祀有拯救人的作用，主张"众生平等"，认为人们只要笃信佛教就能得到解脱，不论哪个种姓的人都可以，从而否定了婆罗门种姓的权威。这在一定程度上反映了被压迫种姓的平等愿望。因此，佛教最初是反婆罗门教的派别之一。

但"众生平等"并不包括经济地位的平等；也不反对奴隶制度。六道轮回，因果报应的说教只能起到调和阶级矛盾的作用，结果还是为现实生活中的不平等辩护。所以早期佛教本质上是代表统治阶级利益的。教义主要对刹帝利和吠舍中的富人有利。摩揭陀国的君王信奉佛教，富吠舍以大量捐献支持佛教，是佛教能迅速传播的一个重要原因。

公元前3世纪，孔雀王朝国王阿育王终于将佛教定为国教，并在佛陀走过的地方进行朝圣和建造"阿育王石柱"，用于纪念佛陀的伟大和表示对佛的尊崇，这些地方被佛的信徒尊称为"圣地"。从此，佛教开始广泛传播。在传播的过程中，佛教出现了纷争，形成了不同教派。其中最重要的是公元1世纪左右形成的大乘教派。

大乘佛教的"大"即"大道""大业"的意思，"乘"是"运载""渡"或"度"的意思，"大乘"也就是把普渡众生为佛作为事业和追求。大乘佛教当时的代表有胁尊者、龙树、马鸣等。因得到迦腻色迦的大力支持，在贵霜帝国境内发展很快。他们把坚持原来佛教学说的一派贬为小乘。从此，佛教分裂为大乘、小乘两大派。两派的主要区别主要表现为：

> 小乘坚守释迦牟尼的遗教，注重伦理教诲，不拜偶像。大乘发展了释迦牟尼的说教，尊奉如来佛为最高神，如来佛和其他神可以有多种化身，释迦牟尼是神的化身之一，同时造出许多偶像加以崇拜。

> 在修道途径上，小乘认为只能虔诚信佛，达到自度；宣扬断欲爱，求解脱。大乘则主张自度和兼度。

> 在修行结果上，小乘理想是无欲望的涅槃境界，大乘佛教的理想是佛，并宣称，人们不必出家苦修，只要虔诚信佛，量力履行造塔、塑像、做法事、布施僧侣等功德，便能超脱人生苦海，进入极乐世界，甚至得道成佛。这样成佛的方法简单明确，因此，在统治者大力提倡下，自公元1世纪后大乘佛教广泛传播开来。

约公元83年，迦腻色迦支持胁尊者等在今克什米尔召集佛教第四次"结集"大会，参加者达1500多人，重新审订了佛教经典和教规，扩编为经、律、论三藏，各成十万颂。后来还刻在铜版上，从此，大乘佛教在印度北部、中亚占居了优势并不断向外传播。主要流行于中国、日本、朝鲜。小乘佛教主要流行于印度南部、斯里兰卡、缅甸、泰国等。

7世纪后佛教在印度本土日益呈现衰落趋势。一方面佛教越来越多地受到印度教的影响，注重咒语、性爱以及神秘仪式，形成所谓密宗，成为藏传佛教的前身。另一方面，佛教的诸多卓越思想，为印度教所吸收，佛教逐步丧失了自身特色。但是，导致佛教衰落的另一个重要原因，是8世纪以后阿拉伯人的入侵以及伊斯兰教的传入。伊斯兰教不拜偶像，他们所到之处，将寺庙劫掠一空，放火焚烧，或者拆毁，用作清真寺的建筑材料，于是佛教便在它诞生的土地上衰落了下去。

三、古印度文化

古印度在文学、建筑艺术和自然科学等领域成就也十分引人注目，对后世影响深远。印度古代文化因时期和地区不同而有不同的名称。繁荣于公元前6世纪至前2世纪的北印度文化称为佛陀时期文化和孔雀王朝时期文化。在公元前及公元初，地跨南北之间的文化为萨塔瓦塔纳王朝时期文化。公元4世纪至7世纪繁荣于北印度的为笈多王朝时期文化和戒日王朝时期文化。南印度古代文化起始于公元前，极南地区国家则较晚。

印度是东方一道独特的风景线：民族混杂、文化异呈、宗教众多、语言繁杂，一向有"保存最完好"的"人种、宗教、语言的博物馆"之誉。也许只好套用印度人的一句口头禅："这就是印度。"

1. 博大精深的文学艺术

古代印度的文学内容丰富,形式多样,有宗教文学、世俗长编史诗、戏剧等。随着印度与境外国家交往的发展,印度文学对中国和东南亚地区的文学也产生了较大影响。

印度最早的文学是吠陀文学,其代表作是《吠陀》本集的《梨俱吠陀》和《阿达婆吠陀》。佛教文学也是印度文学的重要内容之一。它主要指佛教典籍中所包含的具有文学特点的传说、故事和寓言等方面的作品。佛教文学大致可分为两类:一是巴利语佛教文学,如律藏中的《犍度》;二是梵文佛教文学,如佛陀生平传记集、马鸣的诗歌和梵语戏剧理论(如《舞论》)等。此外还有耆那教文学,泰米尔语桑伽姆文学。

古代印度的艺术主要表现在:精美的绘画和雕塑。印度的绘画艺术最早可以追溯到史前时期的岩洞壁画。这些壁画反映了原始时代印度人生活的情景。哈拉巴时期,以人、动物、印章为内容的雕刻艺术有了一定发展。孔雀王朝时阿育王石柱、精灵造像等显示出了艺术家高超的表现手法,反映了人们对人体表情和动作的细致深入的观察。犍陀罗艺术则代表了古代印度雕塑艺术的最高成就,是印度艺术与西方艺术融合的结晶。犍陀罗的佛陀塑像以《悉达多王子像》《佛陀立像》等最有代表性。犍陀罗的菩萨雕像气韵生动,工细传神,达到了很高的工艺水平,在世界艺术史上占有重要的地位。

多彩的音乐和舞蹈是印度文明富有特色的艺术成就。古代印度人能歌善舞,音乐和舞蹈不仅在日常生活中广泛存在,而且在政治和军事斗争中也起着重要的作用。在哈拉巴文化遗址中就出土了哨子、笛子等。随着乐器的发展,音乐在后来的宫廷生活、军事战争、宗教祭祀中成为不可或缺的组成部分。印度的舞蹈以舞姿优美、艺术表现力强而著称,不但有理论专著《舞论》,而且在发展中形成了四大派别:婆罗多派、卡塔卡利派、卡塔克派和曼尼普利派。四大派别各有特色,表现了印度舞蹈的丰富多彩。

印度的建筑水平不但可以从城市建筑看得出来,更突出的是佛教的寺庙、佛塔和佛窟建筑。庄严的城堡、鬼斧神工的石窟、风格各异的寺庙都让人惊叹不已。

佛教建筑是随着佛教的兴起而发展起来的。据说,摩揭陀频毗沙罗王供奉的精舍是最早的佛教建筑。以后,随着佛教的发展,寺庙由小到大,建筑由简到繁,艺术水平也越来越高。仅阿育王时期建造的寺庙就有1200多座。佛塔、佛窟的建造兴起于孔雀帝国时期。据说,佛陀寂灭后,其舍利分作8份置于塔中,建塔庙存放。阿育王在位时开掘其中的7座,在全国建塔84000余座,分置舍利。山奇大佛塔是印度最为著名的佛塔之一,呈覆钵状,建于两层基台上,内藏佛舍利。佛教石窟寺庙建筑开始于阿育王时期，都建于山中，是僧侣安逸地静心修行之处。阿旃陀石窟位于今天印度马哈拉施特拉邦的一个环形山谷之下，共有29窟，建筑复杂，工艺精致，而且石窟内有大量的雕刻和壁画，反映佛教的内容、宫廷生活或普通群众日常生活的情景，是印度石窟艺术的代表。

2. 印度的语言文字

印度也是世界人种和语言的"博物馆"。梵文作为古代书面语在中世纪仍没有灭绝。在民间有流行的区域性语言文字。从8世纪起，西印地语和东印地语成为北印度的标准语言。马拉特语形成于10世纪；至12世纪，拉贾斯坦语和古贾拉特语形成，旁遮普语开始创立；13世纪奥里萨语有铭文，于14世纪形成；克什米尔语于13世纪有诗歌；孟加拉语于14世纪形成；阿萨姆语于15世纪形成。南印度的区域语言形成较早。泰米尔语于6世纪就有作品，9世纪昌盛；卡纳尔语于6世纪有铭文，9世纪有修辞学；泰卢固语于7世纪有作品，11世纪翻译梵文诗篇。印度的区域性语言相传至今，成为现代按语言划分行政区域的基本依据。

3. 自然科学成就

印度在天文学方面，主要的成就是5世纪阿耶波多提出了地球围绕地轴自转的学说。在阿耶波多以后，出现了天文学家伐罗诃密希罗，他的主要著作《五大历数全书汇编》，几乎汇集了当时印度天文学的全部精华，全面介绍了在他以前的各种历法。编入书中的五种历法以《苏利亚历数书》最为著名。在该书中引进了一些新的概念，如太阳、月球的地平视差，远日点的移动，本轮等，并且介绍了太阳、月球和地球的直径推算方法。该书成为印度历法的范本，一直沿用至近代。在数学上，发明了10个数字符号，特别是表示缺位的零(当时以一个黑点表示)的符号的发明，是人类数学史上的一大贡献。这10个数字后来被阿拉伯人略加修改传至欧洲而被称为阿拉伯数字，为今天全世界通用。古代印度的医学已涉及到病理学、解剖学、毒特学及外科手术等方面的知识。

印度是神奇的。辉煌灿烂的文明总是让人如醉如痴。无论在世界的东方，还是西方，关于印度的传说实在是太多太多。史书有载：印度遍地珠宝黄金，四溢紫气祥云。直到今天，在耀眼的古老光环之中，印度仍然以其独具特色的风貌、丰富多彩的社会特征、日新月异的气象吸引着世人。

第三节　中华古文明

中华文明是世界古代文明中始终没有中断、连续5000多年发展至今的文明。中华民族在漫长历史发展中形成的独具特色的文化传统，深深影响了古代中国，也深深影响着当代中国。它不仅推动了东方社会的发展，而且对促成欧洲资产阶级革命进步思潮的兴起产生过巨大影响。以国家、阶级、城市等因素作为文明兴起的标志，中华文明在世界古文明中是年轻的，但她却是最长命的，是上古时代人类文明的仅存硕果。

从公元前21世纪夏启立国到公元618年唐朝建立，中华文明经历了2800多年的发展。在这两千多年中，中华文明完成了从奴隶社会到封建社会的伟大转变，经历了两次大分裂和两次大统一。从春秋战国的"礼崩乐坏"到秦汉的统一和发展，从三国两晋南北朝的民族分裂到隋唐的统一兴盛，中华文明在分分合合中取得了举世瞩目的成就。

一、古代中华文明发展的基本脉络

中华文明又称大河文明，长江黄河孕育了发达的华夏文化，也一直挑战着炎黄子孙的生存智慧，使他们在对待自然和社会的发展问题上形成了独特的哲学思想和行为方式，树立了古文明发展的新典范。

早在夏王朝建立前，长江黄河等就已孕育了多源、多样的文明因素。近数十年来，历史学、考古学、民俗学等学科的研究成果表明，中华文明的孕育，历史悠久，积淀深厚，分布广泛，她的创造者绝不只是炎黄子孙。中原仰韶文化遗址距今已超过5000年，东北红山文化遗址距今也有5000年以上，西北大地湾文化遗址距今已达7000年，这些古文化遗址中均已出现了一项或多项文明因素。浙江河姆渡古文化遗址出现了距今7000年的早期海洋文明；湖南彭头山古文化遗址出现了距今9000年的早期农耕文明。现已发现的文明源头，即可归纳为六七个不同的区系类型，例如，考古发现，生活在东南沿海的"饭稻羹鱼"的古越人，在六七千年前即敢于以轻舟航海。古越人在大陆虽已消失，但现在东南太平洋诸岛上的许多民族都与古越人的后裔有一定的血缘关系。台湾的先民高山族也是古越人的一支。古越人的发明创造如植茶、养蚕、干阑式建筑等现在都成为代表中华文明的事物，而为世人所称道。河姆渡古文化遗址出土的木桨、舟的模型与许多鲸鱼、鲨鱼的骨骼，都表现了海洋文明的特征。

在漫长的远古时代，华夏先民不仅学会了农耕，成为世界上最早种植水稻的人，还掌握了制陶技术、打磨技术和穿孔技术等，能制造出精美的石器、玉器和彩陶品。城市是文明时代的重要标识之一，湖南的屈家岭文化、河南的龙山文化和山东的龙山文化都发现了古代的城址。这些历史进步都为古代中华步入文明的门槛奠定了良好基础。

大约公元前21世纪，夏启子承父位，开始了中国家天下的历史，奴隶社会逐步形成，王位世袭制取代禅让制，一系列奴隶制国家机器如监狱、军队等先后出现。

自夏立国后，中华文明经历了夏商周奴隶社会时期和秦汉隋唐等封建社会两大时期。

商朝是奴隶社会的发展时期，奴隶制政治制度、国家机器进一步完善，残酷的刑法、"人牲"和"殉葬"，反映了这一朝代奴隶主统治的残酷性。

西周是奴隶社会的繁荣时期，井田制和分封制等奴隶社会的各种制度渐趋完善，宗法制的创立则实现了王权与族权的统一。

春秋战国时期是奴隶社会瓦解，封建制度初步确立的时期。政治上，争霸战争和霸主政治成为这段时间最集中的体现。分封制瓦解，新兴地主阶级政治经济实力增强，各诸侯国先后开展了变法运动，新的封建制度在各国逐步确立。经济上，井田制迅速瓦解。农业、手工业和商业均获得一定发展，并推动土地所有制发生变迁。在思想文化上，形成"百花齐放，百家争鸣"的局面，为中华文明的持久发展留下了不朽的精神财富。这是特定的历史时期的产物。从奴隶制向封建制过渡的社会巨变；封建地主阶级的集权政治代替了奴隶主的贵族政治；战国时期封建经济的飞跃发展；各国对人才的渴求和贵族垄断教育被打破；诸侯纷争为知识分子提供的自由流动和自由表达观点的社会环境；阶级关系的变动和阶级斗争的复杂化等因素促成了百花齐放和百家争鸣的局面。

秦汉时期是封建社会初步发展期。主要表现在：政治上确立和巩固了以皇帝为中心的中央集权的制度；经济上封建经济进一步发展，曾出现了"文景之治"的良好局面。民族关系初步繁荣。汉朝时，除了与北方匈奴的关系比较复杂外，在西部，同西域各族开始发生密切的贸易关系和文化交流，张骞和班超先后出使西域，沟通了西域少数民族和汉族的往来。在南方，秦汉对中国古代南方少数民族地区进行了初步开发和管辖。秦汉两朝民族关系的发展为中华统一多民族国家的发展奠定了基础。奋发进取精神则推动了秦汉走向世界的步伐。秦汉加强了与朝鲜、日本、西亚和欧洲的交往，"丝绸之路"，使得汉代中国与世界融为一体。

三国两晋南北朝时，中华古国再度陷入大分裂时期。其基本特征是：政治上长期分裂割据，既有残酷的战争掠夺，也有对峙下的竞争发展。经济上江南经济得到开发，中国古代社会经济重心开始南移。民族关系上既有冲突也有融合。经历了民族大分裂到民族大融合的历程，为统一创造了条件。

民族融合指民族之间的自然融合，它是民族间经济、文化以及生活习惯密切联系的结果。对于中华民族的形成和发展，对于多民族封建国家由分裂走向统一都有重要的作用，这是中国历史上的进步现象。由于中国古代历史上，汉族的经济文化水平明显高于其他少数民族，因此历次民族融合均以汉族为核心发生。从经济角度讲，民族融合就是少数民族由游牧经济转向农耕经济的过程；从文化风俗角度讲，民族融合就是少数民族汉化的过程；从整体社会发展角度讲，民族融合就是少数民族封建化的过程。民族融合主要通过以下几种形式完成：一是民族迁徙，指东汉以来周边少数民族的大量内迁。这既是民族融合的一种重要方式，也是民族融合的前提。二是友好交往，指北方各族逐渐改变以前的游牧生活，学习汉族先进的农业生产技术，成为农业居民；而汉族也学到了少数民族的畜牧业经济。三是在联合斗争中各族人民加强了联系和友谊。四是少数民族统治者的改革加速民族融合。五是民族间的战争客观上也有助于民族融合。

三国两晋南北朝时期的文化特征以包容异质，张扬个性，科技发展为标志。佛教迅速传播，虽有个别统治者毁佛灭佛，但从整个社会心态而言，却呈现出极大的包容性。尽管政局混乱，但科技文化仍取得了辉煌成就，并超越秦汉，为中国封建文化在隋唐时期达到繁荣奠定了基础。

公元581年，隋文帝开创了隋王朝。虽然寿命不长，但却实现了中华文明再度统一，南北大运河的贯通，生产力的进一步发展，使封建社会走向新的繁荣阶段。

二、中华古文明的基本社会特征

1. 专制主义中央集权制度的确立

专制主义中央集权制，包括专制主义和中央集权制度两个概念。前者是指中央的决策方式，即皇帝个人专断独裁。后者是指全国各种军政财大权归属中央，地方完全由中央管理和控制。专制主义中央集权制产生的主要原因：一是封建经济基础的需要。封建的个体小农经济要求有一个强有力的中央政权，维护国家统一和社会安定，保证生产发展。封建地主阶级也需要有一个强有力的政权，保护封建土地所有制，镇压农民的反抗。二是适应地主阶级建立和巩固政权，完成和巩固统一，加强对人民控制的需要。其理论来源主要是法家的"集权"理论。

专制主义中央集权制度始于战国时期，韩非子"集权"思想，秦国商鞅的变法，郡县制度的初步创立等，为秦朝君主专制主义的最终确立提供了条件。秦始皇统一中国后，改"王"为"皇帝"，自称"朕"，命为"制"，令为"诏"，印称"玺"，还有其他严格的礼仪、服饰、避讳制度，以表示他与普通人不同，把自己加以神化。作为新帝国的最高政治代表，皇帝从此拥有至高无上的权力。中央建立以丞相为首的三公九卿官僚体制，地方实行郡县制；在"轻罪重罚""以刑去刑"的思想指导下，颁布《秦律》，制定了条目繁多、刑罚残酷的法律制度。为了强兵卫国，秦朝开始实行普遍征兵制。兵种有车、步、弩、骑和"楼船之士"等。经济上，确立土地私有；统一货币、度量衡；车同轨，修驰道。思想上，推行"焚书坑儒"，实行思想专制。文化上，书同文、以法为教、以吏为师。秦始皇高度统一的中央集权主义思想和制度为后世所继承。汉朝建立后，汉承秦制，中央仍是皇帝制和以丞相为首，地方上实行"郡国并行制"；军队以南北军为中央常备军，郡县设有预备军。在《秦律》基础上，西汉萧何制定《九章律》。汉武帝政治上推行封建大一统的措施主要有：察举制、刺史制度、"推恩令""附益之法"，在军事上北击匈奴、南攻越族，思想上"罢黜百家，独尊儒术"等。

专制主义中央集权存着两大矛盾：一是皇权和相权的矛盾。其发展的总趋势是相权不断削弱，皇权不断加强。二是中央集权和地方分权的矛盾。发展总趋势是地方权力不断收归中央，中央集权不断加强。

2. 重农抑商，多种经济缓慢发展

农业在古代是决定性的生产部门。农业生产的状况直接关系到国家的兴衰存亡。因此，历代统治者都把农业当作根本性的大事来抓，奉行重农政策，采取一系列鼓励农业生产的措施，国家经济政策通常向有利于农业发展的方向倾斜。商鞅变法的奖励耕战，汉文帝的重农，历朝对农本政策的调整，明清对资本主义萌芽的压抑等，都是这种政策的体现。所以重农抑商政策实质上是要保护封建地主阶级经济，巩固封建专制统治。

抑商政策早在春秋战国时期就开始萌生。春秋时期齐国管仲的四民分居定业论，士农工商，商为末，已有抑商之意，但还没有形成明确的抑商政策。到战国时期，秦国商鞅明确提出了重农抑商思想，以后历代封建统治者都打着重视农业的幌子，抑制商业的发展，给中国商业发展戴上了沉重的枷锁。

评价重农抑商政策，要注意它的历史阶段性。在封建社会初期，对于促进社会经济的发展，巩固新兴地主阶级的政权，起了积极的作用。战国时期，秦国实行商鞅变法中的重农抑商规定，促进了经济发展，壮大了秦国的势力，为统一中国奠定了基础。但是到了明清时期，重农抑商政策的消极作用成为主要方面。明中后期，生产力提高，商品经济空前活跃，资本主义萌芽已经出现。在这样的形势下，统治者把商业和农业对立起来，采取各种措施，极力压抑和束缚资本主义发展。这些做法，违反了经济发展的客观规律，导致国家贫穷落后，也就失去了初期的积极作用。

在中国古代社会经济中，重农抑商的政策并没有抵挡住多种经济的发展。国内贸易主要体现在商业都市的出现与繁荣。夏、商、周时，商都既是繁荣的贸易城市，也是全国政治、交通中心。都城有城门供居民出入，城内有整齐宽广的街道。商朝已有"商人"。战国时，商业发达，中原市场形成，许多城市发展为繁华的商业中心，如，齐国的临淄、赵国的邯郸，楚国的郢。交换的商品大多数都是贵族地主用的奢侈品，与人民的日常生活不是很密切。反映了封建社会初期的经济特征。两汉的长安 和"五都"（洛阳、成都、邯郸、临淄和宛）都是全国著名的大城市，在国家政治和经济生活中占有重要位置。城市设有专供贸易的"市"。隋唐时期交通、货币、市都有很大发展，政府设置官员管理物价和税收，市中有邸店和柜坊，店铺不能任意扩大铺面、摊位，买卖时间也有限定。

货币是商品经济发展到一定阶段的产物。战国时期，各诸侯国都有自己的铸币，但货币不统一，妨碍各诸侯国之间的经济文化交流。秦朝统一后，规定圆形方孔钱作为通行全国的货币，后世历代都仿照秦钱样式。两汉时，黄金和铜钱成了主币。汉代的铜钱至武帝铸五铢钱才稳定下来。隋则延用了五铢钱。在交通方面，西周从都城镐京到全国有几条宽广的大道，路面平坦。秦汉时，秦实行"车同轨"法令，建立了遍及全国的驰道；灵渠和西汉"丝绸之路"的开辟大大加快了中国与其他国家和地区的交流。汉武帝以后还开辟了与南海诸国及印度半岛等地的水上交通线，最远到印度半岛南端。

对外贸易体现在汉代中国与日本、朝鲜、越南等国保持着频繁的贸易往来。张骞通西域后，汉朝的使者、商人接踵西行，通过"丝绸之路"与中亚、西亚、南亚诸国进行频繁的经济文化交流。通过海上"丝绸之路"与南海诸国即印度半岛等地进行经常的贸易往来。

因此，只有实行对外开放、进行对外经济文化交流，才能促进社会进步，闭关锁国只能造成国家、民族的落后；加强联系、互相学习、互相促进是世界历史发展的趋势，适应历史发展趋势者存，逆历史发展趋势而行者亡；政治稳定、经济繁荣是对外经济文化交流的重要条件；和平友好交往是我国人民同外国交流的主流，说明我国古代人民是爱好和平、崇尚友好的人民。

3. 封建社会在分裂与统一中前行

从夏朝建立后，中华古国经过夏商周三代的统一发展，便进入春秋战国的大分裂时期，群雄并起，争霸割据，直到公元前221年秦始皇统一中国，才又归于统一。经历秦汉400多年的统一后，中国又陷入三国两晋南北朝360多年民族冲突与融合的第二次国家大分裂时期，直到隋朝的建立才又复归一体。

在此进程中，合久必分，分久必合，似乎成了中华文明演进的规律。总的来说，无论是分是合，中华古文明都没有停止前进的步伐，总趋势是国家统一的不断加强和巩固，这是历史发展的主流，是人心所向，分裂是支流，受到中华文明精神传统的排斥。

国家统一的因素取决于：①社会生产力的不断发展。②民族融合和民族凝聚力的逐步加强。③中央集权制度的建立和发展；统治者适时调整统治政策；以汉族为主体的中华文明的吸引力等。④人民渴望统一。国家的统一推动了社会生产力的进步，加强了民族融合，促进了各地区间经济文化的交流，有利于科技文化教育事业的发展等等。

国家分裂的根本原因是封建经济的分散性。主要原因是统治阶级内部争权夺利的斗争；中央集权的削弱和地方割据势力的膨胀；少数民族政权的崛起和民族矛盾的激化；民族融合的不稳定；生产力水平低下，商品经济发展不充分，没有形成稳定的统一市场等。分裂时期充满着战争，既有民族间的战争，也有统治阶级内部的内战。分裂中孕育着统一的因素：①人民反对战争，渴望统一。②社会经济的发展为统一奠定基础。③民族融合的加强。④杰出历史人物的雄才大略。⑤意识形态对统一所起的积极作用。

国家分裂虽然不断阻止社会的进步，但毕竟有巨大的负效益。分裂不利于社会生产力正常发展；不利于各地区各民族间经济文化合作与交流；不利于科技文化教育事业的发展。所幸的是中华文明强大的凝聚力使每次分裂后建立起来的统一王朝，其民族凝聚力和向心力总能大大加强。

4. 统一多民族国家的形成

民族关系是任何一个民族国家和地区在发展中都要面对的。但不同的国家对民族关系的处理各有特色。中华古文明在民族关系的处理上可谓独树一帜，归结起来可以用两个字来表达，即"融"和"化"。一"融"一"化"，统一的多民族国家形成，使不同的民族都能朝着共同的方向发展。

原始社会末期，黄炎部落相互融合，形成了华夏族的主干。春秋战国时期，华夏族与其他各族通过经济文化交流和频繁的战争逐步融合，为秦建立统一的多民族国家奠定了基础。秦朝的统一，标志着我国统一的多民族国家初步形成。两汉时期，实现了对西域、西南及华南两广地区的统治，既大大扩展了疆域，又有效地开发了边疆。魏晋南北朝时期，由于民族迁徙、各民族联合斗争以及少数民族统治者的改革，出现了中国历史上第一次民族大融合的高潮。

隋唐进入统一的多民族国家的大发展时期。高度繁荣的经济文化对周边少数民族有很强的吸引力，加上统治者实行开明的民族政策，以更大范围、多种形式加强了与少数民族的联系和管理，特别在西北和东北奠定了祖国疆域的基础。五代辽宋夏金元时期，统一多民族国家进一步发展，民族融合高潮再一次出现。周边少数民族建立了自己的政权，加强了与汉族的交往，逐步完成了封建化，为元朝更大规模的民族融合和多民族国家的重新统一奠定了基础。元统一后，形成了中国历史上第二次民族大融合的高潮，为明清统一的多民族国家的巩固提供了条件。明清中央政府采取有力措施，解决了周边少数民族问题，特别是在清朝，粉碎了少数民族贵族与西方侵华势力分裂国家的阴谋，同时采取了有力措施加强了地方行政管理和中央集权，使我国统一的多民族国家形式巩固下来。

总之，"融"与"化"的方式可以亦战亦和，但最终目的是合而为一。为民族而战的形式有民族掠夺战争、民族征服战争、平定民族叛乱的战争、反抗民族压迫的民族起义、反对外来侵略的民族自卫战争。和的形式有和亲、贸易、会盟和通贡。

在民族关系的处理中,中央政府居领导地位,通常战争是不得已而为之。主要的解决方式是设管理机构、册封、和亲、会盟("议和")、互市、防御(如迁民屯边,修筑长城)等。

三、异彩纷呈的思想文化

1. 博大精深的哲学思想

儒家思想是中国传统文化中的主流思想,也是维护封建君主专制统治的理论基础。儒家思想影响了世界上许多国家,特别是东亚、东南亚国家,新加坡甚至用儒家思想来治理现代国家。因此,继承和弘扬中国传统儒学的精髓具有深远的现实意义。

儒家思想产生于春秋战国时期。当时中国社会处于奴隶制崩溃封建制确立的过程中,历史经历着划时代的变革。周王室衰微,诸侯争霸,维护奴隶主宗法等级制度的"周礼"遭到极大破坏,社会处于动荡中。社会各阶层都对社会变革提出自己的看法和主张,提出解决社会现实问题的办法,形成了诸子百家争鸣的繁荣局面。其中影响最大的是儒、法、道、墨等家,他们各自为自己所代表的阶级设计了一套结束割据,实现统一的治国方案,这不仅繁荣了文化,也为秦汉以后的封建社会治国思想的选择奠定了基础。

图1-3 孔子

在先秦儒家思想的形成中,春秋时期的孔子是儒家学派的创始人(图1-3)。他提出"仁",主张以爱人之心调解与和谐社会人际关系。维护"礼",主张贵贱有"序",这是孔子政治思想中的保守部分。主张以德治民,要统治者爱惜民力,取信于民,正身律己。在政治上,主张逐步改良,"损益"旧法。儒家思想后来发展成为中国古代封建文化中的正统思想。孟子是战国时期儒家的代表,他主张施行仁政,并提出"民贵君轻"的思想;主张"政在得民",反对苛政;主张给农民一定的土地,不侵犯农民劳动时间,宽刑薄税。儒家思想在春秋战国和汉初并没有受到统治者的特别重视,在秦朝时,还出现了众所周知"焚书坑儒"事件。但是,自西汉董仲舒提出了一套"罢黜百家,独尊儒术"思想后,符合统治者"有为而治"的实际需要,儒家思想才在中国思想界初步确立了主流地位。董仲舒以儒学为基础,以阴阳五行为框架,兼采诸子百家,以唯心主义神学论的形式发展了新儒学。提出了符合封建统治阶级需要的"三纲五常"伦理观,强调"天人感应""君权神授"。

两汉尊儒促成了经学的发展,形成了古文经学和今文经学等不同流派。经学是训解、阐发和研究儒家经典的学问。起初,六经是孔子删定的教材即《诗》《书》《礼》《乐》《易》和《春秋》;战国以后,这些成为儒家学派授受的教本,并经师徒相传,形成众多的传记。到汉代,正式出现"经学"一词,《汉书》中有邹阳说"邹鲁守经学"。汉武帝罢黜诸子传记博士,只立《五经》博士,《五经》便成了治国的法典,儒学也就成了官学。由于秦始皇焚书和项羽火烧咸阳,刘邦入关后,萧何努力收集秦丞相御史律令图书,却没有顾及《六经》典籍,当时的中国文化出现了断层。汉武帝想用儒家思想加强统治,只得求助于原来秦博士记忆、口颂和民间匿藏。秦博士或官吏,如伏生、叔孙通、张苍、浮丘伯等口授,由汉初时人按通行的文字(隶书)记录下来的典籍,便是"今文经",训释、研究今文经的学问,称为"今文经学"。因其时《乐经》已无人传授,也不见古文秘籍,汉初只有《五经》流传于世。"今文经学"作为名称则是东汉时的事,当时因古文家独树一帜,迫使原有经师结成一派,彼此各树一帜。古文是指战国时的六国文字,与汉代通行的隶书不同。古文经是指躲过秦火焚书大劫的私藏或秘藏的典籍。古文经学在字体、文字、篇章等形式上与今文经学不同,进而在名物、制度、解说等内容上与之异流。古文经学以周公为先圣,以孔子为先师,把儒家典籍看作历史资料,认为孔子"述而不作,信而好古",没什么"微言大义",认为《六经》皆史籍,平实地讲理经书。汉代古文经学家以刘歆为代表,另有扬雄、桓谭、王充、贾逵、马融、郑玄等。冯友兰(1895—1990年)先生认为今文经学和古文经学两派的来源可能要上溯到先秦儒家的两派,所以公元1世纪的古文经学思想家都具有与荀子和道家相似的自然主义宇宙观。

值得注意的是,独尊儒术的主张提出后,儒学并没真正实现一统的地位。事实上,自从汉武帝以后,一方面,儒术已经吸收了法家、道家、阴阳家等各种不同学派的思想;另一方面,道、法等其他思想并没有受到限制,佛教传入(东汉时),道教兴起(东汉末),使儒术没有能够实现独尊的局面,其地位的真正确立要到唐宋的时候。

道家学派是先秦时期重要的思想流派,与儒家思想相互补充,对中国历代王朝起过重要的作用。老子是陈国思想家,掌管周王室的图书典籍,是北方文化的代表人物。老子思想中最光辉的部分是朴素的辩证法思想。他说:"祸兮福之所倚,福兮祸之所伏。"[①]又说:"有无相生,难易相成,长短相较,高下相倾,声

---

① 《老子·五十八章》.

音相和，前后相随。"①揭示了世界上任何事物都包括矛盾对立的两个方面，这两个方面相互依存，既对立又统一。这是人们对世界认识深化的表现。老子哲学的主要贡献在于提出了前所未有的深刻见解，力求使人们的思想摆脱传统的宗教神学和思维定式的束缚。

在战国中期，庄子继承了老子的思想，他将老子的主导思想发展到了极致，并给人以无限的思考余地。到西汉初年，黄老思想成为指导统治者实行休养生息的主导思想，促进了汉初经济的恢复和发展。汉武帝之后，道家思想仍然继续传播。魏晋时，形成儒道融合的玄学。"玄"字的本义是一种深赤而近黑的颜色，所以许慎《说文解字》引意解为：玄，幽远也。"玄"字出自老子《道德经》"玄之又玄，众玄之门"，言道幽深微妙。魏晋时期清谈家称《周易》《老子》《庄子》三本书为"三玄"，并以此作为清谈的主要内容，提出自己的思想主张，"玄学"之名由此而来。

东汉末年至两晋，两百多年的乱世，使统治思想界近四百年的儒家之学也开始失去了魅力。士大夫对两汉经学的繁琐学风、谶纬神学的怪诞浅薄，以及三纲五常的陈词滥调普遍感到厌倦，于是转而寻找新的"安身立命"之所，醉心于形而上的哲学论辩。这种论辩犹如后代的沙龙，风雅名士（如以嵇康、阮籍为代表赫赫有名的"竹林七贤"）聚在一起，谈论玄道，当时人称之为"清谈"或"玄谈"。

据清代学者赵翼《廿二史劄记》称，清谈之风始于魏齐王曹芳正始年间，何晏、王弼可以说是创始人，他们都是当时贵族名士，影响所及，开创一代风气。魏晋玄学依靠注释经典的方法阐释自己深刻的理论思考，沿着儒道两家对于天人之际的思路进行探索，在处理个体与群体、个人与社会的关系方面表现出独步千古的潇洒。玄学的主要代表有：何晏、王弼、阮籍、嵇康、郭象等。总的来说，玄学是当时一批知识精英跳出传统的思维方式（修齐治平），对宇宙、社会、人生所做的哲学反思，是在正统的儒家信仰发生严重危机后，为士大夫重新寻找精神家园的一种努力。南北朝时，佛教以玄学语言阐述佛理，玄学家也有以谈佛理见长者，玄佛合理。东晋后，玄学与佛学逐渐合流。

2. 长期领先的科学技术

中国古代科学技术在世界科技发展史上占有极其重要的历史地位。它的发展从远古时代原始积累，在春秋战国奠定基础，中间经魏晋南北朝的充实提高，到汉宋元达到两次高潮。

商周在科学技术方面，以青铜冶炼技术的纯熟掌握和应用最为突出。如今能见到的商周时代的青铜器还有万件之多。记载周代手工业生产技术和经验的著作

---

① 《老子·道德经》，第二章．

《周礼·冬官·考工记》，介绍了"攻皮""设色""刮摩""搏埴"等技术经验。《墨子》记载了许多科学知识和生产技术，包括对力学、光学、几何学等的很多现象都形成了一定的认识，并进行总结，上升为理论。这是古代生产力发展的结果，显示了我国先秦时期科学发展的水平和成就。

农业是中国古代社会的主要生产部门，而天文历法与农业有着密切的关系。中国对天文历法的研究自石器时代就开始了。周烈王时，即公元前370年左右，我国出现《四分历》，包括《颛顼历》和《殷历》。《四分历》规定一年为三百六十五又四分之一天，十九年之中置七闰，是当时世界上最精确的历法。公元前46年，古罗马曾创造《儒略历》，与我国的《颛顼历》相似，但要晚300多年。在医学方面，神医扁鹊成为我国中医脉络学的创始人。

经过夏、商、周三代的发展，到春秋战国时期，我国古代科学技术进入全面奠基时期，同时也是第一次大发展时期。由于新兴的封建制度优胜于奴隶制度，其成就不仅赶上而且超过了早期科学技术最为发达的古希腊。

春秋末期出现了炼铁渗碳钢技术，战国时期又出现了白口铁处理技术。冶铁技术的发明是社会进步的一个突出标志，正是它大大促进了农业和手工业的发展。在农业方面形成了以精耕细作为主要内容的中国传统农业。战国末年写成的《吕氏春秋》，其中的《上农》《任地》《辩土》《审时》等篇称得上是这种农业科技的成文理论的开端。都江堰、郑国渠两个大型灌溉工程的兴建，标志着古代水利工程设施的空前发展。《考工记》是我国古代第一部工程技术知识的总汇，其中对生产工具、建筑、交通运输、皮革制造、染色、乐器、玉器等36项专门的实用工艺技术的记述，显示了这一时期手工业内部分工的细密化及其技术的规范化、科学化程度已达到相当高的水平。《墨子》一书不仅是我国第一部几何光学著作，而且其相关成就在世界上也是领先的，比欧几里得几何光学要早百余年。"力"概念的提出，光沿直线传播思想的揭示，更是为《墨子》增添了亮丽的光彩。《考工记》与《墨子》作为春秋战国时期人们生产、生活实践经验高度概括的成果，一起被看作是我国古代经验科学出现的标志。

数学、天文学与历法方面在这一时期都有了广泛的发展。十进位制和筹算制度不断得到完善，为后世具有中国特色的计算数学体系的形成奠定了基础。有关天象观测的记载详尽准确，即使在今天仍不失为天文研究的宝贵历史资料。在地学方面，《山海经》《禹贡》《管子·地员》等著作的出现，标志着人们的地理知识已从对地理资料的简单积累，上升到进行某种形式的综合论述与区域对比，以适应当时政治、经济的需要。医学方面，以《黄帝内经》等著作为代表，以人体器官整体观、阴阳五行论与脏腑经络学说为理论基础，以人体解剖、生理、病理、病因诊断等的研究与实践为重点，兼及针灸、经络、卫生和保健等诸多方面，构成了我国特有的医学体系的最初基础，并在临床上显示出杰出的贡献。

我国人民对自然界物质本源认识的探求，继五行、阴阳说之后，元气说与原子论是其两大发展线索，它们的确立分别肇始于这个时代的荀况与墨翟。

两汉时期是我国古代科学技术发展的又一高峰期。一方面，经过了春秋战国的长期酝酿、积累和实践，科技本身已达到了量变足以引起质变的地步；另一方面，由于社会政治上的统一与安定，经济的恢复与持续发展，为科技活动和科技新高潮的到来创造了良好的外部条件。因此，呈现出科技人才辈出，著作大批问世，成果灿烂辉煌，对生产的渗透愈深，与生产的协调日益显著等诸多特点。

《九章算术》以及《周髀算经》的成书显示出以算盘为计算工具的独特数学体系的形成，其特征是形数结合、数学算术化。今天，由于计算机的出现，算术化倾向在现代数学中的作用已日渐显著，中国古代算术的思想与方法和现代计算机科学与技术正在相互融合。为此，它将以崭新的面貌重现，并在当代数学发展中扮演重要角色，重新焕发青春。

古代历法已经确立了我国后代历法体系、规范和基本内容的原始框架。以张衡为代表对天文仪器的研制、对天象的观察与记录，以"论天三家"为代表的宇宙论则形成了中国古代天文学的固有传统。《汉书·地理志》的出现，开拓了沿革地理研究的新领域。《神农本草经》是对我国秦汉以来药物知识的总结，它为后世本草学奠定了基础；《伤寒杂病论》不仅确立了辨证论治的医疗原则，而且极大地充实了中医药体系的内容，更加切合医疗的实际应用。《氾胜之书》可以说是对农业知识的总结。《论衡》《淮南子》《淮南万华术》《周易参同契》《尔雅》等书中也包含了丰富的物理、化学和生物学知识。

在生产技术方面，具有我国古代传统特色的主要技术，像冶铁、纺织机械、农具制造、造纸工艺、漆器工艺、船舶制造等都已出现，且达到了相当高的水平。例如，赵过的铁脚耧车、杜诗的水排、梯级船闸设计的原理与方法、木结构建筑风格、竖炉冶炼法、实测基础上绘制的地图等都是其中突出的成果。造纸术更是汉代一项最重大的发明，也是我国对世界文明的一大贡献。牛耕的推广与代田法、区田法耕作制度的创新，在当时条件下起到解放和促进生产力发展的重要作用。

3. 意境悠远的文化艺术

（1）文学

文学是文明的彩虹。文学艺术起源于原始人类的生产劳动。上古时代就有口头创作的文学——歌谣和神话等，神话是我国浪漫主义文学的开端，诗歌和散文是最早的文学形式。

《周易》是商周之际的一部巫书，大约编成于战国初期，其中记载了古代的社会情况，并保存了部分古代歌谣，有朴素的文学色彩，是甲骨卜辞的发展。

《尚书》是一部分古代历史文献汇编，反映了我国早期历史散文的面貌。其中《盘庚》篇是商代的重要文献，《周书》保存了周代的历史文献。

《诗经》是我国最早的诗歌总集，它汇集了商末至春秋中叶的诗歌，有很高的文学成就和史料价值，是我国现实主义文学的奠基作品。西周初年的诗歌，有歌颂祖先功德，追叙周部族历史之作，也有描写农业生产、祭祀、贵族宴享的作品，反映了西周初年政治安定的局面。东周的诗歌，有大量描写婚姻爱情之作，也有反映在长期战乱中人民的不满和怨恨的作品，以及揭露贵族奢侈残暴，反映统治阶级内部矛盾的讽刺诗，表现了东周时期各种尖锐的社会矛盾。

春秋战国时期巨大深刻的社会变革，使文化得到突飞猛进的发展。这个时期在文化上呈现出空前繁荣的盛况，在学术上有着辉煌灿烂的成就。大思想家、教育家孔子和大文学家屈原等人的相继出现，揭开了我国文化史上崭新的一页。

先秦诸子散文发展有三个阶段。春秋战国之交的散文以《论语》和《墨子》为代表。《论语》为简短的语录体，《墨子》是在对话中杂有议论的文字，初具说理文规模。战国中叶的散文以《孟子》和《庄子》为代表。《孟子》是对话式的论辩文，《庄子》突破了对话体，开始向专题论文过渡。《孟子》和《庄子》语汇丰富，注意文章的形象性和感染力量，文学性较强。战国末叶的散文以《荀子》和《韩非子》为代表。它们都具有体制宏伟，注意文章结构和修辞，逻辑性强的特点，反映了先秦说理文的最高成就。春秋以来，楚国吸收了中原地区的学术文化。楚国的悠久历史文化与中原地区文化的融合，为大诗人屈原的创作准备了条件。战国中期以后，楚国朝政腐败，在强秦的威逼下面临覆亡的危险。屈原以悲痛深沉的感情创作了著名的浪漫主义抒情长诗《离骚》，表现了忧国忧民的爱国思想。屈原根据楚国民歌创制的新诗体楚辞，突破了《诗经》的格局，为诗歌创作开辟了新领域，在诗歌史上有划时代的意义。

先秦文学的主要成就是诗歌和散文，它为我国文学的繁荣发展奠定了坚实的基础，哺育了各个时代的作家，其浪漫主义与现实主义的创作方法对两千年来的文学创作产生了极其深远的影响。先秦文学在今天仍有借鉴意义。

汉代文学的发展主要表现在汉赋的勃兴、史传文学和乐府诗三个方面。汉代文学的主流是辞赋。西汉初年，由于全国统一，政治上相对稳定，经济逐步恢复和发展，到汉武帝时，社会经济达到一定程度的繁荣富庶。统治阶级大治宫室园苑，田猎游乐，过着骄奢淫逸的生活。在这样一种物质基础上，与之相适应，产生了歌功颂德、粉饰太平、基本上为宫廷上层统治者服务的贵族化的宫廷文学——汉赋。汉赋的代表作家有司马相如、扬雄、班固、张衡等，并称"汉赋四大家"。其中司马相如最为有名，其《子虚》《上林》二赋也最为驰名。张衡的《归田赋》是首开抒情小赋先河的作品。作品篇幅短小，文句清丽，情境优美和谐，语言清新，一扫大赋虚夸堆砌的特征，汉代辞赋开始由专为帝王歌功颂德的体物赋转变为表达个人胸怀情趣的抒情赋，由长篇巨制变为短篇佳作。汉赋的主要特点是："铺采摛文，体物写志"和"不歌而诵"。其特色主要有：扩大描叙，尽情铺张；整齐的句式和散形的句式兼用；主客问答式。

乐府民歌是汉代的又一重要文学形式。汉武帝设立了一个专门管理音乐的机关，这个机关叫"乐府"。乐府机关掌管朝会、宴饮、祭礼以及道路游行时所用的音乐，兼采民间诗歌和乐曲，收集各地民歌，后来就将这个机关所采集的、创作的乐歌称为"乐府"，于是"乐府"就成了一种古体诗的名称。后代文人用"乐府古题"或仿效乐府风格即事名篇而写的歌辞也称"乐府"。据《汉书·艺文志》记载，当时乐府所采集的民歌有138篇，现仅存40多篇，大部分收在宋人郭茂倩所编的《乐府诗集》中。汉乐府根据所用音乐不同，被分为郊庙歌辞、鼓吹曲辞、相和歌辞和杂曲歌辞等。其中相和歌辞保留民歌最多，鼓吹曲辞和杂曲歌辞中也有不少民间作品。著名的乐府诗有《陌上桑》《东门行》《上山采蘼芜》《上邪》《孔雀东南飞》等。

(2) 史学

史学，一般起源于记事。在我国原始社会时代，据传人们有用结绳方法来记事的。因为这种方法过于简陋，他们所记的事，我们已经无从得知。我们所知道的最早的历史，大多是由口头流传下来的，如"黄帝战蚩尤""女娲补天""大禹治水"等，因而有十口相传为古的说法。

夏、商、周三代是我国史学的起源和初步发展的时期。开始时，"巫""史"不分。到了所谓"重黎绝天地通"之后，史官才逐渐从神职中分离出来，专司人事。开始时，以记事为主，史学水平较低。自盘庚迁殷以后，直到春秋末年，在约近千年的历史行程中，随着经济、政治、文化的逐渐发展，史学也日益进步。虽然史官仍要参与龟筮占卜，解释天象，是预言祸福的半神秘人物，但开始重视史事的垂训和鉴戒作用，使史学由"记事"发展到"经世"。被称为我国和世界上最早的史书《尚书》，主要是一部历代政治文件汇编，虽无一定的史例、史法，但其中确实保存了一些关于夏、商和西周的珍贵资料。我国从西周共和元年(公元前841年)起，有了按年记载的编年史。从此以后，中国历史基本上有了持续不断的记载，差不多每一年代都有史可查。当时的重要诸侯国如楚、齐、鲁、燕、晋、陈、宋，都有了明确的纪年。我国有这么早、这么完整的历史纪年，是全世界所罕见的。

到了公元前722年，中国历史有了更详细、更完备的记载——《春秋》。《春秋》的出现，使我国史学开始出现了一个新的局面：史学逐步变成了"经世之学"。

春秋时期，诸侯各国都有史官记事，如晋国的《乘》、楚国的《梼杌》、鲁国的《春秋》等，都是当时的史书。据说孔子"使子夏等十四人求周史记，得百二十国宝书"，墨子曾见到过"百国春秋"，当时史学发展的盛况是可想而知的。

鲁国史官所记的《春秋》，上起鲁隐公元年（公元前722年），下讫鲁哀公十四年（公元前481年），共记载242年的历史。孔子根据他制定的和史官们所共同遵守的史法进行修订，使之成为儒家的经典。孔子修订《春秋》的目的在于"正名"，有褒有贬，从而使"乱臣贼子惧"。

自周平王东迁后到战国时代，"重人事，轻鬼神"已成为当时社会上的主要思潮。孔子绝口不谈"怪、力、乱、神"，左丘明在《左传》里记载了不少怀疑、否定天道和鬼神的言论，如"天道远，人道迩"，"国将兴，听于民；国将亡，听于神。神，聪明正直而壹者也，依人而行"。先秦史家，如孔子和左丘明等，都是这种民本思想的主要代表。他们使史学初步摆脱了神学，因而他们在我国史学上享有崇高的地位。

战国期间，学术思想随着社会的急剧变化，显得特别活跃，一时诸子蜂起、百家争鸣，史学也因此获得迅速发展。记事史、记言史、国别史、系统的编年史，都有了很大的进步。同时又产生了学术史，如庄子的《天下篇》、荀子的《非十二子》、韩非子的《显学篇》等。

战国时期，人们对史实的考订也开始给予重视。孟子说："尽信《书》，则不如无《书》。吾于《武成》，取二、三策而已矣。"另外，历史观也在进步，韩非子把历史的发展明确地分为上古、中古、近古三个时期，并写出了各个时期的特点，这在当时是十分卓越的见解。

我国先秦史学，不仅在"发凡起例"上成为后代史学的开山，而且注重把史学作为人们的教材，使人们能够鉴往知来。同时，对于史德也非常重视，把"信"字作为修史的标准，把良史作为史家学习的榜样，齐太史、南史氏、董狐等史家的那种不畏强御、据事直书、冒死以赴的精神，一直被视为我国史家的正气。

两汉史学在我国史学发展上占有十分重要的地位。"究天人之际，通古今之变，成一家之言"的司马迁的《史记》成为划时代的不朽之作。司马迁（公元前145年至约公元前87年）创作的《史记》全书有十二本纪、十年表、八书、三十世家、七十列传共130篇，52万余字，记载自黄帝起至汉武帝太初之间约三千年的史实，是纪传体史书的开创者。它首创了用人物传记为中心这一新的史学方法，并用"不虚美、不隐恶"的史家笔法，秉笔直书，是我国史学史上一个划时代的标志。因此，《史记》是我国第一部以写人物为中心的纪传体通史，被列为中国的第一部"正史"。班固的《汉书》模仿《史记》体例，但它只写西汉一朝之事，所以又是"断代史"的创始之作。《汉书》在汉代享有极高的名声，与《史记》并称"史汉",后又加上《后汉书》《三国志》,并称"四史"。

三国两晋南北朝时期,私家修史之风盛行,史籍数量急增,二十四史中的《后汉书》《三国志》《宋书》《南齐书》《魏书》等都是在这一时期成书的。《后汉书》总共120卷,是南朝宋范晔所撰;《三国志》总共65卷,由西晋陈寿所写;《宋书》共100卷,为南朝梁沈约(441—513年)所著;《南齐书》总60卷,乃南朝梁萧子显(489—537年)之作。《魏书》共130卷,北齐魏收(506—572年)所撰。

总之,从夏到隋之前,虽然还不能说史学之作汗牛充栋,但在世界四大文明古国中已属罕见。史学为炎黄子孙启智养性,为千古帝王提供前车之鉴,是中华文明的重要组成部分。

(3) 艺术

先秦的艺术主要表现在4个方面:雕塑、绘画、书法和建筑。雕塑包括青铜雕塑、陶塑、玉石雕刻和木雕。青铜器发端于黄河流域,早在新石器时代晚期的龙山文化和齐家文化阶段,已出现黄铜或红铜锻打的工具及青铜铸造的铜镜。青铜是铜锡合金,较之铜有熔点低和硬度大的优点。由形制、花纹、雕塑、铭刻结合而成的青铜艺术可以说是当时匠心凝聚的最高艺术表现,彝器(青铜器礼器通称彝器)在政治、社会方面所发挥的功能是青铜艺术发展的原动力。先秦具有圆雕性质的青铜雕塑,包括铜铸人像和鸟兽形铜尊卣,其艺术成就十分引人注目。玉石雕刻在商代就十分发达,其特点是:造型简洁,讲究对称,结构紧凑,立体感很强。春秋战国的玉石雕刻向精雕细刻方向发展,神秘色彩减弱;夔龙形玉佩多数饰有蟠螭纹及涡云纹,形式多种多样,造型矫健自如。安徽寿县朱家集出土的战国石卧牛,呈扭头蜷腿打滚状,标志着战国雕刻已突破商代左右对称的呆板造型。

先秦绘画主要包括先秦壁画、青铜器上的纹饰图案、战国帛画。1975年冬,在殷墟小屯曾发现建筑壁画残块,以红、白两色在白灰墙的表面绘出卷曲对称的图案,颇有装饰趣味。春秋战国时代,壁画创作更加兴盛。大多数公卿祠堂及贵族府第都以壁画作为装饰。《庄子》说"叶公好龙,室屋雕文,尽以写龙"。东汉王逸《楚词章句》称"楚有先王之庙及公卿祠堂,图画天地山川神灵,琦玮僪诡,及古圣怪物行事"。屈原仰见图画,呵而问之,才成《天问》之作。青铜器上的纹饰图案商代青铜器纹饰以饕餮纹(又称兽面纹)为主。西周礼制的宗教色彩减弱,逐步走向仪式化,因此纹饰删繁就简,兽面纹已衰退,凤纹渐多,出现如∫或∪的波曲纹、动物纹、鳞带纹。西周晚期则出现重迭交叉(如龙相交缠)的纹饰或较复杂的四方连续动物纹。这种风格一直发展至春秋时代。战国时代,生活气息浓郁的狩猎、习射、采桑、宴乐、攻城、台榭等图案纹饰,广布于青铜器上。战国帛画以长沙楚墓先后出土两幅旌幡性质的战国帛画为代表。先秦书法,商、西周的文字已具备用笔、结体和章法等书法艺术的三个要素,标志书法已初步形成。商代、西周时期的书法主要是甲骨文和金文。春秋末年和战国时期,金文产生了地方风格,北方晋国出现尖头肥腹的笔形书法文字,即所谓的蝌蚪文,如《智君子监》;南方江淮一带的文字,笔画多曲折,有的以鸟形和点子作装饰,这种很像图案的文字常在兵器上看到,应是所谓的鸟书。

▨ 学习思考题 ▨

1. 古代苏美尔的文明成就表现在哪里?
2. 印度为什么会成为世界宗教、语言的"博物馆"?
3. 中华古文明的特色与成就是什么?

第二章 古代欧洲文明

"光荣属于希腊，伟大属于罗马。"

——[美]爱伦·坡

第一节 古代希腊

"希腊是西洋文化之母"，西方现代的自由、平等观念，民主制度和科学精神，都可以在古希腊找到痕迹。黑格尔说：一提到希腊这个名字，在有教养的欧洲人心中，自然会引起一种家园之感。古希腊人因创造出远远超乎于他们所处时代的"成熟"文明而成为现代西方文明的先驱。与东方文明相比，古希腊文明具有极其鲜明的特点。希腊文明的创造者最早是来自西亚皮拉斯基人、印欧人中的阿卡亚人、伊奥利亚人、爱奥尼亚人和多利亚人等。古代希腊世界主要集中在爱琴海周围，包括意大利南部和西西里。

一、希腊文明之源——爱琴文明

关于爱琴文化，最早的提出者是荷马史诗，修昔底德也有记载，亚里士多德也曾提到克里特岛和米诺斯王。但数千年来，古典学者的这些记载，都被人们认为是虚构、传闻，并非真有其事，而且后来希腊人都忘记了过去的历史，所以在19世纪70年代以前，人们并不知道在希腊文化之前还有一段光辉灿烂的爱琴文化，都以为希腊历史始于多利亚人入侵或公元前776年奥林匹克竞技会。因此，爱琴文化的发现，是近代考古学上的一个重大成就，也使希腊历史上溯了千年之久。

人们对爱琴文明的了解和认识主要得益于美籍德国学者H·谢利曼、希腊学者C·特孙塔斯、英国学者A.J·伊文斯和A.J.B·韦斯等人在迈锡尼、克里特岛和爱琴海其他岛屿上进行的考古发掘，尤其是英国学者M.G.F·文特里斯对线形文字B的释读。

古爱琴世界是一个神话与事实交织的世界。爱琴文明(或称爱琴世界、地中海文明)是指约公元前3000年至前2000年在爱琴海区域包括古代的克里特、爱琴海各岛屿、西亚和小亚细亚西部等地区存在过的一种文明，其代表是克里特、迈锡尼两个部落文化。

1. 克里特文化

希腊文明最先产生于克里特岛。现代考古成果表明，地中海东部的克里特岛是古代爱琴文明的发源地、欧洲最早的古代文明中心。公元前3000年左右克里特就进入了金石并用时代，它受到过埃及的一些影响。公元前3000年末，克里特原始社会逐渐解体，而从公元前2000年开始进入了青铜时代，同时也开始出现了奴隶制国家。公元前2000年左右，沿海一带建立了很多城市，克诺索斯是其中比较大的一个城市。克诺索斯位于克里特岛北部，由于地理上的优势和对外交流的发展，逐渐形成了欧洲最早的以克诺索斯为中心的奴隶制国家。约在公元前1800年左右，克里特进入"旧王宫时期"。在此期间，克诺索斯建造了大型的宫殿，另外，在马里亚和菲斯托斯也出现了王宫建筑。这些王宫都建有坚固的城墙，说明当时岛上还没有统一，相互之间常常发生战争。从出土的旧王宫遗址来看，克诺索斯的王宫规模最大，大概那时它最有实力。

"旧王宫时期"一直延续到公元前1700年，据说一场大地震毁坏了岛上所有的宫殿。后来米诺斯人重建了宫殿，进入"新王宫时期"。新王宫时期从公元前1700年延续到公元前1470年左右，当时的米诺斯文明在政治、经济、艺术等方面都达到了顶峰。考古学家在岛上发现了许多米诺斯人居住的宫殿、城镇和村落，克诺索斯的米诺斯王宫就是其中最大的一个。虽然，至今有关米诺斯统治者的情况仍鲜为人知，学者们甚至不知道米诺斯指的是具体的一个国王还是伊文思认为的那样代表了一个朝代的统治者，但有一点可以肯定，即米诺斯社会是高度组织化的社会，正是在这样一个统一协调的社会下，才创造出了神奇辉煌的米诺斯文明。

米诺斯的影响已远远超出了克里特岛本身。由于擅长航海，米诺斯人拥有高效率的船队。"新王宫时期"的船只长达30多米，横渡地中海轻而易举。米诺斯的经济主要靠贸易，海外贸易非常发达，与希腊大陆、埃及、西亚甚至两河流域等地都建立了贸易关系，主要出口橄榄油、葡萄酒、木材、羊毛绒、陶器、珠宝、刀具等物品。米诺斯的工艺品在整个地中海东部都有所发现，而在米诺斯的遗址上也发现了许多来自西亚、北非地区的金属制品。为确保海上运输的安全，米诺斯还建立了一支所向披靡的舰队，称霸地中海地区。古希腊神话传说中提到米诺斯有一支无敌舰队，爱琴海地区纷纷向其俯首称臣，甚至连雅典也一度臣服于它。米诺斯人称霸地中海的盛况在米诺斯的绘画和雕刻上也有所反映，许多艺术品都以海洋生物为装饰，表示了米诺斯人与海洋的密切关系。历史上也把这一时期的米诺斯称为米诺斯霸国。

克里特文明的成就一方面表现在王宫的建筑上。米诺斯王宫有"迷宫"之称，古代的人们认为只有神话中的巧匠德达鲁斯才能设计和建造这样的杰作。王宫建筑的房屋大多很宽敞，房屋内外往往只用几根柱子隔开，这与克里特温暖的气候

图 2-1 始终未能破译的线形文字 A

有关。它的采光系统安排得很巧妙，房屋之间安置了一个个采光和通风的天井，光线和空气可进入室内。每一组围着采光天井的房屋中，都有一个长方形的主要房间，称为"麦加伦"，意即"正厅"，在以后的希腊神庙建筑(如雅典卫城)中常有这种建筑形式。王宫建筑也广泛采用了圆柱，圆柱设计得上粗下细，看上去非常协调，说明当时的建筑师已充分考虑到了人的视觉差异。最令人叫绝的是王宫的供水和排水系统，水从外面引入，水管用经久耐用的陶土制成，设计成两头小中间大，可利用水的冲力充分排污。其王宫中央的给排水系统直到近代以前可能都是最先进的。王宫中有浴室，有厕所，卫生状况好得惊人。无论从整体布局，还是细微之处，到处都闪现着米诺斯人的智慧之光。另一方面克里特人采用一种类似埃及象形文字的"线形文字 A"(图 2-1)。考古学家共发现了 220 件"线形文字 A"泥板，迄今未破解。克里特文化中最有特色的另一遗物就是呈环状块状、雕刻着许多古怪符号和图案的小印章。

以米诺斯为代表的克里特文明具有鲜明的个性特点：①男女享有同等地位。克里特壁画中的妇女衣着华贵，举止优雅，被考古学者戏称为"巴黎女郎"。也和男人一样参加观看牛角力等。②宗教在社会生活中影响较小。王宫中只有很小一间房子作为礼拜堂，祭品多为农产品，很少用人或动物。③生产方式具有水陆两重特性。④克里特村社成员的社会地位和经济地位较为平等。

大约公元前 1400 年，克里特文明遭破坏而突然消失，其原因有的说是大陆希腊人的入侵，也有的说是北部锡拉火山喷发。现在比较一致的答案是克里特岛附近爆发了火山，并且火山引发了海啸——有可能摧毁了克里特岛上那些雄伟的建筑物。火山和海啸对米诺斯文化造成了非常严重的伤害，也许可以说导致了它的衰亡。但米诺斯文明并没因此中断，而是由克里特开始向外传播到爱琴诸小岛、希腊沿海地区和小亚细亚沿岸。

2. 迈锡尼文化

迈锡尼文化(公元前 1400 年至前 1100 年)是公元前 1500 年左右，希腊南部的阿该亚人在伯罗奔尼撒东北部建立的。包括南希腊的迈锡尼、派罗斯等早期奴隶制城邦的文明。

公元前两千年代初期的南希腊，大概在克里特文明的影响下，当地氏族部落

图 2-2　在黏土上记载事情的线形文字 B

里的贵族修筑了一些宫殿作为其住宅。约公元前 1600 年,阿该亚人部落来到南希腊,摧毁了原来的宫殿,在它的废墟上修建了竖井式坟墓,这种墓中有许多金、银殉葬品,说明阿该亚人也进入氏族社会解体阶段,氏族贵族实力雄厚。约公元前 1500 年,圆顶墓代替了竖井墓,同时出现宫殿城堡,产生了迈锡尼、派罗斯等城邦。约公元前 1450 年,由迈锡尼等地去的希腊人掌握了克里特的统治权。半个世纪后,他们在克里特的统治被摧毁,但是他们把创造的"线形文字 B"带回了南希腊(图 2-2)。

由于阶级矛盾尖锐,迈锡尼诸邦在公元前 13 世纪后半期已经削弱,许多城市都在加强其卫城的防御设施。有些城市已遭受破坏,但它们随后却对小亚的特洛伊进行了十年的侵略战争,虽然最后取得胜利,但迈锡尼诸邦更加衰落,公元前 1100 年,迈锡尼文明被来自希腊的另一部落多利亚人所灭。

迈锡尼的遗迹显得粗劣、简陋,并有模仿克里特文明的痕迹。迈锡尼人比克里特人更好战,遗址多见军事工程、大量匕首、剑柄等。迈锡尼城堡的中央大门十分宏伟,四个整块的巨石(上面一块重 20 吨)构成两扇门框、门槛和门的顶拱。门上装饰着三角形石灰石板,石板上刻着著名的浮雕:两只骄傲的狮子站在柱子两旁,脚爪踏在祭坛上,俯视着城门下的人,威风凛凛。这便是著名的迈锡尼"狮子门"。城堡出土的近两万件铜器、青铜器以及许多金器,反映了迈锡尼的繁荣与强盛。

迈锡尼在继承克里特文化的同时又发展了克里特文化,如"线形文字 B"。1952 年已由英国学者迈克尔·文特里斯成功释读。

总之,爱琴文明是西方文明的发源地,属岛国文化,其资源是渔业、商业,而非农业。岛国文化的环境,决定了靠竞争才能生存,从而孕育了一种"竞争文化",影响了西方文明的发展。

二、荷马时代(公元前 11 世纪至前 9 世纪)

荷马时代(亦称英雄时代):它反映的时代是公元前 11 世纪至前 9 世纪。史诗包括《伊利亚特》和《奥德赛》两部。

多利亚人的南下引起了希腊各部落的大迁徙。公元前 11 世纪至前 9 世纪，迈锡尼时代的王宫、王陵消失了，精美的手工制品不见了。总之，遍及希腊各地的氏族制度淹没了前一时期少数地区的文明，希腊历史的发展经历了暂时、局部的曲折过程。盲人荷马所作的《荷马史诗》，即《伊利亚特》和《奥德赛》，通过描写远征小亚细亚富庶城市特洛伊的"英雄"们的故事，反映了希腊人从原始社会向奴隶社会过渡的情况。因此，人们把荷马史诗反映公元前 11 世纪至前 9 世纪的时期称为荷马时代。其主要的社会特征表现为：

第一，生产力水平有了初步提高。荷马时代的生产技术，在某些方面比迈锡尼时代落后，但农业和畜牧业却已相当发达，史诗中描写了当时的生产情况，人们用牛挽犁耕地，通常深耕三次，收获则用镰刀，家畜有牛、羊、猪等，畜群的多少往往用来说明一个人富裕的程度。史诗中不仅说到青铜器，而且提到铁器，铁器的出现是荷马时代生产力发展的一个重要标志，也说明荷马时代的历史发展虽然有局部的、暂时的曲折，但从总体来说，生产力仍在发展。这正是希腊氏族制度解体和国家即将产生的前提。

第二，氏族内部发生了分化。荷马时代的氏族已是父系氏族，若干亲属氏族组成一个胞族，若干亲属胞族组成一个部落。氏族部落的首领们从公社土地中获得大片土地，普通氏族成员则逐渐失去自己的份地，贫困不已。而占有大片土地的氏族部落首领拥有大批畜群和其他财物，开始剥削奴隶的劳动，逐渐变成氏族贵族，史诗中提到的"英雄"大概就是这些贵族。

第三，奴隶制形成。氏族贵族形成最初的奴隶主，奴隶的主要来源是战俘，俘虏或者直接成为奴隶，或者由战胜者卖给奴隶贩子，再转卖给他人。奴隶贩子还到处掠夺、拐带人口，把他们卖为奴隶。奴隶必须为主人从事各种劳动，奴隶主则把奴隶视为自己的财产，甚至可以任意处死奴隶。

第四，实行军事民主制。荷马时代的部落或由部落组成的小民族，设有以下机构和职务：①议事会。原来由各氏族族长组成，这时已成为氏族贵族会议。这是一种常设性机构，遇有大事，都要在这个会议上讨论通过。②人民大会。部落里的全体成年男子参加，原则上它属最高权力机构，在战争紧要关头常常召开这个会议，但史诗已反映出它由贵族把持，贵族往往打击报复持反对意见的参加者。③军事首长（巴赛勒斯）。主要职权是统帅军队和领导作战，并掌管宗教祭祀。原则上他们由选举产生，事实上已经逐渐世袭，他们还不是真正的王，但已体现出王权的萌芽。

三、古代希腊文明

1. 早期奴隶制城邦

荷马时代以后，公元前 8 世纪至前 6 世纪期间，希腊人不仅在其本土和小亚西亚海岸先后建立起许多奴隶制城邦,而且通过殖民活动在殖民地建立了许多城邦。希腊奴隶制城邦形成的过程,实际上是平民反对氏族贵族统治、扫荡氏族制度残余的过程。因此,这一时期,有的史书称之为殖民时期,有的则称之为古风时期。

希腊城邦的产生主要是因为自然条件使各地人们从事不同的生产事业,山区以放牧或栽培葡萄、橄榄为主;平原和盆地的人以种植大麦、小麦等粮食作物为主,沿海的人则多从事工商业。经济上的多样性为古希腊各式各样城邦的形成奠定了基础,数以百计的城邦成为古代希腊文明的重要特征。

古希腊城邦包括3个要素即城市、国家机构或国家机器、公民公社或公民大会。希腊城邦历时四百年。分为形成期(公元前8世纪至前6世纪)、繁荣期(公元前6世纪至前5世纪末)、衰落期(公元前5世纪末至前4世纪下半叶)。

公元前8世纪至前6世纪是希腊城邦建立的时期。所谓城邦国家即以一个城市为中心,把周围的若干村镇附属于城市国家的统治之下。这些城邦地方不过百里,人口不过数万,最大的也不过数十万人,具有小国寡民的特色。当时各地先后建立过200多个城邦。其中最著名的有小亚细亚西部沿岸的米利都和以弗所;中希腊的特尔斐与雅典;南希腊的科林斯、阿果斯和斯巴达。

城邦的特点主要表现为:各城邦原则上都是独立自主的,但也经常通过结盟的方式保持政治、军事方面的联系。古希腊虽不统一,但在语言文字、宗教节日活动、社会习俗和文化传统等方面基本一致,且都自称是"希腊人"。各城邦建立之初,氏族贵族多独揽政权。在政体上,有贵族共和、贵族寡头和君主制等不同形式。贵族共和制是指贵族会议从贵族中选举两名或数名执政官当政。执政官一般有一定任期,卸职后进入贵族会议。在遇到紧急事务或战争时,从执政官中选举一名总裁官("埃修尼德"),任职期限半年或一年,或以完成某一大事为限。有的城邦因贵族斗争而形成僭主政治。希腊城邦并不完全是民主制。希腊公民的职责是随时准备打仗和进行思考,而不应为生存去劳动,这种贵族观念对于希腊文明有着深远的影响。

2. 最重要的城邦——斯巴达和雅典

(1) 斯巴达

斯巴达位于伯罗奔尼撒半岛东南部的拉哥尼亚地区。早在迈锡尼文明时期,这一地区就有一个奴隶制城邦,即荷马史诗中的斯巴达,后由于多利亚人的南侵,原先的城邦消失了。"斯巴达人"以后专指居住于此的多利亚人。斯巴达人在长期的征服战争中加剧了平民与贵族、奴隶与奴隶主的矛盾,在平民与贵族、奴隶与奴隶主激烈斗争的过程中,斯巴达国家大约到公元前7世纪完全形成。

斯巴达国家的建立及社会特点体现在：斯巴达人是通过征服战争进入半岛的。在这一过程中，有三个部落结成了联盟。他们把土著作为共同的奴隶，称为"希洛人"。部分被赶到山区或沿海的土著从事农牧工商，有人身自由，被称为"庇(皮)里阿西人"。庇里阿西人没有公民权，不能与斯巴达人通婚，但要交税或服兵役。全体斯巴达人都是胜利者，成年男子都是国家全权公民，享有政治、经济特权，构成国家的统治阶级。经济上，斯巴达是一个典型的农业奴隶制城邦，实行土地和奴隶国有的"希洛制"。这是古希腊城邦中的一种经济类型，即国家将全国土地划分成均等的若干小块(每块约20公顷)，交斯巴达公民各户占有，只许世代相传，不准转让或买卖，以防止斯巴达人内部财产分化。斯巴达人不从事生产劳动，份地由希洛人耕种。希洛人居住在斯巴达人的庄外，有自己的家庭，带着自己的农具、种子给主人种地。收获后把一半左右的谷物和乳酪交给主人。主人无权出卖和释放希洛人。

国家政权体是一种寡头政治。有国王、长老会议、公民大会和监察官等。

国王——2人，来自两个王族，世袭制，平时只拥有宗教、司法权力；两人权力平等；战时，由一名国王任军事统帅，负责指挥作战，权力较大。

长老会议——由2名国王、28名贵族组成，年龄须在60岁以上，任职终身。有决定战争、媾和、审理民事、刑事、国事案件等权力，是最高权力机关。

公民大会——由满30岁的斯巴达男子组成，每月一次。形式上享有选举国王、监察官和通过长老会议决议等权力，但它无权提出自己的议案，也无权讨论长老会议的决议，只是简单的表决机关。表决方式很简单，用"同意"或"反对"的呼喊声表示。

监察官——5人，从贵族中选举，一年一任。权力很大，有权监察、处理国王、长老和公民的一切违法行为。从公元前7世纪后半叶开始，代替国王主持长老会议和公民大会，成为斯巴达国家的中枢机构之一。他们还负责对希洛人进行监视和专政的职能。每年新官上任都要进行一次对希洛人的"宣战"仪式。接着便派全副武装的斯巴达青年到希洛人的住处进行侦察、搜捕，杀死所谓有反抗嫌疑和健壮的希洛人。这是激起希洛人反抗的重要原因。

斯巴达的军事制度是全民皆兵。斯巴达人的婴儿刚降生，就由长老检查，健壮者留，病弱畸形者扔入山谷。男孩7岁起送入儿童营，由国家进行统一军事训练(冬夏都要用冷水洗澡、赤脚、剃光头)。18岁开始，一律参军，平时练武，战时出征。30岁后才允许过家庭生活。但白天仍回兵营，直至60岁才可退伍。

因此整个斯巴达像一座兵营,崇尚军事和武力,要求公民具有勇敢、坚韧、严格守纪的精神,目的是保证斯巴达人的统治。正如其统帅所言:"我们只能靠战争和胜利来维持。"公元前530年斯巴达靠军事优势组织了伯罗奔尼撒同盟,与雅典展开了争夺希腊霸权的斗争。

(2) 雅典

雅典位个于中希腊东南部的阿提卡半岛。在荷马时代,阿提卡的居民分属4个部落,每个部落有3个胞族,每个胞族有30个氏族。多利亚人南下时并未侵入阿提卡,但其他地方的居民纷纷逃来,被接受为阿提卡的公民。雅典是用智慧女神雅典娜的名字命名的历史古城。相传希腊古时候,智慧女神雅典娜与海神波赛顿为争夺雅典的保护神地位,相持不下。后来,主神宙斯决定:谁能给人类一件有用的东西,城就归谁。海神赐给人类一匹象征战争的壮马,而智慧女神雅典娜献给人类一棵枝叶繁茂、果实累累、象征和平的油橄榄树。人们渴望和平,不要战争,结果这座城归了女神雅典娜。从此,她成了雅典的保护神,雅典因此得名。后来人们就把雅典视为"酷爱和平之城"。

雅典以其民主制度而闻名。恩格斯指出:"雅典人国家的产生乃是一般国家形成的一种非常典型的例子。一方面,因为它的产生非常纯粹,没有受到任何外来的或内部的暴力干涉……另一方面,因为在这里,高度发展的国家形态,民主共和国,是直接从氏族社会中产生的。"① 它是古代希腊工商业城邦的典型代表。公元前8世纪起,因农、手工、商三次社会大分工而带来的新情况,以及贫富分化、本族人与移民矛盾等新问题,使雅典在向氏族公社瓦解。国家初步形成的过程中,出现了提秀斯改革。改革的主要内容有:①设中央管理机关,把各部落的重大事务收归中央议事会管理;②把雅典的所有公民分成贵族、农民和手工业者三个等级,规定只有贵族才能掌管行政、司法和宗教权力。这反映了雅典的这个"王"实行的是军事民主制,维护的是贵族特权。

公元前8世纪至前7世纪,雅典设立执政官——贵族会议——公民会议等机构。执政官由一人后增至九人,分掌内政、宗教、司法和军事。由公民会议从贵族中选举,一年一任,期满后进入贵族会议。贵族会议是最高权力机关,可以决定国家一切大事,推荐和制裁执政官,审判刑事案件。成员都为贵族,实行终身制。公民会议则由自备武装的军人组成,这些军人有权参加国家官吏的选举,但出身平民者无权出任。

雅典城邦的民主政治经历了三个阶段:产生发展期(公元前6世纪至前5世

---

① 马克思恩格斯选集[M].4卷.北京:人民出版社,1972:115.

纪中叶);繁荣期(公元前5世纪中叶至5世纪末);衰落期(公元前5世纪末至前4世纪下半期)。其间除了短暂的中断外,一直延续了近200年。

雅典民主政治长期存在的主要原因是:①最根本的原因是长期保持了一个强大的、本身从事劳动的中小所有者——公民集团。只有父母都是雅典人,且年满18周岁的男子,才具有公民权,且在取得公民权前必须履行一系列复杂的手续,拥有公民权的人才有政治权利。因而雅典民主制实质上是寡头政治的扩大。②雅典的民主政治既是社会经济发展、阶级斗争的结果,也是有识之士不懈改革的推动与完善的结晶。如影响较大的有:公元前594年的梭伦改革,公元前509年的克利斯提尼改革,公元前443至前429年间的伯里利克改革。

贵族专制统治的确立和商业高利贷经济的发展,使贵族与平民的矛盾逐渐激化,工商业奴隶主也逐渐不满贵族专权。因此,公元前594年,首席执政官梭伦进行了自上而下的改革。

梭伦(公元前约639年至前559年)出身于破落贵族,经商致富,立过战功,同时又是位出色的进步诗人,因经常挥笔揭露贵族的贪婪与残暴,而深得平民的支持和拥护。改革的主要内容:①颁布"解负令",取消债务,废除债务奴隶制,是最激进最革命的措施。②建立新的四个等级制度。按财产多少,把公民分为四个等级,规定不同等级享有不同政治权利,财产愈多,权利愈大。为新兴奴隶主登上政治舞台敞开了大门。③创立四百人会议和陪审法庭制。改革后,富有的工商业奴隶主可以同贵族一样参加国家的统治,扩大了雅典奴隶主统治的基础。债务奴隶制的废除,使雅典走上剥削外族的道路。公元前509年,首席执政官克里斯梯尼又一次实行改革,用五百人会议代替了四百人会议,成为国家最重要的行政机关,其成员由10个选区各选50名代表组成。这次改革标志平民与贵族斗争的胜利结束,此后社会主要矛盾转为奴隶与奴隶主之间的矛盾。雅典是十分典型的奴隶主民主共和国,给后人留下了许多宝贵的遗产。

公元前500年至前449年的希波战争,使希腊人获得了自由、独立与和平。从此,希腊奴隶制经济进入繁荣阶段,雅典民主政治也进一步发展。奴隶劳动广泛使用,他们根本不被当成人看待,亚里士多德把奴隶称之为"一切工具中最完善的工具"。雅典民主只是奴隶主的民主,奴隶、外邦人、妇女根本无份。列宁在《论国家》中指出:"雅典在民主共和国中参加选举的是全体,但仍然是奴隶主的全体,奴隶是除外的。"①在任何一个阶级社会里,民主始终是有阶级性的。

公元前431至前404年,斯巴达和雅典为争霸希腊而爆发一场伯罗奔尼撒战

---

① 列宁. 论国家[M]//列宁选集. 4卷. 北京:人民出版社,2012:49.

争,最后斯巴达取胜。战争给希腊人民带来的是严重灾难,激化了阶级矛盾,使城邦出现了危机。公元前338年,希腊被马其顿征服。公元前276至前146年,希腊进入安提柯王朝统治时期,奴隶制经济进一步萧条,城邦制度进一步衰落,公元前146年被罗马所灭。

四、古代希腊文化

古代希腊是一个开放的社会,这里没有不可抗拒的王朝力量,更没有僧侣神权的淫威。对人的力量的重视和对独立个性的崇尚,使希腊人迸发出巨大的创造力,为人类文化的发展做出了重大贡献。希腊奴隶制度的发生和发展,是希腊文化发展的基础。古代埃及和西亚长时期积累的文化遗产,也为希腊文化的发展提供必要的资料和借鉴。希腊的哲学家、诗人、政治家、文学家很多都到过埃及和西亚,而且他们往往是抱着学习和考察的态度去游历的。马其顿亚历山大以后,希腊文化的很多成果都产生于埃及的亚历山大城,这是东方人和希腊人共同创造的成果。

1. 哲学

古代希腊哲学,在人类哲学史上占有很重要的地位。平民与贵族的斗争,贫者与富者的斗争,奴隶与奴隶主的斗争,奴隶主中民主派与寡头派的斗争,城邦之间的争霸斗争,充满了古希腊历史。在这些复杂的斗争中,产生了西方古代史上"百家争鸣"的局面,希腊哲学就是在这种历史条件下发生、发展起来的。

"哲学"源于希腊语,希腊人赋予的特定含义是:竭尽全力,理解所有的事物,即热爱真理。希腊很早就出现了朴素的唯物主义和辩证法。公元前6世纪,在小亚细亚(今土耳其)的一些希腊人城邦中开始出现了一些哲学派别,米利都学派的创始人泰勒斯认为万物源于水,肯定了宇宙成因一元论,被称为"科学之父"。他和他的弟子们都肯定物质的第一性,所以米利都学派是一个唯物主义派别。以弗所学派的创始人赫拉克里特认为万物源于火,并处在不断变化之中,"人不能两次踏进同一条河流"。与米利都学派和赫拉克里特相对立的,有毕达哥拉斯派和埃利亚派。毕达哥拉斯学派认为万物的始基是数,由数而有形,由形而有物。他把抽象的数的概念看作是第一性的,陷入了唯心主义。

埃利亚派以意大利南部的埃利亚而得名,活动于公元前6世纪至前5世纪,在政治上大都属于贵族派,他们有一个说法:"一切都是一并且是静止的。"这是形而上学的观点。他们还说"飞矢不动",其理由是箭在每一瞬时都在空间上占有一个固定的位置。

公元前5世纪至前4世纪,希腊哲学中唯物主义与唯心主义的两军对垒又有了进一步发展,唯物主义者的杰出代表是德谟克利特,认为世界本原是原子,代表了古希腊哲学的最高成就。唯心主义主要代表有苏格拉底和柏拉图,苏格拉底认为万物原是神,柏拉图哲学的核心是"理念",他认为存在两个世界即理念世界和现实世界,且理念先于现实。亚里士多德对人文和自然科学都有深入研究,被认为是古希腊文化的集大成者。

2. 文学

希腊文学以史诗、抒情诗、寓言、戏剧成就最高。希腊悲剧起源于祭祀酒狄奥尼苏斯庆典的歌舞表演。出现了埃斯库罗斯、索福克勒斯、欧里庇得斯"希腊三大悲剧家";雅典最著名的喜剧家是阿里斯托芬。

最初的古希腊文学同世界其他地区的文学一样是口头文学,表现为神话传说、史诗、寓言之类的形式,但其形成的时间很难稽考。

希腊最早的文学作品是诗歌。目前确切可知的最早作品是源于荷马时代的荷马史诗,起初是零散的片断,约在公元前9世纪或至迟在公元前8世纪大概由荷马系统编成,完整的定本则出现在希腊字母文字发明以后的公元前6世纪。史诗包括《伊利亚特》与《奥德赛》两部长诗,前者叙述阿该亚人联军远征特洛伊的一段跌宕起伏的故事,由主人公阿喀琉斯的愤怒提出西方文学中的重要主题之一——感情和理智的冲突。后者写战争生还者奥德修斯返家路上的传奇经历。由于情节生动,文辞优美,伦理亲切,史诗成为古希腊人世代最受欢迎、最有影响力的文学作品。

公元前6世纪希腊出现散文记事家,以文字记录的故事与口头故事相对应。他们的作品内容驳杂,历史、地理、风情、神话、传说混合在一起,但因天灾人祸仅传下来一些只言片语。其中对后世最有影响的是《伊索寓言》,相传其作者是萨摩斯岛的伊索。据说伊索是一个奴隶,他以自己的才能和智慧而获得解放,并成为一位哲学家。到公元1世纪,有人将所有的寓言故事都汇集在伊索的名下,统称为《伊索寓言》(今存三百余篇)。《伊索寓言》反映了下层人民和奴隶的思想感情,对它所影射的权贵们给予了辛辣的讽嘲和无情的鞭挞。《伊索寓言》形式上短小精悍,形象生动,常被后人仿效和引用。伊索寓言也是最早介绍到中国的欧洲文学作品之一,在明代就已出现名为《况义》的译本,在清代又有名为《意拾蒙引》和《海国妙喻》等译本。

古希腊人信奉多神教,赫西俄德曾创作了一部神的史诗——《神谱》,主要描写希腊诸神灵的家系,给相传已久的众多神祇编排了一个庞大、整齐的系统。按希腊神话,最初宇宙是混沌未开,后来从混沌中产生地母盖娅,盖娅生天神乌刺诺斯;乌刺诺斯和盖娅结合,生下12个提坦巨神。在诸提坦巨神中,普洛米修斯是创造人类的大神。提坦神族的统治被宙斯推翻,宙斯成为宇宙的主宰。并建立了奥林帕斯山(在北希腊)实现对诸神的统治。奥林帕斯山有12主神:众神之父宙斯(雷电之神)、宙斯之妻希拉(天空之神)、海神波塞冬、智慧神雅典娜、太阳神阿波罗、月神阿蒂密斯、爱与美之神阿芙罗狄忒、战神阿瑞斯、火神赫斐斯特、商旅神赫尔墨斯、农神狄墨特尔、灶神赫斯提亚。这些神与神话便成为希腊文艺作品取之不尽的题材,并对后世欧洲的文学艺术产生了深远的影响。因此,马克思说:"希腊艺术的前提是希腊神话""希腊神话不只是希腊艺术的宝库,而且是它的土壤"。古希腊人相信神能主宰人间祸福,他们为了讨好神、祭奠神而举行各种庆节。每四年一次在南希腊奥林匹亚举行的宙斯大祭最为隆重,届时有体育竞赛和文艺表演,得胜者在全希腊享有荣誉。据说宙斯大祭第一次举行是在公元前776年,古希腊人便以这一年作为纪年的开始。其他如对阿波罗神、雅典娜神、狄奥尼索斯神等的祭奠亦相当盛行。古希腊戏剧就产生于为酒神狄奥尼索斯举行的节庆活动中。

3. 史学

古希腊人在史学方面也做出了相当出色的成绩,希罗多德、修昔底德、色诺芬是古希腊最著名的三位史学家。希罗多德所著《历史》一书,共九卷,记录了大量珍贵的历史资料,主要描述了希波战争的过程,但也有大量篇幅叙述波斯、腓尼基、埃及、巴比伦、印度、吕底亚、希腊的往事。希罗多德是欧洲第一位大历史家,所以在西方有"历史之父"的赞誉。

修昔底德所著《伯罗奔尼撒战争史》共八卷,与希罗多德的《历史》相比,他的作品结构严谨,很少迷信成分。他在书中记录了各种人物的大量演说,借以表达有关各方面的思想和见解,当然这些并不都是演讲的实录,有些甚至是他本人的演绎。总之,他的书留下了大量的军事、政治斗争方面的史料,而关于社会经济、政治制度方面的材料却很少,这是他的一个严重缺陷。

色诺芬著有《希腊史》《万人军远征记》《经济论》等作品,都具有一定的史学价值,其中《希腊史》尤为重要,包括了希腊由盛而衰的全过程,他以当时人当事人写当时事,但他明显偏向斯巴达,对他所追随的斯巴达王倍加颂扬和夸张,而对斯巴达霸权衰落的原因却没有任何揭示,此外,他还相信神意和预言,这也是他不及修昔底德的地方。

4. 其他方面

建筑与雕刻:建筑艺术主要表现在神庙建筑上,如公元前7世纪至前4世纪,环绕神殿的圆石柱先后有多利亚式、爱奥尼亚式、科林斯式等,从朴实到华丽。其中最为著名的是雅典卫城及卫城最高处的帕提农神庙(建于公元前5世纪中叶)——雅典卫城被称为希腊建筑艺术的王冠,帕提农神庙则是王冠上一颗璀璨的明珠。雕刻主要侧重于人物雕像,大师有米隆(掷铁饼者)、波里克利特(持矛者)、菲狄亚斯(雅典娜女神像)。

自然科学方面，希腊人提出了一些著名的数学定理，如毕达哥拉斯定理、欧几里德定理、阿基米德定理；在物理学方面，古希腊第一个从事物理现象研究的是亚里士多德，著有《物理学》，这是世界上第一部物理学专著。医学方面，有被称为"医学之父"的阿尔克芒。

第二节 古代罗马

古罗马文明是西欧古典文明的重要组成部分，其成就在世界文明史上占有杰出地位。由于地理条件和历史发展的关系，后起的罗马文明不可避免地会受到相邻的希腊先进文明的影响。智慧的罗马人没有简单地承袭或模仿希腊人，而是保持并发扬了自己固有的特点。"罗马传统"与"希腊影响"这两种因素共存成为古罗马文明最显著的特点。罗马不仅在文学艺术方面成就斐然，而且在法律、政治、社会制度、建筑、经济、军事、农业等诸多领域，尤其是法律和制度方面，开创了许多先例，形成罗马特色，为世界上众多国家提供了可资借鉴的源泉。

一、古罗马的兴起

1. 古罗马的地理环境和居民

古代罗马国家建立在意大利半岛上。半岛的地理位置和自然条件对于古罗马国家的形成和发展产生了重大的影响。古罗马城的原址就在拉丁姆平原的北端、第伯河下游东岸的渡口位置。这一地区不仅土地肥沃，而且是意大利中部地区陆路交通的枢纽。早在20万年前，人类的足迹就出现在这里。公元前5000年，新石器时代的农耕者开始在此定居。公元前1000年左右，意大利半岛地区进入了铁器时代。

罗马人和希腊人同属印欧欧罗巴种族。公元前7世纪前半叶，在拉丁姆地区先后出现了以伊达拉利亚为霸主的40个左右的城邦。北部居住着高卢人（凯尔特人的一支），中部和南部的部分地区是人口众多的意大利族（拉丁人的一支），西北被伊达拉利亚人雄踞，西西里东部和南部沿海是希腊人。西西里西部、撒丁岛和科西加岛有迦太基移民。公元前524年，由于伊达拉利亚没有形成相对统一的政治体制，在攻打希腊殖民地库美受挫后，拉丁姆的各城邦不断起事。罗马乘机崛起。在很大程度上，早期古罗马文明的孕育与形成受到了北部伊达拉利亚文化的影响。

2. 古罗马的立国传说

"罗马不是一天建成的""母狼哺育的罗马城"等，都是关于罗马建国的传说。近代考古表明，这些故事似乎包含着一些历史的记忆（图2-3）。

图 2-3　母狼哺育罗慕洛兄弟的雕像

据传说，罗马人的始祖是特洛伊战争时期的王子伊尼阿斯。特洛伊战争失败后，因其主张将海伦送还希腊，而幸免于难。之后，他离乡背井，到达劳兰顿，将此地命名为特洛伊。他与当地国王的女儿结婚生子，并建立了一座城市。后来其子阿斯加尼乌斯即位后，迁到阿尔巴·隆加城定居。当王位传到努米托尔时，其弟篡位，并强迫努米托尔的女儿西尔维娅去做维斯塔贞女，以断其后。但是西尔维娅却被战神所爱，生下一对双胞胎儿子。国王下令将这对孪生兄弟投入第伯河。当时正值河水上涨，盛放孩子的篮子在河水退后被遗留在一块高地上。这时一只母狼到河边找水喝，看到啼哭的婴孩，就用奶水喂哺他们。一个牧人经过，见此情景，于是将其带回家抚养，并为他们分别取名罗慕路斯和列莫斯。兄弟二人长大后复仇成功，并到别处建城。在建城的过程中，兄弟二人在用谁的名字命名和由谁来统治的问题上产生了分歧，后来发展为暴力冲突，罗慕路斯杀死了列莫斯，并用自己的名字命名新城。罗马城由此产生。据后人推算罗马建城的年代大约在公元前754年至公元前753年。

二、"王政时代"和共和国的建立

1. 王政时代

约公元前1000年左右，罗马人已经在后来的罗马城一带建立起城市公社。从公元前753年罗慕路"王"（公社首领）率众建立罗马城到公元前510年共和国的建立，这一历史阶段，历史上称为"王政时代"。"王政时代"共经历了7个国王。这一时期正是罗马从原始社会向阶级社会过渡的时期。

在这一历史过程中，罗马从一个部落发展为3个部落，共300个父系氏族。其社会构成为："罗马公社"——3个部落（10个胞族为一部落）——胞族（10个氏族）（称库里亚）——氏族。其权力机构的构成如下：

```
                 ┌ 库里亚大会 ── 最高权力机构，选举王、决定战争或媾和
                 │              等大事；每一库里亚有一票表决权
       权力机构 ─┤ 元老院 ── 议事机构和王的咨询顾问机构
                 │
                 └ 王 ── 军事首长、最高伴侣和审判长，可罢免，没有民政权
```

因此，其管理制度是军事民主制。

古罗马国家的阶级构成主要是贵族与平民。贵族来自于氏族首长家族，平民是被征服的外来移民。平民虽然可以拥有地产，但不享有公社成员的权利，不能参加氏族会议、担任官职、参加公有土地和战利品的分配以及与贵族通婚等。他们是中小私有者，要纳税和负担兵役等。后来，部分人经商致富后，便强烈要求与贵族分享权力。王政时代的第六个"王"遂进行了重大改革。具体措施包括：将公社成员按照财产多少分为五等（"无产者"不列等级）；建立百人团（森都里亚大会）大会；每等级按规定建百人团（数量不等）；无产者也可以象征性地出一个步兵百人团；服军役者自备武装。百人团大会是一种新形式的人民大会。每团有一票表决权，这样虽然会议仍然由富有者掌控，但是其统治基础扩大了。同时按地区划分部落，使先前三个血缘部落失去了意义。"代之而起的是一个新的、以地区划分和财产差别为基础的真正的国家制度。"①

2. 共和国的产生

公元前6世纪（前509年），罗马"王政时代"最后一个"王"因施行苛政激起罗马人反抗而被驱逐，罗马进入共和时期，实质是贵族共和国。

第一，两名执政官取代了国王。执政官通常是从贵族元老院的长老中产生的。如果遇到危急则由元老院其中指定一位为独裁官，称"狄克推多"（Dictator），任期不超过6个月。

第二，元老院代替了长老会议。成员由贵族阶级和富有的土地所有者组成。

第三，公民大会（库里亚会议）的作用下降。百人团会议作为第二公民大会，行使表决权。罗马从君主制度变成了贵族寡头的共和政治。

贵族和平民的矛盾并没有因改革而消除。公元前5世纪初，北方伊达拉利亚人和高卢人与罗马展开战争，平民则携武器离开，拒不应战，被称为"撤离"运动，使贵族利益面临严重的威胁，不得不向平民妥协。公元前494年，平民获得选举保民官的权力。保民官有权否决执政官和元老会议侵害平民利益的命令，且

---

① 马克思恩格斯选集[M].4卷.北京：人民出版社，1972：126.

其人身不可侵犯。公元前462年至前449年,制定了成文法(因刻在十二个铜表上,又叫十二铜表法)。虽没有废除债务奴隶,但限制年债息不得超过本金的十二分之一;规定保护私有财产,明确了诉讼程序和处罚程序等,这就限制了贵族的专横。公元前445年,平民取得与贵族通婚的权利;公元前326年,波提利阿法案,废除了债务奴隶制。公元前287年,平民在反对贵族的斗争中决定成立平民会议(特里布),决议无须经过元老院批准即对全体罗马公民具有法律效力。从此,平民会议代替了百人团大会,成为具有立法权的公民大会。这是平民对贵族斗争胜利结束的标志。斗争调整了罗马各阶层的关系,扩大了共和国的社会基础;旧的氏族贵族与平民的上层合流而产生"新贵族",成为国家的统治力量;自由平民和奴隶之间有了明显的界限,罗马奴隶主转而大量剥削外来奴隶的劳动,为奴隶制的发展开辟了新的途径;以平民为主组成的军队,成为对外扩张的中坚力量。

三、罗马的对外战争和奴隶制发展

公元前5世纪至前3世纪,罗马人通过维爱战争(公元前406年至前396年)、萨谟奈战争(公元前326年至前290年)、皮洛士战争(公元前280年至前275年)征服了意大利半岛。通过与非洲北部的迦太基(今突尼斯)进行了119年的"布匿战争",征服了迦太基。迦太基是腓尼基人在公元前9年建立的商业殖民城市,罗马人称腓尼基人为布匿人,故称布匿战争。后来还征服了马其顿和小亚细亚西部的塞琉古(条支)等,到公元前2世纪,罗马已经成为地中海的霸权国。

公元前2世纪至前1世纪,罗马奴隶制进入繁荣期,战俘成为奴隶的主要来源,据说罗马征服伊庇鲁斯,被卖为奴隶者达15万人。来源之二是海盗从地中海掠夺、拐骗来的人口;来源三是各行省沦为债务奴隶的贫苦人民。罗马设有专门的奴隶市场,有时一地一天成交量上万。奴隶有的属于国家,有的属于私人;有的从事各种劳动,有的则被训练成角斗士供奴隶主取乐。奴隶被当成"会说话的工具",往往像牲畜一样被打上烙印。罗马奴隶被剥夺了五种权利:人身权、婚姻权(主人同意男女奴隶可同居但不构成夫妻关系)、家庭权、财产权、代理权(受命经商者无权签合同、契约,无权控告主人,无权在法庭上作证)。罗马奴隶制的高度发展,是古代奴隶制中的一个典型。

在奴隶制发展的过程中,出现了一些新情况:①小农因经常当兵在外,田地荒芜而破产;②富有者大批兼并土地,利用管庄、监工来监督奴隶劳动,形成大庄园经济;③大批小生产者丧失生产工具成为流浪无产阶级,他们靠国家和奴隶主的施舍生活,政治上仍有公民权,选举权,因此成为奴隶主不同集团争夺权力的工具,到公元前1世纪,罗马流浪无产者达30多万。他们和现代社会的无产阶级的根本不同是在于罗马的无产阶级依靠社会过活，现代社会则依靠无产阶级过活。①

四、罗马帝国的兴衰

1. 罗马从城邦走向帝制

罗马的第一个军事独裁统治者是苏拉（公元前138年至前78年），他凭军功而获得元老院指定为无限期的独裁官，拥有无限权力，可以修改法律，任意处死公民，没收任何人的财产。他采用"公敌宣告"办法杀害骑士和持不同政见的元老，开创罗马历史上用武力进行政治斗争的先例。军事独裁导致了罗马历史上第一次大规模的奴隶起义——斯巴达克起义（公元前73年夏至公元前71年春）。这次起义一方面沉重打击了奴隶主阶级，另一方面对奴隶制起了改造作用，使一部分奴隶转化为隶农。马克思称赞斯巴达克是"整个古代史中最辉煌的人物……古代无产阶级的真正代表"。② 起义被镇压后，罗马走向帝制的步伐加快。

前、后三头同盟的结成是通向帝制的最后两站。公元前60年庞培、凯撒、克拉苏结成"三头同盟"，左右罗马政局，史称"前三头政治"，三头政治是罗马从共和制向帝制转变的过渡形式。公元前59年凯撒出任执政官。在公元前53年至前48年的内外斗争中克拉苏、庞培败亡，"前三头政治"结束，凯撒先后被宣布为终身保民官、终身独裁官、"祖国之父"等，实行独裁统治。公元前44年3月15日，凯撒被政敌刺死于元老院议事厅。接着其养子和继承人屋大维、执政官安东尼、骑兵长官雷必达结成"后三头同盟"。但很快屋大维独掌政权，并征服埃及。经过多年的内乱战争以后，手握重兵的屋大维在罗马进行了一系列的政治制度改革，一劳永逸地结束了共和政体。公元前30年，罗马即进入帝国时期。

罗马从城邦走向帝制的主要原因是：①长期海外征服，使罗马奴隶制经济和社会关系发生了重大变化。表现有三点：一是罗马贵族和骑士的势力增长。二是奴隶制空前发展。有句市场俗语：像撒丁人一样便宜。廉价的奴隶被广泛运用于生产和家庭劳役，奴隶种植园十分普遍。三是土地集中和大农庄形成。②版图扩大使古典意义的民主共和政体难以适应。③共和派和独裁派的斗争是直接原因。

2. 罗马帝国的兴盛

（1）罗马帝国政体的发展

罗马帝国政体的发展可以划分为元首制和君主制两个阶段，前一阶段始于屋大维（公元前27年至公元14年），后一阶段始于戴克里先（284—305年在位）。

---

① 马克思恩格斯选集[M].1卷.北京：人民出版社，1972：600.
② 马克思恩格斯全集[M].30卷.北京：人民出版社，1972：159.

元首制的实质是君主制,但在形式上保留了共和国的一些重要制度。

公元前30年,屋大维成为罗马国家的唯一统治者。他吸取了恺撒的教训,没有公开恢复军事独裁制度。而是尽量把自己的政权用合法的外衣掩盖起来。公元前27年1月13日,屋大维宣布恢复共和国。与此同时,他也接受了元老院和军队授予他的奥古斯都和统帅的头衔,并掌握着军事、行政、司法和宗教大权。奥古斯都(Augustus)这个头衔有"神圣"之意,统帅(Imperator)原意是"凯旋将军"。"皇帝"(Empereur)一词,即由此转化而来。共和时代的国家机构仍保留着。屋大维自命为元首(Princeps),即"国家第一公民"。因此,人们把他和他的继承者所统治的时期称为元首制或早期帝国,以区分共和时期(公元前6世纪至前27年)与后期帝国(284—476年)。元首制持续了两个多世纪,在这两个世纪里,罗马经历了美好的时代。

奥古斯都执政后,进行了一系列的改革。行政和社会改革旨在稳定社会基础。奥古斯都重组元老院,限额600人。并严格从财产和道德两方面确定议员资格。从理论上讲,元老院仍享有法定的权力,但其实际控制权已不复存在。原有的行政长官职位仍然每年由选举产生,但须由奥古斯都特别推荐。此外,奥古斯都还定期亲自任命元老院议员担任他授予权范围之内的高级军事指挥官和行政总督。骑士通常被任命为次要的军事指挥官和地方财政官。在一些较小的行省,骑士财政官具有绝对的管辖权,并直接向奥古斯都负责。由此,骑士阶层的社会作用也发生了变化,从过去的元老院的政敌成为政府官员和土地所有者。共和国后期尖锐的政治矛盾得以缓解。

公民大会则以不健全的形式继续发挥着作用。为进一步稳定统治基础,加强帝国实力,奥古斯都还积极推行财政改革。首先增设了一些新的税种,以充实国库。其中在意大利征收销售税及罗马公民应纳的遗产税,奴隶解放税的收入上交特别军用金库,以支付罗马老兵的退役费。其次变革旧的包税制,杜绝营私舞弊行为。帝国财政官负责税收,并逐渐替代骑士包税人。奥古斯都还下令各行省进行人口普查,以便更公正地履行纳税义务。军队是奥古斯都独裁统治的支柱。奥古斯都军队改革的目标是精兵简政,以质量取胜。

亚克兴战役后,有近半数的士兵退役,退役士兵都得到了土地或退役金。经过整顿,罗马保留了25万人的军队,其中一半是军团,一半是辅助部队。两者都是志愿兵。军团的士兵主要是从意大利招募来的罗马公民,辅助部队的士兵则来自较好战的行省,通常保持原有的武器和作战编队,受罗马军官指挥。对贫困的罗马公民来说,参军既有可能挤入上层社会,在退役时又可指望得到大笔退休金;辅助部队的士兵服役期满后,可望获得罗马公民权,因而都愿意从军。改革后的罗马军队由28个最精锐军团的常备军和相应的辅助部队9000人的近卫军和一支海军陆战队组成。奥古斯都率领着这支军队先后征服了阿尔卑斯山山区的一些部落，平定了西班牙西北部地区，占领了莱茵河与易北河之间的地区，帝国的疆界空前广阔。

(2) 罗马帝国时期的社会经济发展

奥古斯都一系列有效的社会改革，确保了罗马此后的200多年和平。其间，罗马出现了涅尔瓦(96—98年)、图拉真(98—117年)、哈德良(117—138年)、安东尼·庇护(138—161年)和马可·奥勒乌斯(161—180年)"五贤帝"。在他们的统治下，帝国空前繁荣，疆界也达到最大范围，文化处于极盛期。

这一时期，罗马帝国的疆界辽阔，福斯湾到克莱德湾一线是北部边界，莱茵河和多瑙河则是东部的天然边界，南部边界直达撒哈拉沙漠，帝国全盛时期的面积将近350万平方公里，约1万公里边境线，估计人口达7000万至1亿。就欧洲而言，帝国实际上包括了两个独特的地理区域：地中海地带和大陆地带。地中海地带是古典文明的发源地，包括意大利和希腊、法国南部、西班牙(中央高原除外)和亚得里亚海的东海岸。但是，地中海东部的社会模式、经济生活和政治管理方式与西部显然有所差别。在西部地区，罗马文明和拉丁语占主导地位，而在东部地区，希腊语和希腊文化仍占优势。因此，帝国时期罗马文化实际上一分为二：西部的罗马文明和东部的希腊化文明。就政治而论，罗马化支配着东部，因为帝国的文职人员和军队主要从意大利和罗马化的行省中招募；但就经济而言，东部远比西部活跃，那里商业和制造业发达。这也使得随后的一个世纪里，两大地区分裂发展无可挽回。

大陆地带主要是指恺撒征服的高卢卢瓦尔河以北地区和奥古斯都时期征服的多瑙河地区。这些地区雨量充沛，土质肥沃，但从未得到充分的开发；大陆地带人口不足，城市稀少，只能说是部分地融入了地中海社会和文明。因此，这一地区也是罗马帝国最早失守的地区。

显然，庞大帝国之下是一个个自给自足的政治、经济单元。随着罗马文明在西部各行省的传播，许多地方自治市按罗马城的模式组建。公元2世纪，整个罗马帝国可以看成是一个城市的集合体。每座城市都有属于自己的独立乡村，其行政长官一般由选举产生，官员不拿官俸，并由市元老院协助工作。自治市政府的重要职能之一是收税。此外，负有在其管辖范围之内行使审判权，并负责保养道路以及接送帝国官员和传递信件。

早期帝国在经济方面较之过去有进一步的发展，不仅生产工具有明显的进步，且分工日益细密。意大利的园艺业尤其是一些行省的农业发展迅速，埃及的小麦、纸草和玻璃制品，叙利亚的亚麻布、毛织品和各种水果，小亚细亚的羊毛、木材和小地毯，意大利的酒、油和各种制造品，高卢的谷物、肉类和羊毛，西班牙和不列颠的各种矿产等,使罗马的经济一片繁荣。

与此相对应,商业贸易也十分活跃,意大利和各行省,各行省之间都有频繁的贸易往来。在西部,高卢和意大利等地的商人沿莱茵河、多瑙河、维斯杜拉河到北欧进行贸易;东部,希腊、叙利亚等地的商人经过阿拉伯、伊朗和中亚商路与东方进行贸易。帝国从外部进口的商品主要有:波罗的海地区的琥珀、毛皮和奴隶,撒哈拉沙漠以南的象牙、黄金和奴隶,亚洲地区的各种奢侈品,包括香料、宝石、调味品和最受欢迎的丝绸。商业的发展,促进了金融业的进步。一些大城市出现了专门经营存款、贷款以及汇兑的业务部门。

随着工商业的发展,帝国境内兴起了一些著名的城市,如不列颠的伦丁尼(伦敦)、高卢的卢格敦(里昂)、多瑙河的文多波那(维也纳)等。其中,帝国最大的城市当然要数罗马。当时的罗马,人口约100万,其规模与现代城市相当。大多数罗马的城市设有公共澡堂、公共剧场以及住宅区、公共市场和商店。正是罗马的这些城市构成了帝国及帝国文化的基本细胞。

3. 奴隶制危机与帝国崩溃

(1)"3世纪的危机"

公元2世纪末到3世纪末,罗马帝国的政治、经济陷入全面危机,史称"3世纪的危机"。

危机的根源是奴隶制社会基本矛盾的发展。一方面,"五贤帝"的最后一位皇帝去世后,即位的儿子康茂德,道德败坏,残暴妄为,导致罗马内战的再次发生,成为奴隶制危机的原因之一。另一方面,是经济危机。农业萎缩、工商业萧条、财政枯竭。以奴隶劳动为基础的大庄园经济由于奴隶来源的减少,劳动力大量减少,加之奴隶劳动的强制性,导致农业生产的阻滞和破坏。为此,奴隶主不得不放弃大规模的庄园生产方式,把庄园分成小块租给奴隶或自由民,向他们收取实物或劳役地租和少量租金。奴隶制开始向隶农制转变。隶农是农奴的前身,据拉丁文 coloni 音译"高伦",属罗马奴隶制末期的小块土地佃耕者,其中包括被解放的奴隶。隶农有微薄的家室经济,份地可世袭,但在土地关系上仍依附于庄园主。而尚存的小农经济在重赋、官府压榨下也难以维持生计。农业的衰弱制约了农产品向城市的供应,各行省自身手工业的发展,也减少了帝国各地手工业产品流通的必要性,进而导致了工商业的萧条。几乎与此同时,罗马东部地区城市生活和手工业技术更加发达,贸易规模也大大超过西部。但是,帝国宫廷和官僚机构的开支依然浩大,节日庆典繁多,挥霍浪费严重,国库空虚。为了克服财政困难,帝国政府开始发行劣质货币,从而引起通货膨胀,物价飞涨。

经济的全面衰落加剧了政治的混乱。罗马上层统治纷争激烈,帝位更迭频繁。从235年起,50年间先后有20多人登位,有时一年内要更换4个皇帝。中央政权瘫痪，地方势力则称雄割据，帝国政局一片混乱。在社会灾难面前遭受重创的自然是人民大众，他们的处境极其恶劣。3世纪中叶鼠疫再度流行，造成罗马人口大减，使危机中的帝国雪上加霜。

此时的罗马帝国内忧外患不断加剧。在遭受经济、政治危机和人口资源锐减等多重压力的同时，外部的日耳曼人和波斯人开始越过罗马的边界，进入帝国的疆域。国内北非和西西里则发生了奴隶和隶农的大起义，高卢也爆发了巴高达（意为"战士"）运动。盛极一时的帝国处于风雨飘摇之中。

（2）后帝国时代及帝国的全面崩溃

罗马帝国的衰落可谓一部血腥的内战史。公元284年，近卫军长官戴克里先（约243—313年）取得了帝国政权，罗马走入后期帝国时代。戴克里先废止了元首制，正式采用君主制，为挽救帝国危亡，戴克里先实行了一系列的改革。在行政方面，他把帝国分成4个部分，由他和3个助手分别统治，即所谓的"四帝共治制"，旨在克服帝国的分裂倾向。在财政方面，开始实行新的税种，农村征收土地税和人头税，对城市居民则单征人头税。

改革虽然取得一些成效，但好景不长。305年戴克里先退位后，新一轮的王位争夺战开始了。306年君士坦丁（约280—337年）做了西部的皇帝，并于323年掌握了全国政权，不久他废除了"四帝共治制"，重新对帝国进行统一管理。由于当时的帝国的经济文化中心已移向东方，330年君士坦丁将东方的拜占庭定为帝国新都，并改名为君士坦丁堡。

戴克里先和君士坦丁的改革暂缓了帝国的崩溃，但未能解救帝国的危机。395年，帝国正式分裂为东罗马帝国和西罗马帝国，从此，统一的罗马帝国最终成了人们的一种记忆。

这一时期，对后世影响较大的是帝国的宗教政策。为巩固帝国基础，君士坦丁做出了向基督教妥协的姿态：313年他在米兰发布敕令，承认基督教的合法地位，从此基督教成了帝国的官方宗教。帝国后期，社会的动荡和日常生活的不确定性，使越来越多的人转向宗教以寻求寄托。因为基督教带来了救世主，为被生活所抛弃、无家可归的平民百姓许下友谊和幸福的诺言。皇帝狄奥多西在位期间（379年至395年），基督教被尊为国教。但结果却未能如愿，虽然延缓但并不能避免帝国灭亡的趋势。从406年起，西罗马的皇帝们已无力阻止来自高卢、西班牙和北非等地的法兰西人、勃艮第人、西哥特人和汪达尔人的长期大规模的入侵。

与此同时，帝国内部的奴隶和隶农起义更加如火如荼，巴高达运动重新高涨，进一步发展成为声势浩大的农民战争，致使罗马帝国对西部的统治趋于瘫痪。在北非则爆发了"亚哥尼斯特"（意为"战士"）运动。大规模的起义所导致的社会混乱，使帝国不堪一击。

公元 410 年至 450 年，"蛮族"人曾两度洗劫罗马。476 年，西罗马最后一位皇帝罗慕路在日耳曼雇佣军军官奥多维克的逼迫下退位，标志着西罗马帝国的灭亡。

长期以来，关于罗马帝国灭亡的原因，史家争论不休，至今没有定论。代表性的观点主要有三种。第一种认为，给罗马帝国以最后一击的是日耳曼人的入侵，西欧在从奴隶社会向封建社会这一根本性变革过程中，决定的力量应是入侵罗马的日耳曼各族。第二种认为，帝国灭亡的决定因素是帝国内部奴隶和隶农的起义，日耳曼族的入侵，对帝国的灭亡起着推动作用。第三种认为，西欧从奴隶制向封建制过渡的决定力量是罗马生产力的发展，但日耳曼入侵这一因素也不可忽视，两种因素相互影响与综合，导致西欧从奴隶社会向封建社会转变。

罗马帝国的衰落以及最后在西欧和北非的崩溃是内外多种因素综合作用的结果。我们认为，罗马社会发展到后期，内部已经出现了许多封建因素，奴隶制度日见衰弱，从而对外部"蛮族"的入侵缺乏抵抗力。政治动荡，内战不断，使罗马社会经济衰落。就政治统治而言，罗马帝国尽管有着较为全面的法律制度，但其缺陷也是明显的，最主要的是缺乏明确的继承法。当政皇帝去世，尤其是突然去世，往往因缺乏合法的继承人而导致内讧。另一个缺憾是没有让足够的人民参与政府工作，帝国中大多数居民是根本不参与政治的臣民，他们对国家的兴衰无动于衷，更不用说效忠罗马了。

帝国后期最大的经济危机是奴隶制衰弱和劳动力短缺。一方面，直到图拉真（罗马皇帝，98 年至 117 年）时期，罗马的奴隶制一直依靠对外征服战争提供新的奴隶来源来维系的。但对外征服终有偃旗息鼓的一天，于是奴隶来源枯竭，而奴隶主又不愿在生产技术上投入精力和财力，罗马农业衰退，最终导致社会经济基础瘫痪。另一方面，人力资源的短缺和自耕农的破产也使罗马兵源不足，从而导致在与日耳曼人的战争中处于劣势。

最后，帝国本身就存在着一些分裂的倾向。帝国独特的地理疆域，使帝国貌似强大，实则存在着分裂解体的隐患。地中海地带明显有两个中心，即以希腊文化和希腊语言占主导地位的东部和以罗马文明和拉丁语占主导地位的西部。尽管东部的经济文化比西部更加活跃，但在政治上却受制于西部。恺撒征服的高卢卢瓦尔河以北地区和奥古斯都征服的多瑙河地区，经济欠发达，人口不足，城市稀少，处于帝国的边疆，不仅与中心地区缺乏联系，且文明的基础也不深厚，使得这里最早被"蛮族"突破。

罗马帝国尽管经历了两个世纪的和平与黄金时代，但 3 世纪时还是走向了衰落，可见文明有起有落的规律。4 世纪中叶，内部的隶农、奴隶和平民起义不断,外部的日耳曼民族从大肆骚扰边境直至入侵,使帝国受到极大冲击。最后被日耳曼人所颠覆,继而拉开了西欧封建时代的序幕。

五、古罗马的文化成就及其特点

古罗马文明在西方文明发展中具有承前启后的作用。一方面,罗马文化继承了希腊理性主义、人本主义传统,并在其深层的精神文化上与之共鸣;另一方面,罗马文化也显示了伟大的创造力,世界主义的宽容心态、独特的罗马体制和法律制度,都是"罗马性"的某种体现。可以认为,西方的古典传统源于希腊,发扬光大于罗马。罗马是西方古典文明的高峰。

1. 古罗马的文化成就

(1)罗马不朽的法律制度

古罗马对西方文明最重要的贡献之一就是其完备的法律体系。罗马法是古代各国法律中内容最丰富,体系最完善,对后世影响最广泛的法律。包括市民法(仅适用于罗马公民)、自然法(适用于所有人)和国家关系法(用于调节罗马人与其他民族之间的关系)。

罗马民法是罗马及其公民的法律,包括元老院的法令、元首的敕令、大法官的公告和某些具有法律效力的古代习惯。万民法则是不论种族对所有人一视同仁的法律。自然法是罗马法律中最为重要的组成部分,尽管它不是司法实践的产物,但称得上是罗马哲学的结晶。当时罗马的斯多葛派认为,所有的人在本性上都是平等的,都有权享受一些基本权力,政府无权对此加以侵犯。把自然法作为一项法律原则,其创始人可推西塞罗。西塞罗曾经说过,"真正的法律是与自然协调一致的健全的理性,它扩及所有人之中,始终如一,永恒不变。颁布有违这一法律的条例,是宗教所禁止的,即便部分地废止它也不可以。"万民法意为"各民族共有"的法律,其体系也比市民法更完备,无法通过元老院或人民摆脱它的约束。"[1]这种自然法优先于国家本身的观念,实际上指出了法律原则即抽象的正义原则的概念,这对后世司法的独立和公正观念至关重要。

罗马的法律制度经历了一个逐渐发展的过程。公元前450年前后颁布的《十二铜表法》是罗马世界最早的一部成文法,也是罗马法进化史上第一个伟大的里程碑。《十二铜表法》主要涉及土地占有、债务关系、婚姻、家庭、财产继承、伤害以及诉讼等方面的法规。但总体而言,这是一部简单、保守,代表农业民族的成文法。在共和国的最后几个世纪,《十二铜表法》已被新条例、新原则的发展所取代。这些新条例和新原则有不同的来源:有的来自习惯上的变化;有的来

---

[1] 菲利普·李,拉尔夫,等. 世界文明史(上卷)[M]. 上海:商务印书馆,1998:352.

自斯多亚派教义；有的来自判决书，尤其是来自大法官的文告。

随着平民反对贵族斗争的逐步胜利以及罗马对地中海地区的不断扩张，自公元前3世纪起罗马法律进入了一个新的发展阶段(公元前3世纪至公元1世纪)，市民法占统治地位和万民法逐渐兴起。市民法也称公民法，内容主要包括有关共和国的行政管理、国家机关及一部分诉讼程序的问题，很少涉及财产方面的问题。万民法是适应罗马征服地区的扩大和商业的发展而产生的。该法律承认奴隶制和私有财产的合法性，明确了买卖、合作和契约的原则。作为公民法的补充，万民法主要适用于帝国的外来居民。

从公元2—6世纪，罗马法经历了一个不断补充和完善的过程，至公元534年在东罗马帝国国王查士丁尼的主持下编撰完成并颁布施行了《查士丁尼法典》，即后人所称《民法大全》。该法典对西方文明的影响被认为仅次于《圣经》，其基本思想和原则已融入西方乃至世界各国的法律中。法律较好体现了对证据、公正、思想自由和契约精神的肯定。这固然与帝国时期司法领域的扩大有关，更重要的是奥古斯都及其后继者们对改进和加强法律制度的共识。当时著名的法学家盖约斯、乌尔比安、帕皮尼安和保卢斯对罗马法的发展起到了至关重要的作用。正是这些律师和法学家们在判案和司法实践中，将法学和法律原理具体化，使其成为罗马法系的基础。

罗马法是罗马人民天才的最高体现，对后世欧洲封建时期和资本主义时期的法律制度产生了极其深刻的影响。罗马法的基本精神，罗马法律的绝大部分内容，能够逾千古而犹存，为后世文明尤其是近代文明吸纳传承，源于其所具有的地理历史条件，能够使它高瞻远瞩地将法律的规范扩展至不同的地区和世界。德国法学家耶林曾经形象地说过："罗马曾三次征服世界：第一次以武力；第二次以宗教；第三次则以法律。而这第三次也许是其中最为和平，最为持久的一次征服。"

具体地说，第一，罗马法曾经为市民阶级或资产阶级战胜教会和世俗的封建势力提供了理论武器；第二，罗马法为资本主义经济的发展和巩固提供了现成的法律形式；第三，罗马法为新兴的资产阶级民权理论提供了思想渊源；第四，在资产阶级取得政权以后，罗马法又为资产阶级法律体系的建立提供了楷模，它是近代欧洲大陆国家立法所遵循的范本。总之，罗马法的影响已经远远超出了孕育其生长的本土范围，它不只是罗马人的法律，而且是全人类的法律；不只是罗马人的文化遗产，而更是全人类的文化遗产。在提倡和实行以法治国的今天，学习和借鉴罗马法的优秀成果，对于建设我们伟大的祖国具有重要的作用。

(2) 奥古斯都的文化政策

罗马文明的黄金时代是早期帝国时期(公元前30年至公元2世纪末)，这一

图 2-4 屋大维·奥古斯都

时期也是罗马历史上少有的和平时代,尤其是屋大维·奥古斯都(公元前 63 年至公元 14 年)在位时期(公元前 30 年至公元 14 年),罗马文化空前繁荣,被称为"奥古斯都时代"(图 2-4)。

奥古斯都为巩固自己的统治,大力发展文化,实行了一系列文化政策,使罗马文化进入了前所未有的发展阶段。他大张旗鼓地推行澄清风俗运动,提倡简朴正直的社会风尚。奥古斯都登基之时,人口愈百万的罗马城世风日下。为整顿风纪,奥古斯都极力恢复传统宗教信仰和质朴保守的古老风俗,并从正面提倡重视家庭古风,并下令要求公民过正常的家庭生活,先后颁布了《朱理亚反通奸法》《朱理亚婚姻法》等法令与政令,以严刑峻法力纠时弊。

奥古斯都大兴土木,建设罗马。他曾经立下誓言,要让石头的罗马城变成大理石的罗马城。其在位期间,主持修复和新建了近百个神庙,罗马广场的扩建工程无论在当时还是后世,都算得上是举世瞩目的。改建后的罗马广场更显得气宇轩昂。环顾四周,庙宇林立,拱廊环绕,纪念碑、纪念柱及各式雕像穿插其间,雄伟壮丽之余更添富丽堂皇。此外,奥古斯都还关注公共设施的修复扩建,道路、桥梁、引水渠等工程相继完工,使罗马的市政建设堪称古代世界的最高水平。由罗马城通向帝国各行省的道路也相继开通,"条条道路通罗马",说的就是这一时期的史实。

在文学艺术方面,奥古斯都采取扶持与鼓励的态度。他深知宣扬帝国声威、体现时代更新的最好形式是文学艺术,故对此十分重视。罗马文学的发展尽管在恺撒与西塞罗时代已打下了相当的基础,但奥古斯都时代文学艺术的繁荣与奥古斯都本人督促、关怀、扶持,甚至审查和管制有很大的关系。据说奥古斯都与当时著名诗人维吉尔、贺拉西,史学家李维等都有深厚的友谊,有时还附庸风雅,自己写诗撰文。奥古斯都提倡文学作品弘扬和歌颂民族传统、乡土情调和爱国精神。有学者认为,民族传统的含义是要使拉丁文学在水平上达到可与希腊相比的同时,建立起自己完整的体系和独立的风格;乡土情调则是对罗马文艺反映意大利本土特色的要求;爱国主义是强调以罗马民族的丰功伟绩来教育公民群众。这三个方面的意图在决定罗马艺术的精神风格方面有着不可估量的影响。

(3)古罗马的文化成就

罗马文化具有明显的开放性。它是在吸收希腊文化和东方文化的基础上发展起来的。希腊人对罗马的影响很大,所谓"征服者反被被征服者所征服"就是这种影响的感叹。其影响尤其体现在造型艺术等方面,著名的《奥古斯都的立像》就是其中最好的代表。

罗马人创造了魅力无穷的文学。共和时代较著名的诗人和剧作家有安德罗尼库、尼维阿斯和普劳图斯。安德罗尼库首次将《荷马史诗》译成拉丁文。尼维阿斯则是第一位拉丁诗人,写作了第一部罗马史诗《布匿战争》和历史剧《罗慕路》。普劳图斯(公元前约254年至前184年)一生写有许多生活剧,最著名的喜剧有《孪生兄弟》和《一坛黄金》等。共和时代最著名的拉丁散文作家则推大伽图(公元前234年至前149年)、西塞罗和恺撒。罗马文学的黄金时代是奥古斯都时期,当时出现了维吉尔、贺拉西和奥维德三位著名诗人。维吉尔(公元前70年至前19年)写有《牧歌》《田园诗》和史诗《伊尼阿德》三部作品。贺拉西(公元前65年至前8年)著有《讽刺诗集》《长短句集》和《颂歌》等作品,其中《颂歌》被誉为罗马抒情诗的典范,对西方文学产生了较大的影响。奥维德(公元前43年至公元约17年)的诗歌则以爱情题材为主,他的代表作是《变形记》,该书以希腊和罗马神话为题材,具有较高的文学价值,也为后世留下了一部研究古代西方神话的辞典。

罗马史学也较发达,以深沉睿智闻名于世。共和时期最著名的史学家要数波里比阿(公元前200年至前118年),他的《通史》(40卷)描写的是布匿战争时期的历史,现存仅5卷。帝国时期的著名史学家有李维、塔西佗、普鲁塔克和阿庇安等。李维(公元前59—公元17年)的《罗马史》,塔西佗(约55年—约120年)《编年史》《日耳曼尼亚志》,普鲁塔克(约46—119年以后)的《希腊、罗马名人传》,阿庇安的《罗马史》等,都存有大量珍贵的史料,是西方不朽的史学名著。

罗马哲学虽然起步较晚,并深受希腊哲学的影响,但不失其罗马个性。帝国时期较有影响的唯心主义哲学家塞涅卡(公元前4年至公元65年),从哲学的角度介入伦理学问题,著有《论天命》《论智者不惑》《论幸福》《论宽恕》《论道德》等。提倡宿命与禁欲,认为天命、命运主宰整个自然界,对日后罗马宗教的发展不无作用。

"希腊的科学,罗马的艺术"这一俗语,很好地概括出了罗马文化特点。罗马的建筑艺术可谓成就斐然。神庙、圆形剧场、浴池、凯旋门、纪念柱等,都是建筑艺术的杰作。其中,最著名的建筑物是屋大维时代修建、哈德良(117—138年)时代重建的万神殿,是古代神庙建筑艺术最高成就的代表之一。罗马剧场建筑的典型则是公元1世纪晚期修建的哥罗赛姆大剧场。最壮丽的凯旋门是提图斯凯旋门,此门是为纪念战胜犹太人凯旋而建,门上的浮雕描写了当年提图斯出征犹太人胜利的情景。

罗马文化具有注重实用的个性,因此,罗马在农业科学、地理学、天文学等方面有很多建树。大伽图的《农业志》是人们研究当时意大利农业经济发展状况的宝贵资料。托勒密(约90—168年)的《天文学大成》(13卷),论证了大地为球形,是宇宙的中心,其他天体环绕地球运动,并叙述了太阳、月亮和行星运动的规律。托勒密的天文学体系主宰西方世界上千年,直到哥白尼的日心体系发表。普林尼(被恩格斯称为"罗马的百科全书家")的《自然史》,曾被马克思和恩格斯在许多著作中引用,对我们今天研究古代的科学、历史、语言等有着很高的价值。

2. 古罗马文明的特征

罗马文化在吸收和继承希腊及周边文明优秀成果的基础上,结合罗马社会的特点,不断地发展与创新,形成了自己的文化特色。虽然远不如希腊文化卓越和优雅,更比不上希腊文化的博大精深,但粗鲁的罗马人却创立出一套系统、严密、周全的法律体系,创立了一个制衡、高效率的共和政体。他们为被希腊人搞得纷乱的西方世界带来了法律和秩序。如果说希腊人是个思想的民族,那么罗马人则是个实践的民族。

第一,罗马帝国是从一个小村庄发展到城邦共和国,继而扩张成一个大帝国,形成了独具特色的帝国之路。

城邦共和国时期的罗马,在政治体制上可以说是对希腊的承袭,塞尔维乌斯改革、五百人院、元老院、执政官,保民官制度等,使得罗马有着与希腊相似的社会政治体制。但罗马毕竟不是希腊,内外的压力和斗争的需要,把罗马造就成了一个大帝国。为实现对辽阔疆域的有效统治,罗马孕育出既不同于希腊更不同于东方的政治体制。正如希腊史家波利比乌所推崇的那样,罗马体制是集民主、王权、贵族三合一的混合政体。三者互为牵制又有合作,从而保持了政治的稳定。有了这种独特的体制,尽管帝国存在几百年,但人们的集权意识淡薄,而始于希腊社会的公民意识却依然牢固。

从罗马的社会政治体制,可以看出罗马人务实的风格。实用、有效的政体就是最好的政体。因此,奥古斯都建立帝国时,仍然可以保留共和时期的体制,而只对其作必要的修改与调整。罗马法律的产生与发展,同样也体现了罗马高超的应变能力和现实主义精神。

由政治及于文化,我们同样可以看到罗马人质朴务实的精神。罗马兴起之初,受希腊及周边文化的影响,罗马对于外来文化的态度是开放和宽容的。罗马人最先接受的文化是伊达拉利亚文化,伊达拉利亚人的工程建筑、生产技术和工艺风格以至典章礼仪,皆对罗马有很大的影响。例如,工程务求坚固实用,美观尚在其次;城市设施比较注意引水工程,军事设施强调营寨的建设和道路的修筑等,就有伊达拉利亚文化重视技艺的影子。这种文化学习也有助于罗马质朴务实的民族精神的养成。

公元前 3 世纪，罗马人开始征服希腊的同时，也把文化学习的眼光投向了那里，罗马的政治制度、宗教思想都与希腊有着相通之处。由此，在希腊和罗马文化的背后，隐藏着丰富的文明源泉和深刻的历史经验。如果没有这些，后世的西方文明将是不可想象的。

第二，基督教的产生逐渐把罗马变成了基督的世界。

1500 年的欧洲文明，其本质是西方的基督教文明，要想了解欧洲文明，就不能不了解基督教。

"基督"是希腊文的汉字音译，意为"救世主"。希伯来原文是"弥赛亚"。基督教的产生有多种原因。一般认为，基督教最初出现在公元 1 世纪的巴勒斯坦地区。马克思曾经指出，基督教是犹太教的私生子。的确，基督教是由犹太教发展而来的，它首先是犹太世界的产物。犹太民族是一个多灾多难的民族，历史上曾先后遭到亚述、埃及、波斯、塞琉古、罗马等侵略，多次饱尝亡国之苦。犹太人不甘命运，不懈地反抗斗争，但均以失败告终。久而久之，犹太人中有了救世主拯世的观念，这种企盼清楚地记载在犹太民族的宗教经典——《律法书》和《先知书》中。早在公元前 586 年，犹太人被新巴比伦国王尼布甲尼撒二世掳到巴比伦时，他们就有了救世主的观念。公元前 2 世纪到公元 2 世纪期间，散居在小亚细亚的犹太人中间就有了一个宣扬"救世主将要降临"的秘密宗教派别。基督教就是从这一教派中脱胎而来的。犹太教的一神论、末世论、魔鬼论等宗教信仰对基督教影响甚大，很多已被吸收到基督教的教义和崇拜仪式中。

希腊、罗马文化对基督教的最后形成，作用不可低估。正如 19 世纪一位德国学者指出的，如果在基督教的起源和最初形成期中，不是已经有西方和东方，有希腊罗马精神和犹太精神共同参与其中，它就绝不会成为西方和东方的共同宗教，特别是后来成了西方特有的宗教。

公元 1 世纪正是罗马帝国强盛时期，帝国的强大与统一，是基督教形成和发展的土壤。统一的帝国为文化的融合交流创造了空间与条件，经济和贸易的展开，有助于思想的交流和思潮的传播。如柏拉图主义强调的理念论、神秘经验和灵魂不灭思想以及鼓吹人类一体、天人和谐、同受一位主宰支配，提倡寡欲、节制的斯多噶主义等，和基督教的上帝本身及其与世界、人类关系的基本概念有渊源关系。而罗马人注重实际的风尚及他们的法制观念、权利和义务的思想等对基督教伦理的发展、教会体制的形成，都有直接影响。当时罗马帝国形成了以西塞罗为代表的折衷主义思潮，流风所及，使初期的教会不仅向往彼岸和来世的福乐，更注重此岸世界的行为和今生的生活。另外，强大的帝国政府对行省，特别是边远行省的经济和政治压迫比本土更甚。在罗马统治时期，犹太人的多次反抗与起义的失败，使一些犹太人感到前途渺茫。失望之余，他们转而希望救世主的拯救。所以，基督教是在继承了先人的思想遗产的基础上，由一些生活在罗马帝国社会底层的人，因不堪忍受压迫，希望在来世得到解脱，怀着对来世、对千年王国的美好愿望而兴起的一种宗教。

基督教从公元1世纪形成，发展为一种世界性的宗教，成为欧洲中世纪的精神支柱和西方文明的基石，是经历了一个曲折的过程的。公元1世纪到2世纪后期是基督教的早期阶段或称原始基督教，当时是奴隶、被释放的奴隶、穷人和其他无权者的宗教。

基督教接受了犹太教信仰上帝及其化身救世主的说教，但不同的是基督教创造了一个救世主的具体形象耶稣。

基督教的誓言是：一不欺骗，不说谎；二不偷盗、不奸淫；三不作邪恶的事；四不背教。

公元1—2世纪，基督教迅速发展。因不拜罗马的神，不拜皇帝的像等，基督教遭到罗马政府多次迫害，但并未能阻止其发展。

在罗马帝国衰落的过程中，基督教日益发展起来，并逐步发生了质的变化。2世纪后期，中等有产者大批加入基督教，他们有文化，有财产，有的取得教内的领导权。这时基督教已组成教会，活动也逐渐公开。教徒中互助共济、仇视富人的精神大大减弱，劝人驯服、希冀来世的教义被提高到了主要地位。在3世纪危机（2世纪末至3世纪末奴隶制全面危机）中，受到震荡或打击的大奴隶主、大商人、官僚，甚至皇帝的亲戚多皈依了基督教。特别是君士坦丁当政后，在公元313年颁布了米兰敕令，规定教徒信仰自由，给基督教与其他宗教并存的合法地位；归还没收的财产；教会僧职人员免服城市徭役。这是基督教发展史上的一个转折点，标志着它从一个被剥削、被压迫者的宗教，蜕化成为与统治阶级合作的宗教。基督教迅速发展，同时内部教派之争也激烈起来。公元325年，君士坦丁在尼西亚（小亚细亚西部）被视为"异端"，遭到贬斥，得势的自称正统信仰派（即"正教"）。公元392年皇帝狄奥多西下令取缔异教，基督教成为国教。为了适应这一形势，北非希波城（今阿尔及利亚东北安纳巴城）主教奥古斯丁写了《上帝之城》等大量著作，为中世纪教父学奠定了基础。他宣称教会是上帝和人之间的中介，信仰、忏悔、得救都必须通过教会，这种说教在西欧思想界居于统治地位达1000多年，到16世纪宗教改革才被打破。公元455年，罗马主教利奥开始自称教皇。

基督教的特点有：①十分重视"理性"的作用，即使在中世纪最黑暗的年代，基督教的理性精神也不曾完全泯灭。②信奉"普济主义"，即以救赎全人类为己任，充斥着改变异端信仰的狂热。③基督教文明也是非典型的农业文明，畜牧业在经济中占很大的比重。④比较重视工商业，商人在社会生活中有较高的地位。

第三，顺从自然，热爱生活。

罗马文化的特色在罗马人的生活方式上得到明显的体现。罗马人的生活方式很大程度上受其生命与价值观念的影响。早期的罗马人信奉斯多噶主义，① 提倡简朴、顺从自然的生活观，加之受生产力水平的限制，整体而言，罗马人生活方式较为古朴。帝国后期，罗马人的生活才日益奢靡。

独具特色的罗马式衣着：罗马人的衣着比较简朴。一般的罗马人只有一袍一衣，袍子大多以一大块半圆形的衣料缝制，圆心开口，披在肩上，任两边自然下垂。衣通常是短袖内衣，由单幅衣料开个圆口，形似现今的 T 恤，长及膝，腰上系带。帝国时代，东方式的长袖袍子开始流行，用料也日益讲究，如东方的绫罗绸缎，小亚细亚的毛呢，埃及的轻纱，高卢的厚布，西班牙的皮革等，但其奢华程度仍难以与东方宫廷的艳丽相媲美。

罗马风味的饮食：传统的罗马一日三餐也比较简单。早餐通常是面包加乳酪，午餐是面包或麦粥、加上肉、水果等，晚餐则较为丰富，通常有三道菜，首盘有蛋、蔬菜，主盘有烤肉、烧鸡，尾盘则有鱼、虾。帝国时代宫廷开始吃天下珍肴美味，包括爱琴海的孔雀、小亚细亚的松鸡，希腊北部的羔羊、埃及的椰枣等。

罗马的民居一般是四墙围成的方形小院，房屋靠四边安排，中央辟一方形小天井。富家的别墅则比较高级，甚至还装有暖气。

古罗马文明是人类文明家园中又一朵瑰丽的奇葩，它所取得的成就代表了西方文明在经历了童年时期(希腊文明被比喻为人类文明的童年期)后的光辉探索，虽然在文化成就上，从想象力的丰富到理论的完美程度上都不及希腊文明，但是从其成就的实际效果及其在政治和生活中的实用价值来看，罗马对后世的影响则更为深远。至于世界多种文字的拉丁化发展，更是罗马对世界文明杰出贡献的见证。时至今日，古罗马文明的雄风依然高居世界文明之巅。

■ **学习思考题** ■

1. 为什么黑格尔说：一提到希腊这个名字，在有教养的欧洲人心中，自然会引起一种家园之感？
2. 你对古代罗马法有何认识？
3. 基督教兴起的原因是什么？其早期影响表现在哪些方面？

---

① 斯多噶为希腊文 Stoikoi 的音译，意为画廊。该学派为公元前 4 世纪芝诺创立于雅典，后传入罗马，成为古罗马衰落时期的宗教唯心主义学说。

第三章　其他古代文明

> 历史孕育了真理，它能和时间抗衡，把遗闻旧事保藏下来。它是往昔的迹象，当代的鉴戒，后世的教训。
>
> ——塞万提斯

非洲是世界第二大洲，现有50多个国家和地区。非洲各族人民具有悠久的历史。考古学家已经在非洲发现了人类进化的全过程，越来越多的证据表明：非洲是人类的发祥地之一。距今2万年至1万年前，非洲进入新石器时代；约1万年至5000年前，非洲原始的畜牧业和农业相继出现；公元前1000年左右，非洲居民学会使用铁器。非洲人民在长期的生产和生活实践中，依靠自己的聪明才智和勤奋，独立自主地创造了古代文明。

非洲文明是非洲各民族人民在过去创造的物质文明和精神文明的总和。由于自然环境的巨大差异，不同地区、不同民族、不同国家的文明之间存在着极大的差异性和多样性。在人类历史的绝大部分时间里，非洲是一个先进的和进步的大陆，既不像一些人理解的那样是一个滞后的、落后的大陆，也不像西方殖民主义者认为的那样，撒哈拉以南的非洲自古就是荒蛮之地，文明都是外来的。早在2万多年前，尼罗河两旁高地就留下了早期人类活动的足迹。在公元前4500年左右，尼罗河谷地就出现了定居的巴达里人，他们从事农牧业。约公元前4000年，南方来的移民就与上埃及涅伽达一带土著居民混合，形成了涅伽达文化Ⅰ居民。因此，古埃及文明是非洲文明的一部分。

第一节　古埃及文明

非洲大陆东北角的尼罗河流域是世界古代文明的摇篮之一。早在公元前3500年，这里就诞生了非洲最早的国家，世界四大文明古国之一——埃及。在尼罗河的哺育下，这一古老而神秘的王国发展出了极其光辉灿烂的古代文化。

古希腊历史学家希罗多德就把埃及称为"尼罗河的赠礼"。聪明的古埃及人用天文上的知识把尼罗河泛滥的时间确定下来，在这里开创了古埃及文明，并把一年的天数定为365.24天。一位法国军官在尼罗河三角洲发现了记录古埃及文明的泥板，经过科学家的研究，最终破译了上面记录的是古代一次战争结束后的和平条约，由此，敲开了封闭千年的古埃及历史与文明的大门。

一、尼罗河流域的文明曙光

古埃及(Ancient Egypt 一词由古希腊语 Aigyptos 演变而来,起源于古埃及孟斐斯城的埃及语名 Hikuptah,意为普塔神灵之宫)位于非洲的东北部,东边是红海,北边是地中海,南边却是一望无际的撒哈拉大沙漠,因为有尼罗河的定期泛滥,使这一块地方没有变成沙漠,而是成为了肥沃的平原。

两万年前,当欧洲和美洲大部分地区还被冰川覆盖的时候,整个北非却是雨水丰沛,草木葱茏,一派生机的景象。古埃及人已经在尼罗河两岸的高地上,过着采集、狩猎的氏族生活。最早的居民有东北非的土著哈姆(含)人和来自西南亚的塞姆(闪)人,其语言属于闪含语系。大约距今 1 万年前,由于受欧洲冰河期的影响,北非地区气候发生重大变化,雨量减少,严重干旱,大部分地区变成不毛之地。尼罗河形成狭长的河谷,成为沙漠里的一条绿色长廊。先前过着渔猎采集生活的游牧民族开始向尼罗河流域迁居,依靠河水泛滥的平原和沼泽地,栽培谷物,开始了农耕定居的生活。同时,他们创造了铜石并用文化,开拓了尼罗河流域文明。

比较典型的铜石并用时代文化是拜达里文化、涅伽达文化 I(阿姆拉文化)和涅伽达文化 II(格尔塞文化)。习惯上把这三种文化称为埃及前王朝文化。

拜达里文化是埃及光辉文化的开端,大约始于公元前 4500 年。在埃及历史的长河中拜达里文化标志着一个决定性的阶段。尼罗河流域的原始游牧部落,一旦从逐水草而居的游牧生活转向定居生活,便开始了文明的创造。农业和畜牧业随之产生,开始了陶器的制造和使用;生产工具有所革新,发明了铜器,并逐渐摒弃了石器,在通往文明的道路上迈进了一大步。

继拜达里文化之后出现了涅伽达文化 I(大约始于公元前 4000 年)。涅伽达文化 I 时期,埃及人的生产技术有了新的发展,出现了制作精细的双面锋大石刀和优美的白线光面陶。城市的萌芽是涅伽达文化 I 的突出成就。

涅伽达文化 II(公元前约 3500 年至前 3100 年)通常被看成是史前文化或前王朝文化的最后阶段,但实际上已进入了文明时代。社会已形成贵族与平民、奴隶主与奴隶的阶级划分。希拉孔波利斯等地已发展成为具有城市公社性质的小邦,希腊人称为诺姆,又译为州。

二、古代埃及社会

1. 社会经济概况

尼罗河的定期泛滥,使古代埃及人很早就清楚了农业与季节变化的密切关系。古埃及人十分注重谷物的耕作,他们以这些谷物为食。大麦和小麦被用来制作面包和啤酒，多余的谷物被出口到周边国家，谷物的出口使埃及的国库收入增加，国家日益壮大。

农业对于埃及来说是一个社会性的经济活动。古埃及人大多数都会从事与农业相关的事情，甚至有些人是全职的农民。就算是贵族或者书吏也不会被排斥在农业活动之外。贵族们通常要参与相关的农业经济活动，指导属于自己的农田耕作。为富有的地主而工作的人，可得到食物、衣服和居住地。一些家庭从地主那儿租用土地耕作，将自己的收成按比例交给地主作为租金。当然，也有一些人被政府征召去挖掘运河，勘探土地，进行开荒。这些都被叫作强迫劳役。如果有人想避开劳役，那么他和他的家庭都将会受到严厉的惩罚。法老还经常派武装商队去各地从事商业贸易和掠夺。农业与手工业已开始分离，冶炼、制陶、采石、木作、皮革、纺织和造船等多种手工业相继产生。

2. 古埃及政治的演进

随着私有制和阶级的产生，氏族部落形成，并在历史的进程中经由农村公社发展为"斯帕特"。公元前4000年中期，上下埃及(孟斐斯以南为上埃及，以北的三角洲为下埃及)共形成了三十几个"斯帕特"。每个斯帕特都有自己的名称、保护神(鹰、兔、蛇、黑牛等)、设防中心、军队、管理机构和首长("阿得希—米尔"意为渠道官，主要职责是管理灌溉工程、军事、司法、祭祀)。斯帕特开始是氏族、部落向国家转变的过渡组织形式，后来转化为城市国家。公元前3100年，埃及统一以后，斯帕特成为地方组织，相当于中国的州。

(1) 早王朝与古王国时代

古埃及分成前王国、古王国、中王国、新王国与后期埃及几个时代。古埃及编年史家曼内托(公元前3世纪)，把埃及古代史分为31个王朝。第一、二王朝习惯上被称为早王朝时代(公元前约3100年至前2686年)。在公元前4000年，那时中国还没有进入三皇五帝的传说时代，就有一个部落在尼罗河流域定居下来，并演化成了40多个小国家。经过长期的战争和兼并，在这片土地上，形成了两个较大的王国，以尼罗河南部附近平原为领土的叫上埃及，以北部尼罗河三角洲为领土的叫下埃及，两个王国以孟斐斯为界。公元前3100年，也就是中国的三皇五帝时代，上埃及的美尼斯法老征服了下埃及，统一了尼罗河流域。埃及终于进入了古王国时期。古王国时期政治机制如下。

国王：享有行政、司法、财政、军事大权。他制定法律，对案件做终审；任命及罢免各级官员；划分土地地段和确定税收制度；是军队的最高统帅，常常亲自出征。他的权威不仅是理念上的，而且更具现实意义。

维西尔：是中央政府中最高的大臣。作为国王的助手，参与一切事务的具体管理工作，具有"全国的总管"等头衔，他还是国家档案库的总保管人。此外，他还兼任大法官之职。

财政部：负责国家的财政税收。下设国库、谷仓，并负责神庙和宫廷等有关部门的实物供应。

农业部主要掌管两方面工作：一是负责管理家畜工作；二是负责农业生产。

档案部：保存记录内政的公文抄本和土地所有权的证书等。

司法部：负责法律的实践和应用。

诺姆(州)：共42个州，上埃及22个，下埃及20个。各州都有一个首府，在州之下还分成区，或者居民点和村等。

(2)埃及新王国时期(约公元前1567年至前1085年)

新王国时期是古埃及最强盛的一个时期，史称"帝国"时期。主要是通过对外掠夺战争促进了奴隶制经济的发展。奴隶进一步被用于农业、手工业、公共建筑和家庭的劳动，还出现了奴隶出租，产生了租佃奴隶的剥削方式。有的奴隶主则将土地出租给奴隶，奴隶和土地租佃剥削形式的出现，是奴隶制发展的一种表现。生产技术上，青铜器广泛使用，织布机、彩色玻璃等都出现了。到后期埃及，铁器被广泛使用，农业和商业都进一步发展。埃及的瓦解是由于内外矛盾激化。对外征战，激化民族矛盾；宗教改革的失败，使统治集团内部矛盾加剧；造墓手工业者的罢工、奴隶的斗争动摇了统治基础。

新王国时期，君主国王同样继承了其先辈诸王的传统，为自己加封5个头衔，以体现国王的伟大神性。除此之外，他们还为自己采用了"法老"的尊称——这个在原本仅与王宫或宫殿有关的词，从新王国时代阿蒙霍特普四世起成为附加在国王头衔上的又一固有名称。此外，"陛下"的尊称也开始流行起来。这些头衔与尊称是臣民对专制君主尊敬的表示，也是法老至高无上权威的体现。

从图特摩斯三世开始，维西尔的职务被分割，设置了2名唯西尔，分别负责上埃及、下埃及的司法和行政工作。在维西尔之下，还有一个庞大的官僚主义政府机构。从已发现的官员名单上可以看到，重要的职务有财政大臣、国库监督、(王家)产业总管、谷仓监督、王之书吏和管家、高僧(法老自称太阳神之子，是世俗与精神双重领袖，有权任官、豁免赋税等，是法老统治支柱之一)，以及市长等。

在新王国时代，不仅削减了维西尔的权力，而且新设两个重要职务与之相匹敌：一是"库什总督"，由库什亲王担任，是法老在努比亚地区的代理人。另一是"阿蒙第一先知"，其中又以底比斯的"阿蒙第一先知"(或称"阿蒙高僧")最有权势，他在首都的地位仅次于唯西尔，而有些维西尔同时又兼任阿蒙第一先知。到了十九、二十王朝时，阿蒙第一先知逐渐成为了埃及的实际的统治者，以致与法老分庭抗礼(表3-1)。

表 3-1　新王国时期国家机构和职能表

机构	法老	中央政府		州长				农村公社 （最基层）	
		宰　相 （维西尔）	大臣						
职能	赐土地	房获物	行政 司法	财政 水利 产业	征收 赋税	分派 劳役	征召 军队	统计 户口	丈量 土地	分配 土地

公元前 525 年，古埃及被波斯帝国所灭而沦为一个行省。根据埃及祭祀曼内托的记载，古埃及文明从公元前 3100 年诞生，到公元前 525 年被波斯帝国征服，共经历了 26 个王朝。

三、古埃及文明的成就

古埃及的文明成就可谓灿若繁星，涉及建筑、医学、文艺、绘画、天文、数学等众多领域。金字塔、狮身人面像、象形文字是古埃及文明的三大象征，其中金字塔是最为神秘而伟大的杰作。

1. 建筑杰作——神秘的金字塔

现存的古埃及金字塔总共有 70 多座，古埃及人称"庇里穆斯"（意为"高"），因形似汉字的"金"，故汉译为金字塔。埃及的金字塔在建筑科学、工艺等方面所达到的水平往往是现代人无法想象的。在只有粗陋的工程技术水平的年代，古埃及人是怎样建造出这一举世罕见的宏伟工程的？当时的建造者既没有起重设备，也没有滑轮，甚至连轮子都没有，他们是怎样将相当于 10 辆汽车之重的大块石头提升到金字塔上的呢？进金字塔的人会因为咒语而死去吗？金字塔的顶部平面能登临吗？

据埃及学者们的研究，金字塔的建造起源于古埃及的神话：古埃及国王奥西里斯被自己的兄弟杀害，碎尸后被扔到了尼罗河里。王后伊西丝悲痛欲绝，找到遗体，伏尸痛哭，感动了太阳神。于是天神帮助她把尸块还原成尸体，做成干尸，即木乃伊。奥西里斯于是再生，成为冥界的主宰。从此以后，每个法老死后，都要把奥西里斯神话表演一次，制成木乃伊后装入石棺，再送进"永久的住所"——金字塔中。古埃及人认为，这样，法老们的灵魂就能永生，并在 3000 年后的极乐世界里复活。古埃及人这种对死后永生的信念决定了金字塔的形式：它必须能够妥善地保存遗体，尤其是伴随着遗体的陪葬品。在古埃及人看来，冥界的生活与尘世类似，死者生前所用的一切要一应俱全。所以每个法老的墓葬都聚集了巨大的财富，成为历代盗墓者垂涎的目标。古埃及法老的墓葬形式一再变迁，就是为了与盗墓者周旋、斗智。为了使法老的"灵魂"不被惊扰，也为了满

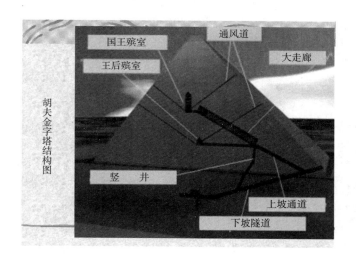

图 3-1　胡夫金字塔结构图

足法老日益膨胀的权力炫耀欲望，金字塔的形式经历了由小到大，由砖到巨石的演变。

金字塔建筑技术的精确度令人夸赞和叹服。

公元前 27 年至前 26 世纪，古埃及人在吉萨建造了三座最大的金字塔，即举世闻名的胡夫、卡夫拉和曼考拉三大金字塔。它们位于尼罗河西岸的吉萨，与开罗隔岸相望。其中最大的胡夫法老金字塔被称为"大金字塔"（图 3-1），更给人一种惊奇和畏惧的感觉。大金字塔是第四王朝第二个国王胡夫的陵墓。它建于公元前 2690 年左右，原高 146.5 米，因年久风化，顶端剥落 10 米，现高 136.5 米；三角面斜度 51°，塔底面积 5.29 万平方米；塔身由 230 万块石头砌成，每块石头平均重 10 吨。据说，它是 10 万人用了 20 年的时间才得以建成。该金字塔内部的通道对外开放，该通道设计精巧，计算精密，令人赞叹。胡夫金字塔，十分神秘，它带有许多不解之谜。胡夫金字塔的底座边长 230 米，实际尺寸与设计图纸之间的平均偏差不足 12 厘米。胡夫金字塔的巨石拼接紧密，甚至连一枚硬币都插不进去。人们不禁要问：这种非凡的设计工艺和建造水平，真是仅使用奴隶劳动和简单的手工就能完成的吗？所以，有人认为金字塔如何被建造出来是万古之谜。据说，在建造埃菲尔铁塔前，胡夫金字塔一直是世界上最高的建筑物，东西南北四个角都是丝毫不差的 90° 直角；它的高的两倍除以底的面积等于圆周率 3.14159；它的高乘 10 亿等于太阳到地球的距离；底的周长与一年的日期 365.24 相吻合；金字塔的重心也正好位于各大陆引力的中心。

胡夫金字塔还有一段可怕的铭文："不论是谁骚扰了法老的安宁，死神之翼将在它的头上降临。"美国《医学月刊》曾刊登调查报告：100 名曾经进入金字塔的人中，在未来 10 年内死于癌症的高达 40%。几十年来，一些进入大金字塔深处考古的科学家们不约而同感染了一种神秘细菌，有的人在几个月后便不治身亡！2002 年有人想用机器人探求金字塔之谜，但当"金字塔漫游者"将自身携带的光纤摄像头伸进钻好的石门洞眼里时，所有人凝视的结果是："啊，又是一道石门！"

有关研究指出，三大金字塔具有某种天文学的特性。吉萨的三大金字塔是代表地球、金星和火星，因为通过计算发现，胡夫法老金字塔和卡夫拉金字塔的大小比例正好与地球和金星的大小一致。而且，人们为查明金字塔和行星之间的对应关系而进行准确的体积比较时，偶然发现了一个意想不到的数值，那就是计算球体体积时使用的 $4/3\pi$ 值。当用金字塔的体积乘以 $4/3$ 时，就会出现与行星的值准确对应的结果。

自古以来，金字塔就被称为世界七大奇迹之一，是古老埃及其中央集权君主专制加强的具体表现。①金字塔的大小反映出中央集权君主专制的强弱；最大的是第四王朝胡夫的，塔基周长将近 1 千米，费时 30 年，经常保持 10 万人轮换工作制。②塔内有走廊、庙堂，有的还有绘画、雕刻等。③金字塔是古埃及阶级矛盾的集中体现。历史学家狄奥多拉写道："由于这些国王做了许多残忍凶暴的事，人们满怀怒火地起来反对那些使自己受苦的人……撕碎他们的尸体……把他们抛出于陵墓之外。"

在一望无际的沙海边，在高约 30 米的台地上，金字塔群庄重、简洁、肃穆、超世。金字塔的形象，给见过它们的人留下了深刻的难以磨灭的印象。它们虽然是最单纯的几何形体，却表达了最崇高的主题。古埃及人赋予了这些曾经沉睡在沙海岸边的巨石以永恒的生命力。4000 年后，拿破仑带着创建伟大帝国的梦想，率领军队踏上了埃及这片神秘的土地。这时，虽然古埃及文明早已湮灭，但是已经半掩于沙中的吉萨的金字塔依然唤起了入侵者的激情。传说拿破仑当时面对着前来应战的穆斯林骑兵，手指苍老而永恒的金字塔向他的士兵们说："4000 年的历史在蔑视你们！"

2. 古埃及的文化艺术

古埃及人创造了灿烂的文化与艺术。在公元前 4000 年前，古埃及产生了象形文字。后出现了表示音节的符号，在古王国时期发展为 24 个辅音字母。古埃及人以芦管和烟渣水作书写工具，把文字写在纸草上记载古代的文献。古埃及创造了规模宏大的巨石建筑，大量的金字塔、神庙、宫殿、贵族邸宅，都体现了高超的建筑技巧。精美的木雕、石雕与绘画也体现了埃及人民的智慧。埃及人在数学方面，能计算等腰三角形、长方形、梯形、圆的面积，推算出圆周率为 3.16。埃及人利用这些几何知识测量土地，建造规模宏大的巨大建筑。在数学、解剖学、文学等方面埃及人也达到了很高的水平。由于古埃及处于东西交汇的地区，便于沟通东西方文化，因此，古埃及对世界文明的交流做出了伟大贡献。

(1) 纳尔美尔法老石碑和象形文字

纳尔美尔法老石碑是古埃及文明的象征(图3-2)。碑高64厘米，一面刻有戴着下埃及(尼罗河三角洲地区)王冠的法老画像，另一面是戴着上埃及(尼罗河中游地区)王冠的法老画像。这是为了纪念埃及统一而制作的。石碑上还刻有文字，这些文字除记录埃及王朝时代始于公元前3100年左右外，还记载着纳尔美尔法老的名字。如像一条鲶鱼一样的文字表示"纳尔"的读音，它下面像一把凿子一样的文字表示"美尔"的读音，这就是埃及象形文字的初期形态。

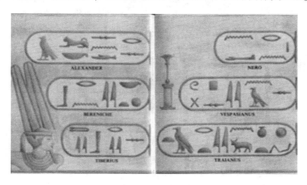

图3-2　埃及象形文字

这种单纯象形文字，经过长期的演变，形成了由字母、音符和词组组成的复合象形文字体系。今天我们可以看到的古埃及文字多刻于金字塔、方尖碑、庙宇墙壁和棺椁等一些神圣的地方。字母的出现，约在公元前2500年至前1500年间。把声音变成字母这一巨大的进步，是古埃及人完成的。这些字母由埃及人传给地中海东岸(今叙利亚境内)的腓尼基人。作为亚洲文化和欧洲文化中介的腓尼基人，把这些字母演变成真正的音标文字，传到古希腊。这一字母系统，后经希腊人增补元音字母而进一步完备，形成希腊字母。希腊字母又经过一些改进后传遍四方。字母是古埃及人留给西方文明，乃至世界文明的重大文化遗产。

(2) 古埃及的绘画

埃及留下了大量优美的艺术作品：法老雕像、陵墓墙壁上那些精微细致的浮雕和色彩鲜明的绘画，其中埃及绘画艺术尤为精妙(图3-3)。埃及的绘画有三种样式：第一种叫"线刻"，就是在石头上刻画人物或动物的形象，这些形象都是平面造型，类似绘画造型，实际上是界于雕刻和绘画之间的一种美术样式。第二种是象形文字，这种象形文字最初是用一个符号代表一件实物，每一个符号就是一幅独立的绘画。第三种是墓壁画，这是古埃及最主要的绘画形式。

图 3-3 古埃及绘画

古埃及人既不像欧洲人那样根据实物去画,也不像我们中国国画家依照想象去画。古埃及人是根据实际目的和用途去创作的,因此他们的画不是精致、漂亮,而是完整、圆满。画家尽可能把一切东西都制作得明确而又耐久。因此,他们不是按照任何偶然表现出来的样子去描绘自然,而是根据自己的记忆去描画,并且遵循着严密的法则,因为这种法则可以保证所有必须入画的东西都被完全明确、突出地显示出来。他们的这种作画方法,类似于画地图标记。

如果我们仔细考察,就会发现埃及画家画人物的方法很像我们的儿童画法,所有的东西都必须从它的最有特色的角度表现出来。古埃及绘画具有鲜明的民族特色。它们是用线条造型、填色,在这方面有点像中国国画;构图有的是平面展开,有的是在一条横线上安排人物、景物,不受透视局限,可能这样处理能全面、明白地描绘各种对象。在一条横线上构图,人物近者、地位高者画得大,远者、没有地位的人画得小;画面饱满,疏密均匀,空白处配以象形文字,具有强烈的装饰艺术效果。所以说,古埃及的绘画是远古文明的一颗明珠。

(3) 古埃及的莎草纸

古代埃及人的文字写在所谓的"莎草"上。莎草是大自然赐给古埃及人的宝物,原是一种多年生的绿色长秆草本植物,在尼罗河三角洲的沼泽中自生自灭。古埃及人将这种植物的茎一层一层地剥开,然后将薄片连接黏结起来,使之成为一张正方形,然后将两张正方形的纤维薄片按纤维的垂直方向重叠，并用木锤敲打，使之粘合坚固、变薄，然后压平晒干，就成了可用于书写的纸。古埃及人以芦管和烟渣水作书写工具，记录文献，是当时主要的书写材料，也是重要的出口物资，希腊人、腓尼基人、罗马人，直到阿拉伯人都曾广泛使用，历经3000多年不衰。但从公元10世纪后，莎草纸逐渐退出市场，莎草纸的制作业最终消亡。由于古埃及人并未留下莎草纸生产技术的记载，尽管当年随拿破仑军队来到埃及的法国学者曾根据收集到的实物悉心探求，却一直没有能复原出制造方法。直到当代的拉加卜博士才揭开了这个奥秘，使失传千年的莎草纸再生。

莎草纸是古埃及人对人类文明的伟大贡献，是历史上最早、最便利的书写材料。虽然使用莎草纸的意义远不如中国古代纸的发明，但它同苏美尔的泥板一样，是古代埃及人民善于利用自然物发展文化的智慧的体现。这种莎草纸文书有少数流传至今。埃及博物馆的二楼，有一间专门的纸草展览室，墙上和橱中陈列着各种古老的莎草纸文书和图画，其中最早的已有4000多年历史。当然，在传世的10万多张莎草纸文献中，这只是沧海一粟。目前所知年代最早的莎草纸发现于开罗西南郊一座第一王朝大臣的墓中，距今5000多年，最早的载有文字的莎草纸是第五王朝一个账本的残片，也已有4500多年，比中国夏朝建立的年代还早。

3. 古埃及的科学

古埃及人对天文学和数学所做出的贡献，足以和两河文明相媲美。他们创造了人类历史上最早的太阳历，把一年确定为365天。现在世界上通用的公历就源自于此。古埃及人很早就采用了十进制记数法，他们仍然没有"零"的概念。他们的算术主要是加减法，乘除法化成加减法做。埃及算术最具特色的是，已经初步掌握了分数的概念。在几何学方面，埃及人已知道圆面积的计算方法，但却没有圆周率的概念。他们还能计算矩形、三角形和梯形的面积，立方体的体积，如箱体和柱体。

古埃及的医学成就较美索不达米亚突出。埃及人制作的木乃伊（经过特殊处理的干尸），与他们的金字塔一样，举世闻名。制作木乃伊增长了埃及人的解剖知识，因而使他们的内外科相当发达。他们的医术分工很细，据说每个医生只治一种病。

在度量衡方面，古埃及最重要的长度单位是钦定的腕尺，长度是从肘至中指尖的长，约合52.41厘米。在象形文字中用前臂和手表示，读作迈赫(meh)。还有一种腕尺，只有45.04厘米，分为6掌。腕尺乘以100的积，叫哈特(khat)，是丈量土地的基本单位。古埃及人主要的容量单位是哈努(henu)，容量与水存在某种近似关系，1哈努的水重5德本(deben)。德本是一种同名的踝饰的重量，它的 1/10 叫加德特（qedet），即戒指的重量。看来，容量单位乃源于水的重量单位。

第二节　古代西非与东非

非洲传统文明按其分布的地理范围被划分成不同的文明区，大致分为两大文明区：阿拉伯—伊斯兰文明区和黑人文明区。前者主要指繁盛的古埃及文明，是北非伊斯兰化的结果。后者又分为三个亚文明区：西非—尼格罗人亚文明区、东非—尼罗特人亚文明区和热带雨林以南班图人亚文明区。北非地区，以"尼罗河流域是世界古代文明的摇篮之一"而闻名于世，埃及、库施和阿克苏姆都是闻名于世的文明古国。但是对于撒哈拉以南非洲——主要是西非和东非，由于地理和气候等因素，当地与外界很少交往，基本上处于封闭和隔绝状态，因而人们知之较少。但是这些文明却是人类文明不可或缺的一部分。

一、古代西非文明

1. 古代西非社会概况

西非是非洲进入文明社会较早的地区，是大部分非洲农业的发源地。尼格罗人发展过发达热带锄耕农业，辅之以比较发达的传统手工业和畜牧业。高粱、油棕等都是西非的固有出产，历史遗留在撒哈拉沙漠的一些雕像和洞穴壁画是西非人祖先放牧和田园生活的写照。他们通过多条商道与北非、地中海地区进行频繁贸易往来，形成了早期的市集和城镇。西非早期社会分层比较明显，大多形成了奴隶制国家和城邦。早在公元前就出现了精制的赤陶雕塑品，这里的艺术以木刻面具、陶塑和青铜像最为著名，其特点是用夸张变形的几何图形来表现人们对现实和灵魂的抽象思考。公元前3世纪左右西非地区进入铁器时代，先后出现过诺克文化（公元前900年至公元200年）、萨奥文化（公元前约425年至公元1700年）和伊费—贝宁文化（约公元6—16世纪）等一系列区域文明，其中尤以诺克文化最为著名。

2. 诺克文化

诺克文化是西非铁器时代早期最具有代表性的黑人文明，在非洲文明史中占有重要地位。诺克文化时期的赤陶雕刻，是迄今为止非洲所发现的最古老的艺术雕刻，不但具有很高的艺术水平，而且充满了非洲的艺术特色。

诺克文化的遗址散布于尼日尔河和贝努埃河以北，南北达322千米，东西达483千米的地区。由于考古发现位于诺克村（尼日利亚中部卓斯城西南的小村）一带，因此把这种文化定名为"诺克文化"。1936年人们在开矿时发掘出一只古代赤陶猴头像，1943年，英国考古学家伯纳德·法格在附近又发现一些赤陶雕像的残片、动物雕像、石制工具、金属工具和其他物件。根据放射性碳素测定，这些文物的制作时间约为公元前900年至公元200年。

赤陶雕像（包括动物雕像和人头雕像）是诺克文化的主要标志（图3-4）。其制作工艺如下：首先制作黏土雕像，然后进行焙烧。在焙烧时，对温度的把握十分关键，因为在不同的温度下，赤陶雕像的坚固程度也不一样。可见，赤陶雕像的制作需要一定的技术知识，包括对黏土性能的了解和对焙烧温度的掌握。在诺克文化遗址上出土的赤陶雕像，已经经历了2000余年的风雨沧桑，足见其制作技巧的高超。

图3-4 古老而神秘的赤陶雕像

从赤陶雕像的艺术造型来看，创作者运用了丰富多彩的表现手法（既有写实，也有抽象），作品达到了很高的艺术水平。还必须指出的是，人物雕像以非洲黑人为表现对象，艺术作品充满了非洲的特色。这对于"非洲文化外来说"是个有力的驳斥。

3. 撒哈拉商道上兴起的文明古国

加纳帝国（700—1200年）、马里帝国（1200—1500年）和桑海帝国（1350—1600年），都是受撒哈拉商道影响而曾经盛极一时的西非文明古国，这里的文明带有显著的商贸特色。

撒哈拉商道是古代西非与北非人民交往的主要通道。研究表明，早在撒哈拉地区沙化前，这种交往就已经存在。撒哈拉地区沙化后，这种交往并没有停止，人们避开纯沙漠地区，穿梭于干旱或半干旱地区，使贸易活动继续进行。

撒哈拉商道贸易在长期发展过程中，逐渐形成了一张纵横交错的商道网。它以沟通南北为主，分为中部、西部和东部三大商道。阿拉伯商人带去了食盐、布匹和贝壳，用以换取西非的黄金、象牙、鸵鸟毛和可拉果等。

撒哈拉商道贸易的兴盛，对于西非古代国家的发展具有重要影响。在西非赤道以北地区，由于受到穿越撒哈拉沙漠的贸易活动的推动，从公元3世纪起，撒哈拉沙漠以南的地区，曾有许多大大小小的王国起起伏伏，其中最著名的就是在西非中部先后兴起的加纳、马里和桑海。三国都是地处撒哈拉商道的要冲，因而便于控制南、北之间的贸易。此外，它们还掌握了西非的产金地。依靠垄断同北非的贸易而获得大量利润，国力日趋强盛，最终成为西非强国。三国除了商业贸易十分兴旺外，农业和手工业也得到了很好的发展，文化欣欣向荣。马里帝国的富足甚至名扬欧洲。

(1) 古加纳王国

古代加纳和现在的加纳共和国虽然在地理和历史渊源上毫无关联，但因"加纳"这一对非洲人有着特殊意义的 1000 多年前加纳大帝国的名称却被沿用了下来。

古加纳王国兴起于公元初期，全盛时期约在 8—11 世纪。"加纳"一词原为该国统治者的称号，后传作国名。地处今毛里塔尼亚和马里的交界处，即尼日尔河和塞内加尔河上游地区。加纳的主要居民是曼丁戈族的索宁克人。加纳在兴盛时，不但控制了撒哈拉商道南端的通商据点，而且控制了黄金的重要产地（万加腊）。

据 11 世纪的阿拉伯作家阿尔·巴克希记载，加纳王国以盛产黄金著称。国家规定金块归国王所有，但金砂可以自由买卖。金价由国王控制。王国政府还控制着穿越撒哈拉沙漠的贸易。这种贸易主要以撒哈拉沙漠的盐和地中海地区的铜、干果、贝壳等商品换取西非的黄金和奴隶，贸易税收成为王国的重要收入。黄金生产和撒哈拉贸易促进了加纳王国的繁荣。到加纳访问过的人都盛赞其宫廷中服饰之华丽，不仅国王及大臣的衣服上带有贵重的金饰，就连卫士手中的盾牌、宝剑也都镶有黄金。王宫的狗戴的项圈都是金或银制的。通过撒哈拉商道贸易，加纳获得大量财富，当时有人称为"黄金之国"。阿拉伯人伊本·豪卡勒在 10 世纪中叶访问过古加纳，他说：加纳国王"是世界上最富有的国王，就是因为他有黄金"。加纳王国除了商业贸易十分活跃外，农业和手工业也同样发达。农产品有高粱、棉花和黍子，手工业生产陶器和铁器。到 11 世纪，加纳王国进入全盛时期。其在全盛时期拥有军队 20 万，其中 4 万名弓剑手。这支军队东征西伐，迫使周围小国称臣纳贡。1076 年，摩洛哥的阿尔穆拉比特王朝征服了加纳，伊斯兰教开始在西非得到传播。摩洛哥对加纳的统治虽然只维持了 10 多年，但破坏了加纳王国的农牧业生产及其同北非的贸易关系，使加纳的藩属相继独立，加纳王国从此一蹶不振。1200 年，苏苏族的国王苏曼古鲁征服了加纳的残余部分，把它变为自己的藩属。约 1240 年，加纳原属国马里吞灭加纳，古加纳王国从此销声匿迹。

(2) 马里帝国

马里位于西非尼日尔河上游，原为加纳属国。1230 年，松迪亚塔继承父位，成为马里国王。他大胆改革，首先把自己的氏族成员，按年龄等级组成军队，使军队的战斗力大大增强。在此基础上，他积极向外扩张，征服邻国。松迪亚塔重视经济发展，充分利用尼日尔河上游谷地水源充足的自然条件，鼓励百姓扩大生产。除种植稻谷、高粱和蔬菜外，他还引进了棉花种植和纺织技术。对于外来商人，他提供各种便利和安全。在松迪亚塔统治时期，马里经济繁荣，贸易兴盛，社会稳定。

1235 年，已有 500 年历史的马里王国在松底阿特的率领下击溃了苏苏族国王苏曼古鲁的军队。马里逐渐控制了原加纳王国的土地，成为一个更强大的、更富裕的国家，而且于 1240 年率军占领加纳王国。松迪亚塔威望大增，人们称他为"伟大的君主"。

14 世纪上半叶，穆萨在位期间，马里达到鼎盛时期。它的疆域覆盖了今马里、科特迪瓦、塞内加尔、几内亚等国家，并且控制了这一地区产盐区、采铜矿和产金区。穆萨实行中央集权制，国王拥有绝对的权力，他可以任命所有的官员，也可以对行政、司法事务行使最终否决权。穆萨拥有一支强大的军队，全国有 9 万名步兵分驻各地，另有 1 万名骑兵作为机动力量，经常巡查全境。1324—1326 年，穆萨去麦加朝圣，其队伍之盛大和豪华，其行为之慷慨和大方，震惊了世界。穆萨邀请了许多穆斯林学者同他一起回国，马里的许多城市逐渐发展成为学术中心，廷巴克图的散科尔清真寺成为当时驰名阿拉伯世界的大学。马里和穆萨的名字四处传扬，穆萨被称为"金矿之王"，穆萨于 1337 年去世。

在穆萨统治时期，马里虽然在一定程度上受到了伊斯兰教的影响，但它还是形成了自己独特的发展模式。母系继承制依然保持，妇女比男子享有更多的社会尊敬；食盐贸易在马里占据了重要位置，是官员们获得报酬的主要源泉。在贸易发展的同时，工业也有一定成长。

1360 年以后，马里王国因出现争夺王位的内战，开始衰落。国土萎缩，内讧不断。1375 年欧洲绘制的地图上，出现了马里国。马里在 1885 年沦为法国殖民地，称"法属苏丹"。1904 年并入"法属西非洲"。1956 年成为"法兰西联邦"的"半自治共和国"。1958 年成为"法兰西共同体"内的"自治共和国"，定名为苏丹共和国。1959 年 4 月与塞内加尔结成马里联邦，联邦于 1960 年 8 月解体，9 月 22 日马里宣布独立。

（3）桑海帝国

桑海原是尼日尔河中游地区的一个小王国，建于 7 世纪中叶。11 世纪初，它迁都加奥。由于加奥地处南北交通的要塞，商业贸易十分活跃。据记载，加奥城有 7626 所房子，人口估计为 7500 人。兴盛的贸易使桑海从中获益，逐渐富足。

公元 1464 年，索尼·阿里登上王位。在其统治的 28 年中，索尼·阿里四处征讨，开拓疆域，桑海日渐强大。1492年，索尼·阿里去世，其部将穆罕默德·杜尔政变上台，自立为王。杜尔废除了过去全民皆兵的传统，他从被征服者中间挑选强壮者，配以装备，组建了常规军。杜尔指挥这支军队，经过十余年的征战，终于建立起一个疆域辽阔的庞大帝国。

杜尔从政治经济文化各个方面为桑海帝国的强盛做出贡献：首先是实行中央集权制，在中央成立若干个职能部门，全国则划为10个省。国王拥有绝对权力，所有官员均由他任命。其次是重视经济发展。15世纪末，桑海的农业十分繁荣，农业生产技术（选种、深耕、水利和灌溉）得到发展，建筑、纺织和造船相当发达。以造船业为例，在沿尼日尔河的许多城市都建立了造船厂，有的船厂已经能够建造30吨的船只。再有是尊重学者，发展文化。廷巴克图是桑海帝国的文化中心，也是当时伊斯兰世界最著名的文化中心之一，16世纪中叶，它已经有150—180所讲授古兰经的学校。在廷巴克图，散科尔清真寺发展成为一座大学城，来自伊斯兰世界的学者们集聚一堂，除了研究古兰经外，还研究法律、文学、历史、地理、数学和天文等学科。

公元1528年后，杜尔年迈又遭失明，被自己的儿子放逐。桑海帝国内部不断发生权力之争，逐渐走向衰亡。

(4) 贝宁王国

贝宁王国地处西非中南部，在今尼日利亚的西南部尼日尔河三角洲附近，贝宁城是古贝宁王国首都的所在。1897年英国殖民者入侵，将其并入尼日利亚。今日贝宁共和国，旧名达荷美，1894年法国殖民地，1960年8月独立，成立达荷美共和国。1975年11月改国名为贝宁人民共和国，1990年3月又改为贝宁共和国。今天的贝宁共和国与古代的贝宁王国，不仅所在地域不同，也没有承袭关系。

贝宁王国是非洲黑人文明的发源地之一，始建于10世纪，曾经兴盛一时，存在时间长达800年，在非洲乃至人类文明史上占有着重要地位。

作为中世纪形成的一个黑人王国，它一直是非洲大陆发达的文化中心之一。而青铜艺术正是在这种特有的文化氛围中逐渐发展成熟，进而达到艺术的顶峰。贝宁王国的青铜艺术品造型优美，栩栩如生，是贝宁文化的代表，也是贝宁古代社会生活的真实记录，是贝宁王国文明的象征。有人认为可以同意大利文艺复兴时期的青铜艺术品相媲美。有趣的是，西非地区并不产铜，早先贝宁人所用的铜是骆驼商队从遥远的北非运来的。当时在西非，铜曾是一种极为罕见的贵重物品。后来随着葡萄牙人的到来，铜通过海上从欧洲大量运入贝宁王国，这为能工巧匠们施展才能提供了更为广阔的空间，非洲特有的艺术从而融入青铜作品之中。贝宁文化的杰出代表除青铜雕刻外，还有象牙雕刻、木雕等。

贝宁王宫又称奥巴宫是古代贝宁王国建筑与艺术的杰作，它始建于公元10世纪左右，迄今保存完好。王宫建筑风格独特，高大的宫殿和众多的宝塔组成和谐的建筑群体。宫殿大厅的梁柱和回廊上装饰有青铜雕像和浮雕，其内容多为描述战争场面和狩猎情景。宫内还有圣殿和神龛等。那些宝塔的顶端有大鹏展翅状的青铜制品。王宫四周以红色围墙环绕，围墙上有众多的浮雕，其内容多为描绘重大的历史事件，精雕细刻的人物形象逼真。王宫的大门采用橡木板镶嵌而成，庄严高大，坚固实用。贝宁王宫已成为古代贝宁王国的重要遗址，具有极高的历史文化价值。

1897年，贝宁文明因英国殖民者的入侵和大肆掠夺而破坏。存放在王宫和神庙中的5000多件文物都被掠走，贝宁文化遭到了灭绝性的损失。如今，在世界一些博物馆里，人们仍可以看到各种各样贝宁古王国的文物。

二、古代东非文明

濒临印度洋的非洲东海岸，自古以来商业贸易繁盛，早在纪元前就进行铁和盐的交易。15世纪上半叶，非洲东海岸已发展到能派使者远渡重洋到中国访问。

1. 从东北非文明到东非文明

东北非尼罗特人亚文明区地处交通要道，是西非、北非、东非和南非文明交流的枢纽。在尼罗河上游，人们从事灌溉锄耕农业，社会分层明显，曾建立了王国。在东非高原上，人们主要进行游牧生产。牛不但代表财富，还象征着社会地位。主要社会组织是各种形式的年龄等级集团。人们普遍信仰传统宗教，伊斯兰教的影响由北向南逐渐减弱。班图人文明是在班图人大迁移过程中形成的，班图人进入刚果河流域以后，茂密的原始森林提供了充足的天然食物，使之有更多的时间从事舞蹈、音乐和雕刻艺术；同时也阻碍了不同部落间的交流，星星点点的班图人农业仍然停留在原始锄耕阶段，没有形成成熟的畜牧业。15世纪，才在刚果河下游建立诸如刚果这样的小国。班图人到了东非高原和南非草原后，适应环境，形成了牧农混合经济，在沿河湖和通往印度洋的商道上形成许多较大的王国。在沿海地区形成了东非城邦。班图文明、阿拉伯文明、印度文明相互融合形成了斯瓦希里文明。

2. 当时非洲唯一的基督教帝国——埃塞俄比亚

埃塞俄比亚是个有着3000年文明历史的古国。从阿拉伯半岛南部移入的含米特人是最早的居民。公元前975年，孟利尼克一世称王；公元前8世纪，建立努比亚王国；公元前后，在北方的阿克苏姆建立埃塞俄比亚帝国，又称阿克苏姆王国。该国王以阿克苏姆城为中心，统一了周围的土地，其疆域直至大海，在极盛时期甚至统治着大海对面的阿拉伯半岛西部。阿克苏姆城内有126座高大的方尖碑，在其长廊环列的古代宫殿中陈列着 27 个石雕王座，城市的四周散布着水库、石碑和陵墓。早期的历史参考资料描绘了这个重要的世界性城市。公元 64 年，希腊的一位无名作者曾把阿克苏姆城的统治者称作"一位卓尔不群的王公，通晓希腊语"。几百年后东罗马皇帝查士丁尼的大使朱利安也用华丽的词藻描述了阿克苏姆城，说它是"全埃塞俄比亚最伟大的城池"。当时它已经成了罗马帝国与波斯之间最重要的国家，其商船队航行到埃及、印度、斯里兰卡和中国。

公元 4—5 世纪，阿克苏姆的皇帝们开始信奉基督教，在政治上和宗教上逐渐与东罗马帝国控制下的埃及和努比亚结合在一起。在公元 451 年的卡尔西顿宗教公会上，来自阿克苏姆的埃塞俄比亚教士们追随埃及和叙利亚教会代表，信奉阿里乌斯神父提出的一性论观点，同罗马天主教会和希腊正教会发生分歧，这一派基督教徒后来被称为"科普特教派"。后来应东罗马皇帝查士丁尼的要求，阿克苏姆帝国曾出兵红海对岸的萨巴王国，讨伐信奉犹太教、迫害基督教徒的国王祖尔·诺瓦司，使信奉基督教的希米亚王朝重新恢复统治。埃塞俄比亚人还在也门修建了一座宏伟的基督教堂，号称"奈芝兰的克尔白"，试图与麦加的克尔白争胜。

公元 540 年前后，全球气候出现紊乱，也门境内被称为"现代史以前人类最大、最壮观的土木工程"的马里卜大坝因暴雨而崩塌。即使对于远隔红海的埃塞俄比亚人来说，这也是一件惊天动地的大事。马里卜大坝的溃决导致也门的生态环境被彻底破坏，而那里 1000 年来一直是阿拉伯半岛的政治和文化中心。一些人向北迁移到犹太教古城麦地那，其中包括伊斯兰教创始人穆罕默德的曾祖父。马里卜大坝溃决的轰然巨响也是标志着伊斯兰教兴起的第一声号角。其次，在长达 1000 年的历史中，也门曾是阿拉伯半岛的政治经济和文化中心。5 世纪之后，阿克苏姆帝国一直通过控制萨巴王国而垄断着红海的商业中心地位。伊斯兰教的扩张以及瘟疫、海盗和战争摧毁了阿克苏姆帝国的众多富庶港口，并大大降低了红海的商业地位。阿克苏姆于 570 年被波斯帝国逐出了阿拉伯地区，随后又被迫放弃了沿海的领土，其重心逐渐向南移动，对南部的绍阿、咖法和东部的哈拉尔等异教徒地区展开了十字军远征。

随着岁月的流逝，阿克苏姆帝国成为一个内陆国家，变得与世隔绝，成为基督教世界在非洲内陆的一块飞地。976 年，为了抵抗不断向南扩张的基督教传教士，一个叫古迪特的犹太教女王发兵北上，进攻阿克苏姆。她烧毁了许多教堂，夷平了阿克苏姆城，逼得阿克苏姆皇帝从一山谷逃到另一山谷。这次起义后来变得无法控制，最后终结了存在于世近千年的阿克苏姆帝国。

13 世纪，在埃塞俄比亚地区建立的阿比西尼亚王国，仍信奉基督教。它与葡萄牙、威尼斯、西班牙和罗马教廷互有往来。当 1535 年阿比西尼亚受到来自索马里地区的伊斯兰教"圣战"大军入侵时,葡萄牙还提供了一批火绳枪。1542年,400名葡萄牙火绳枪手在阿比西尼亚北方的阿散季湖附近打败了伊斯兰军队,但是不久之后即被土耳其、阿尔巴尼亚和阿拉伯雇佣兵击败。不过,当受到葡萄牙和西班牙支持的耶稣会试图在属于科普特教会的阿比西尼亚树立起天主教绝对权威、导致阿比西尼亚爆发内战的时候,被吓坏了的苏斯尼约斯皇帝在1623年发布公告,驱逐葡萄牙人,恢复了传统的宗教。17世纪之后,所罗门王朝走向了"拜占庭化"的模式。到19世纪上半叶,阿比西尼亚帝国已经瓦解为一系列独立的或半独立的王国,"万王之王"的头衔像神圣罗马帝国皇帝一样成为尊贵而空洞的称号,而"埃塞俄比亚"这个名词已经像俾斯麦之前的"德意志"或加里波第和马志尼之前的"意大利"一样成为地理名词。

1889年,孟利尼克二世称帝,统一全国,建都亚的斯亚贝巴,奠定现代埃塞俄比亚疆域。1890年,意大利入侵,排挤英国势力,宣布埃塞俄比亚为意"保护地"。1896年,孟利尼克二世率兵在阿杜瓦大败意军,意大利被迫承认埃塞俄比亚独立。

3. 斯瓦希里人的城邦国家

从7世纪末开始,善于经商的阿拉伯人开始迁到东非沿海的各个城市居住。在长期的交往当中,阿拉伯人和当地非洲人通婚,产生了一个新的民族——斯瓦希里人。斯瓦希里人吸收了阿拉伯文化、波斯文化、印度文化、东亚和东南亚文化、当地文化,创造了具有鲜明商业城邦文明特征的斯瓦希里文化。斯瓦希里人主要从事农业和渔业,不少人居住城市和港口,经商或从事各种手工业(制瓦陶、编筐帘、织网、木刻等)。住宅多为有双斜面屋顶的正方形草舍,前庭、室内陈设多为阿拉伯式样。妇女身着缠身布。11世纪起曾介入阿拉伯人奴隶贸易。13—15世纪,斯瓦希里文明达到了鼎盛时期。中国明朝初年,郑和下西洋时,就曾多次到达非洲东海岸,与斯瓦希里人进行贸易。

16世纪起先后受葡萄牙、德国、英国殖民者侵略、分割和统治。在奴隶贸易和欧洲人势力深入东非内陆期间,斯瓦希里语作为商业语言扩散于大湖地区,目前使用斯瓦希里语的人数达5000万,其中不少人往往自称斯瓦希里人。

总之,古代非洲居民用自己的智慧创造了属于自己的文明。随着欧洲人的到来而发展起来的商业,仅在规模方面使这些先进的非洲人感到新奇。商业活动本身对古代非洲人并不陌生,因为长期以来,他们一直同遥远的摩洛哥和埃及地区保持着贸易关系。因此,非洲人对葡萄牙人的反应完全不同于美洲印第安人对西班牙人的态度。美洲土著对那些从海上而来的白皮肤欧洲人和他们的火器发出的巨大声响,感到十分惊奇。因而,西班牙人在美洲所引起的混乱和分裂,在葡萄牙人到非洲时却没有发生。甚至,非洲人还按照他们自己提出的条件同欧洲人进行贸易。几个世纪以来,沿海地区的酋长不准欧洲人进入内地,因为他们试图继续保持他们作为欧洲买主和内地生产者之间的经纪人的有利地位,努力保持着既有生产和生活方式,使自己的文化传统得以留传。

第三节 古代美洲文明

提起美洲,欧洲人习惯称之为"新大陆"。其实,早在哥伦布到达美洲之前,当地的印第安人在此已经生活和劳动了数万年时间了。他们先后创造了举世闻名的玛雅文化、阿兹特克文化和印加文化。

一、最早的美洲居民——印第安人

印第安人是美洲大陆上最早的居民。印第安人属于黄种人,原先生活在亚洲。大约 5 万年前,在第四纪最近一次冰期来临时,海水大量蒸发并以下雪形式转移到陆地。这样,出现了海面下降。结果,白令海峡的海底山脊露出了海面,成为可以通行的"桥梁"。印第安人的祖先就是通过这座"桥梁",告别了亚洲,进入了美洲。他们由阿拉斯加走向美洲各地。

印第安人在长期的生产和生活实践中,不断开发美洲,同时繁衍生息。玛雅人、阿兹特克人和印加人统称美洲印第安人或美洲土著,他们创造的文化是印第安人聪明和智慧的结晶。

1500 年,在中美洲(今墨西哥东南部、危地马拉和尤卡坦半岛)出现了印第安人最古老的文明——玛雅文化。墨西哥盆地是印第安人的另一个文明中心。5—12 世纪,托尔提克人进入当地,他们在吸取玛雅文化的基础上,创造了托尔提克文化,后来他们被阿兹特克人征服。阿兹特克人形成了独具特色的宗教文化。14—16 世纪,安第斯山区的印加人崛起,建立了庞大的印加王国。大量生动的史实表明,美洲印第安人充满了活力和创造力,他们在没有任何外来因素影响的情况下独立自主地创造了光辉灿烂的古代文明,为人类文明做出了巨大贡献。

二、失落的玛雅文明

约公元前 1500 年,在中美洲的今墨西哥东南部、危地马拉和尤卡坦半岛,出现了印第安人最古老的文明——玛雅文化。它是拉丁美洲众多古代文化中最昌盛、最发达的文化,有"美洲的希腊"之称。玛雅人尚未进入铁器时代,生产工具为木器和石器,然而玛雅人却是出色的农艺家,他们培育了许多作物;为发展农业生产,他们经过长期摸索,制订了太阳历;他们创造了自己的象形文字;他们在建筑方面也达到了很高的水平。3 世纪末至 10 世纪是玛雅文化的繁荣时期（表 3-2）。

表 3-2　玛雅文明的历史分期

内容	前古典时期	古典时期	后古典时期
	公元前 1500 年至 317 年	317—889 年	889—1697 年
居住地	今天的危地马拉、恰帕斯和洪都拉斯一带		墨西哥南部和尤卡坦半岛一带
归类	南部玛雅时期		北部玛雅时期

玛雅人在农业方面有许多成就。他们培植了许多独特的植物新品种，例如，玉米、西红柿、南瓜、豆子、甘薯、辣椒、可可、香兰草和烟叶等。他们还养蜂采蜜，饲养狗和火鸡。在水利方面，玛雅人也有很深的造诣，例如，在一个位于深山之中的城市提扎尔四周有 13 座水库，其容量达 214500 立方米。

他们在历史上创造的先进文明，被视为美洲印第安文化的摇篮和典型代表。但是，从公元 9 世纪开始，玛雅人忽然放弃了自己生活的家园，集体向北迁移。玛雅文明衰落的迹象出现在玛雅世界的各个地区，其中尤以南部低地最为典型，这种衰败随着商业贸易的中断而更为明显。到 10 世纪，玛雅文明突然神秘消亡了。为什么会消亡这一问题，至今仍在学术探索中。因此，当 15 世纪欧洲殖民者到来时，繁荣鼎盛的玛雅文明已经不见了。

直到 1892 年一位英国画家在洪都拉斯的丛林里，发现了玛雅古城的废墟（图 3-5），玛雅文化才重新展现在世人面前。玛雅文明是谜一般的文明，她留给后人许多许多……

在玛雅文化中，最吸引我们的，便是那些遗址中耸入云间的金字塔，那处于丛林荒野中的繁华城市（图 3-6）。在建筑方面，玛雅人的建筑艺术达到很高水平。公元 4 世纪建造的一座神殿，分成 15 层，高达 60 多米，在第一、五、八、十一层，均有一间精美的小石屋。这座建筑由几万块花岗岩砌成，每块重达 1 吨。在玛雅人生活过的城市中，至今为止发现了 170 多处城市遗址。玛雅人生活的城市中，有用于祭祀的高大的金字塔，有雄伟的陵墓和巨大的石碑，有用于交易的市场，有坚固的围

图 3-5　玛雅古城

墙，城与城间还有道路相通。当时城市规模较大的有科班、迪卡尔、帕伦克等。玛雅人为了天文研究和祭祀建造了许多平顶金字塔，那是用一块块磨平的巨石筑起，巍峨耸立，雄伟壮观。塔的四周有阶梯，塔顶是祭神的庙坛。在通往金字塔顶的阶梯、房屋、柱子和石碑上，还装饰着浮雕和雕刻。

图 3-6 玛雅金字塔

从墨西哥中部高原的特奥提华城、尤卡坦半岛南端乌苏乌辛塔河流域的科班城和尤卡坦半岛北部的乌斯马尔城等玛雅文明遗址来看，玛雅文明建立了奴隶制城邦。

考古探测表明这些城邦的中心城市规模宏大，有的城市长宽均达数千米。城内耸立着许多金碧辉煌的神庙和宫殿。在建筑物的墙壁、柱子、阶梯和石碑上有精美的雕刻。有的地方还发现了栩栩如生的壁画，描绘庆祝游行、呈献贡赋、押送战俘、争夺格斗等场面，表现出玛雅人高度的艺术成就。

玛雅的金字塔与埃及金字塔不同，它代表着美洲印第安人对世界的认识和工艺水平。多层次、台阶式的玛雅金字塔代表了什么？这种金字塔真的会发出鸟鸣声吗？玛雅金字塔是台庙式建筑，光怪神奇，令人赞叹。乌斯马尔城的几座多层次金字塔，反映了玛雅人对地球的原始观念。他们将地球的上部分成若干层，每层有 13 个世界；地球的下部也是如此，每层有 9 个世界。各层分别由"界神"掌管。玛雅人信仰太阳神、月神、蛇神、风神、雨神、地神和农神，尤以崇拜玉米神为最。他们用占卜沟通人与神的联系。玛雅人祭神的规模很大，祭品除牲畜、飞禽、瓜果外还一度盛行人祭。据美国《国家地理》杂志报道，有研究员发现，如果你在古玛雅奇岑伊扎城的羽蛇神金字塔前拍掌，这座有 1100 年历史的金字塔会用神秘的绿咬鹃的叫声来回应你。来自美国加利福尼亚的声学工程专家大卫·鲁伯曼说：

"我听过这种回音,真的是很神奇。"他相信,玛雅人在建造他们的金字塔时创造出了特殊的音响效果。① 至于这种声音是如何产生的至今没有统一说法。

玛雅人在公元前后创造了古代美洲唯一的文字——玛雅象形文字。这种文字主要由图像组成,同时也有许多符号、音标和音节,它们一般用小毛笔书写在无花果树皮上。玛雅象形文字的文字体系与古埃及、巴比伦和中国的象形文字体系一致。这些文字主要刻在建筑物或陶器上,也写在纸上,但在西班牙人入侵时遭严重破坏,已无人认识。至今,有些文字已被研究者破译,但大多仍无从认识。

科班城建筑群中著名的"象形文字梯道",是玛雅人特有的具有纪念意义的建筑物。然而,遗留到今天的玛雅文字,多是镌刻在石碑、陶器、骨器上的铭文,而且迄今无法辨认。

在艺术和宗教方面,玛雅人有很高的绘画艺术水平,他们绘出的壁画十分漂亮。在博南帕克遗址中留下的一些大约公元8世纪时创作的古代战争壁画,里面人物千姿百态,栩栩如生,是当今世界著名的壁画艺术的宝藏之一。

玛雅人有完整的宗教信仰。他们崇拜自然神,特别是天神。他们相信天堂和地狱的说法,认为主宰世界的是自杀女神伊斯塔(Ixtab),地狱之神弘豪(Hunhau)和天神伊查姆纳(Itzamna)。玛雅人建造高大的金字塔,就是为了祭祀而用。

在自然科学方面,当欧洲还处于中古时期,玛雅人已经有了比较精确的历法。早在公元初的几个世纪里,玛雅人就创立了以地球围绕太阳旋转一周为一年的"太阳历法"。这种历法把1年分为18个月,1个月20天,再加上5个忌日,共365天,每4年再加1天,这在当时比希腊、罗马的历法还要精确,至今为世人沿用。

玛雅人对天文研究也很深。玛雅人掌握了金星的运行规律,并计算出金星绕太阳运行一周所需的时间为584天,而今天测算出的金星绕太阳运行周期为584.92天!玛雅人也掌握了月亮的运行规律,并计算出了日食和月食的时间。他们建造了世界上最古老的天文台,天文台内有一个旋梯直通塔顶的观测台。塔顶有观测星体的窗孔,与现代的天文台很相似。

玛雅人在数学方面的贡献也很大。他们利用人的手指和脚趾共20个指头发明了20进位的记数法。他们记数只用3个符号,即用圆点表示1,用短线表示5,用贝壳图形表示零。他们很早就知道了零这个概念,并用于计算,比欧洲要早约800年。

---

① 摘自《信息时报》2003年1月13日.

三、阿兹特克文明

阿兹特克——崇拜太阳与血的民族。阿兹特克人也是美洲土著。公元1200年前后，阿兹特克人进入墨西哥河谷和邻近地区。14世纪初，阿兹特克人通过征战建立了当时辉煌强大的帝国。

阿兹特克人在吸收了托尔提克文化的基础上，形成了具有自己特色的阿兹特克文化。在建筑上，特诺奇蒂特兰城代表了阿兹特克人的最高水平。铁诺奇蒂特兰城建于湖中岛上，有3条道路与陆地相连接，另有两条人工的石槽供水系统。该城十分繁华，城内绿树成荫，街道宽广，两个小岛用长堤连成一体。全城居民有6万人，城内的市场上，商品繁多，贸易活跃。特诺奇蒂特兰城的建筑颇具特色。它以宗教建筑为核心，城内建有金字塔形的坛庙多达40座，其中最大的一座是太阳神和战神辉齐罗波齐特里的坛庙，前有144级台阶，高达35米，占地约0.8公顷，其雄伟壮观可见一斑。在医学上，阿兹特克人已经学会使用奎宁、毛地黄等药物。此外，他们还掌握了原始的麻醉术。在艺术上，阿兹特克人的雕刻作品具有一定的艺术水准。有一尊印第安人雕像，屈膝蹲坐，两手环抱于膝前，两眼注视前方，给人以栩栩如生之感。

在文明光辉的另一面有着骇人听闻的血的文化。据说阿兹特克人对时间存有一种特殊的看法。起初是混沌未开，诸神在火前聚集，其中一神舍身向火扑去，变成了太阳，由此开始了人的纪元。时间轮替循环，周而复始。在这个纪元以前存在过4个太阳，也就是4个纪元，世界也曾经毁灭过4次。为了避免宇宙的灭亡，保证太阳天天从东方升起，阿兹特克人向神献出人体中最宝贵的东西——血。于是在人祭仪式和祭祀中有了食人的习俗。

阿兹特克文明在欧洲人扩张与挤压下走向覆灭。1519年2月，西班牙人科尔特斯率领一支拥有11艘船只、500多名士兵的远征队向尤卡坦半岛进发。8月，阿兹特克首领蒙特苏马出于对"白神"的迷信，把西班牙人迎入首府特诺奇蒂特兰，科尔特斯伺机囚禁了蒙特苏马，强迫他向西班牙国王宣誓效忠，并挟持他对印第安人发号施令。1520年5月，阿兹特克人发动武装起义，包围科尔特斯军队，切断其粮食、弹药和饮水的供应。6月30日晚，科尔特斯率部突围，遭到伏击，损失惨重。1521年5月，科尔特斯再次向特诺奇蒂特兰发动围攻。阿兹特克人在夸乌特莫克的领导下顽强抵抗3个月。8月城陷，居民惨遭血腥屠杀，城市被夷为废墟。科尔特斯率军继续征服墨西哥和中美洲北部，不到两三年，把一个帝国彻底摧垮，阿兹特克人几乎被赶尽杀绝。

四、印加文明

印加文明是南美洲古代印第安人文明。印加人居住在崇山峻岭之间，其中心在现秘鲁的库斯科。其遗址主要分布在秘鲁和玻利维亚。"印加"为其最高统治者的尊号，在印第安语中的意思为"太阳之子"。印加人是安第斯山区的印第安人。13世纪，印加人在秘鲁高原崛起，14—15世纪，印加人征服了周边各部落，建立起中央集权制的国家。印加势力日益强盛，极盛时期的疆界以今秘鲁和玻利维亚为中心，北抵哥伦比亚和厄瓜多尔，南达智利中部和阿根廷北部，首都在秘鲁南部的库斯科。16世纪，印加进入全盛时期，随后开始衰落，1532年被西班牙殖民者灭亡。

　　印加文化是南美安第斯山古代文化的结晶。印加人在农业生产、冶金技术和交通工程等领域达到了印第安文明的顶峰。在农业生产中，印加人培植了40余种农作物，其中最著名的是马铃薯，今天已经成为世界各国人民广泛食用的食物。在长期的生产实践中，印加人学会了用鸟粪作肥料，学会了修建梯田和灌溉系统。印加人还没有自己的文字，他们创造了一种被称作"葵布"的结绳文字（图3-7）。所谓结绳文字，就是在一根主绳上系上许多不同颜色的小绳，以小绳打结的多少和形式表示数目，用颜色、长度的不同来表示不同记事内容（如褐色代表马铃薯，白色表示白银，黄色表示黄金等）。用这种方式，印加人记录了当时的人口、税收和发生的事情。结绳文字代表着南美安第斯山区域文化的最高成就。在医学领域，印加人在外科手术和药物治疗方面取得了可喜的成就。他们学会使用奎宁和可可豆治疗疾病，并学会了使用麻醉剂。据说，印加人已经能够进行开脑手术。根据对天象的观察，印加人制定了自己的太阳历，每年为365天零6小时。印加人尚不会冶铁，但是他们已经学会制造和使用铜、

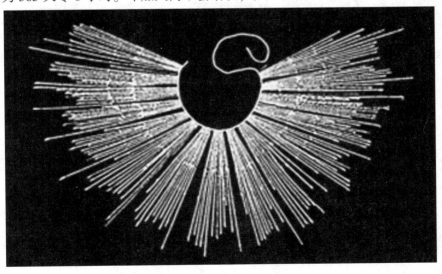

图 3-7　印加结绳记事

青铜、金、银和铅等多种金属制品。值得称道的是，这些金属制品不但用途广泛，而且具有很高的艺术水平。在首都库斯科的花园里，印加人用金、银制成的各种花朵，几乎可以乱真。用几十千克直至几百千克金、银制成的各种器皿和装饰品，在当地的考古发掘中时有发现。

根据研究，这个社会当年还保持着用活人做祭祀品的习俗，而且是用男女儿童。用少年儿童做祭祀品，是因为他们代表纯洁，容易被神接纳。用于祭祀的孩子是根据相貌和智力挑选出来的，他们的父母都引以为荣。据认为，被选中的孩子们知道自己的命运。从被选中到送上祭坛，这中间一段时间他们自己为自己做祭祀的准备工作：编织布料，制作陪葬品等。祭祀仪式在高山上进行。司祭在启明前点起篝火，给即将成为贡品的孩子服用古柯叶和玉米酒。研究人员没有发现尸体颅骨有被打击的痕迹，也没有被勒死的痕迹，因此他们猜测，这些孩子在古柯叶、酒精和高山缺氧的综合作用下，已经失去知觉。司祭们就这样把他们活埋在 1 米见方，1.7 米深的墓穴里。用现代人的眼光来看，这是极其残忍的事情。然而在那个社会里，人们认为被当作贡品奉献给神是幸福，而且他们死后受到崇敬和膜拜。科学家们还没有对已发现的几具孩童古尸做外科检测。现在这些古尸被保存在萨尔塔天主教大学高山科学研究所的一个实验室里。

综观非洲和美洲的古代文明，我们可以得出如下结论：第一，在资本主义登上世界历史舞台前，非洲、美洲等地区虽然没有建立四大文明古国那样持久、完整和系统化的发达文明体系，但却是独立自主地发展着。非洲和美洲人民依靠自己的智慧和力量，创造了光辉灿烂的古代文明。第二，非洲和美洲人民创造的古代文明，在当时已经达到了很高水平，它们与世界各地文明一起共同构成了世界文明，丰富了文明发展的多源性和多样性。

▓ 学习思考题 ▓

1. 古埃及文明的成就及对世界的贡献有哪些？
2. 失落的古文明能说明什么？
3. 埃及的金字塔与美洲的金字塔有何不同？为什么？

第四章　世界中古文明

> 必须熟悉历史，不仅仅是那些描写名人和重大事件的琐碎的近代史，而且要了解人类历史发展的主流，从而懂得什么行动创造了伟大的文明，什么破坏了文明。
>
> ——马歇尔

第一节　中华文明的兴盛

中华文明在经历了三国两晋南北朝的大分裂后，迎来了她在农业文明时代最灿烂的一页。唐朝是一个享誉世界文明史的文明时代，她把中国变成了当时世界最先进、最开放、最繁荣的国度，她的首都长安成了各国留学生向往和学习的国际大都市。与盛唐时期形成鲜明对比的是，欧洲此时正经历着极其黑暗的中世纪。虽然在唐朝之后，中华文明发展的步伐有些蹒跚，但到清朝中期依然保持着一定的领先地位，确保了中华民族在华夷之辩中的自信。

一、中华中古文明发展的基本脉络

从唐初"贞观之治"到清朝"康乾盛世"的1000多年里，中华文明实现了统一的多民族国家的空前繁荣；经历了五代十国的再度分立和宋元政治变革，开放而充满活力的中华文明演绎出了由强转衰的嬗变。

唐朝（618—907年）是中国封建社会最繁荣的阶段。经过了将近400年的分裂动乱，隋唐时代终于实现了人民所渴望的国家统一局面。隋朝30多年的统一为唐朝的进一步实现大一统的政治局面奠定了良好的基础。公元618年李渊称帝，建立唐朝后，李渊父子先后消灭了各地割据势力，镇压了各股农民起义军，统一了全国。为了消除战乱，安定民生，唐初在经济上实行了前朝的均田制和租庸调制度，予民休养生息，使人民生活得到了改善，社会经济得到了空前的发展。从贞观至开元100多年中，农业、手工业生产不断上升。贞观时期，斗米值三四钱，成为历史佳话。手工业方面，绫绵、陶瓷、纸张、金属制品等都达到很高的水平，国家政治、经济达到了昌盛繁荣的顶点。各民族进一步融合，民族间的经济文化交流进一步亲密，疆域空前辽阔。唐朝时，北方先后有突厥、回纥民族，东北有靺鞨民族。唐朝在北部边境先后建立了都护府和都督府。西南有南诏和吐蕃;南诏为彝族和白族的祖先,曾接受唐朝云南王的封号;吐蕃为藏族的祖先,与唐几次通婚,保持"和同为一家"。边疆各族与中原汉族人民一起共同对中华民族的发展做出了很大的贡献。国力的强盛和开明的对外开放政策,更使首都长安成为当时国际上吸引外国留学生最多的地方,仅日本一国就先后派出"遣唐使"约20多次。开放与交流使中华文明美名远扬,泽被东西。

五代、辽、宋、夏、金、元是中华文明再度分裂到统一的时期。这是一个政治局面和社会局面都极其错综复杂的时期。宋朝(960—1279年)分为北宋(960—1127年)与南宋(1127—1279年),合称两宋,与五代十国辽夏金元并存。这一时期,统一的多民族国家的进一步发展。主要表现在:封建经济继续发展,周边少数民族建立了自己的政权,加强了与汉族的交往,逐步完成了封建化,为元朝更大规模的民族融合和多民族国家的重新统一奠定了基础。元统一后,出现了中国历史上第二次民族大融合的高潮。以两宋为代表的封建专制中央集权制度进一步加强。北宋通过"杯酒释兵权"、设置枢密院等进一步强化了中央集权。元朝在中央设中书省、枢密院和御史台,分管行政、军政和监察;设宣政院管理宗教和西藏;在地方实行行省制度,由中央委派官员统一管理。受政局的影响,经济重心开始南移。由于南方社会相对稳定,许多中原人为躲避战乱而流落到江南,增加江南的劳动力,并带来了先进的生产技术。再加上江南自然条件优越,政府又提倡、鼓励农业、手工业和商业的发展,就如宋高宗所认识到的"市舶之利最厚,若措置得宜,所得动以百万计"。这些因素促进了江南经济的繁荣。而长期处于战乱中的中原,繁重的兵役、人口的流失以及战争的破坏,造成劳动力减少、土地荒废,沃野变成了战场,场房变成了营房,没有连续生产的环境,与江南经济开发的良好局势形成了鲜明对照。元朝的统一促进了南北经济交流和商贸往来兴盛,进一步加强了南北朝以来各族人民的大融合。

明(1368—1644年)清(1644—1911年)时期是中国封建社会由盛转衰的时期。无论是滥杀功臣,还是加强君主集权的封建专制,都不能扭转封建制度走向没落的命运;封建经济的继续发展,也不能阻止资本主义萌芽的发生;清代"文字狱"旨在加强封建王朝对人们思想的箝制,但是却唤起了中国有识之士的思想呐喊,他们在痛苦的思想挣扎中,提出了更加客观的、科学的哲学见解,在对封建专制的批判和抨击中闪烁出了新的思想火花。

二、中华中古文明的兴盛

中华文明在这一时期已达到农业文明的"光辉顶峰",而欧洲还处于封建专制的"中世纪黑暗时代";伊斯兰文明正在崛起,美洲文明则从发展走向衰落。

在中古,中国拥有过当时世界上最强大和发达的王朝——唐朝,到明朝时,

1405—1433年郑和七下西洋是最和平文明的海上远行，使中华民族与当地人民结下了友谊的种子。中国从隋朝开始建立的政府官员选拔制度——科举考试制度是当时世界上人才选拔最先进的制度。中华中古文明的兴盛突出表现在政治、经济、文化和科学艺术等多个方面。

1. 专制主义中央集权制的变革与创新

这一时期，封建国家的政治制度在变革中创新。主要体现在中央机构和官制适时变革，地方行政制度不断创新上。行省制度、土司制度、改土归流制度、科举取才制度都有所完善和创新。专制主义中央集权制经历了唐朝的完善，宋朝的加强，元朝的发展以及明朝的强化几个阶段。

唐朝在继承前朝三省六部制度、科举取仕制度的同时，加强了法律制定和统治，建立起了较为完备的法律体系。617年，李渊一进入长安，就公布了类似汉初约法三章的12条简易法令，以宽减刑罚为目的。618年立国后，又命大臣修立新王朝的法典，在隋《开皇律》的基础上，武德七年（624年），修成了《武德律》。唐太宗即位后，又命人对《武德律》进行修订，于贞观十一年（637年）修成《贞观律》，这次修订大量减少了判处死刑和流刑的罪名，又减轻了许多轻罪刑罚，共分12篇502条。至此，《唐律》基本定型。高宗时，又在此基础上修成《永徽律》，并令长孙无忌等撰成《疏议》30卷。后来《疏议》附在正文之后共同颁布执行，此即流传至今的《唐律疏议》。这是我国现存最早的一部完备的法典。《唐律》的基本精神是维护统治阶级的利益，竭力维护地主阶级对农民的剥削和压制，但也起到了稳定社会秩序，促进生产发展的进步意义。《宋刑统》以此为范本修成。对后期封建社会及东亚、东南亚产生了深刻影响。

北宋统治者除了加强军权、行政权、财权、司法权的集中外，为了保证下情上达，宋朝设置了多种机构、多种呈递方式，以确保臣庶的章奏能够通畅上达。章奏承转机构有明确的业务分工，严格的责任制度和详细的工作规范，以保障其有效运行。通过责任人员联保制度，以保证信息的安全；通过章奏承转时限制度，以实现信息的快捷传递；通过将各种章奏梳理分类，以淘汰无用的信息和有害的信息；通过章奏处理情况的备案和催办制度，以监控章奏的运行。皇帝对章奏的审阅、处理，多由宰相班子以及不同层次的官员先期论证。从形式上看，是皇帝个人独裁专断，但其决策已不全是出自皇帝个人意志，而是融进了官僚士大夫群体的智识和经验，体现了一种特有的政治民主决策制度创新。

元明清时期。元朝疆域的空前辽阔，多民族的融合对元朝的统治者提出新的要求，统治者在原有的政权结构基础上，进一步发展了中央集权制，创设了宣政院、行省制度。

明朝政权机构的革新表现在废中书省、丞相制而设立内阁；改行中书省为三司鼎立；在地方，废行省设三司，大权统归中央；分割大都督府为五军都督府等。在加强统治方面，创立卫所以保卫皇权，加强军事统治；编定《大明律》维护封建特权统治；整顿吏治严惩贪官污吏；镇压反对势力，树立皇帝权威，采取了屠杀功臣，兴起胡蓝之狱的事件；与此同时，限制和打击豪强大族；建立特务政治与文化专制。实行八股取士，以加强思想控制。清朝则创设军机处、大兴文字狱，使封建专制主义制度在走向成熟的同时隐含着没落的因素。

这一时期推动封建社会政治发展有两大基本矛盾：一是皇权和相权的矛盾。其发展总趋势是相权不断削弱，皇权不断加强；二是中央集权和地方分权的矛盾。发展总趋势是地方权力不断收归中央，中央集权不断加强。同时，可以看出专制的中央集权制呈现如下特点：皇权的至高无上和专制独裁；帝位终身制和皇位世袭制；以"君权神授"来神化皇权以巩固统治；以文化专制来巩固政治专制；中央和地方、君权和相权的矛盾伴随着集权制度发展的始终。

专制的中央集权制不断加强自有其有利的作用：首先，有利于多民族封建国家的建立、巩固和发展；其次，有利于巩固封建统治，维护国家统一、独立与领土完整，能有效地组织人力、物力和财力进行大规模的公共建设，有利于社会经济的发展；最后，有利于各地区的经济、文化交流，有利于民族融合，有利于增强中华民族的凝聚力。同时也带来了不利的影响：一方面，其消极作用越来越明显，严重阻碍了社会经济文化的发展和社会进步；另一方面，君主专制易形成暴政、腐败现象，成为社会进步的严重障碍。

2. 空前繁荣的封建经济

(1) 内外贸易的兴盛

国内贸易繁荣昌盛。唐朝后期唐高祖下令"废五铢钱，行开元通宝"。新铸的"开元通宝"，成为唐朝通用的货币。唐以后历代的货币，都以它为范式。北宋大城市的商业活动已突破坊和市的界限，营业时间也不受限制，一些繁华的大城市里有了夜市，市内有娱乐贸易场所瓦子；东京是最大的商业都会；在广大的农村有定期举行的草市。出现世界上最早的纸币——"交子"。纸币的推广，有利于商品交换，经商的人增多，有不少家财万贯、邸店遍布海内的大商人，更多的是中等商人和小商贩，政府允许外商在境内自由贸易，胡商遍布各大都会，反映了商业的高度发展。五代十国时期，南方各国贸易往来频繁，不少国家允许中原商人入境经商，杭州、扬州商业繁荣。楚国财政来源以贸易收入为主。元朝形成了闻名世界的大城市，来自亚洲、东欧、非洲海岸的商队、使节络绎不绝。到了明清时期，国内市场更加扩大，大量农产品和手工产品投放市场，品种达到200余种；区域间长途贩运贸易发展较快；北京和南京是全国性商贸城市，全国还出现了数十座较大的商贸城市；商品经济向农村延伸，江浙地区以工商业著称的市镇，如雨后春笋，蓬勃兴起。

与此同时，对外贸易不断拓展。唐朝的对外贸易极其繁荣。唐政府在广州设置市舶使，管理对外贸易。两宋时期贸易发达，政府在广州、杭州等地设置"市舶司"，负责管理对外贸易和事务，征收商税。对外贸易东达日本、朝鲜，西至非洲一些国家。南宋海外贸易的重要港口有广州、泉州、明州等，泉州是当时世界上最大的国际贸易港；南宋政府采取鼓励外商的政策，在一些港口设有番坊，有外商长期居住；同南宋通商的外国商人中，以阿拉伯人居多。元朝时，泉州是最大的对外贸易港口。明朝郑和下西洋与亚非30多个国家和地区直接贸易，最远到达非洲东海岸和红海沿岸地区。明朝著名的对外贸易港口有广州、泉州、宁波、福州等。清朝政府实行闭关政策，禁止国人出海贸易，同时限制外商来华贸易。只开放广州一地对外贸易，还几次下令实行海禁。不过，在正当的中外贸易中，中国仍处于出超地位，保持着贸易顺差。清政府的政策导致中国出口商品数量减少，对外贸易在整个经济中的份额极小，阻碍了工商业的发展和中外经济文化交流。另外，长期与世隔绝，使中国逐渐落在世界潮流后面。

（2）城市的发展及其特点

五代十国时期，杭州、扬州是商业繁荣的城市。北宋的东京是全国最大的商业都会。南宋的商业城市以临安最为繁荣，人口达百万。辽夏金也各自形成了有一定规模的商业城市，如辽国的南京（幽州）、西夏的凉州、金的中都（燕京）。元朝的大都既是政治文化中心，也是繁荣的商业都市，人口众多，商业繁荣。杭州是南方最大的商业和手工业中心。泉州是对外贸易的重要港口，外国旅行家称为世界第一大港。明朝自1421年迁都北京后，北京和南京发展成为全国性的商贸城市，同时，全国还出现了数十座较大的商贸城市。

古代城市在发展过程中，其职能也在不断变化。在唐朝，开始分为手工行业中心城市地区，如丝织业中心有：定州、益州、扬州；陶瓷业中心有：邢州、越州；造纸业中心是宣州、益州，还有都市商业区如长安城中的东市、西市和外贸中心城市广州。到了两宋，出现手工技术中心地区，如定窑、汝窑、景德镇，城市中商业区界限消失，外贸城市增多，有泉州、广州、明州。明朝时期，手工业、商业、外贸各有中心城市，如苏州、杭州、松江、景德镇为手工业中心，成都、武昌、扬州为商业中心，广州、宁波、泉州、福州为对外贸易港口。

中国古代城市发展具有自身的特点：传统的政治性城市逐渐向商业化城市发展，表明商品经济日趋活跃；农村人口不断涌向城市，城市人口增多，城市规模扩大；明朝中后期，商品经济繁荣的江南某些城市，出现资本主义生产关系萌芽；随着城市商品经济的发展，市民的价值观念和生活方式逐渐发生变化。

城市商品经济发展对社会和历史产生了多方面影响。传统的政治性城市逐渐向商业化城市发展;农村人口不断走向城市,城市人口增多,城市规模扩大;商品经济一方面刺激了农业、手工业和城市的发展,一方面又对自然经济起了破坏作用,同时也是对传统的"重农抑商"观念的挑战;明朝中后期,江南一些城市出现了资本主义生产关系的萌芽;随着城市商品经济的发展,市民的生活和观念逐渐发生变化。

3. 区域管理的加强与多民族的发展

(1) 东北地区

唐朝时,①靺鞨分布于松花江、黑龙江流域,以渔牧为生。②粟末靺鞨受中原封建文化影响较大(考虑地理位置)。7世纪末,大祚荣建政权,713年玄宗封他为渤海郡王,统辖忽汗州,加授忽汗州都督,后以渤海为号,渤海正式划入唐版图。③8世纪前期,唐在黑水靺鞨地区设都督府,正式划入唐朝版图。

金朝时,①北宋中后期,黑水靺鞨发展而来的女真族的一部,完颜部强盛,统一各部。②1114年,完颜阿骨打反辽,1115年建金朝,都会宁(今黑龙江阿城),创猛安谋克制,1125年灭辽,1127年灭北宋,1141年南宋与金议和。此后迁都。

元朝时,在东北设辽阳行省。

明朝时,设奴儿干都司,管辖今黑龙江、乌苏里江、松花江流域等地和库页岛。

清朝时,①明后期,努尔哈赤以赫图阿拉(今辽宁新宾)为据点,统一女真部,创八旗制度,1616年称汗,誓师攻明,迁沈阳,加强对明的攻势。②皇太极联合蒙古各部继续攻明,改族名为满洲,改国号为清。③顺治入关,1644年迁都北京。④在东北设3个将军辖区:盛京(辽宁)、吉林、黑龙江。⑤1685年、1686年,康熙时两次反击沙俄侵略军,1689年中俄签订《尼布楚条约》,从法律上肯定了黑龙江和乌苏里江流域包括库页岛在内的广大地区都是中国领土。

(2) 西南(四川、云南、贵州、广西四省)地区

唐朝时,成都是西部著名的商业城市,有"扬一益二"之称,说明了成都工商业地位的重要性。

7世纪前期,生活在云南洱海一带的六诏,是彝族和白族的祖先。其中南诏强大,于8世纪前期,皮罗阁在唐玄宗支持下,统一了六诏,被封为云南王。13世纪,忽必烈攻占大理,元在西南设四川行省和云南行省。

明朝时,在今西藏东部、青海西南部、四川西部设朵甘都司管辖。在云南少数民族地区沿袭元朝统治的办法,实行土司制度。永乐年间,设贵州布政使司,从此贵州成为省一级行政单位。这称为"改土归流",但实行地区有限,西南大部分仍然实行土司制度。

清朝康熙平定三藩之乱，为大规模实行改土归流创造了条件。1726年，雍正帝在云南、贵州、广西、四川等地大规模改土归流。加强了中央政府对西南少数民族地区的统治，改变了当地落后闭塞和割据纷争的状态，促进了各民族之间的经济文化交流，有利于统一多民族国家的巩固和发展。清朝在西南设四川、贵州、云南、广西4个行省，加强管辖。

(3) 江南地区

唐朝时，江南地区土地资源得到进一步开发，圩田普遍，放火烧山，围湖造田，向山要田对自然生态平衡有所影响。江淮地区大面积种植水稻，江南成为粮食重要产地。安史之乱后，我国经济重心开始南移。江南兴建和修复的水利工程，大大超过了六朝的总和。唐朝时期，越州盛产青瓷，尤以秘色瓷最为名贵。扬州是长江流域东端最重要的商业城市，尤其是唐后期，扬州成为全国最繁华的工商业城市，造船业、铜镜业等较为发达，有繁华的夜市，经济地位超过长安、洛阳，人称"天下之盛，扬为首"。扬州也是与朝鲜、日本进行双边贸易的重要港口。明州 (今浙江宁波) 是造船业中心。

南宋时，1127年赵构即位，后定都临安 (今浙江杭州)，该城人口曾达到百万。由于全国经济重心由北移到南方，江浙成为全国经济重心。乃有"苏湖熟，天下足"的谚语和"国家根本，仰给东南"之说。南宋时棉纺业的兴起，标志着棉布逐渐取代麻布，成为主要衣被原料。

元朝时，杭州是南方最大的商业和手工业中心。黄道婆从海南将黎族人民的先进棉纺织技术带回松江，松江成为全国棉纺织业的中心。江南一批小镇地因此而迅速发展。刘家港 (今江苏太仓) 是最主要的粮食北运港口，大规模的海运起点。

1368年，朱元璋称帝建立明朝后，定都南京，进一步推动了南方经济的发展。郑和下西洋出发地主要在刘家港。戚继光在浙江台州九战九捷，取得抗倭斗争的重大胜利。明代浙江嘉兴使用新式"纱绸机"，制造尤工，擅绝海内。明中期以后，江南苏州等地区的纺织业发展成为手工工场。这说明已经稀疏地出现了资本主义萌芽。

清康熙年间，南京出现拥有五六百张织机的丝织工场。南京也是全国性的商贸城市。江浙地区以工商业著称的市镇如雨后春笋，蓬勃兴起。清朝设江苏和浙江两个行省管辖江南。上海属江苏行省。

(4) 西藏地区

唐贞观年间，文成公主入藏，带去大批精美手工艺品和生产技术、医药书籍，促进了吐蕃经济文化发展。唐蕃自此结为姻亲之好，两百年间，新赞普即位，必请唐天子"册命"。8世纪初，金城公主嫁与尺带珠丹。9世纪中期，吐蕃与唐会盟，相约"患难相恤，暴掠不作"，史称"长庆会盟"。吐蕃名医元丹贡布编著的《四部医典》传播国内外，产生了重要影响。

元朝时，西藏正式成为元朝的行政区，设宣政院，统领宗教事务和管辖西藏地区，称为宣政院辖地。元政府封西藏地区佛教首领八思巴为"国师"，忽必烈请八思巴创制了蒙古文字，称为"八思巴蒙字"，密切了蒙藏的联系。

明朝设乌思藏都司管辖今西藏地区，设立卫所，任用藏人担任各级官吏；建立僧官制度。整个明代，西藏各教派势力都一心拥护中央政府。

清军入关前，黄教领袖五世达赖统一了全藏。清入关后，顺治帝正式赐予五世达赖"达赖喇嘛"封号。康熙帝赐予五世班禅"班禅额尔德尼"的封号。此后，历世达赖和班禅，都必须经中央政府册封。雍正时期（1727年）派驻藏大臣代表中央政府同达赖、班禅共同管理西藏，标志着清朝中央政府对西藏管辖的加强。乾隆年间，建立了金瓶掣签制度，加强了清中央政府对达赖、班禅转世的监督和任授权力。

(5) 西北地区

唐朝在西北设立了安西都护府和北庭都护府。

元朝在今新疆西部和中亚地区建立察合台汗国，在今新疆、中亚及今俄罗斯、哈萨克斯坦一带建立窝阔台汗国。

清朝时，平定了噶尔丹势力和大小和卓叛乱，设乌里雅苏台和伊犁将军，其中伊犁将军统管包括巴尔喀什湖在内的整个新疆地区。

(6) 台湾地区

隋炀帝3次派人去琉球。

元世祖设澎湖巡检司管辖澎湖和台湾。1662年郑成功从荷兰殖民者手中收复台湾。

总之，经过从唐朝到清朝的区域管理和地区发展，统一的多民族国家的基础更加巩固，民族团结的纽带进一步加强，民族经济、政治、文化的发展更加同步。

三、浓郁深厚的思想文化

1. 瑰丽的文学

史家称唐宋是文学的"黄金时代"。在百花齐放的中古文学中，唐诗最为光彩夺目。清人所编的《全唐诗》，收集了2300多位诗人的48900多首诗。唐时才华横溢的诗人辈出，各种风格流派，异彩纷呈。其中以李白为代表的浪漫主义诗歌流派，和以杜甫为代表的现实主义诗歌流派，把诗歌艺术推向了尽善尽美的境界。诗歌的发达除了社会经济繁荣的基本原因外，唐朝科举以诗赋取士，封建帝王对诗歌的提倡,也刺激了文人对诗歌创作的重视。当时国内各民族的融合和对外经济文化交流的频繁,为诗歌增添了新的营养。这些都是促使唐诗创作繁荣的因素。

宋词是文学领域另一朵独放异彩的奇葩。宋代地主经济的进一步发展,城市生活的更加繁华,宫廷教坊,歌楼伎馆的出现,都为词的普遍发展提供了条件。近代人唐圭璋编的《全宋词》著录词人1330多家,作品19900多首。以柳永、苏轼、李清照、辛弃疾为代表的诗人词客,各领风骚,将宋词推向繁荣。

元朝以戏曲成就最高,元曲由元杂剧和散曲组成,在文学形式上是由传统诗歌散文到有情节的戏剧的一个转折。关汉卿是元朝最优秀的剧作家。

明清小说成就很高,代表作品有罗贯中的《三国演义》、施耐庵的《水浒传》、吴承恩的《西游记》、曹雪芹的《红楼梦》、吴敬梓的《儒林外史》和蒲松龄的《聊斋志异》等。

2. 汗牛充栋的史学

唐以前,史书都是私家著作,唐太宗开始设立史馆,指定专人编修前代和本朝的国史。从此,官修正史成为一种制度,沿袭了下来。

唐代编成的正史很多,二十四史中,唐朝编修的有八部,即《晋书》《梁书》《陈书》《北齐书》《周书》《隋书》《南史》《北史》。刘知几的《史通》是我国第一部系统的史学理论专著。《通典》(杜佑著)是我国第一部记述典章制度的专史。

两宋时期史学的研究成就远远超过前代,史学著作大量出现,特别是大型通史和当代史的编修,取得了更为显著的成就,《资治通鉴》是我国第一部编年体通史,为北宋史学家司马光所编撰。《通志》是另一部杰出的大型通史,南宋史学家郑樵所编,最大的贡献是其中的二十四略,概括了古代文化的各个方面。

元朝的史学成就是多方面的,比较有代表性的史学著作,私家编撰的有《文献通考》《通鉴胡注》等,官修史籍中保留下来的有《宋史》《辽史》等。

清代史学也有相当的发展,官修的主要有二十四史的《明史》,黄宗羲的《宋元学案》《明儒学案》,开辟了研究学术史的新领域。乾隆年间,编辑了《四库全书》,是我国最大的一部丛书。

3. 缤纷的艺术

唐朝艺术空前繁荣,硕果累出。唐朝的雕刻艺术保留下来许多珍品,其中石雕和泥塑最为多彩。著名的敦煌千佛洞是世界上罕见的艺术宝库。现存492个窟洞中,唐窟达213个。世界上享有盛名的雕塑品唐三彩陶俑,塑造得精致细腻,神灵活现。洛阳龙门石窟中,有许多唐代的雕像,我国最大的石佛像四川乐山大佛,雄伟自然,高71米。唐朝的音乐和舞蹈在融合和吸收外来乐舞有益成分的基础上,创造了优美和谐的中国民族乐舞。唐代的绘画(代表人物阎立本、吴道子)和书法(代表人物颜真卿、柳公权)也都具有极高的艺术价值。

宋朝的绘画以张择端的《清明上河图》最为著名,反映了宋代商业的繁荣,具有很高的史料价值。宋代书法艺术圆润成熟,流派纷呈。苏轼、黄庭坚、米芾、蔡襄、称"宋四家",开创了书法艺术的新高峰。

元朝音律蓬勃发展,与元曲的繁荣不无关系。书画艺术也不落俗套,赵子昂是著名书画家。元朝的壁画艺术也有很高的成就,敦煌保存有元代壁画。

明朝绘画艺术杰出,山水、花鸟画占画坛统治地位。

清朝肖云从、朱耷、石涛等都是颇具独创精神的著名画家,其山水画另辟蹊径,成为我国绘画艺术史上的一个新流派。另外,清代园林建筑在世界上享有盛名。北京的圆明园、承德避暑山庄、拉萨布达拉宫是其中的杰作。

4. 宋明理学的兴盛与明清的哲学反思

宋明理学,指宋明(包括元及清)时代,占主导地位的儒家哲学思想体系。理学一名始称于南宋,朱子曾说"理学最难",陆九渊也说"惟本朝理学,远过汉唐"。明代,理学成为专指宋以来形成的学术体系的概念。

理学有广义和狭义之分。广义理学就是指宋明以来形成的占主导地位的儒家哲学思想体系,包括:①在宋代占统治地位的以洛学为主干的道学,至南宋朱熹达顶峰的以"理"为最高范畴的思想体系,后来习惯用"理学"指称其思想体系。②在宋代产生而在明代中后期占主导地位的以"心"为最高范畴的思想体系。以陆九渊、王守仁为代表的"心学"。狭义理学则专指程朱学派。理学的主要代表人物有北宋的周敦颐、张载、程颢、程颐、邵雍,即"北宋五子"。南宋有朱熹、陆九渊。明代是王阳明。就主导思潮而言,理学代表人物可概括为"程朱陆王"。

理学与唐以前儒学尊《五经》不同,它尊信的主要经典是《四书》,其价值体系和功夫体系都在《四书》。理学的主要根据和讨论的问题都与《论语》《孟子》《大学》《中庸》紧密相关,大体包括:理气、心性、格物、致知、主敬、主静、涵养、知行、已发未发、道心人心、天理人欲、天命之性气质之性等。

理学的集大成者是宋代的朱熹(1130—1200年)。理学自北宋五子开始勃兴,经过几代人的努力,到朱熹终于完成集大成的理学体系,实现了儒学创新。朱熹深化和完善了理本体论思想,他在二程初创的唯心主义理学基础上,总结了北宋以来唯心主义理学加唯物主义理学斗争的经验教训,建立了一个精致的、富于理性思辨的唯心主义理学体系,使之达到了唯心主义理学的最高水平。后人在习惯上把朱熹和二程的学说称为"程朱理学"。

朱熹和二程一样,把"理"作为最高的哲学范畴。他说:"宇宙之间,一理而已。天得之而为天,地得之而为地,而凡生于天地之间者,又各得之以为性,其张之为三纲,其纪之为五常,盖皆以此理流行,无所适而不在。"①宇宙间的一切都充斥着一个普遍流行和无所适而不在"理",理生天地,成万物之性,展现为"三纲五常"。无论自然、社会和伦理道德领域,都体现了"理"的流行。理无所不在,这是对二程理一元论的继承和概括。朱熹发展了二程"无独必有对"的矛盾观。认为在自然界和社会的一切现象中,都存在着两两相对的矛盾。他说:"天下之物,未尝无对,有阴便有阳,有仁便有义,有善便有恶,有动便有静。"②主张人性二元论,把人性分为"天命""气质",并把封建伦理纲常都纳入了天命之性中,提出"存天理,灭人欲"的观点,这实际上是为封建等级秩序辩护。他提倡"格物致知",强调"知先行后"。朱熹一生孜孜不倦、呕心沥血所营建的一套封建主义意识形态,虽在其生前未被统治者所用,但在他死后不久就得到理解和重视。

由于理学的兴盛,宋明理学形成了不同的派别。主要派别:按现代学术界的通常做法,可以把宋明理学体系区分为四派:气学(张载为代表)、数学(邵雍为代表)、理学(程朱为代表)、心学(陆王为代表)。

理学是以儒家思想为基础,吸收佛教和道教思想形成的新儒学,是宋代主要的哲学思想。中华文明的传统精神的主要载体是儒家经典,宋儒继承了汉唐经学,通过解经而深刻理解经典的底蕴,开始了新的释经境界。理学打着经学的大旗,与佛、道对抗。直接从儒家著作的原典中阐发义理,力求"观圣人所以作经之意,与圣人所以用心,与圣人所以至圣人,而吾之所以未至者"。③ 在其发展中,援佛、道入儒,大量吸收佛、道两家的思辨哲学和理论思维成果。到了明朝,理学由客观唯心主义向主观唯心主义演变,说明它已经走到极端。

明朝的李贽被称为"异端"进步思想家,他指责儒家经典并非"万世之至论",揭露道学的虚伪,反对歧视妇女和压抑商人。他是我国反封建的思想先驱,他的思想在一定意义上反映了资本主义萌芽时代的要求,带有民主性色彩。

清初的黄宗羲对封建君主专制制度进行激烈的批判,提倡"法治",反对"人治",反对重农抑商,对晚清民主思潮的兴起也有一定的影响。顾炎武强调"经世致用"的实际学问,主张把学术研究与解决社会问题结合起来,力图扭转明末不切实际的学风。他提倡"实学"的目的在于批判理学,反对君主专制政治,顾炎武的学风对清代学者影响很大。王夫之是一位杰出的唯物主义思想家,他认为"气"是物质实体,"理"是客观规律;提出"气者,理之依也"和"天下惟器"的唯物主义观点,对朱熹的理学和王阳明的心学,给予批判,他还提出"静即含动,

---

① 《朱熹·朱文公文集》,卷70.
② 《朱熹·朱文公文集》语类.
③ 《河南程氏遗书》,卷二十五.

动不舍静",① 否定理学家主静的形而上学思想。他用发展观点来看待历史,认为历史发展是有规律的,他提出在政治上要"趋时更新"。王夫之的思想闪烁着革新的光芒。

此外,对待宗教,唐宋当权者们都采取了开放与融合的态度,不仅重视本土宗教的保护,也为外来宗教大开通路,形成了宗教繁荣的现象。唐王朝在其前期和中期是很自信的,加上疆域的辽阔,境内外民族交往的增多,除传统的外来佛教及内在道教外,又引进了许多外国宗教。当时,在唐朝产生影响的外来宗教有袄教(又名"拜火教")、摩尼教、景教(基督教的一个支派)、伊斯兰教。也出现了傅奕、狄仁杰、姚崇、韩愈等反佛代表。

5. 科学技术

我国的科学技术发展到隋唐五代呈现一股继续高涨的趋势,统治阶级为满足自身、政权和社会对科学技术的多方面需要,通过完善教育体系,举行多元化考试,奖励发明创造和培养扶植科技人才等措施,助长、推动和促进了科技的发展。安定与富裕的社会环境和发达的出版业则又提供了良好的研究条件。求索物理,格物致知,怀疑、探索、创新的学风催促知识分子中具有务实思想的人考察和研究自然事物,以及如何使之有利于国计民生。国内各民族之间的文化交流与国外的文化交流,也加速了科技的发展。这一切使宋元时期成为中国古代科技发展的黄金时代,不论天文、地学、生物、数学、物理、化学均有突出成就。

宋元时期的科学技术发展到了一个新的高度。作为世界古代文明标志的指南针、火药和印刷术三大发明的出现和大规模使用均始于北宋,指南针的装置已有很大改进,地磁偏角的发现已有记载,欧洲直到1492年,才由哥伦布发现。指南针用于航海,使宋朝航海技术大大提高。以沈括、郭守敬、毕昇、曾公亮等为代表的科技名家辈出,硕果累累。以《梦溪笔谈》为代表的科技著作纷纷面世。

以宋元秦九韶、李冶、杨辉、朱世杰数学四大家为代表,使宋元数学以筹算为主要计算工具的古代传统数学的发展达到登峰造极的阶段。秦九韶的《数书九章》列出了高次方程解法,较欧洲的"霍纳方法"早了800年,多元高次方程组的消去法比欧洲早了近500年。大规模的恒星观测,各种天文观测仪器的研制成功把我国古代天文学推向发展高峰。沈括在磁学方面的成就在当时是处于世界领先水平的。在这些学科发展的同时,水利、冶金、印刷、瓷器、机械制造、建筑、纺织、交通工具、兵器等方面也呈现出蓬勃发展的势头。

明清时期科学技术的发展势头虽然明显下降,但这一阶段问世的一些著作,像李时珍的《本草纲目》、朱载堉的《乐律全书》、徐光启的《农政全书》和徐霞客

---

① 《思问录·内篇》.

的《徐霞客游记》等都分别显示了明清集医药、乐律、农业和地学大成的特点。宋应星的《天工开物》更是一部百科全书式的科学技术著作，不仅是我国科技史上的一颗明珠，也是世界科技史上光彩夺目的瑰宝。在对外文化交流方面，明代郑和七下西洋，从江苏刘家港出发，曾到达中南半岛、孟加拉国、印度、伊朗、阿拉伯等地，最远到达非洲东海岸和红海沿岸地区，不仅把我国古代航海事业推向了顶峰，也把中华文明播向了世界。明末清初中西科学成就交融与会通已经起步，清代传统科学技术仍在缓慢推进。

第二节　伊斯兰文明的兴起

在前资本主义时代，欧亚大陆基本上处于相对闭塞的状态。在这个广阔的大陆上，有着游牧世界和农耕世界之分。这两大世界之间进行着和平的、有时甚至是暴力的交往。由于物质与文化的差异性，导致游牧民族一般处于文化边缘地带，而农耕世界则居于文化中心地区，两者经常发生冲突。从公元前2世纪中叶起，到公元13世纪，游牧世界先后对农耕世界掀起了数次的冲击浪潮。其中，第二次发生在公元3—7世纪。在其尾声阶段，游牧的阿拉伯人由阿拉伯半岛冲入西亚、中亚和南亚，以后又扩展到北非和西南欧，形成一个西起大西洋岸边，东至印度河和中国边境的地跨亚、非、欧三大洲的庞大的阿拉伯帝国。

一、伊斯教的兴起和阿拉伯的统一

7世纪，在阿拉伯人入侵前，拜占庭帝国和萨珊王朝两大帝国统治着中东，两帝国都有着深厚历史文化传统的国家。与这些国家相比，阿拉伯半岛是穷乡僻壤之地。半岛上的贝都因人还处于原始状态，盛行多神信仰、偶像崇拜。穆罕默德的出现改变了这一切，他不仅创立了伊斯兰教，而且在他领导下，分散的阿拉伯半岛实现统一，最终形成阿拉伯帝国。

公元7世纪出现的伊斯兰教是世界上三大宗教之一。在7世纪前，阿拉伯半岛已经受到了犹太教的影响。但是，阿拉伯人既未被犹太教同化，也未被基督教同化，而是创造并接受了自己本土的宗教——伊斯兰教。犹太教是犹太人所创立的一神教。公元最初几个世纪，犹太教在阿拉伯半岛的绿洲建立了一些殖民点。4世纪初，犹太教在也门地区流传。6世纪初，它已发展成为拥有相当势力的宗教，其影响力波及到阿拉伯半岛商道上的国家，其中包括麦加。

但是，由于犹太人有着强烈的种族主义思想，他们瞧不起阿拉伯人。由此引起阿拉伯人的反感，再加上犹太人的教义僵化烦琐，对当时的阿拉伯人来说，也难以接受。所以，尽管阿拉伯人了解犹太教，而且犹太教对以后的伊斯兰教产生了深刻的影响，但难以为阿拉伯人普遍信奉。

基督教在伊斯兰教兴起前就已经传入阿拉伯半岛，伴随着基督教在阿拉伯半岛的传播，基督教的教义也传播到阿拉伯人中。但由于基督教教派众多、派别斗争激烈，有碍于基督教的传播。基督教神秘深奥的教义、等级森严的教阶，以及复杂的仪式等，是长期信仰自然崇拜的部落难以理解和接受的。

由于犹太教和基督教各自的缺憾，致使当时阿拉伯半岛的阿拉伯人无法解决他们的现实问题。因此，在阿拉伯半岛缺乏充足的活力。加之阿拉伯人过惯了游牧生活，喜欢自由，崇尚部落平等，这些思想都不利于外来宗教在半岛的传播。

公元 7 世纪前半期，半岛处在社会大变迁的时代，出现了经济危机和社会危机，社会矛盾也激化了。在这种情况下，阿拉伯人迫切需要有自己本土的宗教，来解决自己的问题，代表本民族利益。社会的现实要求有一个伟大的人物来完成这一伟大任务，于是穆罕默德作为一个宗教的、民族的领袖登上了历史的舞台。

穆罕默德（570—632 年）在青少年时代曾两次到过叙利亚的布拉斯、阿勒顿和大马士革等地。他在商路上经常与犹太教徒和基督教徒接触，对他们的宗教信仰表现出浓厚的兴趣。穆罕默德在和麦加的一个富孀赫底彻结婚后，有了充足的物质基础从事创教活动。他结合当时的社会现实，根据阿拉伯人熟悉的环境和所习惯的仪式，对半岛上存在的各种宗教进行吸纳，创建了为阿拉伯人能接受的具有生命力的本土宗教——伊斯兰教。

《古兰经》是伊斯兰教的经典和最根本的立法依据，是穆罕默德陆续受到的真主启示的总集。对穆斯林而言，《古兰经》也是他们的世界观、人生观和一切言行的基础。

伊斯兰教迎合了当时阿拉伯半岛阿拉伯人的宗教心理，很快被他们所接受。正是借助于伊斯兰教，穆罕默德第一次把半岛上游牧的贝都因人统一起来，使他们有了统一的信念，引导他们信仰唯一的真主安拉，为阿拉伯现实世界的统一奠定了宗教哲学基础。公元 610 年，穆罕默德开始在麦加传教。因主张信仰一神、反对多神和偶像崇拜而遭麦加贵族反对。622 年 7 月 16 日夜穆罕默德及少数教徒出走雅特里布（此事称"徙志"），并将雅特里布改名为麦地那（即先知之城）。麦地那居民长期受麦加贵族和富商盘剥，因而支持穆罕默德，使伊斯兰教得以迅速传播，通过战争统一了阿拉伯，建立了政教合一的国家。632—661 年阿拉伯进入历时 30 年的四大哈里发统治时期。第一任哈里发阿布伯克（632—634 年）统一了阿拉伯。

二、阿拉伯帝国的兴亡

阿拉伯统一后，相信圣战的伊斯兰教众很快在哈里发的率领下走上了对外扩张的道路。第二任哈里发欧默尔(634—644年)把自由牧民组成骑兵,发动了一系列"圣战",先后打败了拜占庭,消灭萨珊波斯和埃及,夺取了东罗马帝国的大部分土地。铁蹄所到之处,阿拉伯语和伊斯兰教如风而至。

但是,阿拉伯的扩张与内部的权力、派系斗争相伴而行。在第三任哈里发鄂斯曼(644—656年)时,就因继承问题发生教派之争。穆罕穆德的女婿阿里起而反对鄂斯曼的专横。在656年鄂斯曼被暗杀。到第四任哈里发阿里(656—661年)期间,倭马亚家族的人不甘心丧失政权,以叙利亚总督摩阿维亚为首同阿里斗争。于是,伊斯兰发生重大分裂,支持阿里的被称为什叶派(意为"宗派"或"党徒",该派认为只有阿里与法提玛的后代才能当哈里发),支持摩阿维亚的称为逊尼派(是伊斯兰教的正统派,信奉《圣训》《古兰经》,承认哈里发的领导)。后来什叶派中又分化出哈瓦立及派(又称军事民主派),661年阿里被哈瓦立派分子刺死,摩阿维亚乘机即位,建立了倭马亚王朝。

倭马亚王朝(661—750年)统治阿拉伯共90年,是阿拉伯帝国形成的时期,也是帝国封建制度形成阶段。摩阿维亚以叙利亚为中心,先镇压了麦地那和伊拉克的什叶派和哈瓦立及派。然后对外用兵,先后征服了马格里布、西班牙的西哥特王国,向东直达帕米尔高原,在遭到唐朝将领高仙芝的痛击后才停止东侵。不过,这时的阿拉伯已成为地跨欧亚非的大帝国。我国史书称它为"大食"帝国。

751—1258年,伊拉克封建主阿布阿拔斯自称是穆罕默德叔父的后裔,利用人民起义之机窃取政权,建立阿拔斯王朝。762年,首都从库法迁到巴格达。1055年塞尔柱突厥侵入巴格达,其首领吐该利尔拜格自称苏丹(即最有权威的人,是伊斯兰教国家国王的称呼),掌握军政大权,哈里发仅仅保持宗教首领的地位。1258年蒙古攻占巴格达,处死哈里发,阿拉伯帝国最后灭亡。

三、伊斯兰文明对世界的贡献

1. 伊斯兰教对世界文明的影响

伊斯兰教在阿拉伯半岛统一的过程中发挥了重要的作用,并在以后的几个世纪里随着阿拉伯世界的扩张而不断传播,其影响扩展到中非、南亚次大陆和东南亚地区。伊斯兰教在阿拉伯半岛统一的过程中发挥了重要的作用,并在以后的几个世纪里随着阿拉伯世界的扩张而不断传播,其影响扩展到中非、南亚次大陆和东南亚地区。当今世界,伊斯兰教信徒超过16亿,伊斯兰国家57个。伊斯兰教的影响遍布世界众多民族和地区。伊斯兰教已不仅是一种宗教,而且也成为许多人的生活方式。

阿拉伯民族作为游牧民族,它为人类创立了至今仍有广大人民群众信奉的宗教——伊斯兰教;同时也正是由于伊斯兰教,才有了阿拉伯人信念的统一,才有了后来的政治统一，才有了阿拉伯帝国。这个帝国的辽阔版图，包括了中世纪时期文明世界最富庶的地区。"宗教和现实的结合如此紧密，使我确信穆罕默德是全人类历史上影响最大的人物"。[①] 难怪麦克·哈特博士在《人类百位人物排名次》一书中认为，穆罕默德是影响人类历史进程的 100 位人物中的第一位人物。

阿拉伯人所建立的不仅是一个帝国，一种文化，而且是一种文明体系。崛起于中东地区的阿拉伯人利用和周围各族人民相互接触和相互影响的有利条件，成为古代文明的受益者和继承者。他们经过辛勤研究、实践，创造了具有阿拉伯色彩的独特文明体系——伊斯兰文明体系。

伊斯兰是一种宗教，一种文化，一种生活方式，一种社会制度。在伊斯兰文明体系中，既有物质生活的丰实，也有精神生活的繁茂。阿拉伯人辛勤劳作，创造出的经济财富，不仅满足了自己的物质需要，也为精神生活提供了保障。阿拉伯人在精神生活领域里人才辈出，成绩斐然。

阿拉伯帝国的哈里发集政治与宗教权力于一身。但是他大权独揽，小权分散，实行专制主义统治，维持了阿拉伯社会的有效运行。在阿拔斯王朝时期，阿拉伯帝国达到鼎盛，农业、工业、商业均很发达。

那时，阿拉伯帝国拥有当时世界最丰饶的大河和农耕地区，尼罗河流域的埃及和两河流域的伊拉克等，都是富饶的农业区。由于这些地区本身就具有良好的农耕条件，再加上帝国对农业的重视，阿拉伯的农业兴盛自然无须多言。农业地税是阿拉伯帝国的基本收入，发达的农业为手工业提供了充足的原料，又促进了商业的繁荣。

在穆罕默德"商人是世界的信使和安拉在大地上的忠实奴仆"的名言影响下，阿拉伯人特别重视商业。阿拉伯人的航船到远东、欧洲和非洲各地，贩卖各种纺织品、宝石、铜镜、玻璃器皿等，买回帝国所需的高级商品。当时东西方贸易的国际市场，主权就操纵在阿拉伯商人手里。阿拉伯人的对外贸易多半是同比较先进的东方国家尤其是中国进行的。阿拉伯人通过陆路和海路同中国人做生意。8世纪中叶，大批阿拉伯商人进入中国西部，仅久居长安的波斯商人和阿拉伯商人即约达 4000 人。因此，742 年长安建立了一座清真寺。9 世纪中叶，双方贸易达到繁盛阶段，广州、泉州和扬州成为阿拉伯商人麇集的中心。

经济的繁荣带来的是文化事业的兴旺发达。由于阿拉伯统治者对文化的重视和提倡，中世纪兴起了翻译运动，结果是阿拉伯—伊斯兰文化广泛传播。

2. 阿拉伯的科学文化成就

阿拉伯帝国所占领的地区，大多是文明高度发达的地区，像埃及、美索不达

---

① [美]麦克·哈特. 人类百位人物排名次[M]. 李唯中，译. 石家庄：花山文艺出版社，1989：7.

米亚、印度、叙利亚等。纵然阿拉伯人伸手可及东西方文化的典籍，但语言不通却是个巨大的障碍。于是，翻译文章典籍成为当时哈里发帝国的头等大事。从公元8世纪到10世纪两百多年的时间里，阿拉伯帝国的一些大城市如巴格达、科尔多瓦形成了一场史无前例、声势浩大的翻译运动，在麦蒙时期达到极盛。他所建立的智慧馆是当时的翻译中心，也是文化中心。通过翻译运动，阿拉伯人不仅使人类古典文化遗产不致湮灭，也学到了世界各地很多有益的东西，为形成有民族特色的文化打下了基础。阿拉伯的哲学家们从希腊哲学中吸取了丰富营养，而阿拉伯人在自然科学和社会科学领域里的成就也提升到世界级水平。

阿拉伯哲学的主要特征是将希腊哲学和伊斯兰神学加以调和，即信仰和理性的合一。阿拉伯哲学家主要有肯迪和有"哲学亚师"之称的法拉比，还有伊本·西那，而对阿拉伯哲学贡献最大的则是伊本·鲁世德。他主张"双重真理"论，即天启和理性、宗教和哲学并不矛盾，哲学上认为是真理的东西，而宗教上可能认为是错误的；同样宗教上认为是真理的东西，哲学上可能认为是错误的。伊本·鲁世德著作丰富，学问渊博。他的著作大约在13世纪用拉丁文出版，在西欧广泛传播，形成阿威罗伊主义，统治西欧思想近百年。

阿拉伯人在自然科学领域的成就主要表现在医药学、天文学、数学、地理学等方面。阿拉伯医学发达，9世纪初，境内有34所大型医院，仅巴格达就有810名医生，国家经常派遣医疗队深入民间，甚至到监狱进行巡视。拉齐被公认为中世纪伊斯兰世界最伟大的医学家和最负盛名的医生，曾任巴格达医院的院长。继拉齐之后在医学上驰名的是伊本·西那，享有"医生之王"的声誉。他一生著述丰富，以《治疗论》和《医典》最著名，代表了当时医学的最高成就。

阿拉伯人夜间在沙漠中仰观星空的嗜好和对占星术的迷恋，促进了天文学的发展。他们在巴格达、大马士革、开罗、科尔多瓦和撒马尔罕等地建立了天文台。同时，利用精密仪器，对各种天文现象进行观测和研究，命名各大星辰，测试地球等。阿拉伯学者制造了不少精密仪器如天球仪、地球仪、星盘仪等，这些仪器直到16世纪还为欧洲所利用。今天，天文学术语中就有来源于阿拉伯语的，花剌子米、海雅木和比鲁尼都是有造诣的天文学家。

由于朝觐活动和行商远足的推动，阿拉伯人在地理方面成就甚大。易得里斯被认为是中世纪最为有名的地理学家和制图家。据说，他曾派人勘探尼罗河的发源地，并绘制了地图。雅古特是阿拔斯王朝末年的著名地理学家，他的集大成之作是4大册的《地名辞典》。苏莱曼、马苏第都是远足东方的旅行家。苏莱曼的《苏莱曼东游记》是介绍中国的第一部阿拉伯著作。阿拉伯人的游记为地理学保留了珍贵的史料。

天文学和地理学的发展带来的是数学的进步。阿拉伯人在数学领域的贡献主

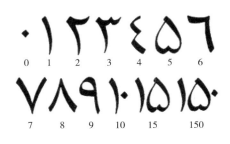

图 4-1 阿拉伯的数字

要是对印度数码系统的改造。阿拉伯人用印度数字和零号代替阿拉伯原来的记数法(图 4-1)。后来，这种记数方法又传入欧洲，取代了欧洲笨拙费时的罗马数字和算盘。十进位法简明准确，大大促进了计算科学的发展。阿拉伯数学家主要有花剌子米、海雅木，他们在算术学、代数学、几何学和三角学方面都做出了具有独创性的贡献。一些穆斯林学者在物理、化学领域也取得了一定成就。

不仅如此，中世纪阿拉伯各族人民在人文科学领域，诸如文学、历史学、建筑绘画艺术等方面也有自己值得骄傲的地方。阿拉伯人在文学方面成就独特，连环故事集《一千零一夜》是众口交誉的世界普及性读物；阿拉伯散文最初简洁明实、尖锐明快，后受波斯的影响，高雅而豪放。由于伊斯兰教禁止偶像崇拜，同时认为表现人类和动物是真主所独享的特权，因此，在阿拉伯的建筑群中，我们找不到人类的画像，几乎都是花卉和几何图案。后来的艺术家们却因此在这方面取得了很大的成就，产生了一种特别的阿拉伯式风格。

阿拉伯人的纯正史学是伴随着圣训的编辑而产生的。塔巴里的《历代先知和帝王史》，是从创世至 915 年的编年史，是中世纪比较完备的阿拉伯史书。伟大的史学家马苏第有"阿拉伯的希罗多德"之誉。其记事体史学著作达 30 部，但保存到现在的只有其中两部分的摘要，即《黄金草原和珠玑宝藏》。14 世纪的伊本·赫尔顿就是第一个用社会学和哲学观点考察历史的史学理论家。他认识到了游牧人和定居人之间周期性的相互作用，力图表达民族盛衰规律。教育事业的兴旺发达是民族素质高低的重要标志。阿拉伯帝国的统治者们重视教育，创办学校，既提高了阿拉伯人的文化水平，反过来又促进了阿拉伯人的智力觉醒，推动了文化的进一步发展。11 世纪，巴格达共有各类学校 30 余所。12 世纪，大马士革共有学校 20 余所。除正规教育外，遍布各地的清真寺、天文台、图书馆和医院都兼有初等或高等教育的职能。10 世纪中叶的科耳多瓦大学是一所正规的大学。开罗、巴格达均建立了大学。正是由于教育事业的兴盛，阿拉伯人中才出现了如此众多的天文学家、医学家、数学家、历史学家等著名人物。

总之，伊斯兰文化是一个开放的文化体系。伴随着伊斯兰势力的崛起，新出现的伊斯兰教文明是前犹太教文明、波斯—美索不达米亚文明和希腊—罗马文明的综合体。它不是古代各种文化的拼凑，而是原有文明新的具有独创性的综合。它虽来源不一，但却明显带有阿拉伯伊斯兰教的特征。同时，阿拉伯伊斯兰文明也是在吸收东西方古代丰富营养的基础上发展起来的。阿拉伯人继承了人类的文化遗产，经过吸收、消化、发明、创造，又把它贡献给人类。阿拉伯帝国地处欧、亚、非要冲，位于东西交通的枢纽上，阿拉伯人又酷爱游学和擅长经商，所以在联系东西方文化上起着承前启后、沟通东西的作用。受阿拉伯—伊斯兰文化影响最大的是欧洲，它给当时笼罩在基督教之下的西欧带来丝缕亮光，在古希腊和欧洲文艺复兴之间发挥了桥梁作用。伊斯兰教深深地影响着西起大西洋岸的摩洛哥、东至中亚地区的广大地域。这就是阿拉伯文化繁荣的基础，这就是游牧的阿拉伯人与其他游牧民族迥然不同的地方，它为整个人类贡献了一种宗教——伊斯兰教和一种文明体系——阿拉伯伊斯兰文明体系。

第三节 神权统治下的欧洲中世纪

日耳曼人灭亡罗马入主西欧大陆，成为欧洲进入中世纪的主要标志。当时的欧洲，希腊罗马文化、基督教文化和日耳曼文化并存和融合。但随着基督教势力的扩大，产生于罗马后期的基督教神学却发展成为人们观察一切问题的根据，一切意识形态的形式都从属于它，"中世纪的历史只知道一种形式的意识形态，即宗教和神学。"[1]中世纪欧洲的政治思想也被宗教神学笼罩。无论是维护教权的思想，还是维护俗权的思想，都是从圣经中或基督教的历史上寻找依据。甚至于"一般针对封建制度发出的一切攻击必然首先就是对教会的攻击，而一切革命的社会政治理论大体上必然同时就是神学异端。"[2]值得我们注意的是，尽管神学世界观笼罩了西方中世纪，但是也应看到，自古代流传下来的政治思想传统，如平等、自由、民主、法治等思想也都以不同的形式保存下来。

一、民族大迁徙与欧洲封建制度的确立

西欧早期封建国家是由日耳曼人建立起来的。公元3世纪前后，随着罗马帝国的衰落，其周边的日耳曼各部落乘虚而入，建立起一系列新国家。这些新国家既非罗马式，更非纯日耳曼式，而是两种因素混合而成的一种新模式，西方文明因此而更具特色。

1. 欧洲民族大迁徙

日耳曼人的到来与这一时期欧亚发生的民族大迁徙密切相关。公元3—6世纪，欧亚大陆普遍遭受了游牧民族的入侵。历史上，游牧民族迁移的方向一般是自东向西，因为欧亚大草原的地理坡度使西部水源较充足，土地更肥沃，从而吸

---

[1] 恩格斯. 路德维希·费尔巴哈和德国古典哲学的终结[M]//马克思恩格斯选集. 2版: 第4卷. 北京: 人民出版社, 1972: 235.

[2] 恩格斯. 德国农民战争[M]//马克思恩格斯全集. 7卷. 北京: 人民出版社, 1972: 401.

引着逐水草而居的游牧民族。当时游牧民族的侵略路线主要起自中国北部及蒙古地区，沿着横贯欧亚大陆北部的草原走廊，止于中欧匈牙利平原，然后以匈牙利为基地，袭击周围欧洲各地区。

公元1世纪，匈奴因在中国长城以北的失败而被迫西迁，最终促成了欧洲和亚洲的民族大迁徙。历史上说的"匈奴西迁"是指匈奴人由于遭到中国东汉王朝的不断打击，由北单于和大贵族率领一部分部属约20万人，于公元91年离开漠北，向西方迁徙的历程。辗转迁徙，至4世纪匈奴经中亚细亚到达东欧。这支具有冲击力的队伍的向西倾斜，导致了原居住在中东欧的日耳曼人的向西大迁移。他们渡过奥克苏斯河、多瑙河或莱茵河，向罗马帝国边境渗透。历史上也习惯于把这次亚欧游牧民族的大流动，称为"欧洲民族大迁徙"。

公元3—4世纪时，日耳曼人开始逼近罗马帝国边境，他们经常进攻罗马的边防军。罗马帝国政府则采用"以夷制夷"的策略，雇用日耳曼人充当边防辅助部队，一些日耳曼将帅还当上了罗马军队的指挥官，结果反而使日耳曼人在罗马军队中扎下了根。4世纪后期，日耳曼人对罗马帝国的缓慢渗透逐渐为疾风暴雨式的大迁徙所取代。因为当时扎根于匈牙利平原的匈奴人再次西移。他们凶猛强悍，骁勇善战，个个都是优秀的骑手，来时排山倒海，去时十室九空。372年匈奴人击败了阿兰人(东欧黑海北岸和西亚一带的主要居民)，374年渡过顿河，侵入东哥特。东哥特兵败，首领自杀。375年，匈奴人与西哥特人交战，西哥特领袖阿山那里克溃败，只好请求到罗马"避难"。获得准许后，376年西哥特人渡过多瑙河，定居罗马境内。这是所有日耳曼人中最早迁入罗马帝国的一支，标志着"蛮族入侵"的开始。378年，西哥特人以遭到帝国官员欺骗与辱骂为由，与帝国军队发生冲突。西哥特人在亚德里亚堡战役中大败罗马军队，东罗马皇帝维伦兹也战死疆场。亚德里亚堡一战，打破了罗马不可战胜的神话。

当罗马帝国内部衰落时，日耳曼各部落先后掌握了罗马境内各地区的控制权。帝国崩溃后，日耳曼人便成为欧洲新兴文明的基本组成部分。

2. 西欧封建制度的形成

(1) 日耳曼人的古代社会模式

日耳曼人原籍可能是北欧。公元前后，他们已分化成若干部落(公元前后，日耳曼人主要分为东、西、北三支，东、西两支辗转迁徙，北支仍留在北欧)。包括斯堪的纳维亚人、汪达尔人、哥特人、法兰克人、勃艮第人、盎格鲁撒克逊人、荷兰人等。尽管他们有着相同的血缘和习俗，但彼此间常常相互对抗。关于日耳曼人古代社会的情况，可依据的资料是罗马史学家塔西陀于公元98年写的《日耳曼尼亚志》。当时，日耳曼各部落均处在原始社会向阶级社会过渡的时期，森林和牧场是公有财产，耕地原则上归集体所有，但已分派给个体耕种。日耳曼社会农业经济较为落后，但日耳曼人已知晓织布、制造金属器具和带轮子的车。日耳曼男子喜欢冒险，常常外出掠夺，不愿耕种土地、从事平凡的劳动，日常的劳作大多由妇女、老人等担当。日耳曼人居住的房屋通常是用粗糙的木料构成，外面涂上泥土。家庭中实行严格的一夫一妻制。

1世纪初，日耳曼部落的社会结构以自由人——武士为基础，但已经有了阶级分化。主要由三大部分组成，最上层为世袭贵族，通常是大地主。大多数日耳曼人是自由民，一般拥有自己的小块土地。最底层是即非自由民又非奴隶的阶层，其处境与罗马帝国的隶农相似，是中世纪盛行于西欧的农奴的先驱。部落的主要权力来源于自由民大会。指挥作战的军事首领或"王"则由大会选举产生。

青年人经过正式仪式便获得了佩剑的权力，中世纪由扈从晋升为骑士的仪式就源于此。在日耳曼部落中，每位杰出的首领都有扈从，他们战时守卫在领袖身边，效忠他，服从他；首领则向他们提供武器、给养及战利品。这种制度有助于后来封建制度的形成，因为西欧封建制度的基础之一便是骑士对封建领主的忠诚。

在日耳曼各部落中，定居在莱茵河沿岸的法兰克人，最早完成了从畜牧业向农业的过渡，人口和总体实力的增长也最快，因此他们在日后西欧封建制度形成过程中担当了重要的角色。

（2）日耳曼国家的建立

公元410年，西哥特人再次洗劫罗马城，尔后北上进军南部高卢和西班牙。汪达尔人则渡过直布罗陀海峡直取非洲。在西罗马帝国最后岁月里，除了意大利地区外，帝国的其他部分相继落入日耳曼血统的军事家冒险家手里，皇帝实际上成了傀儡。公元476年，西罗马统帅日耳曼籍军官奥多维克推翻了西罗马帝国。

西欧早期封建国家是由日耳曼人在西罗马帝国的废墟上先后建立起来的。东哥特人占据了意大利和西西里岛，建立了东哥特王国。西哥特人占领了西班牙和高卢南部，并在那儿建立了西哥特王国。法兰克人则在高卢的中、北部建立了法兰克王国。汪达尔人建立的王国版图主要包括北非西部沿地中海一带及撒丁岛和科西嘉岛。勃艮第王国的势力范围主要在高卢东南部。盎格鲁人和撒克逊人则渡过海峡，在不列颠定居下来，并迫使当地的凯尔特人退到不列颠西部或渡过英吉利海峡移居到现法国的西北部。从此，法国西北部被称为"布列塔尼"，意即"小不列颠"，至今不列颠西部和布列塔尼尚有凯尔特人的后裔。

公元4—6世纪相继建立的日耳曼王国，其政治、经济制度和社会结构与罗马帝国大相径庭，社会发展水平低下，加之战乱不断，欧洲文明发展的步伐明显地缓慢了很多。

（3）西欧社会的封建化

公元5世纪，西罗马帝国灭亡和日耳曼王国相继建立，标志着西欧进入了封建社会。封建制度在西欧的形成和发展，是罗马奴隶制生产关系没落和日耳曼原始社会瓦解两者有机结合的产物。在日耳曼各王国中，法兰克王国的实力最强，封建化的过程也较为典型，并对欧洲近代国家的形成有重要影响。

法兰克人是日耳曼人的一支，原住在莱茵河的下游。法兰克在高卢语中有"勇敢""正直""自由"之意。3世纪时，法兰克人开始越过莱茵河进入高卢。486年，法兰克人的一支，萨利克人的军事首领克洛维（481—511年）联合其他部落在苏瓦松击败罗马军队，征服了卢尔河以北的高卢地区，为法兰克王国的建立奠定了基础。此后，克洛维东征西讨，到他晚年，占据了高卢全境，法兰克成为当时西欧最强大的日耳曼王国。由于克洛维出生于墨洛温家族，历史上将他开创的王朝称为墨洛温王朝。克洛维获得成功的原因是较早地皈依了基督教。这不仅使他赢得了教皇的支持，而且也得到了当地高卢—罗马人的认同与援助。

不幸的是，克洛维死后，其子孙们为争夺王位，展开了长期的内讧。至7世纪中叶以后，法兰克宫相专权，国王无事可做，称为"庸王"，史称"庸王时期"（639—751年）。"庸王时期"的宫相查理·马特（715—741年），是个雄心勃勃的人物，"马特"意即"铁锤"，他所进行的改革，对法兰克封建制度的形成具有开创意义。

查理·马特上台时，法兰克王国面临着一系列的内忧外患。克洛维时期实行的无条件赐地制度逐渐暴露出它的弊端，天长日久，国王已无地可赐。无条件赐地制度不仅在经济上削弱了王权，而且在政治上也造成了地方坐大和封建割据。与此同时，外族包括日耳曼其他部落和阿拉伯人不断入侵，严重威胁着法兰克墨洛温王朝。

为应付来自各方面的危机，查理·马特一方面进行了采邑（采邑就是承担一定义务的封地，或者说有条件的封地）改革，即将无条件的赐地分封制改为有条件的采邑分封制。封赐者称为封君或领主，受封者称为陪臣或附庸。得到封地的臣属必须为领主尽一定的义务，通常是率一定数量的骑兵为领主服兵役。若陪臣不履行义务，封君可以随时收回采邑。陪臣死亡，土地必须交还封君。封君死亡，陪臣应将土地交还给封君的继承者。陪臣的后代如想继承采邑，或陪臣在封君死后仍然想保持原来的采邑都要重新举行封赐仪式。查理·马特的采邑改革建立了以土地关系为纽带的领主和附庸之间的主从关系，此后各级封建主纷纷效仿，也把土地层层分封，从而形成了西欧金字塔型的封建制度。

另一方面，为确保法兰克领土的安全，顽强抵抗外族入侵，732年，在图尔战役中，查理·马特打退了凶悍的穆斯林人。从此，阿拉伯穆斯林人向西推进的势头被阻止，图尔战役通常被认为是西欧历史的重要转折点。

751年，查理·马特的儿子矮子丕平（714—768年），废除了墨洛温王朝末代国王，创建了加洛林王朝。加洛林王朝最著名的国王是查理曼（742—814 年）。查理曼一生中的大部分时间是在戎马倥偬中度过，一生中经历的战争有案可稽的就有 50 多次。通过一系列的征服战争，查理曼建立起了一个幅员辽阔的大国，版图西起大西洋，东至多瑙河，南到地中海，北抵波罗的海，包括了今之法国、比利时、德国、荷兰、瑞士及匈牙利和大半个意大利，史称"查理曼帝国"。800 年，教皇利奥三世为他举行称帝加冕仪式，授予他"伟大的创立和平的罗马人的皇帝"称号。

查理曼帝国时期（768—814 年），法兰克的封建化进一步发展。查理曼大帝通过公爵、伯爵、大主教、主教等在全国建立起了直接或间接的统治。把全国分为若干郡，各郡派有伯爵等官员治理，每年派巡按使视察全国各地；修改蛮族法典，颁布敕令；改革货币，发展经济；创办学校，传播文化。查理曼帝国一度成为幅员广阔、国力雄厚的国家。为取得贵族的支持，查理曼在授予贵族们土地的同时，又广泛地授给他们"特许权"，使贵族们拥有自己领地内的司法、行政、军事、财政等权力。慢慢地，土地和官爵变成了世袭，领地成了国中之"国"。于是，日耳曼的廷臣、将军与罗马原有的主教、修道院长和贵族们一起，构成了西欧的封建主阶层。

一般来说，封建制形成、确立的过程为封建化过程，意即在封建生产关系的主导下，各种非封建因素向封建关系的转化。西欧封建化过程一方面是采邑制向世袭领地的"封土"（feodum）的确立过程；另一方面则是原有罗马帝国的隶农和日耳曼小农逐渐沦为农奴的过程。这两个过程相辅相成，封地与农奴则共同构成西欧封建社会的基本要素。在欧洲封建化的过程中，很重要的一点是日耳曼人选择了基督教。"中世纪是从粗野的原始状态发展而来的。它把古代文明、古代哲学、政治和法律一扫而光，以便一切从头做起。它从没落了的古代世界承受下来的唯一事物就是基督教和一些残破不全而且失掉文明的城市"。①

约 9 世纪中叶，以法兰克王国为典型的西欧封建制度确立，其基本经济社会组织形式是封建庄园。

封建庄园大小不等，一般由一个村庄或几个村庄组成。国王、各级封建主和教会的领地都划分为许多庄园，遍布各地。庄园生产的目的是为领主及侍从提供生活资料，维持自身需要。因而，从本质上说，庄园是自给自足的自然经济单位，只有庄园不能生产的少数产品，如盐、铁等，才通过交换取得。庄园的土地一般分为两部分，较好的部分作为领主的自营地，由农奴以服劳役的形式耕种，收获物归领主所有，此即劳役地租；另一部分土地则划为若干小块，作为份地，

---

① 恩格斯. 德国农民战争[M]//马克思恩格斯全集. 7 卷. 北京：人民出版社，1972：400.

租给农民，由他们自耕自种自收自用。11—13 世纪，西欧人口增加，需求增长，也刺激了庄园中商业活动的展开。尤其是城市兴起后，庄园生产越来越为市场价格的变化所左右，庄园经济与商品经济的联系日益密切，直至庄园经济解体。

庄园剥削方式主要是地租和各种捐税：其中地租的形式主要有劳役、实物，例如，筑路、运输、砍柴、向领主交纳家畜、鸡蛋、麦酒、水果，向教会交纳什一税等，随着城市的兴起和货币经济的发展，货币地租开始流行。

按封建原则，西欧庄园实际上是一个独立或半独立的社会经济实体。庄园中的经济权、行政及司法权都掌握在领主手里，领主对封土上的土地和人民实行着全面的统治。对应于封建等级制，中世纪法庭也有不同的等级与种类。一般有国王法庭、郡法庭、区法庭等。庄园法庭是其中最基层的司法机构，是领主行使其权力的最重要和最经常的手段。一般的民事案件，事无巨细都必须在本庄园提起诉讼。领主或其代理人是当然的法官，参与审理的其他人员一般称"陪审员"，他们都是庄园的农奴或其他身份的农民，组成"陪审团"。庄园法庭开庭时，庄园里的人，无论什么身份都须出席，无故不到者，将被罚款。法庭有程式化的诉讼程序和标准的语言，整个审理过程及判决决议一般都被记录在案，它们成了后人了解和研究中世纪社会状况的绝好史料。应该说，西欧的庄园领主制与东方（中国）的地主制经济是有所不同的。欧洲庄园的土地归领主所有，尽管早先这些土地是国王赐予的，一旦分封，土地便约定俗成地成了领主的私有财产。封建主分散地掌握着各自的经济权力，庄园各自为政，自给自足。国家（国王）没有统一管理经济的机构和能力，其至连全面掌握整个王国的经济情况都不大可能。土地原则上不能买卖，直到中世纪后期，这种情况才有所改变。

对应于经济结构，西欧封建社会的政治结构也颇有特性。欧洲的封建制是以封土为基础形成的一种社会制度和政治制度。在这种制度下，有两种最基本的社会关系：一是封君与封臣的关系，继而发展为贵族的等级制；二是贵族与其农奴之间的关系。前者彼此间的关系主要表现为政治关系，后者则主要是经济关系，因为农奴通常提供的是经济方面的义务，且少有政治权利。但不管社会关系属何种形式，其政治制度的基本特征是共同的，欧洲封建制是在契约的基础上建立起来的纯粹私人之间的关系。封建主之间，虽然表面上看由于土地和权力分封，造成上级对下级之间的权利和义务关系，构成严格的等级制，但是，这种关系并不是无限度和无条件的。在欧洲典型的封建制度下，不存在君臣之间、统治者与被统治者之间的关系，一切都转化成领主与封臣间（或农奴）的关系，封君对封臣的下属是不能直接行使封建性权力的。正如中世纪的法国流传的一句格言所说："我的附庸的附庸，不是我的附庸。"领主与封臣之间关系的基础是私人性质的契约，双方都须履行各自的权利与义务，其中，领主最重要的义务是保护他的封臣。在封臣行了臣服礼并履行了应尽的义务后,领主不得剥夺其封土,封臣必须为领主服役等,领主与封臣双方如果任何一方未履行其义务,这种臣属关系就可能破裂,封臣有时还必须奉召出席领主法庭陪审,这显然不同于东方的君臣关系。

西欧封建化过程各地长短不一,尽管法兰克在 9 世纪就已确立封建制度,而德意志却是迟至 12 世纪才完成封建化进程。

二、黑暗的神权统治

11 世纪前后,西欧在完成封建化的同时,社会也有了显著的进步,其主要标志是产生于罗马帝国的基督教进一步发扬光大,成为西欧的主导文化,从而形成了西方文明中的基督教传统。

神性与俗性在欧洲封建主义下并行不悖,共同发展,政教二元体制是西欧封建社会的特点。

中世纪这一名词,由意大利文艺复兴时期著名诗人彼得拉克首创。按他的原意,古典希腊罗马是一个黄金时代。但从罗马帝国灭亡后,西方即进入了一个政治分裂、经济落后、文化愚昧的时代。那时,人们被僧侣的外衣所蒙蔽,对知识的奥秘毫无兴趣,关心的只是如何躲过今世的苦难和地狱的折磨,这是一个黑暗的时代,是现代和古典黄金时代的一个中间期,即中世纪。后来学者们据此把 4—14 世纪的西欧历史发展,划称为中世纪。

在一些西方学者看来,中世纪是欧洲文明的耻辱:教会专制,文化单一,戕害人性。但我们不能苛求历史,事实上,西方中世纪社会仍处于不断的发展之中,只是进程没有 16 世纪以后那么快。其中一些在"彼得拉克们"看来羞于一提的因素,如政治上的割据,落后的庄园经济制度等,也对日后资本主义的萌芽与发展起了一定的作用。11 世纪以后,随着城市的兴起,市民文化的涌现,更使西欧人的精神文化获得很大的提升。

1. 基督教文化主导地位的确立

随着西欧封建化,基督教会也日益封建化,教会不仅成为封建社会的精神支柱,而且成为西欧最大的封建主。西欧不是统一的国家,却有统一的教会,其权力之高甚于国君。从经济、政治、文化各方面加强自己的统治。在经济上,教会是最大的地主。据统计,西欧有 1/3 土地掌握在教会和寺院的手里。教会享有免税特权,却向所有教徒征收什一税,所以教会是不会破产的封建主。基督教会也是西欧最大的政治团体,最高的封建统治者。教皇格列高利七世曾宣称:他有上帝所赋的废黜帝王之权。教会还在各地设立宗教法庭,把不符合其信条的人,作为异端迫害直至烧死。因此,恩格斯曾分析说:"教会教条同时就是政治信条,圣经词句在各法庭中具有法律的效力。"①与封建制度相适应，教会"按照封建的方式建立了自己的教阶制"。教会的教阶制由主教、神父、助祭三品位组成。主教品位自上而下又分为教皇、枢机主教或称红衣主教、宗主教或都主教、总主教、一般主教。一般认为这种教阶制在教皇格列高利一世（509—604年）在位时打下了基础，所以，格列高利一世被教会史家称为"中世纪教皇制之父"。修道院长和宗教骑士团首领直接由罗马教廷任命。不少教士还充任世俗官职。在思想文化领域里，基督教神学唯我独尊。神学是一切知识的最高权威。基督教神学是一种由信仰所激发的理性思考，它是基督教思想家使用哲学解释基督教学说的关于"神"的学问。《牛津基督教会辞典》对基督教的定义是："在基督教的意义上，神学是一门关于由神揭示的宗教真理的学问。它的主题是神与神的创造物的存在和性质，以及从亚当的堕落到通过基督的以教会为中介的对人的救赎。它的内容包括所谓的关于神的自然的真理、灵魂、道德法等，这些都只有通过理性才能获得。神学的目标是用信仰激发的理性对这些信仰的内容进行研究，以此推进对这些内容的深入理解。"

格列高利一世以后，虽然教会权力很大，但仍受到世俗政权的干扰和威胁。公元8世纪法兰克王矮子丕平为感谢教皇对他篡位的支持，出兵意大利，击败伦巴第王国，迫使伦巴第王国向教皇降服。756年，丕平再次进军意大利，把从拉文那到罗马的整个中部意大利赠给了教皇，史称"丕平献土"。这一事件标志着"教皇国"的开始，意味着教皇同时也是世俗的国君。作为报答，800年，教皇利奥三世为丕平之子查理曼加冕，称为"最虔诚的奥古斯都，伟大的创立和平的罗马人的皇帝"，这一举动为日后"君权神授"观的形成奠定了基础。

"教皇国"形成后，教皇为抬高自己的权势，力求摆脱世俗政权的辖制，宣称教权大于政权。中世纪的政教之争成为欧洲政治生活中的大事。教皇卜尼法斯八世（1235—1303年）同法王腓力四世（1268—1314年）的斗争、1309—1382年教皇的"阿维尼翁之囚"②等，都可以认为是政教之争的典型案例。

与此同时，东西方教会分裂对中世纪基督教发展产生了极大影响，但并没有妨碍欧洲中世纪的神性化发展。6世纪上半叶，查士丁尼一世（483—565年）登上东罗马帝国皇位，自封为教会元首，直接干预教会审订教义和从事组织事务，使教会依附于国家政权。由于东部教会有皇帝的支持，转而不承认罗马教皇为教会最高首脑，东西教会裂痕渐深。至9世纪后中期，罗马教皇尼古拉一世（858—

---

① 马克思恩格斯全集[M].7卷.北京：人民出版社，1972：400.
② 1305年，受法王支持的法国人贝尔税朗·特哥继任教皇，称克列门五世。1309年迫于法国贵族的压力，克列门将教皇驻地迁至阿维尼翁（今法国南部）。自克列门五世起的7任教皇都是法国人，并受法王控制。

868 在位)与君士坦丁堡宗主教佛提乌(858—867 年，877—886 年在位)互相绝罚，① 史称"佛提乌分裂"，东西教会之间的争执更加白热化。由于在教义及礼仪等问题上的分歧，1051 年，君士坦丁堡宗主教色路拉里乌和罗马教皇利奥九世互相宣布革除对方教籍，标志着东西方教会的正式分裂。从此，东部教会以"正宗"自居，称正教。因宗教仪式中主要采用希腊语，故也称"希腊正教"；西部教会以"普世性"自许，称公教(即天主教)，因中心设在罗马，故也称"罗马公教"。东西教会分裂后，各自走上了不同的发展道路。

历史的变迁和社会的动荡，并未危及基督教的生存。由于与日耳曼"蛮族"征服者达成了历史的结合，基督教在新的统治者的支持下，把自己的信仰扩展到了整个欧洲，它的教义成了欧洲人民唯一的强制性信仰，垄断了欧洲人民的精神生活和信仰。

2. 中世纪基督教的基本信仰和伦理规范

为了争取和巩固自己的胜利，扩大自己的影响，基督教建立起了一套捍卫信条，论证教义的神学理论。由于早期在规定教义信条的论争中发挥重要作用的一般是基督教所谓的"教父"，故称这一时期建立起来的神学理论为"教父神学"，也由于它通常采用的是哲学形式，故也称"教父哲学"。

一般认为，基督教神学的基本观念主要体现在以下几个方面：

上帝论。主要论及上帝的存在，上帝的属性和上帝的三位一体。认为宇宙是有秩序、有目的的，因为创造宇宙的上帝有理性和逻各斯。上帝根据他心中的模型或合理的计划(即逻各斯)来创造万物。逻各斯来自上帝，犹如光来自太阳，逻各斯本质上与上帝同一、同在，是第二个上帝；逻各斯借耶稣基督而变成人，耶稣基督是逻各斯的化身，是有血有肉的逻各斯。上帝、耶稣、逻各斯三位一体，上帝是唯一的神，又包括圣父、圣子、圣灵三个"格位"即三一论，世上的一切都是由上帝创造并管理着的。

基督论。基督是上帝的化身，上帝通过基督而化成肉身，神、人两性向世人启示其本性和成全救世的旨意。

人类的原罪和救赎之道。人类始祖亚当、夏娃不听上帝的吩咐，偷吃了伊甸园知善恶树上的智慧果。冒犯了上帝，从而犯下了罪行。人类的始祖犯了罪，这种罪便代代相传。罪性是人的本性。人们既然有罪，就必须忍受一切苦难。只有信仰上帝，不断地悔罪，才能使自己的灵魂得救。

天国报应说。基督教认为，只有一切服从上帝的安排，不断地悔罪，死后灵魂才能升入天堂，否则就要被抛入地狱。信在今朝，见在未来，是基督教信仰的

---

① 绝罚为拉丁文(excommunicatio)的意译，意为教会与受处罚者断绝交往。

实质。天堂是一个美妙无比的极乐世界，而地狱却到处有不灭之火烧人，蛇蝎咬人，肉体和精神都将受到无尽折磨的可怕之处。那些诚爱上帝，真心悔罪的人，才能得救，进入天堂。善恶终究会在天国中得到报应。

基督教的伦理思想和法律思想表现为"摩西十诫"，大意为：①除上帝外不可信别的神；②不可造拜偶像；③不可妄称上帝的名字；④要守安息日为圣日；⑤当孝敬父母；⑥不可杀人；⑦不可奸淫；⑧不可偷盗；⑨不可作假见证；⑩不可贪恋他人的财物。基督教的伦理规范，旨在反映并调整上帝与人的关系，是上帝与人订立的契约。因为上帝与人是善恶的两极，上帝作为绝对的善，人则是绝对的恶，人只有信仰上帝才能获得完善。是否遵守基督的道德伦理，遵从上帝的"法"，是"最后审判之时"进天堂还是下地狱的根据。

3. 经院哲学

经院哲学的前身是教父哲学。教父哲学之所以让位于经院哲学，一方面是因为经济发展和政治矛盾的结果，可以认为经院哲学是教权与君权的矛盾与斗争在思想文化尤其是哲学和宗教领域的折射；另一面则是随着人们认识能力和思维水平的提高，教父哲学的缺陷和不足愈益显著，迫使一批宗教哲学家对教父哲学进行改造。

经院哲学①最初起源于9世纪前后的各种宫廷学校、教会学校和修道院，一般认为是圣奥古斯丁（354—430年）奠定了经院哲学的理论基础。

经院哲学的体系最初形成于9—11世纪。13世纪是它的黄金时期，最著名的代表人物是托马斯·阿奎那（1226—1274年）。经院哲学的根本任务是以教父哲学为基础，以哲学的形式对已有的天主教教义和教条进行论证和辨解。经院哲学家们借用柏拉图的理念论，亚里士多德的形式逻辑理论，通过三段论推理，试图使本来已经不合时宜的教父哲学变得更为思辨性、系统性，更加理论化和哲学化。

托马斯·阿奎那是基督教思想史上一位伟大的神学家，他的神学思想实际上就是一种系统的宗教哲学，并对后世的各种宗教学说产生了巨大的影响。托马斯·阿奎那宗教哲学的基本特点在于把亚里士多德哲学与基督教哲学相结合，给予基督教神学以新的形式，使之发展到了一个新的阶段。此时，奥古斯丁神学被罗马教廷奉为正统神学，其哲学基础是柏拉图主义。

托马斯经院哲学的要点主要有这样几个方面：

关于神学的性质与目的。托马斯·阿奎那毫不讳言，他的目的是要阐明基督教信仰所宣扬的真理。托马斯·阿奎那认为，要说明基督教信仰有之的自然的理

---

① 中世纪研究《圣经》的场所被称为经院，把那些用哲学的外壳。以《圣经》及各种教条为研究对象，并采用玄虚烦琐的论证方法的教会学者称为经院哲学家，具思想体系便被称为经院哲学。

性并为人人所信仰，就必须使基督教教义依据于人人心中而有之的自然的理性，进而给教义以理性的证明。当然，其中有些教义是可以证明的，有些信条（如三位一体、道成肉身、原罪等）则无法证明。不能证明的仍是神启的真理，它直接来自于上帝的启示，由于超越了人类的理性之外，因而不能认为是反理性的。只有信仰它，才能理解其合理性。托马斯·阿奎那进一步认为，如果试图在理论上证明宗教的神秘性，实际上是破坏了信仰；如果只相信那些由理性或哲学所证明的东西，就更没有好处。信仰是意志的命令，信仰可以为理性开拓视野，补充理性的不足。

关于上帝的存在。托马斯宗教哲学的中心是证明上帝的存在。他认为，上帝的存在是毋庸置疑的，上帝的本质与存在是同一的。问题在于我们对上帝的知识极不完备，并不知道上帝的本质，不可能从上帝的本质推论上帝的存在。托马斯·阿奎那认为要证明上帝的存在，只能应用后天性的证明，即通过对上帝所产生的种种结果的经验，推知这些结果的原因的存在，进而证明上帝的存在。

关于灵魂的非物质性和不朽性。托马斯·阿奎那认为，上帝不仅创造了物质世界，也创造了人和人的灵魂。人是物质和灵魂的结合物，智慧、感觉和生命力三者构成了单一的灵魂。他运用亚里士多德形式质料说和柏拉图的理念说来论证灵魂的不朽，认为灵魂既然能认知一般概念，显然是非物质的；既然是非物质的，就不会因肉体的消亡而消失。作为现实性（生命）的形式，灵魂是一种绵延的存在，灵魂不死。托马斯·阿奎那进一步论证说，人之所以与一般自然物不同，是因为它具有不同于一般自然物的"形式"。

形式又分为"实体形式"和"非实体形式"两种，一般自然物是非理性的存在，只能是非实体的形式，也没有自身独立的存在，实体形式则不同，它是具有实体性或精神性，不会随着非实体性的自然肉体的破坏，死亡而消失，因而是不朽的、永远存在的。

托马斯·阿奎那的思想体系因揉合了亚里士多德的哲学思想而一度受到正统派的抨击，甚至被斥责为异端，直到 1323 年，教皇约翰二十二世承认托马斯·阿奎那为圣徒，标志着其学说最终取得了胜利。

经院哲学虽然是中世纪西方教会的官方哲学，但从它诞生之时起，内部就存在着唯名论和唯实论的斗争。唯名论认为个别事物是先于概念而存在的，概念只是用来表示事物的相似性，是事物的名称。唯实论则是正统派，认为一般概念是先于个别事物而存在的精神实在，两者的主要分歧在于一般概念与个别事物谁是第一性。由此，我们认为唯名论具有唯物论的倾向，其代表人物有贝伦加尔、阿伯拉尔和罗哲尔·培根（约 1214—1292 年）。当然，唯名论与唯实论的争论不仅仅是一场影响深远的纯思辨论争，它更是封建政治斗争在宗教哲学领域的反映，曲折地体现了王权与教权这两种政治权力所主张的不同的政治发展方向。

4. 中世纪基督教的地位与作用

基督教从4世纪在罗马帝国全境传播以来，就逐渐成了一种世界性的宗教，对人类文明特别是西欧文明的发展起了很大的作用。

476年，西罗马帝国在"蛮族"的入侵下灭亡。当时的"蛮族"日耳曼人较之罗马而言是一个落后民族。在"蛮族"入侵过程中，帝国的大批土地、城市、建筑、文物被毁。而教会由于与"蛮族"社会的及时结合，基本上还是保留着帝国以来所具有的经济、政治和社会力量进入中世纪，为欧洲顺利从古典向中世纪过渡提供了一座桥梁。尤其是文化教育方面，由于古代文化的破坏和日耳曼人的粗野，使中世纪早期文化处于较低的起点，而教会对罗马文化的继承和发展作用巨大，古罗马残存的文典主要靠教会保存，教士和僧侣在很大程度上起着传承文化的作用。因此，基督教在中世纪欧洲精神舞台上占主导地位，在政治和经济事务中也占有重要的位置。

基督教对近现代西方文明有着深刻的影响，是西方文明的基石。它在西方文明中的地位和作用主要体现在三个方面：①加强了欧洲人的统一意识，基督教是欧洲统一文化的基础。②基督教文化与西方法学传统息息相关，"摩西十诫"是对犹太教圣典的继承，教会的法规、《圣经》的释文是中世纪法庭审案的依据，国家法的诞生、民法的发展等最终使西方社会走上了法制化的道路。③对西方哲学、文学与艺术的影响非同一般，在阻碍、压制的同时也鼓励科学在符合信仰的前提下发展。

基督教在中世纪的发展，也奠定了它作为世界三大宗教之一的地位。目前，世界基督教信徒人数约有15亿，占全球总人口的1/4左右。

三、城市——中世纪的花朵

1. 城市的兴起

欧洲历史上，城市、市民社会的形成及其所起的历史作用，不仅受到欧洲史专家的关注，也引起了学界广泛的兴趣，城市的兴起是市民社会形成的前提，它对欧洲政治和社会民主化也具有深刻影响。

西欧社会从奴隶社会解体进入封建社会初期，很少有作为商品经济的城市存在，原因是罗马帝国的衰落，使古典的城市受到了沉重打击。日耳曼入侵以及长期的战乱，使欧洲动荡不宁。当时战争所到之处，便是一片废墟，城市也随之陨落。更重要的是，西欧中世纪初期从日耳曼的马尔克（农村公社）到封建的庄园制，生产方式基本上都是自给自足的自然经济。庄园内部尽管存在着农业和手工业的分工，但在中世纪初期，受生产力发展的制约，彼此之间并没有很大的需要进行工商业的交换，作为工商业的城市也就失去了其存在的基础。

10世纪前后，欧洲大陆的政治格局逐渐安定下来，阿拉伯人向欧洲的扩张得到遏制，东西方的势力暂时得到了平衡。不断骚扰欧洲大陆的斯堪的那维亚人也退了回去，东斯拉夫人和匈牙利人的入侵也被击退。欧洲进入了一个相对和平的时期，经济也随之开始复苏。社会生产力有了显著的提高，劳动人民的生产积极性也有所高涨。随着工具的改进，技术的提高，人民也积累了一定的生产经验。三圃制（又译三区轮作制）逐渐得到推广，铁犁、铁斧被广泛使用，耕地面积扩大，农作物品种增多，产量显著增加，这就为手工业的发展提供了条件和可能。农业的发展要求手工业提供工具，农产品的增加，使更多的人可能脱离农业，专门从事手工业。日积月累，手工业技术改进，专门化程度提高，使手工业者在满足领主的要求的同时，也有余力接受外来的加工、订货。庄园内部的分工，使交换成为可能和必然。作为商品交换的基地——城市也就应运而生。

手工业的发展，使工匠们要求摆脱领主庄园的束缚而独立经营的愿望日益强烈。一些农奴，尤其是具有专业技能又向往自由的手工业农奴，以逃亡、赎买、交纳定量手工业成品的方式，冲破领主的控制，到有利于进行产品交换的地方，如港口、河边渡口、交通要道或城堡寺院附近定居，从事商品生产，于是手工业者聚集的地方逐渐地成为了新兴的城市。

中世纪有许多城市是由手工业者从农庄分离出来后集居而成的，但也不排除一些城市是由军事堡垒发展而来的。9世纪时，为抗御诺曼人的攻击，西欧不少地方兴建了城堡，内有封建主的住宅、教堂、仓库等，如遇敌人袭击，附近居民也都来躲避。这类城堡因生活用品交换的需要，加上城堡内比较安全，于是便逐渐出现了一些市场，并发育为城市。西北欧、莱茵河以东的一些城市就属此类型。当然，与东方城市一样，西欧也有城市是由宗教中心或政治中心发展而来的。

总之，西欧城市兴起的途径是多种多样的，但主要途径和原因是生产力、经济的发展，而使众多手工业者脱离庄园集居而成，城市是封建庄园的对立物。11—13世纪是西欧城市的发展与发达时期，许多城市在这一时期兴起并繁荣。

刚兴起的城市不大，设施简陋。一些著名的城市如热那亚、威尼斯、佛罗伦萨等也只有几千人。由于"西欧没有一块土地没有领主"，城市仍然摆脱不了封建领主的奴役。有时一个城市分属几个领主所有。他们任意向城市居民勒索赋税，摊派徭役，甚至公开抢劫。城市越发展，与领主的矛盾越尖锐，城市要发展，必须经历艰苦卓绝的斗争。城市的商业和贸易活动，首先需要自由的保障，城市自治成了城市斗争的首要目标。

2. 城市发展与市民生活方式

一般人认为，西欧城市发展经历了三个阶段。11—13世纪，城市在反封建领主的斗争中发展。在封建主领地上兴起的城市,可以满足封建主消费的需要。因而,领主一般采取招引别的庄园内的农奴来城市定居,并对城市采取庇护的政策。但是由于城市处于领主的司法、政治权力之下,形同封建领地,居民则要交纳象征农奴义务的各种杂税,一开始就引起居民的不满。

封建领主的剥削和压迫阻碍了城市的自由发展。城市居民为求生存,必须创建适合于手工业和商业发展的环境,于是城市居民便组织起来,开展反领主、争自治权的斗争。1057年,米兰市民起义,反对城市领主——大主教。1094年,建立了城市自治政府,选举执政官,建立了米兰公社。1112年,法国琅城市民起义,反对领主的掠夺,他们高喊"公社"的口号,要求建立城市公社,经过长期顽强的斗争,终于取得自治。

城市自治一般要由国王或封建主持特权证书予以肯定。特许的内容大致有人身自由、土地自由、司法和财政独立等。城市自治一方面表现在同封建领主之间的关系上,另一方面也表现在城市制度和城市生活中。城市制度以法国诺曼底的卢昂为例,由一个城市上层分子(多为富商)组成的百人会议作为市政管理机关,具有司法、行政权以及任命市政官员的权力。市政执行机关由百人会议选举24人组成,其中12人为市政官,12人为顾问。百人会议还有权推荐3人为市长候选人,最后由国王裁定1人为市长。市长权力广泛,包括主持法庭,处理日常行政事务等。在许多自治城市还设立了由市民组成的法庭和陪审团,他们按照城市法律审理各种诉讼案件,由市民组成的陪审团保证了执法的民主性和公正性。现代西方国家的陪审团制度,就是从中世纪流传下来的。毫无疑问,城市生活的主体是市民,即各城市中具有市民权的全体居民。与古希腊城邦一样,城市公民必须宣誓,遵守城市法律,维护城市利益。

自治后的各城市尽管各有特色,但有一点是共同的,即所有城市居民都是自由人。任何一个农奴,无论身份如何,只要在城市中住满一年零一天,就可以成为自由人。西欧中世纪有句谚语:"城市的空气使人自由"。自由吸引着农奴逃往城市,城市由此不断得到发展。"自由"与"自治"是西欧中世纪城市的重要特质。

13—14世纪,城市在行会与城市贵族之间的矛盾与斗争中发展。城市获得自治后,一般说来统治权自然落到上层少数富人之手,其中包括大富商、高利贷主、房产主和地主等,他们构成城市贵族。手工业者和商人们为了保护各自的利益,往往要对手工业生产和商业活动进行规范。由此,一些行会或兄弟会应运而生,大会的市民必须遵守行会章程,此时的行会对城市的生产和生活秩序的规范,有利于城市的发展。

城市贵族一般占据城市的重要位置。市议会议员、政府首脑、司法审判团等多数职位皆掌握在他们手中，他们是城市的真正拥有者和统治者。城市当局向手工业者征收苛捐杂税，而富人的大量财富不仅几乎全不纳税，而且他们还通过承包生活必需品的间接税，哄抬这些商品的价格，从中渔利。城市贵族和行会之间的斗争由此激烈，有时甚至达到了武装起义的地步。

一般说来，在商业占优势的地区，如意大利的威尼斯、热亚那和汉撒同盟的汉堡等地，城市贵族势力雄厚，行会斗争往往以失败而告终。城市工业比较发达、行会占优势的地区如佛罗伦萨、奥格斯堡、科伦等，行会一般都取得了胜利。当然，市政大权不会掌握在下层小行会手里，而是落入富有的上层大行会的股掌中，由他们与城市贵族联合统治。

14—15世纪，行会内部的斗争推动城市发展。随着生产的发展和市场的扩大，行会内部的手工业之间的竞争也日趋激烈。一些手工业者为适应市场的需要，竭力扩大自己的生产规模以增加产量，行会内部的分化不可避免。大作坊主和较富裕的手工业者开始剥夺小作坊和小匠师，由他们供给原料和半成品，经小作坊加工后，再收购包销其产品。于是富者愈富，贫者愈贫。而行会仍然维护着老一套规章制度，到14世纪、15世纪之交，行会开始成为生产和技术进步的障碍。

行会手工业分化还表现在行会之间的不平衡和作坊内部关系的不平等。小行会在大行会的排挤下，日益衰落。行会内的帮工和学徒的处境也日益恶化，劳动时间长，工资低，晋级条件苛刻，除非是匠师的亲属，不得未经考核加入行会，更不能不参加行会就自行开业。

帮工和学徒们为了自身的利益，组织了"兄弟会""伙伴社"等，与匠师展开斗争。1350年，伦敦剪毛业行会发生大规模的帮工起义。1378年，意大利佛罗伦萨梳毛工人和行会外的小手工业者起义，被认为是历史上第一次雇佣工人反对工场主的起义。西欧城市在斗争中发展，特别是在与行会的斗争中，出现了资本主义的一些因素。

随着城市的发展，市民阶层开始形成。市民（burgess，直译为布尔乔亚）是指居住在城镇的一切居民，包括商人、工匠、自由民学徒、律师以及逃亡的农奴。城市市民的生活方式与庄园的农奴显然是有差别的。一道城墙把城市与乡村分隔开来，中世纪的城门状如罗马时代的凯旋门。城门两侧有高大突出的塔楼护卫，门前的护河形成一道天然的屏障。城内街道纵横交错，但大多是泥路，晴天沙尘飞扬，雨天一片泥泞。城市中心一般都有广场和教堂，城市广场既是节日集会欢庆的场所，也是集市之地和人们休闲的好去处。教堂是城市的灵魂，城市建筑中最宏伟壮观、精美绝伦的往往是教堂。

教堂通常是一座城市的标志与象征。巴黎的象征是巴黎圣母院，坎特伯雷的象征是坎特伯雷大教堂。城市生活也比乡村更丰富多彩，年轻人参加赛跑、摔跤、投石等游戏；居民们参加各种节日活动，例如，1月6日主显灵节、2月14

日圣瓦伦丁节(即情人节)、3月的复活节、4月1日的愚人节、5月的五朔节、6月22日的仲夏节……直到12月25日的圣诞节,几乎每个月都有节日,所有的节日都伴有相应的庆祝活动。

城市居民的衣着打扮也透露出生活方式的某种信息。城市贵族衣考究,色彩光鲜,而普通市民大多穿紧身短上衣和紧身短裤,偶尔也戴有沿小帽。妇女则穿紧身上衣和齐腰的长裙,不仅质地低劣,做工也较粗糙。

中世纪城市的另一面是拥挤狭窄,卫生与公共设施极差,垃圾成堆,污水横流,极易传播疾病。1348年欧洲黑死病流行时,打击最大的就是城市。

3. 城市的地位与作用

城市工商业的发展,极大地影响了西欧社会的发展方向。主要表现在以下几个方面:

第一,伴随着城市兴起和发展,封建社会的基本矛盾尖锐化、复杂化。城市的发展,极大地冲击了封建的自然经济。随着各种产品的增加,诱惑也随之增多,领主的贪欲增大,领主们加紧向农民搜刮,要他们交纳货币地租,强迫农奴用钱财来赎取人身自由。农村的阶级矛盾日益激化,大规模的农奴起义不断爆发,动摇了封建社会的根基。

第二,城市的发展改变了西欧社会的阶级构成,使阶级关系发生了变化。由于城市工商业的发展,新的市民阶层出现了,他们脱离农庄,最终走向了封建制度的对立面。市民阶级要求结束分裂割据的局面,使他们能更大范围地参加工商业活动。相对弱小的市民阶层往往选择支持王权,因为混乱中王权代表了秩序。这样,便出现了市民与王权的联盟——英国的国会和法国的三级会议。市民阶级登上历史舞台,不仅成为监督统治者和政府行为的一支主要的社会力量,也为日后资产阶级革命提供了广阔的空间。

第三,城市的繁荣也为国家统一提供了条件和基础。自然经济占统治地位时期,地区之间缺乏相互联系。如今,商品经济发展,各地经济联系加强了,出现了全国性或地区性的工商业城市。这样,就为结束封建割据局面创造了经济前提,也为全国统一创造了条件。

第四,市民文化、城市大学和由此发展起来的文艺复兴运动等,动摇和破坏了封建制度的精神支柱——封建神学,为资产阶级的文学、艺术、法学、哲学的发展和宗教改革,为自然科学的诞生准备了初步条件。

第五,在近现代西方政治与社会民主化的道路上,市民及市民社会的力量更是不容低估。它是一种对抗暴殄天物的强大力量,凭靠"社会契约"形成和发展起来的市民社会是封建国家的对立面。西欧市民社会和政治国家的二元对立雏形自此形成。自治城市的市民社会成了罗马私法生长的温床。在城市生活中,罗马法中的私法、私域、私权与公法、公域、公权对抗的观念再次得到张扬。这种公私分离、私人权利和国家权力对立的思想经启蒙思想家尤其是黑格尔的重新阐发后，使自由的市民社会(civil society)成为资产阶级革命的理想，黑格尔的市民社会思想也是现代自由主义市民社会理论的思想渊源。

学习思考题

1. 如何认识中华文明在世界中古史上的地位及影响？
2. 伊斯兰文明兴起的原因和意义是什么？
3. 如何正确评价宗教在欧洲中古时期的影响。

结语：文明的民族性与世界性

在世界5000多个民族中，我们无法确切弄清每个民族对世界文明做出了怎样的贡献，但农业文明的历史已表明了世界文明是由众多民族共同创造的。文明的世界性首先表现于民族性中，是民族性构成了世界性，世界性包含着民族性。

在农业文明时代所经历的约5800年中，人类文明分别诞生于亚洲、非洲、欧洲等不同地区，形成了美索不达米亚、埃及、印度和中国等四大古代文明中心，产生了以竞争文化为核心的，以古典民主为特色的古代欧洲文明。在古代文明的兴起与演进中，文明的诞生有先有后；文明的进程有长有短，文明的命运有盛有衰，有断有续。苏美尔文明和古埃及文明是世界上最早诞生的文明，分别出现在公元前3500年和公元前3100年左右，他们都是世界四大古文明之一，但没有来得及进入农业文明的兴盛期，就分别于公元前539年和公元前525年消亡了。古代印度文明和中华文明诞生虽晚一些，但他们继续前行。其中古代印度文明屡次被外族入侵打断，只有中华文明成为唯一没有中断的古代文明。

在公元618—1500年期间，中华文明和印度文明达到辉煌的顶峰，而欧洲处于封建神权驾驭的"中世纪黑暗时代"；同时，伊斯兰文明崛起，创立了一个曾经跨越欧亚非的阿拉伯帝国；美洲文明进入自己独特的发展期。

在农业时代的5800年里，中国约有4000年走在世界前列，约有1000年处于世界领先地位；欧洲约有1000年走在世界前列，约有1000年处于世界落后地位，约200多年处于变化时期，孕育着新兴文明。此外，也有众多的文明成为失落的文明。

因此，共同的文明包含着不同民族曲折离奇，革故鼎新的伟大实践，反映着不同人类群体对世界和生命的历史认知与现实感受，积淀着不同民族最深厚的物质和精神追求。意识形态、社会制度、发展模式的差异是不同区域、不同民族在长期实践中创造的社会文明成果，它们不应成为人类文明交流的障碍，更不能成为相互对抗的理由。人类历史发展的过程，本来就是各种人类群体，以各自独特的方式为人类进步做出贡献的过程，是文明不断交流、融合、创新的过程。文明多样性是由文明形成的客观物质基础决定的，也是由不同群体的创造性差异促成的。众多的民族，异样的物质基础，独特的创造思路都决定了文明的民族性是根本的，多样性是客观的，民族性、多样性是当今世界的基本特征，也是人类进步的重要动力。正如习近平主席指出的："文明因多样而交流，因交流而互鉴，因互鉴而发展。我们要加强世界上不同国家、不同民族,不同文化的交流互鉴,夯实共建亚洲命运共同体、人类命运共同体。"① "推进人类各种文明交流互融、互学互鉴,是让世界变得更加美丽、各国人民生活更加美好的必由之路。"②

---

① 习近平在亚洲对话大会开幕式的演讲. 人民网. 2019 年 5 月 16 日.
② 习近平在纪念孔子诞辰 2565 周年国际学术研讨会上的讲话. 新华网. 2014 年 9 月 24 日.

第二部分 工业文明时代

第五章 工业文明兴起的前提

走自己的路,让别人去说吧。

——但丁

第一节 亚欧资本主义萌芽

资本主义萌芽是指进入资本主义社会形态之前孕育在封建社会内部的资本主义生产方式的雏形。世界资本主义萌芽是在商品经济比较发达、市场发育程度空前和人身依附关系大为松弛的局部地区首先发生的。在地理区域分布上,主要在中国和意大利等经济比较发达的沿海地区。

一、中国明清时期的资本主义萌芽

明清资本主义萌芽是中国古代经济史上的新现象,如果把它放在世界历史背景下来考量,我们对此问题的认识会更深刻。

1. 明朝中后期的资本主义萌芽

明朝中后期的资本主义萌芽是在商品生产发展,农村封建生产关系发生某些新变化的情况下发生的。

第一,在明朝中后期,由于生产力的发展,开始出现生产资料、生活资料与生产者相分离的现象,出现了可以自由支配自己劳动的无产小民,农业雇工开始涌现,人身依附关系出现松弛。江南一些地主除了使用佃户、僮仆之外,还使用大量雇工,并有长工和短工之分。"无产小民投雇富家力田者,谓之长工",[1] 长工一般"计岁受值"。[2] 短工一般只在农忙时受雇,一般计日受值,也有计时受值。雇工的人数在江南一些地区已有相当数量,"一里或二十名,或二十五名"。[3] 雇工与雇主之间基本是一种契约关系。明政府新定律规定,长工中"立有

---

[1] 《弘治·吴江县志》卷5,风俗.
[2] 《嘉靖·吴江县志》卷13,《典礼志·风俗·愿》;《正德·松江府志》卷4,风俗.
[3] 转引自傅衣凌:《明代江南市民经济试探》,第69页.

文券，议有所限者，以雇工人论"，即受雇期间是"主仆关系"；"止是短雇日月，受值不多者，依凡人论"，即短工人身与凡人一样自由。① 大部分佃户对地主的人身依附关系都有所松弛，一般来说，今年佃耕，"明年可以弃而不种"。②

第二，班匠制度发生变革，商人进一步控制手工业。明代名隶官籍的民匠中，班匠约有23万，约占工匠总数百分之八十。但是，不论是轮班匠还是住坐匠，因不堪官府奴役，纷纷用怠工、避班、隐冒和逃亡等方式进行反抗。迫使明政府只好改变剥削方式，实行以银代役，于是就出现了"匠班银"或叫"班匠银"。他们对封建政府的人身隶属关系大为削弱，有利于民营手工业的发展。

第三，商业资本进一步发展，商人进一步控制手工业生产，手工业者对商人的依赖关系加强。江南棉纺织业发达的松江等地，有许多身带数万甚至几十万资本的富商巨贾，前来收购棉布。③ 他们的足迹深入到乡村市镇。在纺织业发达的江南地区，商人还控制了加工丝棉纺织品的染坊和踹坊。有的商人干脆自己开设染织作坊。徽商阮弼曾在芜湖"立局召染人曹治之"，染出的纺织品远销吴越、荆梁、燕豫、齐鲁之间。万历时，苏州染坊工人有几千人。④

在商品经济进一步发展的基础上，明代中后期的江南丝棉纺织业中产生了资本主义萌芽，其标志通常是"设局""机户"的产生，"机户出资，机工出力，计时授值"生产关系的萌芽。明政府为控制江南丝织业生产，在南京设立内织染局、神帛堂和供应机房，在苏、杭等地设织染局。这些官办织染局，内设织机，役使大批工匠织造。嘉靖时，苏州城内织染局就有织机173张，各色工匠600多名。同时，江南各地又有大批从事丝织业的民间机户。苏州城东长洲县"比屋皆工织作，转贸四方"。⑤ 在江南一些地方出现了开张二十余张或三四张织机的大机户。"机户出资，机工出力"的劳动力买卖关系基本确立。在松江地区加工棉布的署袜业中，资本主义生产关系表现得最为明显。万历以来，松江西郊署袜店百余家，经售用洁白尤墩布缝制的尤墩暑袜，极其轻美，四方争购，"合郡男妇，皆以做袜为生，从店中给筹取值"。⑥ 这些合郡男女实际上都是袜店的雇佣工人。

处于萌芽时期的资本主义生产关系并不能完全摆脱封建生产关系，其特点是嫩弱、稀疏，只发生在少数地区和少数行业，其生产力发展水平都处于机器大工业产生之前的简单协作和工场手工业阶段，表现形式多为分散的手工工场形式。

---

① 《万历实录卷》卷191、194.
② 张萱：《西园闻见录》卷40，蠲帐前.
③ 叶梦珠：《阅世编》卷7，食货.
④ 《万历实录》，卷361.
⑤ 《嘉靖·吴县志》，卷14，物货.
⑥ 范濂：《云间据目抄》，卷2，记风俗.

2. 清朝前期资本主义萌芽的缓慢发展

清朝的统一和商品经济的继续发展，使中国资本主义萌芽有了缓慢滋长，其发展主要表现在：①范围扩大。江宁在明代远不如苏州发达，但在清代却大大超过了苏州。②部门增多。在江西景德镇的制瓷业中，在广东、陕西等地的铁矿开采和冶炼业中，在云南的铜矿生产中，都出现了私营的、规模更大的、分工更细的生产方式。③手工作坊、手工工场规模增大。手工作坊主和工场主拥有的织机数量有较大增加。原来清政府规定丝织业机户织机拥有量不得超过百张，后经江宁织造府的曹寅奏免，"自此有力者畅所欲为，至道光间，遂有开五六百张机者"。① 不过绝大数还是拥有数张至数十张织机的中小作坊。④包买商人直接或间接控制手工业生产的现象比过去有明显发展。从康熙到道光年间，江宁、苏州等地出现了许多由大商人开设的"账房"，他们拥有大量资本、原料和织机。如江宁的"大账房李扁担、陈草包、李东阳、焦洪兴者，咸各四五百张"②织机。

清代资本主义萌芽虽有了进一步发展，但这种发展十分缓慢和不平衡。主要原因大致有：①封建剥削沉重，农民极端贫困，无力购买手工业品；②地主、商人剥削所得钱财，多购置田产，影响手工业扩大再生产；③中央集权的君主专制政权历来执行"重农抑商""重本抑末"的政策，特别是明清时期，这种专制还有所加强，政府在国内设立许多关卡，对商品征收重税，对贸易实行垄断或限制，严重阻碍了商业资本的正常发展和向手工业、制造业资本的转化；④清政府实行闭关政策，几次下令禁止海外贸易，使中国的海外贸易和市场受到严重影响；⑤封建行会严格控制手工业生产的规模。总之，腐朽的封建制度严重阻碍了资本主义萌芽的成长，致使中国直到鸦片战争，资本主义经济仍然处于极其微弱的地位，无法让中国完成向资本主义社会的转型。

二、欧洲资本主义因素的成长

1. 意大利资本主义因素的产生

13世纪后半期，意大利已摆脱德意志皇帝的控制，但它一直处于封建割据状态，没有形成为统一的中央集权的封建国家。各地经济发展不平衡，北部经济发展很快，中部和南部落后。北部兴起了封建时期欧洲最早的工商业城市，随后形成了一些城市共和国。热那亚和威尼斯是著名的商业城市共和国，米兰和佛罗伦萨是著名的工业城市。13—15世纪，它们达到极盛时期，地处亚得里亚海西北角的威尼斯，一时号称为"亚得里亚海各国的首都"。威尼斯成为西亚和西欧贸易的中间站。威尼斯人不但经营商业，也兴办工业。威尼斯生产的毛织品、丝

---

① 《同治·上元江宁两县志》，卷7，食货.
② 《申报》，光绪十二年二月十六日（1886年3月20日）.

织品、玻璃器皿、武器行销全欧，在亚洲也有很大销路。

意大利工商业城市的兴起主要得益于商业和贸易等方面的经济发展。商品经济的高度发展是资本主义产生的前提。资本主义经济的产生需要一定的条件，即对立的双方：一方是拥有货币、生产资料和生活资料并采用购买别人的劳动力来增加自己的财富的资本家；另一方是靠出卖劳动力为生的劳动者。一般的商品经济不需要这样的条件。市场的扩大，商品需求不断增加是资本主义发展的重要条件，由于意大利地处地中海欧亚贸易的重要商贸通道上，商贸的兴盛使富有商人打入生产领域，成为包买商人。他们从包买原料到包销产品，直接控制了独立经营的手工业者。失去独立经营的手工业者成了包买商的雇佣工人，促进了不同以往的、新的资本主义式的生产关系的萌芽。以此为起点，兴起了新的手工业生产形式——工场手工业。例如，14世纪中期，意大利佛罗伦萨的工场手工业规模很大，约有200家工场生产呢绒。在城市近郊为毛纺织企业主干活的达3万人。那些开设手工工场的场主，同城市的富商、银行家等一起开始形成新的阶级——资产阶级。

14世纪和15世纪意大利工场手工业的兴起和发展，标志着地中海沿岸的某些城市已经稀疏地出现了资本主义生产的最初萌芽。

2. 英国资本主义的产生

16世纪，英国处在封建关系解体和资本主义生产发展的过程中。新航路开辟后，欧洲的主要商路和贸易中心从地中海区域移到大西洋沿岸，对英国工商业的发展起了推动作用，毛纺织业成了英国的主要工业部门。为此，英国发生了"羊吃人"的圈地运动——由于毛纺织业的发展，羊毛的需求量不断扩大，价格不断上涨，养羊比种植谷物更加有利可图。从15世纪晚期起，贵族地主用暴力把农民从小块租地上赶走，同时霸占了原来农民公用的草地、山林、沼泽，赶走原来的农民，用篱笆圈围大片土地，让那里生长牧草，用以养羊。"圈地运动"强行使农民和土地脱离，造就了资本主义生产所需要的、可以自由支配自己的、一无所有的劳动者，也为资本主义原始积累、国内市场的进一步扩大等提供了条件。靠圈地起家的贵族成为资产阶级化的新贵族，农民反圈地斗争不断，但都遭到英国政府的镇压，破产农民被迫到手工工场当雇佣工人，接受资本主义的剥削。

与意大利不同的是，英国资本原始积累的迅速完成还主要得益于近代早期的殖民掠夺。新航路开辟后，英国一下子成了西欧各国海外贸易的必经之处。从16世纪起，英国利用它处于大西洋航路中心的优越地位，积极开展对外贸易，开展殖民活动，进行殖民掠夺。英国对外殖民扩张主要采取三种手法，一是建立海外贸易公司，垄断市场，如勒凡特公司、东印度公司等；二是建立殖民地，如北美 13 个殖民地；三是发展海上走私贸易，建立海盗船队，打击海上劲敌西班牙。1588 年英国舰队在敦刻尔克海面与西班牙"无敌舰队"持续激战两周，最后以西班牙失败而告终。从此西班牙海上舰队一蹶不振，英国登上海上霸主的地位。

总之，从世界范围来看，资本主义萌芽的产生是生产力发展的结果，是社会进步的表现，是一种世界现象。但是，中国资本主义萌芽发展很缓慢，并且其发展进程在鸦片战争后被打断了。与之相反，欧洲的资本主义萌芽却成长为参天大树，后来领导了世界潮流。究其原因，首先表现为资本主义产生的先天条件存着巨大差异。欧洲资本主义萌芽的土壤更加肥沃。他们有便利的水上交通、重要的商贸中心和松弛的政治管理，这是与在集权专制下日益走向闭关自守的中国完全不同的。包买商人对资本主义手工工场产生所起的作用也是中国难以比拟的。明清时期的资本主义萌芽还只能是在强大封建结构的细小缝隙中迂回曲折地缓慢潜流、渗透，未能形成强大的扫荡旧经济基础的运动。其次，从资本主义产生后的后天环境看，欧洲资本主义比中国资本主义更具有绝对的优势。新航路的开辟使欧洲资本主义获得了广阔的市场；与新航路开辟同时进行的殖民扩张成为资本原始积累的最强有力的手段之一；文艺复兴为资本主义的发展解除了精神枷锁。这些都大大刺激了欧洲资本主义因素的成长和发展，沉重打击了中世纪封建主义统治，为日后资产阶级壮大力量，以排山倒海之势冲击封建经济，开辟资产阶级革命时代打下了良好基础。相比之下，中国的资本主义萌芽自破土之日即遭到重重压抑，国内商品经济的发展和资本主义经济的成长都受到了封建专制和封建经济的严重阻碍。闭关政策和清政府的几次下令禁止海外贸易，使中国的海外市场不是走向发展而是走向萎缩；根深蒂固的传统小农意识和"文字狱"的兴起，使中国新思想的成长不得不借助西风沐浴。在封建主义的重压下，赚了钱的商人或工场主往往把资本用来买田置地，又重新加入到封建生产方式中。因此，单纯从资本主义萌芽的水平而言，中国并不比当时欧洲落后，但从 14—17 世纪双方社会的整体而言，西方发生了一系列有利于新兴阶级崛起和资本主义萌芽发展的重大事件，改变整个欧洲乃至世界的发展方向，这是中国无法比拟的。

第二节　地理大发现与商业革命

一、地理大发现

地理大发现是西方学者对 15—17 世纪欧洲航海者开辟新航路和"发现"新大陆的通称。在 14—15 世纪，地中海沿岸一些城市资本主义生产的萌芽，南欧一些国家手工业及商业贸易的发展，使一些商人渴望向外扩充贸易，获取更多财富。但从15世纪中叶起，土耳其奥斯曼帝国占据东西方交通往来的要地——君士坦丁堡及东地中海和黑海周围广大地区，对过往商人横征暴敛，多方刁难，加之频繁的战争和海盗活动，从而阻碍西欧与东方陆上贸易的通道；而由东方经由波斯湾—两河流域—地中海和经由红海—埃及—地中海的两条海上商路又完全为阿拉伯人所操纵。因此，欧洲商人和封建主为了获得比较充裕的东方商品，寻求更多的交换手段——黄金，免受土耳其人、阿拉伯人及意大利人的层层盘剥，便急于探求通向东方的新航路。同时，由于西方各国在生产技术方面已有很大进步，指南针的西传，航海术的提高，多桅快速帆船的出现，大炮和轻便毛瑟枪的制造，以及地圆学说获得承认等，都为欧洲人的远洋探航提供了物质条件和思想准备。西班牙和葡萄牙是当时欧洲最强盛的封建中央集权制国家，凭借其有利的地理位置，逐渐成了探索新航路的主要组织者。"地理大发现"主要指以下几大事件。

①"新航路的发现"。从15世纪起，葡萄牙人不断沿非洲西海岸向南航行，占据了一些岛屿和沿海地区，掠夺当地财富。1487—1488年葡萄牙人巴托罗缪·迪亚士到了非洲南端的好望角，成为探寻新航路的一次重要突破。葡萄牙贵族瓦斯哥·达·伽马奉葡王之命于1497年7月8日从里斯本出发，绕过好望角，沿非洲东海岸北上，之后由阿拉伯水手马季得领航横渡印度洋，于1498年5月20日到达印度西海岸的卡里库特，次年载着大量香料、丝绸、宝石和象牙等返抵里斯本。这是第一次绕非洲航行到印度的成功，被称之为"新航路的发现"。

②"新大陆的发现"。在葡萄牙组织探寻新航路的同时，西班牙也力图寻求前往印度和中国的航路。1492年，意大利热那亚水手哥伦布率领船队，横渡大西洋向西航行，先后到达巴哈马群岛中的小岛、古巴和海地。以后又到达南美大陆的一些海岸，并于1493年3月15日回航至巴罗斯港。这就是人们所称谓的"新大陆的发现"。

③"第一次环球航行"。1519年9月20日，葡萄牙航海家斐南多·麦哲伦奉西班牙国王之命，率探险队从巴罗斯港出发，横渡大西洋，沿巴西东海岸南下，绕过南美大陆南端与火地岛之间的海峡（即后来所称的麦哲伦海峡）进入太平洋。1521年3月到达菲律宾群岛，麦哲伦死于此地。麦哲伦的同伴继续航行，终于到达了"香料群岛"（今马鲁古群岛）中的哈马黑拉岛。之后，满载香料又经小巽他群岛，穿过印度洋，绕过好望角，循非洲西海岸北行，于1522年9月7日回到西班牙，完成了人类历史上第一次环球航行。

地理大发现是社会生产发展的产物，它是封建社会日趋衰落、资本主义开始兴起的时代要求，是欧洲资本主义经济产生与发展对于扩大原料产地、市场以及交换手段的必然需要。它促进了资本主义的原始积累过程，对世界生产力分布也有重大影响。

地理大发现引出了"价格革命"、疾病的传播、农作物和牲畜在新旧大陆之间的双向交流三大直接结果,引发了世界上人种的重新分布和世界贸易范围扩大这两大变化。

开辟新航路和随之而来的殖民掠夺,对世界各国的历史产生深远的影响。亚洲、非洲和美洲许多国家,从此逐渐沦为殖民地或半殖民地,成为西方殖民者掠夺的对象。葡萄牙和西班牙是殖民掠夺的总先锋,而后起的荷兰、英国和法国等国,利用其强大的军事和经济力量挤掉西班牙和葡萄牙,继续在亚、非、美洲进行残酷的殖民掠夺,给这些地区的人民带来巨大的灾难。然而,事情也有另一面。新航路开辟以后世界连成一体,有利于经济和文化交流,促使一些地区如美洲在吸收外来文化基础上形成独具一格的文化圈,促进世界文明的汇合。

地理大发现是为西方资本主义萌芽所推动的,但反过来它对欧洲社会的影响不仅仅是地理意义上的,也预示着资本主义社会的到来。资本主义的最早阶段,是商业资本主义。

在地理大发现之前约一个世纪,中国郑和从1405年到1431年,七次受明朝政府之命"下西洋",前后28年。当时中国的社会、经济、政治、技术发展水平都远远高于西方,郑和下西洋的规模、行程、航海组织等方面也都超过了哥伦布和达·伽马,但最终却半途而废。由于中国封建、封闭的政治、经济和文化结构及价值取向,使我们丧失了向海洋进发,发展新经济的历史机遇。

二、商业革命与重商主义

海外殖民,给资本主义增添了新的动力。16世纪,西方经济发生了重大转变,商业资本得到迅速发展,有人把这一时期称为"商业革命时代"。一般认为,商业革命与农业革命和以后的工业革命,同样是改变世界面貌的重大革命。商业革命是工业革命的先导,并为工业革命创造了必要的条件。

1. 商业革命

新航路的开辟和殖民掠夺,对西欧也有重大影响,引起了商业革命和价格革命,归根结底促进了封建制度的瓦解和资本主义的兴起。所谓商业革命,指商业扩大、商品种类增多、经营方式改变和商路商业中心的转移,开始形成世界市场。欧洲与亚洲、非洲之间的商业扩大了,并开始与美洲有了商业联系。亚洲、非洲和美洲的众多商品开始大量出现在欧洲市场上。欧洲的商路和商业中心渐渐转移到大西洋沿岸,意大利的商业城市趋于衰落,里斯本、安特卫普、伦敦等日益繁荣。从殖民地掠夺和开采的大量廉价的贵金属,源源不断地流入欧洲,引起物价飞涨,被称为价格革命。16世纪,欧洲的黄金从550吨增加到1190多吨,白银从 7000 吨增加到 21400 吨。西班牙从殖民地得到的金银最多，物价上涨也最快，16 世纪时平均上涨 4.5 倍，粮价上涨 5 倍。英、法、德国一般上涨 2 倍到 2.5 倍。物价上涨使靠工资为生的工人实际工资下降，日趋贫困。按传统方式征收定额货币地租的封建主，收入减少了。新兴的资产阶级、新贵族靠使用廉价的劳动力和高价出售产品而得到好处。正如马克思所说："土地所有者阶级和劳动者阶级，即封建主和人民衰落了，资本家阶级、资产阶级则相应地上升了。"①

商业革命包含着以下一系列变化：地理发现所导致的商业范围和殖民地的扩大；欧洲人重新掌握东西方贸易，地中海的商业城市地位逐渐让位给大西洋沿岸城市，巴黎、伦敦、阿姆斯特丹等成为商业中心；海外贸易有利可图，各种海外公司纷纷建立。海外公司从政府那里获得了贸易特许权，政府也给贸易公司以各种保护和支持，欧洲各国都不约而同地采取贸易保护主义政策；货币经济占了支配地位，统一的货币开始出现。美洲金矿开采后，币材供应充足，货币流通量迅速增加，物价大幅度上涨，极大地刺激了经济。

另外，值得关注的是，商业革命促进了近代信用制度的建立。在中世纪，基督教强烈反对高利贷，因此，银行业是不体面的行业，少量经营高利贷的行业大多被伊斯兰教徒和犹太教徒所垄断。到了 14 世纪，由于观念的更新，为获取利润而借钱给别人已没有罪恶感，高利贷成了一个公认的实在，给政府贷款通常也有利息(15%)。为此，各国的金融机构包括国家银行、商业银行、保险公司及交易所相继建立。

欧洲银行业的创始者为意大利一些城市的大商行。最著名的是总部设在佛罗伦萨的梅迪奇银行，分行遍布意大利。瑞典银行(1637 年)是最早的政府银行。英国银行(1694 年)在早期资本主义发展史上起巨大作用。与此同时，随着贸易的扩大，信贷业务出现了。一个阿姆斯特丹的商人可以用当地的汇票向威尼斯商人购买商品，威尼斯商人可以把汇票存入威尼斯的银行，或在那里兑换成现金。支票开始逐渐盛行起来。股份公司也发展起来了，公司向投资者发行股票，投资者作为公司的股东，根据投资的多少，分享公司利润。

金融机构的建立和信用工具的广泛使用，不仅给工商业与市场经济的发展以莫大的便利，而且其本身就是商业革命的重要标志。

2. 重商主义

重商主义是资本主义经济制度中最早的一种理论与实践，也是历史上比较有系统的经济思想。该理论的核心是相信货币的重要性，把贵金属(尤其是黄金)看作是财富的标志。鉴于金银可用作交换各种物品，重商主义者认为，一个国家

---

① 马克思恩格斯全集[M].4 卷.北京：人民出版社，1972：166.

拥有金银越多,这个国家便越富,因而千方百计获取金银,所以重商主义也称"重金主义"。

从理论上说,重商主义就是政府广泛地干预经济,以促进国家繁荣和国力的增加。也就是说,政府干预经济不仅为了保证贸易和经济的发展,更重要的是使更多的财富流入国库,增加国家的实力。因此,也有人称之为"中央集权下的经济统治"。

重商主义的具体政策有:第一,奖励贸易(贸易保护主义),鼓励多出口、少进口,使流出的金银少于流入的金银。第二,维持贸易出超,保护关税。对进口的货物课以高关税,或者是根本禁止进口某些产品,对出口的商品以保护、奖励、降低关税,鼓励制造业的发展。第三,重视人口的增殖和殖民地的拓展。这一时期,崇尚这种经济理论的不仅是专业的经济学家,更有一些政治学家和哲学家。如法国的让·博丹,英国的托马斯·霍布斯等。

在西方所有施行重商主义的国家中,英国最具代表性。① 英国是一个没有金银矿的国家,其发展成为"日不落"帝国,就是靠贸易、航运业与海外殖民。其中重商主义政策起了极大的推动作用。为了发展对外贸易,英国政府对于本国能够生产的商品尽量加以鼓励,对外来的同类商品征收高额进口税;对于国内不生产或产量不够的工业原料则允许自由进口。政府对于成品的出口予以鼓励,并往往给以补助金,对于工业原料的出口则加限制。为了增加出口减少进口,政府还颁布戒奢崇俭法令,对有些消费物品如法国和葡萄牙的酒采取限制或禁止的办法,积极扩展海外殖民地,作为原料供应地与工业品的可靠市场。

为保护本国工商业利益与扶植新兴的航运业,打击荷兰海上力量,1651年,英国政府颁布了《航海条例》,条例规定有些北美殖民地的土产如食糖、烟草、棉花与靛青等只可供应英国。凡是产品输入英国,只能由英国船只或输入地区的船只运送,从英国出口商品,只许由英国船只运送。条例颁布后,很快引起了第一次英荷战争(1652—1653年)。荷兰战败后,被迫遵照执行条例。

法国大力倡导重商主义的是路易十四时代的财政总长柯尔伯(1602—1661年)。他用行政的方式管理经济事务,希望政府包揽一切工商事务,执行经济干涉政策。所以,法国的重商主义也称"柯尔伯主义"。

为增加国库收入,柯尔伯大刀阔斧地推行财政改革,严格控制贵族免税的人数,严格监督财政支出。他还大力扶植新兴工业,招揽各国技术工匠到法国传艺。积极发展对外贸易,对进口工业品加税。对工业原料降低进口税,对本国工业品出口降税。为奖励人口增长,他劝阻年轻人去修道院当修僧和修女,对有

---

① 依马克斯·书伯所见,英国是重商主义最早的故乡。早在1381年,英国就有重商主义原则应用的最初迹象。

10个或10个以上孩子的家庭免除赋税。正因为柯尔伯对法国工商业发展的贡献，他也被称为"法国工商业之父"。

商业革命奠定了西方资本主义的基础，积累财富、追逐利润、金银的威力、竞争性观念和一整套制度等，有力地推动了经济进步。商业革命也使资产阶级力量迅速崛起，为资本主义发展提供了阶级基础，并为随后的工业革命准备了条件。

第三节 欧洲思想观念的革新

一、现代文明的曙光——文艺复兴

文艺复兴是指公元14世纪至17世纪，西欧国家先后发生的第一次资产阶级文化运动，也是人类文明史上一次伟大的思想变革。16世纪资产阶级史学家认为是对古典学术和艺术的复兴，因而得名。实质是西欧封建社会向资本主义社会过渡这一历史变革在意识形态上的反映，其历史意义是为资本主义建立统治地位制造舆论，而绝非纯粹恢复古典文化。通过这场变革，欧洲人的精神开始觉醒，观念从以神为中心过渡到以人为中心，生活重心从来世转移到了现世。由于各国的社会和历史条件不同，文艺复兴在各国有着自身的特点。

1. 文艺复兴运动的土壤与基础

（1）文艺复兴的思想渊源

思想文化有其继承性，任何一种新文化都是在旧文化的基础上发展起来的。"文艺复兴"一词原意是指人文学科的"复兴"或"复活"。14世纪的意大利是东、西方贸易的中心，同时也是世界各民族思想文化、价值观念和宗教信仰交流的集散地。基督教单一的信仰和规范被冲淡，意大利人心灵变得相对开放。因此，在一些学院和大学里，教授人文学科的学者在思想上和课堂上都突破了神学为本的学科束缚，研究和传授非基督教的世俗学科，主要是"复活"了古希腊、罗马的古典知识。"文艺复兴之父"弗兰齐斯科·彼得拉克（1304—1374年）认为，古代是人类创造力的鼎盛时代，人类要前进，有赖于古典学术的复活。这一观念成了人文主义者根深蒂固的信念。

"文艺复兴"一词，作为一个专用术语，则是由意大利艺术史家基奥基俄·萨瓦里（1511—1574年）提出的。在1550年问世的名著《意大利绘画·雕刻建筑名家列传》的导言中，萨瓦里正式把"再生"[1]（renaissance）作为专门术语介绍给

---

[1] 张椿年.从信仰到理性——意大利人文主义研究[M].杭州：浙江人民出版社，1993：2-8.

西方世界。"文艺复兴"就这样在欧洲作家的著作和讲演中逐步被运用,且深入人心。

(2) 文艺复兴的社会基础

一定的文化是一定的政治和经济在观念形态上的反映,文艺复兴运动的发生与发展都不是偶然的,而是伴随着封建制度的解体和资本主义萌芽的产生,呈波浪式前进。14—16世纪,西欧诸国先后由封建制度逐步向资本主义过渡,新的生产方式需要孕育出自己的思想文化,加之西欧社会系统内多种因素的刺激,文艺复兴应运而生。

教会的腐败引起城市工人反抗和农民起义,不仅撼动了僧侣、贵族的势力,而且推动了农奴制度的改革,为资本主义的发展提供了极其有利的条件。教会在早期没有意识到这场运动的深刻性与革命性,往往把过剩的财富转化为艺术美的形式给予支持,起到了推波助澜的作用。中世纪意大利和拜占庭各地保存了大量的古典文化遗产,为欧洲文艺复兴运动的兴起提供了丰富的文化养料和重要条件。中国造纸术和印刷术经阿拉伯人西传,在西欧诸国广泛使用,也有力地推动了西欧文艺复兴运动的兴起和发展。正如马克思所说:火药、罗盘、印刷术——这是预告资产阶级社会到来的三项伟大发明。火药把骑士阶层炸得粉碎,罗盘打开了世界市场并建立了殖民地,而印刷术却变成了新教的工具,并且一般地说变成了科学复兴的手段,变成创造精神发展的必要前提的最强大的推动力。

总之,文艺复兴在西欧社会形成了一股狂飙,叩击着西欧现代社会的大门。

2. 文艺复兴运动演进的脉络

如果说,地理大发现是欧洲在向未知的物质世界进军的话,文艺复兴则标志着欧洲向着人类精神世界的探索。全部文艺复兴的运动分为三个阶段。

(1) 运动的萌发阶段(14世纪初至15世纪中叶)

文艺复兴最早发生在意大利,其文学成就最为突出。文坛上出现"三杰":但丁(1265—1321年)——跨时代的文豪、文艺复兴的先驱者,代表作《神曲》;彼得拉克——意大利第一位人文主义诗人,号称桂冠诗人,代表作《抒情诗集》;薄伽丘(1313—1375年)——意大利和西欧第一位资产阶级自由主义和现实主义的文学家,代表作《十日谈》。他们通过文学作品揭露教会的腐朽、荒淫、贪财;提倡"人道",反对"神道";提倡"人权",反对"神权";提倡个性解放,反对中古教会的禁欲主义。

在启蒙文学家的启发下,出现了一些现实主义的艺术作品和历史著作。乔托(1266—1337年)作为近代现实主义绘画艺术的拓荒者,被誉为"欧洲绘画之父"。他在阿累那教堂的壁画中,通过圣母玛丽亚一家及其耶稣的一生,表达了尘世和人生的情感与境遇。此外,马萨乔(1401—1428年)的人物画与风景画,多纳太罗(约1386—1466年)的人体雕刻(大卫像)等,充分显示了现实主义的艺术魅力。列奥纳多·布鲁尼(1370—1444年)是15世纪上半叶最卓越的人文主义者,他在伦理、政治、历史、宗教等领域全面地发展了人文主义。在布鲁尼那里,历史成为人本身活动的历史,在他的史学名著《佛罗伦萨史》中充分肯定了人在现实生活中的作用。

(2)运动的繁荣阶段(15世纪中叶至16世纪中叶)

这一时期的绘画艺术、新的文学戏剧和哲学思想的兴盛将文艺复兴运动推向繁荣。其主要特征有三个方面:

第一,新兴资产阶级文化已越出了意大利的国界,扩大到了欧洲各国,文艺复兴达到了全面繁荣的阶段。此时的意大利虽然资本主义萌芽已经停滞,政治扰攘不宁,但文化的惯性,加之早期文艺复兴的辉煌业绩,使其仍处在西欧文艺复兴的中心。后期文艺复兴也取得了多方面的成就,尤以造型艺术最为突出,其著名的代表人物有意大利"艺术三杰":达芬奇、米开朗其罗和拉斐尔。

达·芬奇(1452—1519年)是一个复合式奇才,他不仅是伟大的画家,也是数学家、力学家和工程师,在数学、解剖学、生物学、光学、力学、地质学等方面都有非凡的才华。他死后留下了7000余页的手稿。达·芬奇在绘画上的代表作是《最后的晚餐》《蒙娜丽莎》。米开朗其罗(1475—1564年)的代表作品有大理石雕塑《大卫像》《摩西像》,他的绘画作品《创世纪》《末日的审判》也极具雄伟气概。拉斐尔(1483—1520年)擅长画圣母像,其绘画特点是典雅、秀美、圆润、和谐,被后世称为画圣。拉斐尔的代表作品有《圣礼之争》《雅典学派》《帕那苏斯山》等。人们习惯于将达·芬奇的《最后的晚餐》米开朗其罗的《末日审判》和拉斐尔的《雅典学派》三幅现实主义壁画合称为文艺复兴盛期的三大杰作。

第二,新兴文学戏剧方面的成就,也超过了早期的启蒙文学。主要作品除了意大利最伟大的诗人阿里奥斯托(1474—1533年)的《疯狂的罗兰》外,还有法国文学家拉伯雷(1494—1553年)的讽刺小说《巨人传》,西班牙塞万提斯(1547—1616年)的长篇小说《唐·吉诃德》,英国莎士比亚(1564—1616年)的《哈姆雷特》《仲夏夜之梦》以及一些著名的历史剧。拉伯雷、塞万提斯和莎士比亚被誉为后期文艺复兴的"文坛三杰"。

这一阶段戏剧的主要特点是立足现实社会生活,以通俗的语言揭露社会矛盾;拥护宗教改革,维护新兴资产阶级的利益;希望国家统一,发展资本主义。

第三,新的哲学思想得到了蓬勃发展,并在反封建、反教会中显出了巨大的威力。随着文艺复兴的展开,人文主义思想被传播到欧洲各个国家,为资产阶级提供了一种新的世界观,并形成了一种广泛的社会思潮。这一时期的政治思想家在人文主义的影响下,开始摆脱神学的影响,提出了许多新颖的政治观念。

资产阶级政治思想启蒙家马基雅维利(1469—1527年)为国家学说的发展做出了特殊的贡献。其代表作有《论蒂特·李维的前十年书》《君主论》《佛罗伦萨史》。他的政治学说提出应以"国家的利益"为政治行为的唯一准则,这种集权的政治学说对当时四分五裂的意大利而言具有一定的进步性。法国著名政治思想家,近代主权学说创始人让·博丹(1530—1596年)的国家学说也影响深远。他在国家理论、主权理论和政体理论上都颇有建树,不仅使启蒙时期的思想家(例如孟德斯鸠)深受启发,也为近代国家主权学说奠定了基础。另外,空想社会主义也出现了。康帕内拉(1568—1639年)的《太阳城》,托马斯·莫尔(1478—1535年)的《乌托邦》等首次提出了消灭私有制的问题,试图建立一个"财产公有,人人劳动,平均分配"的理想社会。

这一阶段的政治思想家不仅强烈要求实现国家统一,加强君主专制,把建立民族国家放在首位,而且他们冲破"资产阶级的局限",揭示了资本主义私有制是劳动人民不幸的根源,要求消灭私有制,预言了共产主义的未来,并寄予了深切的希望。当然,他们仍没有摆脱基督教的神学控制,这是新兴资产阶级的历史局限性。

(3)运动的尾声(16世纪末至17世纪)

文艺复兴运动不仅使人文科学得到发展与繁荣,也带来了17世纪自然科学的勃兴,为新的哲学世界观提供了依据。

天文学首先冲破神学世界观的束缚,产生一系列成果,使文艺复兴运动达到了登峰造极的地步。1543年波兰天文学家哥白尼(1473—1543年),以不可辩驳的事实和精确的数据在其发表的《天体运行论》中,提出了"日心说",从而推翻了教会奉为经典的"地心说",把自然科学从神学的统治下解放出来。意大利科学家和数学家布鲁诺(1548—1600年),继承和发展了哥白尼的学说,认为地球围绕着太阳旋转,而太阳只是太阳系的中心而不是宇宙中心,从而彻底否定了"地心说"。意大利物理学家、天文学家伽利略(1564—1642年)是文艺复兴时期最后一位科学家。

自然科学取得的巨大成就推动着人类精神阔步前进,但是由于社会历史条件的制约,这一时期的科学家的思想不可避免带有宗教的色彩。

法国学者勒奈·笛卡尔(1596—1650年)被誉为杰出的哲学家、数学家、物理学家和心理学家,是把哲学从经院束缚中解放出来的第一人。其代表作有《物理学》《形而上学的沉思》《哲学原理》等,其中《物理学》成为19世纪法国唯物主义的基础。荷兰的唯物主义者斯宾诺莎(1632—1677年)在其代表作《神学政治论》《伦理学》中,继承和发展了笛卡尔的思想,把他的二元论改造为一元论,认为宇宙只有一个实体——自然界。英国哲学家弗兰西斯·培根(1561—1626年)

是近代第一个资产阶级唯物主义哲学家,倡导近代实验科学方法,主要著作有《新工具》和《学术的进展》,提出了"知识就是力量"的名言。

综观文艺复兴的内容和成果,可以概括为三个字:多,成果绚丽多彩;广,涉猎的领域极其广阔;深,研究的学科极其深邃。

3. 文艺复兴运动的地位及其影响

文艺复兴被经典作家们认为是一次人类从来没有经历过的伟大的、进步的变革,是一个需要巨人而且产生了巨人——在思维能力、热情和性格方面,在多才多艺和学识渊博方面的巨人的时代。文艺复兴与其说是"复兴",不如说是在"创新",在欧洲历史上具有划时代意义。

(1) 价值观念由神文主义向人文主义转变

文艺复兴的精神核心是人以及人的价值的重新发现和肯定。在中世纪,人在现实世界是微不足道的,只能把一切寄托于来世。在这种观念引导下,人们压抑着自己正常的欲望,消极处世,致使社会进步与发展缺乏精神动力。文艺复兴发现了人以及人的伟大,提出了"人是最宝贵的"思想,认为人享受现世的幸福是人生的目的。

强调自由意志,崇尚政治自由。中世纪的人是封建俗权和教权双重淫威下的奴仆,文艺复兴强调自由意志是上帝赋予人类的最大赠礼,进而在政治上反对压抑自由意志和个性发展的封建主义,宣扬共和制和民主能够开启民智、发挥潜能,为日后政治变革奠定了思想基础。

反对愚昧,提倡理性。中世纪,封建神学主宰一切,教会宣扬人的愚昧无知便是德性,致使大多数人思维麻木、观念愚钝。文艺复兴则针锋相对地提出了"知识就是力量"的口号,与封建神学观念展开了正面论争。近代自然科学,使人看到了理性的力量,成为革命的精神动力,对西欧社会观念的变革产生重大影响。

在对人生、自然与社会的探索过程中,人们的思想观念从神文主义转向人文主义,使得西方的社会面貌日新月异。

(2) 文艺复兴对欧洲观念变革的意义

文艺复兴对整个西欧的现代化进程具有深远的影响。这一时期的人文主义者一方面立足于资本主义萌芽的现实,将古典与时代的进步思想相糅合;另一方面,又能超越现实,将人们自发的新思想与社会发展潮流相结合,较为清醒地把握资本主义的发展脉络。因此政治、文化、思想等领域充满着强烈的现代气息,尽管这种现代性在程度上不及启蒙运动那么广泛和深入,但就其基本精神而言却是具有开拓性与方向性的。可以说,文艺复兴为资本主义思想体系的建立奠定了基础,标志着欧洲现代史的开端。

文艺复兴对于人类文明而言，无疑是一个巨大的资源宝库。那些杰出的人文主义作家、艺术家、天文学家以其不朽的成就，在人类文化史上书写了浓墨重彩的篇章，其影响力在此后欧洲现代史的进程中熠熠生辉：以英国为代表的17世纪宗教改革、以法国为代表的18世纪启蒙运动、18世纪以后盛行的人道主义思潮、北美独立战争期间震撼世界的《独立宣言》、1789年法国的《人权宣言》，都不同程度地受到了文艺复兴的影响。人道主义前身是"人文主义"，在资本主义上升时期，起着积极的作用，代表着进步的思想。

（3）文艺复兴对中国的影响

文艺复兴对中国的影响也是不能忽视的。文艺复兴繁荣阶段正值我国明末清初时期，随着欧洲早期殖民势力的入侵，作为西方殖民者扩张触角的传教士，来到亚洲的东方和我国境内，既带来了"精神鸦片"——天主教，也带来了西方的科学技术——天文、历算、地理、炮铳等。传教士在传教的同时，介绍西学，尤其是一些自然科学和天文学知识，他们绘制世界地图，制作浑天仪、地球仪、测星仪，与中国学者合作，翻译了大量书籍（主要涉及宗教、科学两大类）。据统计1664年出版宗教书籍约140-150种，科学书籍150种。

罗马教皇克列门十一世于1704年11月20日发布"教仪问题"禁令，为此康熙皇帝于1720年下诏，禁止西方传教士在中国的传教活动，到鸦片战争前中国一直"闭关"。这固然防范了殖民主义对我国的渗透和破坏，同时也在一定程度上阻碍了中西文化的交流。

二、新教伦理——欧洲宗教改革

随着文艺复兴的广泛开展，人们的思想、观念得到了大解放，特别是唯物主义给基督教以极大冲击。基督教教会本身随着时间的流逝越来越腐化，教皇的权威已受到各国世俗政权的怀疑，教会内部也逐渐积聚了一股改革力量。16—17世纪，终于酿成一场意义深远的改革运动。

宗教改革与文艺复兴一样，实质上是一场思想解放运动。改革后，出现了所谓的"新教"三大主流派别。新教的信仰是与资本主义精神的发生与发展密切相关的。

1. 宗教改革缘由

宗教改革的发生与资本主义的生产、生活方式在西欧的萌芽与扩展息息相关，也受到了文艺复兴以来从神本主义到人本主义之观念转变的鼓励，人文主义犹如一股清新的风，吹散了中世纪宗教沉闷的空气。

欧洲宗教改革的主要原因，一是社会经济上资本主义萌芽的发展要求自由和摆脱剥削、奴役，天主教的压榨严重激化了和资产阶级及各地群众的矛盾。教会轻商的思想与当时商品货币关系的蓬勃发展、欧洲资本主义的兴起和重商主义思想的流行产生了现实冲突。二是天主教会在政治上是西欧最大的封建主，是封建政权的精神支柱，继续维护着日趋没落的封建统治，抑制着新的社会因素的成长，而民族观念的崛起、民族国家的形成要求打破中世纪天主教会"一统天下"的局面。三是教会本身的贪婪腐化。教会内部教阶森严，主教、神父、教士奢侈腐化，荒淫无度，迫害"异端"，教士生活放纵，根本不理教务。靠贿赂当选的罗马教皇亚历山大六世，生活十分奢靡，曾把一对母女同时收为情妇，又与亲生女儿发生不正当关系，在当时成为一大丑闻。瑞士一位主教纵容教士的放荡行为，并按教士们的私生子数目收税，中饱私囊。因此，在宗教改革之前，反对宗教神权的斗争实际已经开始。四是文艺复兴宣扬人文主义，肯定人性，反对神性，为宗教改革提供了必要的思想元素。

德国是天主教世界中受教会压榨最严重的地区。为搜刮钱财，欧洲天主教会发售一种永不兑现的"赎罪券"，也叫"赎罪符"，称教徒只要购买"赎罪券"就可以被赦免"罪罚"。在16世纪大规模兴建圣彼得大教堂时，教会曾以征募建教堂的经费为名，大量发售"赎罪券"，获取大宗金钱，其实质无非是巧立名目满足教会贪婪的欲望和奢侈的生活。

2. 马丁·路德的宗教改革

德国宗教改革先行是因为四分五裂的政治局面严重阻碍德国经济的发展，天主教会的腐败和搜刮，特别是教皇大肆兜售"赎罪券"，加剧了德国各阶级阶层的矛盾。出卖"赎罪券"最终成了欧洲宗教改革直接的导火索。

德国美因兹大主教亚尔伯特是通过贿赂教皇的手段当上大主教的。贿赂使他欠下银行3万弗洛林的债。为了还债，他自愿充当教皇利奥十世的代理人，负责替教皇兜售"赎罪券"。他还到处宣扬：购买"赎罪券"的人，只要支付金钱，就可以被上帝赦免本人的罪以及已故亲属灵魂的罪，死者灵魂立刻就会被从炼狱中拯救出来。德国维登堡大学神学教授马丁·路德听到这个消息，怒不可遏，于1517年万圣节前夕的10月31日，在维登堡的卡斯尔教堂大门上张贴了《九十五条论纲》(原名《关于赎罪券效能的辩论》，内容共有95条而得名)。马丁·路德在《论纲》中痛斥了出售"赎罪券"的做法，并且提出了"信仰耶稣即可得救"的原则，反对用金钱赎罪的办法。

《论纲》所引起的强烈社会反响出乎路德自己的预料，社会各阶层都对《论纲》表现出浓厚的兴趣。由《论纲》而生发的一场社会运动轰轰烈烈地展开，可以说《论纲》点燃了欧洲宗教改革的火焰。"路德放出的闪电引起了燎原之火。整个德意志民族都投入运动了。"①

《论纲》的核心内容是什么呢？它为什么会成为这场宗教改革的开端？它又折射出哪些社会问题？

马丁·路德生于德国的艾斯勒本，父亲原是一名矿工。路德年轻时所见乡民对宗教的迷信，使他印象深刻。1505年，他在行近斯托滕海姆时，险些被雷电击中。危急之余，他向父亲的守护神圣安妮许愿，只要大难不死，他愿意成为一名修士。两星期后，在父亲严厉的反对下，路德加入了当时修道院团体中最严谨清贫的奥古斯丁修道会。然而孩童时代的迷信，加上对炼狱的恐惧，路德的修道生活一直挣扎在苦修与赎罪之中，盼望得到神的赦免。1510—1511年，路德探访罗马，企图从这个宗教的中心得到真正的平安，然而神职人员的奢华与腐败，只能让他更加失望。正当他在罗马虔诚地跪爬耶稣曾经走过的木阶、盼望脱离炼狱的苦刑时，圣经的话对他发出亮光："义人必因信得生。"他返回德国后，在恩师施道比茨的介绍下，前往威腾堡大学任教，并继续攻读神学博士。他决心进行宗教改革，并着手创建自己的宗教学说。

《论纲》反驳了赎罪券的功效，指出信徒得救不靠教皇善功，要靠终生悔改。《论纲》反映了马丁·路德宗教主张的核心思想——"因信称义"，每个人可以凭自己的虔诚信仰得到拯救，否定天主教会和教皇的作用；《圣经》是人们信仰唯一的神圣权威，个人信仰建立在自己对《圣经》的独立理解上，否定天主教会神学说教的垄断地位；世俗统治者的权力应高于教权并支配教权，建立本民族教会；要求简化天主教的复杂圣礼，主张神甫可以娶妻。

1518年，路德与红衣主教迦耶坦在奥斯堡进行会谈；次年，路德与厄克在莱比锡进行辩论；路德一再拒绝让步，并不断重申《圣经》的权威。1520年，路德积极投入文字工作，出版了《致德意志贵族公开书》《教会被掳巴比伦》《基督徒的自由》以及上百本的德文小册子。这些小册子在欧洲受到了广泛欢迎，激起了教皇的愤怒。教皇下诏要路德于60日之内悔改，然而，路德却将这份诏令公开烧毁。来年1月，教廷正式颁谕，开除马丁·路德博士的教籍。路德与天主教至此正式决裂。

马丁·路德宗教改革首先确立了与罗马教廷说教不完全相同的基督教派，严重冲击了罗马教廷的神权统治，使基督教世界出现了分裂，出现了更加符合历史发展趋势和资产阶级利益要求的新教。马丁·路德的宗教改革还为欧洲的其他国家和地区的宗教改革开辟了道路。发生在德国的这场改革很快波及了欧洲的其他国家和地区，加尔文教和英国国教先后创立，形成了基

---

① 马克思恩格斯全集[M].7卷.北京：人民出版社，1972：407.

督教三大新教教派。

路德的宗教改革主张及教义体现了新兴资产阶级惜时如金和建立"廉价教会"的经济观念及否定权威和追求地位平等的政治要求,实质是资产阶级反封建的社会及思想的改革运动。

1546年2月,路德去世,享年63岁。路德所发起并领导的宗教改革运动席卷整个欧洲,永久性地结束了罗马天主教会对于西欧的封建神权统治。他的宗教学说为新兴资产阶级提供了革命的思想武器,恩格斯认为路德是他那个时代的巨人。

3. 宗教改革的扩展

(1) 加尔文教派

加尔文1509年出生在法国努瓦营镇,他受过良好的教育,在巴黎蒙泰居学院毕业后到奥良尔大学攻读法律,也在布尔日大学攻读过法律。正当加尔文年仅8岁的时候,马丁·路德把自己的《九十五条论纲》张贴在教堂大门上发动了宗教改革运动。加尔文小时本是天主教徒,但在青年时期改信新教。他深受人文主义思潮影响,为了避免遭受迫害,他离开巴黎,先是定居瑞士巴塞尔市,从此隐姓埋名,努力钻研圣经和神学。1536年,27岁的加尔文发表了最有名的著作《基督教原理》,该书概括了新教的基本信仰,使他一鸣惊人。

1538年因推行宗教改革过急,与当局冲突,被迫出走。1541年后长期定居日内瓦进行宗教改革。

加尔文宗教改革深受马丁·路德宗教改革的影响,也受到文艺复兴时期人文主义的影响。加尔文提出"先定论",认为人是否得救皆由上帝事先决定,与本人努力无关;上帝的选民注定能得救,上帝的弃民一定要遭殃。他主张允许经营致富、借贷取利。他反对教阶制,主张民主选举教职人员,建立民主的廉俭教会,适应了新兴资产阶级激进派的要求。根据他的建议,日内瓦成立由加尔文宗长老、议员和官员组成的宗教法庭,密切监视人们的思想和行动。加尔文是宗教法庭的实际负责人。凡听讲道迟到、念玫瑰经、拜偶像、望弥撒、唱歌跳舞、酗酒吵架和亵渎上帝者,法庭可警告、罚款、监禁,甚至烧死。在他的领导下,日内瓦成为政教合一的神权共和国和宗教改革的中心,加尔文宗教传播到欧洲各国。因此,有人称加尔文是新教的教皇,日内瓦是新教的罗马。1564年5月27日加尔文在日内瓦去世,留下了《加尔文全集》52卷。

加尔文教的主要改革主张有:认为圣经至高无上,主张信仰得救;主张先定论;要求简化教会组织和宗教仪式,规定神职人员选举产生;主张过简朴生活,认为教会应该监督;倡议建立共和式的长老制度,建立政教合一的政权。

16世纪从20年代到40年代,路德教和加尔文教先后传入法国。南方各地的手工业者和雇工,纷纷改信加尔文教。加尔文派在法国称为"胡格诺"。"胡格诺"一词源于德文,意为日内瓦宗教改革的拥护者。胡格诺教徒得到资产阶级和中小贵族的支持,形成胡格诺贵族集团。北方大封建主则以天主教为中心形成天主教贵族集团。16世纪下半期,胡格诺和天主教两大集团之间进行了长达30多年的宗教战争。16世纪末,法国国王宣布天主教仍为国教,但允许信仰新教。

加尔文教的改革主张彻底否定了天主教会和罗马教皇的作用,鼓舞了新兴资产阶级的进取精神,所以说该教义更符合新兴资产阶级的利益,更为激进。正如恩格斯所言:"加尔文的信条正适合当时资产阶级中最果敢大胆的分子的要求。"加尔文宗教改革比路德教产生了更为广泛的国际性影响。加尔文教义传入英国后,成为英国清教徒的宗教信条,日内瓦也由此成为"新教的罗马"。

(2)再洗礼派

再洗礼派(或称重浸派),它是在16世纪欧洲宗教改革的大潮中,从苏黎世产生出的一个人数不多的激进改革派,其发起人是苏黎世的宗教改革家慈运理。再洗礼派是一些主张成人洗礼的激进派别的总称。他们否认婴儿洗礼的效力,他们主张严格实践圣经教义,排斥不符合圣经的繁文缛节。他们认为宗教信仰应该在日常生活中时刻加以实践,不能说一套做一套。他们认真地寻求圣经中对于大小事情的说法,弄清楚了就一定要去做,而且要做到。他们认为,教会应该是信仰相同的成人的集体。所以,婴儿出生以后"被动的"第一次洗礼不能算数。而在一个人成年之后,如果他确信自己真有信仰的话,应该"主动"地再接受一次基督徒的洗礼。这就是"再洗礼派"名称的来历。

再洗礼派最初出现并流行于瑞士和德国,从一开始就受到世俗当局和教会权威的双重迫害,并一直被视为异端。再洗礼派一般流行于下层社会,今仍在一些地区传播。代表再洗礼派观点的主要派别有:以施托赫为代表的茨维考先知;以格列伯和满兹为代表的瑞士兄弟会;以赫脱为代表的赫脱派;以霍夫曼为代表的霍夫曼派;以门诺为代表的门诺派。

他们的主要信条是反对婴儿受洗。再洗礼派认为人要长大至心智成熟,才能选择受浸成信徒。认为教会与政治之间应该划分清楚界限。教会不应用阶级把个人与上帝分开。阶级使得人缺乏直接面对上帝的机会,也使得宗教失去了意义。拒绝立下誓言,反对死刑和拒绝服兵役。他们相信《圣经·新约》对于基督徒信仰及真正基督徒群体的组织都有清楚的指示。

但是,16世纪还远不是一个宗教宽容的年代。再洗礼派一问世,就遭到来自罗马天主教会和其他新教徒两个方向的迫害。再洗礼派发源地瑞士和德国南部,当时曾有几百个再洗礼派教徒被烧死在火刑架上。在这样残酷的环境中,再洗礼派却显示出惊人的宗教执着。他们认为,虽然他们面对的世界是傲慢的、富有的、偏狭的、暴戾的，而他们却仍然应该是善良的、清贫的、谦卑的、非暴力反抗的。在严酷镇压下，再洗礼派逐步形成了一些与其他新教教派不同的特点。他们无法形成良好的教会组织，一开始甚至只能在山洞里悄悄地聚会祷告。他们甚至没有明确的领袖，因为领袖一出来就会遭到杀害。他们的一切都只能悄悄地做，恐惧、不安和苦难始终伴随着他们。

既然没有严密有形的教会组织，没有教会规范的约束，也没有一般宗教常见的仪式仪规的凝聚，那么他们作为一个教徒存在，就完全是依靠他们内心的信仰了。因此，说再洗礼派的信仰特别执着，大概是不错的。他们在北欧传播的过程中出现了两个支派。16世纪中叶，一个叫作梅诺的荷兰人曾试图在北欧重建和平的再洗礼派的团体。他们的后继者就叫做梅诺纳特，也就是梅诺派。而到了17世纪末，瑞士和南莱茵河的再洗礼派还是处于遭受迫害的分散状态，有一个叫阿曼的瑞士人站出来号召再洗礼派的改革和联合，这一派就被叫做阿米绪，也就是阿曼派。

16世纪欧洲的再洗礼派教徒往往被认为是现代无政府主义的宗教先驱。罗素在《西方哲学史》中说，再洗礼派教徒"批判所有的法律，他们认为所有好人都被圣灵指引……以这个前提他们到达了共产主义……"。①

中世纪后期的宗教改革不仅限于德国、瑞士等国。16世纪20—30年代，路德教派已传入北欧各国。挪威、丹麦、瑞典相继改奉路德教。后来的普鲁士公国也流行路德教。德国南部的瑞士形成的加尔文教在西欧传播很广。1541年还在日内瓦建立了既不属教皇又不属诸侯的政教合一的神权国家。新政权对人民的进步思想概不宽容，因此，人称加尔文为新教教皇。

宗教改革的发展严重打击了天主教会。因此，天主教反宗教改革的斗争也很激烈，其中一个重要组织是1534年开始组成并活动的耶稣会。其初期的格言是："为达目的，不择手段"，竭力破坏新教活动。明末来华的利玛窦、南怀仁、汤若望等都是耶稣会士。

经过宗教改革与农民战争的打击，天主教会在政治、经济上的权力大为削弱，宗教事务的一部分最高权力逐渐转移到世俗诸侯之手。因此，宗教改革的实质属于早期资产阶级的反封建斗争。他沉重打击欧洲封建统治的支柱天主教会，极大地解放了人们的思想，为欧洲资本主义的发展扫清道路，为欧洲走向近代社会创造条件。值得注意的是宗教改革中宗教迫害和宗教纷争愈演愈烈，实现宗教宽容的路极其长远。

---

① 罗素. 西方哲学史[M]. 马元德, 译. 北京：商务印书馆，1982：133.

三、科学启蒙

科学的起源可以追溯到人类文明的萌芽时期，但是人类真正进入科学时代，却是近代的事情，其标志是1543年哥白尼《天体运行论》的发表。从此，自然科学开始从神学中解放出来。直到牛顿确立近代科学的牢固地位以后，科学才完全成为社会上一项独立而重要的事业。

近代自然科学诞生在西方而不是中国，有其社会和历史的渊源。古代科学遗产为其提供了学术基础；显微镜等仪器的应用为其提供了技术前提。文艺复兴和宗教改革为自然科学的兴盛创造了必要的社会条件。文艺复兴使西方社会价值观念产生巨大变革，有力地推动了自然科学的诞生，宗教改革打破教会的精神独裁，把自然科学从神学中解放出来。这一时期，勇于探索的科学家辈出，成果累累。

哥白尼(1473—1543年)，波兰天文学家，近代天文学的奠基人。他创立了更为科学的宇宙结构体系——"日心说"，从而否定了统治西方达1000多年的"地心说"。这是天文学上一次伟大的革命，不仅从根本上动摇了欧洲中世纪宗教神学的理论支柱，而且引起了人类宇宙观的重大革新。

由于受到时代的局限，哥白尼在其《天体运行论》(1543年出版)中对"日心说"的阐述保留了所谓"完美的"圆形轨道等论点。其后开普勒建立行星运动三定律，牛顿发现万有引力定律，以及行星光行差、视差相继发现，"日心说"遂建立在更加稳固的科学基础上。

布鲁诺(1548—1600年)，意大利哲学家和思想家，继承并宣传哥白尼的"日心说"，批判经院哲学和神学，引起了罗马宗教裁判所的恐惧和仇恨。于1592年在威尼斯被捕入狱，囚禁8年，但他始终坚持自己的学说。最后被宗教裁判所判为"异端"，烧死在罗马鲜花广场。

布鲁诺的主要著作有《论无限宇宙和世界》，书中捍卫哥白尼的日心说，并明确指出，"宇宙是无限大的""宇宙不仅是无限的，而且是物质的"。还著有《诺亚方舟》，抨击死抱《圣经》的学者。

开普勒(1571—1630年)，德国天文学家，通过分析研究发现了行星沿椭圆轨道运行，并且提出行星运动三定律(即开普勒定律)，为牛顿发现万有引力定律打下了基础。

开普勒在第谷的工作基础上，编制成相当精确的《鲁道夫星表》。直到18世纪中叶，该表仍被天文学家和航海家们视为珍宝，它的形式几乎没有改变地保留到今天。开普勒的主要著作有《宇宙的神秘》《光学》《宇宙和谐论》《哥白尼天文学概要》《彗星论》和《稀奇的1631年天象》等。在《宇宙和谐论》中，开普勒只需7

个椭圆就可以描述天体运动的体系。在《彗星论》中，他指出彗星的尾巴总是背着太阳是由于太阳排斥彗头的物质造成的，这是半个世纪以前对辐射压力存在的正确预言。此外，开普勒还发现了大气折射的近似定律。为了纪念开普勒的功绩，国际天文学联合会决定将1134号小行星命名为开普勒小行星。

图 5-1　伽利略自制的望远镜

伽利略（1564—1642年），意大利物理学家、天文学家和哲学家，近代实验科学的先驱者，可以说"哥伦布发现了新大陆，伽利略发现了新宇宙"。

1590年，伽利略做了"两个铁球同时落地"的著名实验，从此推翻了亚里斯多德"物体下落速度和重量成比例"的学说，纠正了这个持续了1900年之久的错误结论。

1609年，伽利略创制了天文望远镜（后被称为伽利略望远镜，图5-1），用来观测天体，并亲手绘制了第一幅月面图。1610年1月7日，伽利略发现了木星的4颗卫星（被命名为伽利略卫星），为哥白尼学说找到了确凿的证据；他先后发现了土星光环、太阳黑子、太阳的自转、金星和水星的盈亏现象、月球的周日和周月运动，以及银河是由无数恒星组成等。著作有《星际使者》《关于太阳黑子的书信》《关于托勒玫和哥白尼两大世界体系的对话》和《关于两门新科学的谈话和数学证明》。这些都是近代自然科学的伟大成果。

欧洲近代自然科学的诞生与发展，不仅深刻地影响着西方文明的结构与走向，而且为世界文明的高速发展开辟了康庄大道。第一，为随后的启蒙运动提供了思想基础；第二，作为生产力，为欧洲资本主义工业革命（18世纪60年代兴起，标志是蒸汽机的广泛应用）提供了基础；第三，推动了社会生产力的飞速发展，为资本主义工业文明的实现提供了重要条件；第四，促进了哲学的变革与发展，马克思主义哲学就是在19世纪三大科学发现的基础上产生的；第五，对资产阶级社会观念产生巨大的影响，从此人类的思维更加科学化，文明发展呈现加速度。

第四节　西方的民主革命风暴

资产阶级的政治革命风暴为工业革命时代的到来提供政治前提。资产阶级通过民主革命风暴登上世界历史的政治舞台，为各国确立了资本主义的发展道路，在政治、经济和文化等方面采取了一系列有利资本主义发展的政策和措施，为工业文明的建立提供了必要的政治保障。

一、英国民主革命

今天的英国作为一个岛国，面积约为美国的1/40。但它在世界近代史上，曾是一个"日不落"的"超级大国"。

公元前8世纪，大不列颠岛上居住着凯尔特人。公元5世纪下半叶起，盎格鲁、撒克逊等日耳曼人部落开始移入。一部分不列颠人被消灭或同化，另一部分逃往威尔士山区或迁居法国西北。1066年，诺曼底公爵威廉一世（约1027—1087年）征服英国，史称诺曼征服，创立诺曼底王朝（1066—1154年）。到17世纪中叶资产阶级革命前，英国称英吉利王国，领土包括英格兰、威尔士及周围的一些岛屿。1707年，苏格兰与英国合并为大不列颠。

早在12世纪中叶，英国就开始入侵爱尔兰。1801年，爱尔兰正式并入英国版图，成立"大不列颠及爱尔兰联合王国"。1921年，英国允许爱尔兰南部26个郡成立"自由邦"，北部6个郡仍置于英国统治之下。国名改为"大不列颠及北爱尔兰联合王国"。

1. 英国资产阶级革命的前提

（1）英国新经济的发展

16世纪后期，由于新航路的开辟使英国处在了西欧对外商贸的中心地位，极大地推动了英国资本主义经济的成长。英国资本家在国内兴办新的工业，造船、酿酒、玻璃制造以及糖、纸、火药等生产发展起来。由于通风、排水设备的采用，煤产量迅速提高，制铜业和冶铁业都有了发展。

海外贸易的活动范围扩大。16—17世纪，享有专卖权的特许贸易公司相继成立。1579年专营波罗的海沿岸各国贸易的东陆公司成立，1581年近东公司诞生，1588年专营奴隶贩卖的非洲公司成立。1600年东印度公司垄断了英国对印度和远东的商务。多数贸易公司集中在伦敦，伦敦成为国际贸易中心之一。海外贸易和掠夺加速了英国的资本积累，促进了工业生产。

圈地运动之后，工业人口的增加，粮食和其他农产品的需要量日益增多，给圈地运动以新的刺激。17世纪最初30年，小麦价格上涨了两倍。圈地规模扩大，大片公用地在暴力侵占下被据为私有等，使英国农村朝资本主义农场和牧场的方向演进。

（2）社会结构发生了变化

第一，封建社会的统治阶级，即贵族阶级已经分裂成为互相敌对的两大集团，即旧贵族和新贵族。

旧贵族主要是封建大贵族，依靠传统的封建地租过活，由于经常入不敷出，债务越来越多，不断出卖领地。在1561—1640年间，他们的领地大约减少了50%，这就造成了旧贵族的日趋没落。但是，旧贵族在政治上是统治阶级，控制着封建国家机器，他们的命运同封建专制制度紧紧地联系在一起，他们越是没落，越要求加强专制王权来维护自己的利益。旧贵族人数不多，他们是革命的对象。

新贵族由中小贵族、乡村绅士、部分富商构成，新贵族按照资本主义方式经营农业，有时也经营工商业，成为身兼工商业者的土地所有者，这就更增加了新贵族与资产阶级的联系。但是，新贵族的地产大部分是依据封建骑士领有制占有的。在这种制度下，地主的土地所有权必须以向国王履行一定的封建义务为条件。最早，这种义务主要是为国王服军役。从12世纪以来，服军役改为交纳货币捐税，即所谓"盾牌钱"。此外，地主还要对国王负担各种贡赋。国王还常常以最高土地所有者的身份干涉地主采邑内的事务甚至家庭生活，征收"骑士捐"。这样，新贵族的土地所有制在经济上不是封建的，而是资本主义的。但是，在法律上他们的土地所有权继续受到国王的限制。因此，他们要求废除骑士领有制，使土地真正成为自己的私有财产。同时，他们也要求实行工商业自由，以便自己获取更大的利润。这一点，恰恰是此后资产阶级同新贵族结成联盟的基础。

第二，资产阶级。17世纪的英国资产阶级由不同的阶层组成，主要可分成三部分：一是大资产阶级，由大金融家、包税商、专利公司股东等组成，他们是资产阶级中的右翼；二是非行会型的企业主即中等工商业资产阶级，他们是资产阶级的主体；三是中小工商业者，他们是分散或集中的手工工场的组织者、左翼殖民地企业的创办人。

英国资产阶级与新贵族在经济上的一致，促使二者在反对封建专制制度的斗争中联合起来。在英国革命中，资产阶级同新贵族结成长期同盟，利用广大农民和手工业者的力量进行反封建斗争，这是17世纪英国资产阶级革命的一个重要特点。

第三，农民是资产阶级革命的主力军。革命前，英国农民的主体仍然是以公簿持有农为主的佃农，他们负担着沉重的封建义务，迫切要求废除封建剥削制度，使份地真正成为自己的私有财产。

第四，城市平民。英国的城市平民主要由手工业者及其家属构成，他们既受到封建主义的压迫，又受到资本主义的剥削。因此，他们既反对封建奴役，又反对新兴资产阶级的压榨，从而成为一支重要的革命力量。

（3）清教运动

英国资产阶级革命的另一个特点，是在宗教外衣掩饰下进行的。

和欧洲其他国家一样，英国以往也是一个天主教国家。16世纪上半期，都铎王朝的亨利八世自上而下进行了宗教改革，经过改革以后的英国国教教会，简称为国教教会。但其教义、组织及仪式都未发生多大的变化，与原来的天主教会没有什么重大的区别，仍然保留了主教制以及各级教会的土地财产。所不同的只在于它的最高领导权由罗马教皇转到了英国国王的手里。此后，英国国教就成为维护封建专制制度的工具。正因为如此，英国资产阶级革命的矛头就必然首先指向封建专制制度的思想支柱——英国国教教会。

1603年，都铎王朝（1485—1603年）的伊丽莎白女王（1558—1603年在位）去世，王统中断。英国王位转到了她的远亲苏格兰王斯图亚特家族手中。詹姆士一世（1603—1625年在位）和查理一世（1625—1649年在位）利用英国国教，鼓吹君权神授，声称"国王创造法律"，实行君主专制统治。

为了反对英国国教，英国资产阶级和新贵族借用了欧洲大陆上的加尔文教作为斗争的武器。资产阶级和新贵族开展清教运动，他们要求按照加尔文教的方式，清除国教中的天主教影响，反对主教制，提倡节俭、勤劳和努力获取财富。主张清教的人被称为"清教徒"。17世纪中期的英国资产阶级革命，从表面来看，似乎只是清教反对国教的斗争。因此，在西方就被称为"清教徒革命"。清教运动在动员群众参加反封建斗争中起了巨大的组织作用。

2. 英国资产阶级民主革命

（1）英国资产阶级革命的爆发

1603年，都铎王朝最后一位统治者伊丽莎白一世死后无嗣，遵照女王遗嘱，由苏格兰国王詹姆士·斯图亚特继承英国国王，同时仍兼苏格兰国王，称詹姆士一世（1603—1625），从此开始了斯图亚特王朝在英国的统治。

在1603—1640年的37年时间里，詹姆士一世及其后继者查理一世相继推行了一系列反动政策：①公开宣扬君权神授思想。在他看来，君权来自于上帝，因此权力应当是无限的、神圣不可侵犯的。②在经济政策上，詹姆士和查理不顾国会反对，大规模地推行工商业垄断，把肥皂、植物油、煤、盐、纸张、玻璃等的几乎全部对外贸易和大部分国内贸易都列入了专卖范围。③强制征税，随意解散国会，甚至明目张胆地卖官鬻爵。④在对外政策上，詹姆士一世违背资产阶级利益，改变了伊丽莎白联合新教荷兰，打击天主教西班牙的传统政策。⑤把英国国教作为维护封建专制的精神支柱。他说："没有主教，就没有国王"，取消主教就是灾难，平等是秩序的敌人。禁止英国国教以外的任何教派组织的存在和活动，对清教徒实行迫害政策，迫使大批清教徒逃离英国。

但到1628年，查理一世迫于财政困难，不得不召集新的国会。以皮姆和汉普敦为首的下院激进派，乘机向国王提出一份"权利请愿书"，列举4点要求：

①非经国会同意不得借债和征收新税。②非依据法律或法庭审判不得随意逮捕任何人并没收其财产。③不得依据战时法律逮捕普通公民。④不得在居民住宅内驻扎军队。与此同时，国会答应拨款 30 万英镑作为国王接受"权利请愿书"的交换条件。查理一世迫于形势，勉强批准了这一文件，但当国会开始抨击国王宠臣白金汉公爵时，查理一世立即下令休会。1629—1640 年，这是英国历史上的无国会时期。在此期间，查理一世更加肆无忌惮地推行各种反动政策。他强行征收吨税和磅税，恢复和征收一些古老的苛捐杂税，任意逮捕反对派和人民，激起了资产阶级的强烈不满和城乡人民的普遍反抗。1637 年爆发的苏格兰反英大起义就成为英国革命的导火线。

詹姆士和查理父子为了巩固自己在英格兰和苏格兰的统治地位，力图使两个国家的宗教统一，在苏格兰推行英国国教。苏格兰贵族和资产阶级竭力反对，并以清教的长老派进行对抗。1637 年，劳德大主教命令苏格兰长老派教会采用英国国教的祈祷书举行宗教仪式，苏格兰立即爆发了起义。为了筹集军费镇压起义，查理一世不得不召开新的国会。1640 年 4 月，新国会召开，但是新国会的资产阶级和新贵族代表皮姆、汉普敦等人猛烈抨击国王暴政，查理一世一怒之下解散了这届国会。这届国会一共存在了 3 个星期，史称"短期国会"。人民群众对这届国会的被解散十分愤怒，伦敦爆发了示威和暴动。不久，8 月苏格兰军队发起了进攻，英军接连失利。封建贵族迫于形势，也要求召开新的国会。1640 年 11 月 3 日，查理一世被迫召开新的国会。结果以皮姆、汉普敦等人为首的反对派议员再次当选，并且占据了多数。这届国会从 1640 年 11 月一直存在到 1653 年 4 月，史称"长期国会"。以资产阶级和新贵族的联盟为基础的长期国会的召开，成为英国资产阶级革命的开端。

1642 年 8 月 22 日，查理一世认为时机成熟，悍然在诺丁汉城堡上竖起国王的军旗，宣布讨伐国会，英国革命第一次内战爆发，资产阶级争取民主的斗争进入公开的武装斗争阶段。

内战开始以后，两个阵营的界限更加清楚了。支持国王的称骑士党，包括天主教徒、封建大贵族、宫廷官吏以及与宫廷有联系的金融家、享有特权的大商人等；拥护国会的称圆颅党，主要有清教徒、资产阶级、小资产阶级、城市平民和广大农民等。在阶级力量对比上，国会占有明显的优势。战争开始时，各方面的优势都在国会手中。但是，战争初期，战场上的形势却恰恰相反。1642 年 10 月，在埃吉山战役中国会军大败，王军乘胜攻占牛津城。1643 年夏，王军在北部和西部屡获胜利，并试图一举攻下伦敦，国会军的处境非常危急。造成这种情况的主要原因，是掌握国会和军队领导权的长老派采取了消极妥协的路线。

1644 年 7 月 2 日的马斯顿草原战役成为第一次内战的转折点。在这次战役中，奥利弗·克伦威尔的骑兵初露头角（图 5-2），发挥了决定性的作用，从此被称为"勇士军"（又译铁骑军）。1645 年 1 月，在独立派的压力下，国会被迫通过"新军法案"，授权克伦威尔组织一支 21000 人的"新模范军"。从此战争形势日渐好转。1645 年 6 月 14 日，"新模范军"在纳斯（西）比战役中彻底打垮了王军主力，缴获了许多战利品及国王投降卖国的文件。查理一世化装逃跑，被苏格兰长老派拘留，以 40 万英镑的代价卖给了英国国会，第一次内战最终以王军的失败和国王被俘而告结束。

图 5-2　克伦威尔

（2）光荣革命

第一次内战胜利，英国资产阶级革命并没有结束，其后又经历了第二次内战（1648 年）、独立派共和国（1649—1653 年）、克伦威尔的护国政治（1653—1658 年）等曲折发展。特别是 1660 年，斯图亚特王朝的复辟。先是查理二世（1660—1685 年在位）执政，继而是詹姆士二世（1685—1688 年在位）统治。他们倒行逆施，使资产阶级革命的成果面临覆灭。詹姆士二世本人是天主教徒，又委任了一批天主教徒担任要职，还宣布不再废除天主教，遭到国教徒和清教徒的一致反对。

詹姆士二世的两个女儿玛丽和安妮均为新教徒，人们尚能容忍。1688 年，他的第二个妻子（天主教徒）生了个儿子，将是天主教徒。按照英国王位继承顺序，先儿后女，同性别中先长后幼。因此，詹姆士二世死后，王位将首先由其儿子继承。英国国教徒联合清教徒，迎来了詹姆士二世的女儿玛丽和女婿——荷兰执政威廉。詹姆士二世不加抵抗逃往法国。这次几乎不流血的政变，在西方被称为"光荣革命"。

1689 年，玛丽和威廉在接受了国会的《权利法案》后，被宣布为英国的"双王"：玛丽二世（1689—1694 年在位）和威廉三世（1689—1702 年在位）。

中国史学界将清教徒革命和光荣革命合称为 17 世纪中叶的英国资产阶级革命。从 1640 年革命爆发，至 1688 年政变止，前后将近半个世纪，以国会的胜利告终。它沉重打击了英国的封建专制统治，为代议制君主立宪政体的确立开辟了广阔的前景。因此，普遍认为这是英国对欧洲乃至世界的最大政治贡献。

3. 君主立宪制的确立

英国最早的宪法性文件为英王约翰（1199—1216 年在位）于 1215 年颁布的《自由大宪章》。它是封建诸侯和教会僧侣为限制王权而做出的一系列规定。大部分条文随历史的进步已失去意义，但其中体现的王权必须受法律限制的原则及第 12、14 条(有关征税的规定)、第 39 条(关于法律)和第 40 条(国王不得滥用权力的规定)等,至今在英国仍被作为宪法原则继续沿用。

在资产阶级革命期间以及其后,英国制定的宪法性法律,主要有《人身保护法》(1679 年)、《权利法案》(1689 年)和《王位继承法》(1701 年)等,它们奠定了君主立宪制的法律基础。

《权利法案》的基本内容包括:①国王不得侵犯议会的征税权;②不经议会同意,国王无权颁布或废止法律;③国王不经议会同意不得组织和维持常备军;④必须定期召开议会;⑤国王不得干涉议会的言论自由,不得因政治行为拘禁议员;⑥人民有请愿权,议员在议会内有自由发表意见权。

据此,立法权、军事权及财政大权属于国会,国王手中只剩下行政权。握有一定实权的国王最高咨议机关枢密院的大臣,仍由国王任命并且向国王负责。《权利法案》还规定英王必须是国教徒,杜绝了天主教徒担任英王的可能性。

《王位继承法》的制定"为更加限制王位之继承并确保臣民权利与自由者"。它规定国王死后的继承人由议会讨论,进一步限制了王权;又规定国家的一切法律必须经国会通过、国王批准,否则均属无效,这就伸张了国会的立法权;国会所通过的法案都要由有关大臣签署,这就将批准法律的部分责任也由国王转到内阁大臣手中;在下院弹劾官吏时,国王的大赦令无效;规定称职的法官,非经国会两院奏请罢黜,得终身任职,这又限制了国王对司法权的干预。

安妮女王在位期间(1702—1714 年),形成了内阁大臣推荐的法案被国会通过后,英王必须批准的先例。否则,该大臣就得辞职,不过英王仍只能从下院多数党中任命大臣以填补空缺。从 1707 年起,英王不再行使否决权,这意味着国会开始拥有了绝对的立法权。

在乔治一世(1714—1727 年在位)统治时期,又开创了英王不参加内阁会议及首席大臣主持内阁会议的先例。内阁有了自己的首脑,在事实上完全摆脱了国王的控制。

君权的步步退让,使英国经过将近一个世纪的演变,到 18 世纪末就成为典型的君主立宪制国家。从理论上讲,英王是国家元首和最高行政首脑,拥有极其广泛的权利,包括:批准国会的立法文件;解散国会的下院,任命上院议员,委任和撤免大臣;担任军队的最高统帅;在外交方面代表国家,行使宣战、媾和权,委任和撤换使节等。实际上英王成了统而不治的虚君。

在这种制度下,国会掌握全部立法权,国王没有否决权;国王的立法权仅限于公布由国会通过、并经首相签署的文件;内阁由下院产生,并对下院负责,国王的行政管理权已完全转归内阁掌握,他仅有权"指定"下院多数党领袖组阁;国会拥有弹劾权和罢免法官权。因此,在王权削弱的同时,国会不但成了最高立法机关，而且也取得了干预行政和司法工作的大权。

上述演变，固然与一系列偶然事件，尤其是和几个英王为外国人有关，但主要是英国资产阶级革命对君主专制沉重打击的结果。

英国资产阶级革命开辟了世界史上资产阶级代替地主阶级的新时代，它比尼德兰资产阶级革命影响大得多。马克思曾把英国革命和18世纪法国大革命看作是"欧洲范围"的革命，指出："……这两次革命不仅反映了它们本身发生的地区即英法两国的要求，而且在更大程度上反映了当时世界的要求。"①从而成为世界近代史的开端。

革命后，英国逐步由封建社会转变为资本主义社会，这在英国历史上也具有划时代的意义。这次革命为英国资本主义的发展扫清了道路，为18世纪60年代具有世界历史意义的工业革命创造了政治前提。

二、法国大革命

1. 法国大革命兴起的背景

（1）法国封建专制制度的衰落

法国的封建专制主义在17世纪后半期，也就是在路易十四统治时期（1643—1715年）发展到了顶点。

1643年路易十四登上王位时年仅5岁，由母后安娜摄政，大权实际上掌握在红衣主教马扎然的手里。

1661年马扎然死后，年轻的路易十四通过一系列政策的实施，在法国建立了典型的封建君主制统治。他公开宣称，"朕即国家""法律出于我"，把封建专制统治发展到前所未有的程度。他以强大的经济和军事实力作后盾，发动对外战争。从1667年起，法国先后发动了对西班牙、荷兰的多次战争，从中夺取了一些土地。但从1688年起，法国在与奥格斯堡联盟的战争以及西班牙王位争夺战中却遭到失败，使法国的专制制度结束了它的极盛时期，开始走下坡路。

1715年，路易十四死去，他的曾孙路易十五继承王位（1715—1774年）。路易十五亲政以后，生活荒淫无耻，国家大权实际上掌握在他的宠臣红衣大主教福列里和宠姬彭巴都尔夫人手里。路易十五统治时期的对外战争接连失败。1733—1735年的波兰王位继承战争、1740—1748年的奥地利王位继承战争，特别是1756—1763年的英法七年战争，法国都遭受了惨重的失败，从此一蹶不振。这一切，都从外部沉重打击了法国的封建专制制度。

不过，在17—18世纪，法国的工商业发展是比较迅速的。路易十五时期，

---

① 马克思恩格斯选集[M].1卷.北京：人民出版社，1972：321.

法国工商业继续发展，同欧洲其他国家相比，仅次于英国，居第二位。随着工商业的发展，法国资产阶级经济力量日益强大，资产阶级作为一个阶级逐渐形成，这个新兴阶级的思想反映在意识形态方面，就是启蒙运动的发生。

（2）法国的启蒙运动

在17世纪唯理主义哲学基础上发展起来的18世纪启蒙运动，曾发挥过极大的革命作用，具有重要的历史地位。

启蒙原意是光明，就是使人开化，从无知到有知。从当时的具体情况来看，就是把人们从天主教和封建专制制度的束缚下解放出来，使人们在思想上摆脱中世纪的愚昧迷信，用理性来衡量一切。启蒙思想家从"人的眼光"出发，以"天赋人权"为旗帜，以自然法、契约论为理论武器，勇敢地向封建专制制度、教会和宗教狂热进攻。因此，启蒙运动就是用科学反对迷信，用思考代替天启，用理性反对愚昧无知，用人权代替神权。它的目的就是要由资产阶级掌握国家权力，并以此保障资产阶级的利益。

在18世纪20年代至70年代的法国启蒙运动中，涌现出了许多杰出的启蒙思想家。根据他们的政治主张和哲学思想，大体上可以分作三个派别：一是由早期的著名人士如伏尔泰、孟德斯鸠为代表的二元论唯物主义者；二是以狄德罗为代表的"百科全书派"和以著名的启蒙思想家卢梭为代表的新一代启蒙思想家；三是以梅里叶和马布里为代表的空想共产主义的平民学派。

伏尔泰和孟德斯鸠都是18世纪初期著名的哲学家。伏尔泰首先举起了启蒙运动的旗帜，从而成为启蒙运动的领袖、导师和第一位人物；孟德斯鸠继承了英国思想家洛克的分权思想，明确地提出了立法、司法、行政三权分立的学说，被誉为资产阶级国家和法学理论的奠基人。

伏尔泰和孟德斯鸠都曾猛烈地攻击封建专制制度，攻击天主教会。同时，他们都不反对上帝、不反对神。他们要求限制专制王权，实行温和的改良，反对推翻君主制度，这就为资产阶级的君主立宪制度提供了理论根据。

以狄德罗为代表的百科全书派，主要是用唯物主义观点解释了自然。他们直接反对教会，不承认上帝的存在，认为宇宙间只有物质的存在和发展。百科全书派通过编写《百科全书》宣传了唯物主义思想，在学术界产生了重大影响。

在新一代启蒙思想家中，让·雅克·卢梭占有突出的地位。卢梭是对法国革命影响最大的小资产阶级启蒙思想家。他的《论人类不平等的起源和原因》(1775年)、《社会契约论》(1762年)、《忏悔录》等著作，系统地反映了他的政治和哲学思想。

卢梭剖析了人类社会，认为私有制是人类社会一切罪恶和不幸的根源。但是，现在要消灭根深蒂固的私有制已经成为不可能，而只能对它的发展加以限制。可见，卢梭的思想反映了小资产阶级既反对大资产阶级对自己的侵吞又要求保护自身利益的愿望。卢梭还提出了"社会契约""人民主权和在法律面前人人平等"的思想。他认为，国家是人们通过"社会契约"的形式建立起来的，因此，国家的行政首领只是人民的公仆，如果这些公仆违背了人民的利益，人民就有权撤换他们。卢梭的社会契约论，特别是人民主权、法律面前人人平等的原则，对于以后的法国革命，尤其是对雅各宾派产生了重大影响。

梅里叶和马布里作为反映平民利益的启蒙思想家，他们的思想更为激进。他们认为私有财产是社会最大的祸患，主张实行财产公有。梅里叶号召人们奋起革命，"驱逐世界上所有的国王，打倒一切压迫者"。

18纪法国的启蒙运动，是资产阶级发动的一场思想解放运动和革命运动。启蒙思想家运用世俗理论进行反封建斗争，这就打破了长期以来封建教会对人们思想的禁锢，为此后的法国革命乃至各国的资产阶级革命提供了强大的理论武器。启蒙运动不仅为即将到来的法国大革命做了充分而深刻的舆论准备，而且在吸引法国人民参加反封建斗争和推动欧洲资产阶级革命方面，起到了巨大进步作用。

2. 狂飙突进的法国大革命

（1）封建专制制度的危机和三级会议

18世纪后半期的法国仍然是一个封建君主专制的农业国家，全国92%的人口从事农业生产，农业总产值高于工业总产值的两倍半。法国在革命前，在社会阶级结构上，中世纪森严的等级制度仍然存在，国王是全国最高统治者和最大的土地所有者。国王之下的全体居民被划为三个等级，僧侣是第一等级，贵族为第二等级，此外的一切纳税阶级，包括资产阶级、城市平民、手工业者和农民都被划为第三等级。

法国大革命的发生是由封建专制制度的危机引发的。首先是国内因自然灾害引发财政危机。1774年，法国遇到严重的干旱，土豆、小麦等粮食作物大幅度减产，面粉和面包价格飞涨。其次是政治危机。1774年昏庸无能的"锁匠国王"路易十六继承王位，王后安东瓦内特，沉迷赌博，挥霍无度，人称"赤字皇后"。波旁王室贵族的穷奢极欲加剧了危机。第三是外交因素。1778—1783年法国参加北美独立战争，直接战争费用达20亿锂（亦译为利弗尔、里弗，银币约重5克）。军费开支剧增，到革命爆发前夕，法国政府的国债已经达到45亿锂。1786年，法国与英国签订了互相减免关税的协定，此后，廉价的英国商品大量涌入法国市场，排斥了法国的民族工业，造成大批工厂倒闭，无数工人失业，整个社会呈现出极为普遍的贫困和流浪现象。面对危机，国王走投无路，宣布于1789年召开三级会议。

1789年5月5日，三级会议在凡尔赛宫开幕。出乎国王的意愿，三级会议成为了革命的导火线，路易十六终于引火烧身。出席三级会议的三个等级的代表共有1139人，其中第一等级291人，第二等级270人，第三等级578人。会议一开始，路易十六就声泪俱下地警告代表提防革新思想，一切围绕政府的财政困难。但第三等级在会前和会中做了大量工作，目的是争取更多的政治权利。因此，在与国王达不成一致意见的情况下，6月17日第三等级的代表自行开会，同时宣布自己是代表全体人民的国民会议。国王则以内部整修为名下令封闭了国民会议会场。20日晨，国民会议转到附近的一个网球场集会并进行了"网球场誓言"，即"非待宪法建立并在坚实的基础上得到巩固，决不解散"。7月9日国民会议改称为制宪会议。

路易十六表面上屈从于国民会议。暗中秘密调来2万名外国雇佣兵到巴黎及其附近，企图用武力扑灭革命和解散制宪会议。但是，革命爆发了。7月14日巴黎人民攻克巴士底狱，迫使国家政权由专制国王转到资产阶级手中，法国资产阶级革命开始了。

（2）一浪高过一浪的大革命

革命第一阶段——君主立宪派的统治

巴黎的革命成了全国革命信号，到8月初，革命风暴已迅速席卷了整个法兰西。

通过第一阶段的革命，代表金融资产阶级和自由派贵族利益的君主立宪派在制宪会议中掌握了领导权。在他们的领导下，制宪会议为改造旧制度，建立新社会，做出了重大贡献。8月26日，依照美国《独立宣言》通过了《人权与公民权宣言》（简称《人权宣言》），共17条。它宣布"在权利方面，人们生来是而且始终是自由、平等的"，人身自由、言论自由、信仰自由、反抗压迫的权利都是"天赋的不可剥夺的"。宣言提出了自由、平等、博爱和在法律面前人人平等的原则。最后《宣言》规定了"财产是神圣不可侵犯的权利"。《人权宣言》是法国资产阶级在反封建斗争中提出的一个纲领性文件，它宣告了资产阶级对封建地主阶级的胜利，确立了资主义制度的一些根本原则，在动员和团结法国人民参加反封建斗争方面起了极其重要的作用。

1791年9月，制宪议会通过了《宪法》，即1791年宪法。规定法国为君主立宪制国家。但是，法国革命爆发以来，以路易十六为首的封建统治者大肆进行反革命活动，试图策划用武力解散制宪会议，镇压革命。革命在群众的支持下，暂时阻止了国王的阴谋。

1791年6月20日深夜，国王及王后秘密出逃，巴黎人民撕毁国王肖像，强烈要求废黜国王，建立共和国。7月17日，近万名群众在马尔斯广场集会，要求建立没有国王的共和制度。拉法耶特率领国民自卫军对群众进行了血腥镇压，打死、打伤和逮捕群众数百人。

国王逃跑未遂，被迫于1791年9月批准《宪法》。9月30日，制宪会议宣布解散。10月1日，按照《宪法》选出的立法议会正式开幕。

在如何对待各国封建势力的武装挑衅问题上，立法议会上出现了极大的分歧。吉伦特派希望通过战争夺取政权，扩大法国的国外市场和海外殖民地。以雅各宾俱乐部中的革命民主派为主的议会左派（以后通称雅各宾派）认为，这场战争是不可避免的，但目前的主要敌人在国内，要求首先肃清内部敌人，然后再进行战争。国王路易十六企图借刀杀人，因而竭力主张战争，并且立刻罢免立宪派内阁，任命吉伦特派组织内阁，积极进行战争准备。1792年4月20日，吉伦特派内阁向普、奥宣战。对于法国人民来说，这是一场保卫革命果实的正义战争，法国人民积极支援和参加了这场战争，并且肩负了全部战争重担。但是，战争一开始，法国军队在前线连续失利，普奥联军攻入法国领土。

法国人民对于战争的失利极为不满，坚决要求奋起抗战，保卫巴黎。罗伯斯庇尔和马拉等人领导下的雅各宾派积极号召人民起来为拯救法国而战，积极展开废黜国王、建立共和国的斗争。6月，巴黎四十八区的人民组成巴黎公社，成为与立法议会并存的政权机关。

1792年8月10日，在巴黎公社的领导下，巴黎人民再次举行武装起义。数万名群众攻入王宫，国王逃到立法议会请求保护，结果被巴黎公社逮捕。8月10日的革命，是法国继7月14日的第二次革命，它不仅有巴黎人民参加，还有法国其他省的人民参加，因而更具有全国意义。这次起义，结束了3年的君主立宪派统治，把革命推进到了一个新的阶段。

在革命的压力下，立法议会废除了1791年宪法，允许由人民普选产生的国民公会取代立法议会，并且成立法庭审判国王及其他叛国者。同时下令逮捕8月10日以前当政的立宪派部长和一大批反革命分子，把他们交付革命法庭审判。至此，立宪派的统治宣告结束，吉伦特派取得了政权，法国革命进入了第二个阶段。

革命第二阶段——吉伦特派的统治

8月10日起义胜利之后，吉伦特派在立法议会中取得了统治地位。从此，法国革命进入了第二阶段。

在雅各宾派和巴黎公社的压力下，吉伦特派当政之后不久，即8月14日通过一项土地法令，宣布把逃亡贵族的土地分成小块，允许贫苦农民用分期（15年）付款的办法购买。废除一切在法律上不能确证其有据的封建权利。显然，1792年的土地法令比起1790年的土地法令是大大地前进了一步，它部分地满足了农民的要求，这是8月10日人民起义的直接成果。但1792年9月2日，距巴黎仅100多公里的凡尔登要塞失守,巴黎门户洞开,形势十分危险。在这紧要关头,雅各宾派和巴黎公社一起,积极动员和组织人民起来保卫革命。9月20日,法国革命军与入侵的普军在瓦尔密展开激战。法国士兵高唱《马赛曲》,高呼"民族万岁"的口号。英勇战斗,终于取得了战斗的胜利。瓦尔密战役是法国人民反对外国武装干涉的第一次胜利,是法国革命的转折点。此后,不到两个月,外国干涉军被全部逐出法国领土,从而拯救了法国,拯救了法国革命。1792年9月21日,新选出的国民公会在巴黎开幕。大会首先宣布废除君主政体,建立共和制度。第二天,正式宣布法兰西为共和国,并决定以1792年9月21日为共和日,这就是历史上的法兰西第一共和国。

新选出的国民公会总共有765名代表,其中吉伦特派占165席。他们代表已经在革命中得到满足的工商业资产阶级的利益,希望把革命限制在已经达到的范围之内,他们构成了国民公会的右派;国民公会中的左派是雅各宾派(山岳派),大约占有100个席位,其中有罗伯斯庇尔、马拉、丹东、圣鞠斯特等,他们代表小资产阶级及下层人民的部分利益,坚决要求把革命继续推向前进。

吉伦特派上台以后,法国经济由于巨额的军费开支和英国的海上封锁而出现严重的困难。吉伦特派拒绝进行激进的改革和采取坚决的革命措施。吉伦特派不仅不采纳雅各宾派关于实行最高限价的正确主张,还对他们实行迫害,置人民的要求于不顾。这一切,激起了人民对吉伦特派的不满。与此同时,外部形势也日趋恶化,普奥等组成了第一次反法联盟。针对严峻的形势,雅各宾派和其他反对派准备起义。1793年5月,巴黎各区成立起义委员会,任命雅各宾派的安利奥为国民自卫军司令。5月31日,巴黎人民冲入议会厅要求逮捕吉伦特派22个最反动议员。1793年6月2日起义,吉伦特派的统治被推翻,政权落到雅各宾派手里。法国革命进入了一个更新的阶段。正如马克思所说:"在第一次法国革命中,立宪统治以后是吉伦特派的统治;吉伦特派统治以后是雅各宾派的统治。这些党派中的每一个党派,都是以更先进的党派为依靠。每当某一个党派把革命推进得很远,以致它既不能跟上,更不能领导的时候,这个党派就要被站在它后面的更勇敢的同盟者推开并且送上断头台。革命就这样沿着上升的路线行进。"①

革命第三阶段——雅各宾派专政

雅各宾派取得政权的时候,法国的形势十分严重。在国内,保王党人在各地发动叛乱,吉伦特派也煽起暴动。反革命分子阴谋暗杀雅各宾派领袖。7月13日,"人民之友"马拉被一名叫科尔黛的少女刺死于住宅。在国际上,第一次反法联盟的军队从东、西、南、北四面包围法国。英国又加紧了对法国的海上封锁。为了挽救

---

① 马克思恩格斯选集[M].1卷.北京:人民出版社,1972:625.

年轻的共和国，雅各宾派采取坚决果断的措施，争取到了广大人民的支持。

雅各宾派上台的第二天(1793年6月3日)，就颁布了第一个土地法令；6月10日，又颁布了第二个土地法令，即《分配公有土地法令》；7月17日颁布了第三个土地法令。这些法令，使许多无地和少地的农民获得了土地，使法国人口最多的纳赋农民的封建义务彻底取消了。

雅各宾派的土地法彻底解决了法国资产阶级革命中的土地问题，破坏了农村的封建土地所有制，彻底摧毁了法国封建制度的基础，为资本主义发展创造了条件。同时，雅各宾派的土地法令也大大调动了农民的革命积极性，对于战胜国内外敌人具有决定性意义。

1793年6月24日，国民公会通过了共和国新宪法即1793年宪法。新宪法宣布，法国是统一的，不可分割的共和国。共和国最高立法机构是普选产生的立法会议，最高执行机构是由立法会议任命的执行会议。宪法保障人民有信仰、出版、集会、请愿乃至武装起义的权利，规定私有财产是神圣不可侵犯的。1793年宪法是近代资产阶级革命史上最民主的一部宪法。它的颁布不仅对当时的法国，而且对当时整个欧洲都产生了极其深刻的影响，对于打击敌人，动员人民的革命积极性都起了重要的作用。但因为战争，当时无法实行。

此外，雅各宾派当政后还颁布了全面限价法令，并实行恐怖统治，为了彻底打败外国干涉军，雅各宾派政府还对军队进行了改革。

通过以上措施，广大群众保卫祖国的热情被充分调动起来了。到1794年初，法国革命军已经达到14个军团，60多万人。1794年6月26日，儒尔当将军指挥的法军，给予反法联盟军以毁灭性的打击。到这年7月，法国人民终于取得了这次民族革命战争的伟大胜利。与此同时，从1793年10月到年底，法国各地的反革命叛乱也陆续被平定下去。

但在革命形势好转后，雅各宾派团结的基础受到削弱，并日益分裂成为三个派别，开始了明显的对立和斗争。

以罗伯斯庇尔为首的当权派这时成了中间派。1794年3月中旬，罗伯斯庇尔下令逮捕了埃贝尔派所有主要领导人，并交付法庭审判，不久即以"阴谋危害共和国"的罪名先后送上了断头台。左派被镇压之后，罗伯斯庇尔又转身对付右派。3月底，逮捕了丹东为首的右派首领，4月初以"参加恢复君主制，企图颠覆共和国"的莫须有罪名，同样送上了断头台。在镇压了左右两种反对势力之后，罗伯斯庇尔进一步强化了恐怖统治。他通过"牧月法令"随意处死所谓"革命敌人"。牧月法令后仅一个半月，被处死者竟达1376人，平均每星期196人。尤其严重的是，在被处死者当中，原特权等级仅占到10%，多数是下层贫民。

罗伯斯庇尔用暴力镇压削弱了自己的统治基础，加速了各种反对派的联合。他们组成一个反对罗伯斯庇尔的联盟,即后来的"热月党人"。1794年7月27日(共和2年热月9日),罗伯斯庇尔、圣鞠斯特等在国民公会遭到逮捕,次日都被送上了断头台(共23人)。雅各宾派专政被推翻。这就是历史上有名的"热月政变"。罗伯斯庇尔的结局是悲惨的,但他不失为一个伟大的资产阶级革命家。

雅各宾派专政是法国大革命发展到最高阶段的一种强力专政,它在当时特定的历史条件下是非常必要的,但他们没有随着国内形势的变化而及时改革策略,结果把自己的同盟者推向了敌人的阵营,这就注定了罗伯斯庇尔为首的雅各宾派必然失败的命运。

3. 法国资产阶级革命的特点及历史意义

18世纪的法国大革命与以往的英国资产阶级革命相比较,具有以下明显的特点:

第一,在整个革命的过程中,资产阶级不是与自由贵族而是与广大人民结成同盟,并在人民群众的推动下,使革命始终沿着上升的路线行进。

第二,恩格斯说:"法国大革命是资产阶级的第三次起义,然而这是第一次完全抛开宗教外衣,并在毫不掩饰的政治战线上作战;这也是第一次真正把斗争进行到底,直到交战的一方即贵族被消灭而另一方资产阶级获得完全胜利。"①

轰轰烈烈的法国大革命推翻了封建专制制度,建立了资产阶级政权,废除了封建等级制度和贵族特权,结束了各种过时的反动封建秩序,基本上解决了农民的土地问题,实行了政教分离,承认民族自决权,宣布不干涉别国内政,放弃侵略,不允许任何国家干涉法国内政;彻底消灭了封建主义的法律,创制了资本主义的法律制度;通过革命,废除了法国混乱的行政区划,整顿了国家的司法、行政和军事机构,废除了国内的重重关卡,统一了税率和度量衡。这一切为法国资本主义的发展开辟了极为广阔的道路。

法国大革命在世界历史上开辟了资本主义在各先进国家获得胜利与确立的新时代。这次革命把火种也带到了欧洲其他国家,因此它不仅消灭了法国1000多年的封建制度,而且从根本上动摇了欧洲封建专制制度的基础。在这次革命的直接影响下,拉丁美洲爆发了资产阶级性质的民族独立运动。正如马克思所说,这是一次"欧洲范围的革命,反映了当时整个世界的要求。"②列宁说:"这次革命给本阶级,给它所服务的那个阶级,给资产阶级做了很多事情,以至整个19世纪,

---

① 恩格斯. 社会主义从空想到科学的发展[M]//马克思恩格斯选集. 3卷. 北京:人民出版社,1972:395.

② 马克思. 资产阶级反革命[M]//马克思恩格斯选集. 1卷. 北京:人民出版社,1972:321.

即给予全人类以文明和文化的世纪，都是在法国革命的标志下渡过的。"①

三、美国的民族民主革命

1. 美国民族独立战争

（1）殖民地与英国矛盾的尖锐化

1763 年，英法七年战争结束以后，英国彻底打败了法国，确立了海上霸权。从此，英国政府就得以腾出手来，去奴役和榨取殖民地人民。在七年战争中，英国债台高筑，财政亏空达 1.4 亿英镑。英国统治集团千方百计把这笔沉重的战争费用转嫁到北美殖民地人民身上。再加上这一时期，英国工业革命已经开始，英国资产阶级在经济上榨取和掠夺殖民地人民的要求更加强烈。这样，从 1763 年开始，英国统治阶级便加剧了对殖民地人民的政治压迫和经济掠夺。

1765 年，英国政府颁布"印花税条例"，规定在北美殖民地的一切新闻纸、小册子、执照、商业文件、广告、历书和合法文书，甚至毕业文凭，都必须加贴印花，交纳沉重的印花税。印花税是英国政府在殖民地全面征税的恶劣先例。同时，它涉及的范围又非常广泛，直接威胁殖民地每个人的生活。因此，13 个殖民地社会各阶层普遍掀起了反印花税高潮。1766 年，英国政府不得不废止了印花税条例，但却宣布英国政府有权在殖民地征税。

1767 年，英国政府又连续颁布了几项征税法令，其中《唐森德条例》规定对输入殖民地的玻璃、纸张、颜料、铅、茶等征收关税。为了防止和镇压人民的反抗，同时又颁布了《驻兵条例》，并派出两团正规军进驻波士顿。波士顿的商人领导了全国性的抵制英货运动，广大群众也纷纷响应。英国政府从自己的切身利益着想，不得不宣布废止《唐森德条例》，但却保留了一项茶叶入口税。

1770 年 3 月 5 日，驻波士顿的英军开枪打死了 5 名手无寸铁的群众，制造了骇人听闻的"波士顿惨案"。为了抗议英军的暴行，群众在波士顿广场为殉难者举行了庄严的葬礼，并举行了声势浩大的示威游行。为了加强各殖民地之间的联系，统一斗争步伐，1772 年，首先，在波士顿成立了半秘密性的革命组织——"通讯委员会"。到 1774 年，北美各殖民地普遍建立了"通讯委员会"。这些通讯委员会把各地人民密切联系了起来，起到了统一组织和步调的重要作用。

殖民地的人民对于英国保留茶税一事非常愤慨。波士顿的一批青年组成"波士顿茶党"，于 1773 年 12 月 16 日夜里化装成为印第安人，在茫茫夜色中登上在波士顿港强行靠岸的东印度公司茶船，把东印度公司 3 艘船只所载的 342 箱茶叶

---

① 列宁. 关于用自由平等口号欺骗人民（1919 年）[M]//列宁选集. 3 卷. 北京人民出版社，1958：851.

全部倒入大海，从而使东印度公司损失达 15000 英镑。

"波士顿倾茶事件"使英国政府恼羞成怒。1774 年 3 月，英国政府连续颁布几项高压法令：封锁波士顿海港；取消马萨诸塞的自治权。

波士顿人民陷于严重的饥饿状态，各殖民地的人民立即起来支援，使得殖民地人民空前团结。1774 年 9 月 5 日，12 个殖民地的代表在费城举行了第一届大陆会议（佐治亚因总督干涉未能派代表参加），商讨共同对付英国的办法。

(2) 独立战争和 1787 年宪法

1775 年 4 月 18 日，英军总司令、马萨诸塞总督盖奇将军派遣 800 名英军前往波士顿附近的列克星敦和康科德，搜查当地人民贮藏的军火并逮捕爱国领袖。当地民兵事先得到消息，就立即武装起来，埋伏于各个交通要道。4 月 19 日拂晓，当英军到达列克星敦时，民兵立即从各处向英军射击。一部分英军继续向康科德前进，但同样遭到民兵们的袭击。北美独立战争的第一枪，就这样在列克星敦和康科德打响了。

列克星敦的枪声唤醒了殖民地人民，一场大规模的人民武装斗争全面开始了。为了应付突然而来的新形势，第二届大陆会议于 1775 年 5 月 10 日在费城召开。著名的资产阶级政治家乔治·华盛顿、托马斯·杰斐逊、本杰明·富兰克林都参加了会议。第二届大陆会议通过了对英"必须采取武力"的宣言。同年 6 月，大陆会议任命乔治·华盛顿为大陆军总司令。

乔治·华盛顿（1732—1799 年）出身于弗吉尼亚一个种植园主家庭里。从 1748 年起，在州政府里当过 3 年土地测量员，并借土地投机发了财。后来在英国殖民军中服役，1756—1763 年随英军对法国作战，为英国立下了汗马功劳，被提升为弗吉尼亚殖民地的民兵总司令。1759 年又当选为弗吉尼亚殖民地议会议员。1774 年 9 月，他作为弗吉尼亚的代表出席了第一届大陆会议。1775 年独立战争爆发后，他被任命为大陆军总司令，把一支涣散的民兵队伍改编、训练成具有战斗力的正规军。在广大殖民地人民的支持和推动下，他率领大陆军与英军进行了艰苦的战争，最终在 1781 年取得最后胜利。此后，他又领导和主持了 1787 年的制宪会议，制定出延用至今的美国 1787 年宪法，建立了联邦政府。1789 年当选为美国第一届总统，1797 年第二届总统期满后，功成身退，1799 年逝世。华盛顿领导美国人民经过艰苦的战争赢得了独立，而且为美国资产阶级民主制度做出了卓越的贡献，因而受到美国人民和世界各国被压迫民族人民的崇敬。

在殖民地人民的反英斗争的推动下，1776 年 7 月 4 日，大陆会议通过了由杰斐逊等人起草的《独立宣言》，它向世界庄严地宣布："这些联合起来的殖民地从此成为，而且名正言顺地应当成为自由独立的合众国；它们解除对于英王的一切隶属关系，而它们与大不列颠王国之间的一切政治联系，亦应从此完全废止。"

《独立宣言》的发表，标志着北美第一个资产阶级政权的建立。《独立宣言》是世界上第一个资产阶级政治纲领。它用人权代替了神权，因而马克思说它是世界上"第一个人权宣言"。它宣布："我们认为这些真理是不言而喻的：人人是生而平等的，他们都被'造物主'赋予某些不要让渡的权利，其中包括生存权、自由权和追求幸福等权利。为了确实保障这些权利，人民建立了政府，他们的权力是由于被统治者的同意产生出来的。"因此，政府是人民利益、人民意志的反映。政府一旦违背人民的利益，人民就有权去推翻它。《独立宣言》不仅激发了人们对自由的向往，而且直接成为鼓舞人民进行斗争的旗帜。后来，7月4日就成为美国国庆日。

《独立宣言》发表，标志着美利坚合众国的建立。但是，美国人民要赢得真正的独立，还需要经过艰苦的斗争。当时，英国本土拥有750万人口，经过资产阶级革命，并开始了工业革命，加上它在亚、非、北美的殖民地，就有取之不尽、用之不竭的人力物力资源；英国还拥有世界上最强大的海军和第一流的陆军，仅在北美殖民地，就驻有约3万正规军。北美13个殖民地资本主义经济尚处于萌芽状态，财政困难，没有正规军，也没有舰队。华盛顿领导的大陆军人数最多时也没有超过18000人。

战争一开始，英国就以强大的陆海军相配合，迅速夺取了战争的主动权。从1775—1777年，美军在一系列战役中连续失利。10月，民兵们一举把陷入困境的英军柏高英部包围在纽约州的萨拉托加，并形成人数上四比一的优势。柏高英弹尽援绝，走投无路，被迫于1777年10月17日向美军投降。萨拉托加战役不仅成为北美独立战争的转折点，而且促使犹豫不决的法国、西班牙和荷兰转变态度，先后参加了对英作战。1778年2月，法国与美国签订了同盟条约，正式承认美国独立，并参与对英作战。西班牙、荷兰也先后参战，俄国、瑞典、丹麦等国也组成所谓武装中立同盟。美国人民利用欧洲列强之间的矛盾，争取到了广泛的国际支援，从而孤立了英国，加速了独立战争的胜利。

1781年9月，美、法联军把英军主力康华理部包围在弗吉尼亚的约克敦。10月，康华理走投无路，势穷力竭，率部7000余人投降。北美独立战争终于以美国人民的最后胜利而告结束。1783年9月3日，英美签订《凡尔赛和约》，英国承认美国独立。这样，美国人民经过8年艰苦卓绝的斗争，终于打碎了英国的殖民枷锁，建立了美洲第一个独立的资产阶级共和国——美利坚合众国。

1787年5月，美国12个州的55名代表(罗得岛州未派代表参加)在费城秘密地举行了制宪会议。经过长达4个月的讨论，1787年9月17日由39名代表签字通过了宪法草案，交由各州批准。直到1789年3月4日，即第一届联邦国会召开之日，才宣布这一宪法正式生效。1789年4月30日，以华盛顿为总统的第一届联邦政府正式成立,最初建都纽约,1801年正式定都华盛顿。

美国独立战争的胜利,使美国人民争得了民族独立,获得了一定程度的民主权利,也为美国资本主义的发展开辟了广阔的道路,为殖民地和半殖民地的民族解放运动提供了成功的经验。所以它不仅是一次民族放解放战争,而且是一次具有世界影响的资产阶级革命。

2. 美国南北战争

(1) 19世纪上半期美国的发展

独立战争以后,美国建立起以资产阶级和奴隶主联合专政的联邦制政权。为了适应资本主义经济和奴隶制度种植园经济的发展,从19世纪起,美国开始了大规模的"西进运动",即向西部扩张的运动。美国第二任总统约翰·亚当斯就曾宣称:美国"命中注定"要扩张到"西半球的整个北部"。

1803年,美国利用拿破仑在战争中遇到困难的机会,通过谈判,以惊人低廉的价格即1500万美元,从法国手中购买了面积达210万平方千米的路易斯安那,一下子把美国版图扩大了一倍。

1810年,美国趁拿破仑入侵西班牙的机会,强占了西属佛罗里达西部;1818年,又出兵占领了西属佛罗里达东部。1819年,美国以500万美元的象征性地价强行从西班牙手中把东佛罗里达购买了过去。

1846—1848年,美国发动了侵略墨西哥的战争,迫使墨西哥把格兰德河以北大约相当于法、德两国版图之和还多的领土割让给美国。5年以后(1853年),美国又以10万美元的地价从墨西哥手中购买了现今美国亚利桑那州南端基拉河流域的土地。这样,墨西哥先后丧失了全部领土的55%,计达246万平方千米。

1846年,美国又以战争相威胁,迫使英国放弃了北纬49°以南的俄勒冈地区。到南北战争前夕,美国的领土已经扩张到太平洋沿岸。1867年,美国又以720万美元的地价从沙俄手中购买了面积达151万平方千米的阿拉斯加。1898年,美国又吞并了太平洋上的夏威夷群岛。这样,经过近一个世纪的扩张,美国终于形成了今天的全部版图。

在积极侵略美洲邻国,扩大版图的同时,美国开始向远东扩张。1832年,美国政府以武装船队进攻远东,胁迫暹罗(今泰国)订约。1840—1842年中英鸦片战争期间,美国扮演了英国帮凶的角色。1844年7月,美国迫使清政府签订了《中美望厦条约》,除强迫清政府仿效中英南京条约开放五口通商外,还获得了体面的最惠国待遇。这种最惠国条款,在列强对华外交史上开创了极其恶劣的先例。此外,美国政府还在1853年对日本,1866年、1867年和1871年对朝鲜发动武装侵犯。美国资产阶级在自己刚刚挣脱殖民枷锁不久,就开始把殖民枷锁强加给别人。

独立以后,由于摆脱了殖民压迫,领土不断得到扩张,造成了美国经济的迅速发展。到内战前夕，美国的总人口已由250万增加到3140万，人均收入达到514美元。但是，由于美国经济的发展是沿着不同道路前进的，因此表现出极大的不均衡性。

在北部和西北部，资本主义工农业占据统治地位。

从19世纪上半叶起，美国开始了工业革命。1814年首先在棉纺织行业采用机器生产。此后，机器迅速推广到其他工业部门，以机器生产为基础的工厂制度逐渐取代了手工业生产制度。到40年代末，已开始用机器制造机器，生产力有了极大的提高。

到1860年，美国北部的资本主义工业已经非常发达，美国发展成为仅次于英、法、德的第四号资本主义工业强国。

与工业资本主义发展的同时，北部的资本主义农业有了很大的进步。关于资本主义在农业中的发展，列宁认为存在着两条道路"可以叫作普鲁士式的道路和美国式的道路……在后一种情况下，地主经济已不再存在，或者已被没收和粉碎封建领地的革命捣毁了，农民在这种情况下占着优势，成为农业独一无二的代表，逐渐转化为资本主义的农场主……在前一种情况下，基本上是宗法式的农民转变为资产阶级的农场主"。① 19世纪上半叶，美国北部及西北部地区农业资本主义的发展，就是沿着美国式的道路进行的。

在北方资本主义经济迅速发展的同时，南方的奴隶制种植园经济也有了很大的发展。

独立战争的胜利是殖民地各种力量联合斗争的结果。但是，独立后各阶级之间的矛盾并没有得到彻底的解决。尽管资本主义在北部和西北部地区有了迅速的发展，但在南方和西南地区仍然保留了奴隶制度，实际上奴隶制度还在不断扩大。1793年，伊莱·惠特尼发明了轧棉机之后，把清除棉籽的效率提高了150倍，加上国际国内市场上不断增加的需要，南方的奴隶制种植园经济更进一步扩大。1860年，南方的棉花产量已达到384万包，黑人奴隶增加到400万。

（2）南北矛盾与南北战争

南方奴隶制种植园依靠野蛮的奴隶制强迫奴隶劳动进行生产，生产的棉花等产品大多运往英国，换取需要的工业品，在经济上具有明显的殖民地性质。为了降低成本，奴隶主不肯在土地上施肥，往往一块土地种植几年就弃而不用，再迁入新的地方。所以南方的经济制度与北方的经济制度在劳动制度、关税政策和西部土地等许多问题上处于尖锐的矛盾状态。1860年，仅北部的纺织业产值即达1亿多美元，而南部各州仅有800多万美元。

---

① 列宁. 社会民主党在1905—1907年俄国第一次革命的土地纲领[M]//列宁全集.13卷.1958：219.

在奴隶主残酷的压迫和奴役下，黑人奴隶不断进行争取自由和废除奴隶制度的斗争。北方各阶层也激烈地反对奴隶制度。北方的废奴主义者在宣传、鼓动的同时，还组织起所谓"地下铁道"，积极帮助黑人奴隶逃亡到北方或加拿大。据估计，当时参加"地下铁道"活动的大约有3万人。许多人不怕艰苦、坐牢甚至牺牲生命。

随着美国领土大规模的向西扩张和经济的发展，西部的土地问题日益成为南北双方矛盾斗争的焦点。北部资产阶级要求在西部新开拓的领土上建立自由州，发展资本主义，壮大资产阶级在国会上院的力量。南部奴隶主则要求西部新州成为蓄奴州，扩大奴隶主种植园经济，继续保持在联邦国会和政府中的领导权。斗争的结果是1820年国会通过了《密苏里妥协案》，确定密苏里以蓄奴州加入联邦，同时又从马萨诸塞划出一个新州——缅因州作为自由州加入。并规定，此后每有一个奴隶州加入联邦，就必须有一个自由州加入。《密苏里妥协案》实际上扩充了奴隶制的地域，但在政治上保持了资产阶级在国会中与奴隶主的平衡。显而易见，北方的资本主义自由劳动制度与南方的奴隶制度在本质上是两种社会经济制度的尖锐对立，密苏里妥协案只不过暂时缓解了这种矛盾。

1859年，在奴隶制度最为猖獗的弗吉尼亚州，爆发了震撼全国的约翰·布朗起义。约翰·布朗(1800—1859年)出生于康涅狄格州一个农民家庭里，从小就受到其父废奴主义思想的熏陶，立志要为废除奴隶制度而斗争。1859年10月16日，布朗率领他的3个儿子、13个白人和5个黑人在弗吉尼亚的哈普斯渡口举行起义，占领了一座军火库，拘捕了一批奴隶主，并开始发动和武装黑人。布朗起义虽然被镇压，但他的英勇精神却鼓舞了美国人民。布朗死后，在南方许多蓄奴州都发生了以布朗名义举行的武装起义。在后来的南北战争中，北方军队也是高唱着《布朗之歌》开赴前线的。马克思对于布朗起义给予很高的评价："今天世界上正在发生的最大的事情，一方面是在美国由约翰·布朗之死而开始的奴隶运动，另一方面是俄国的农奴运动。"①

1860年11月，共和党人亚伯拉罕·林肯(1809—1865年)当选为第16届美国总统(图5-3)，这分明是民主党及其所代表的奴隶主阶级在政治斗争中的惨败。为挽救奴隶制度的命运，南方奴隶主阶级决心诉诸于战争。1860年12月20日，南卡罗来纳州首先宣布脱离联邦。接着，佐治亚、亚拉巴马、佛罗里达、密西西比、路易斯安那和得克萨斯也先后宣布脱离联邦。1861年2月8日，7个叛乱州的代表在亚拉巴马州的蒙哥马利召开会议，宣布成立"美利坚诸州联盟"，推举杰斐逊·戴维斯为临时总统，公开宣布要以黑奴制消灭北方的雇佣劳动制度，并作为立国的基础。

---

① 马克思.致恩格斯(1860年1月11日)[M]//马克思恩格斯论美国内战.北京：人民出版社，1955：205.

图 5-3　美国总统林肯

图 5-4　象征要求南北统一的旗帜

1861 年 3 月 4 日，林肯宣誓就职后，仍希望与奴隶主和解，以维护联邦的统一。他呼吁叛乱各州以国家统一为重，表示尊重各州的奴隶制度和执行《逃亡奴隶法》的保证。可奴隶主叛乱分子根本不加理睬。4 月 12—14 日，南方军队悍然炮击并占领了南卡罗来纳州查尔斯顿港附近的萨姆特要塞。于是，酝酿多年的内战终于爆发。4 月 15 日，林肯总统不得不宣布南方同盟为叛乱，并下令征集 75000 名志愿兵，号召"所有忠诚的公民"保卫联邦政府，维护国家的统一，于是一场战争正式开始（图 5-4）。

内战爆发后不久，弗吉尼亚、阿肯色、田纳西和北卡罗来纳 4 州又先后宣布脱离联邦，纷纷加入南部同盟，并在弗吉尼亚的里士满设立了南部同盟的首都。

关于美国内战爆发的原因，马克思曾经指出："当前南部与北部之间的斗争不是别的，而是两种社会制度即奴隶制度与自由劳动制度之间的斗争。这个斗争之所以爆发，是因为这两种制度再也不能在北美大陆上一起和平共处。"[①]

战争开始时，双方在力量对比方面北方占有绝对的优势。但在战争的第一阶段（1861—1862 年），北方在军事上却屡遭失败。1861 年 7 月 21 日，南北两军在华盛顿西南约 40 千米的马纳萨斯附近进行第一次大会战，北方投入军队 35000 人，南方不到 30000 人，结果却是北方大败，华盛顿也几乎失陷。1862 年 8 月，双方再一次在马纳萨斯会战，北军又遭失败。

北方在战争第一阶段屡遭失败的原因，主要是林肯政府对战争的艰巨性和长期性认识不足，又没有采取强有力的措施发动下层群众和广大黑人奴隶参战。而南方叛乱各州军事准备比较充分，并得到英、法等国的支持。在北方联邦政府和军队中还混入了一些反革命分子，他们利用一切机会进行破坏。

前线的不断失利，不仅给北方大资产阶级的统治造成了严重的威胁，而且引起

---

① 马克思恩格斯全集[M].15 卷.北京：人民出版社，1972：365.

了人民群众的广泛不满。1862 年春夏之际,在北方出现了人民革命的高潮。纽约等一些城市发生了大规模的群众示威游行,要求政府早日宣布解放黑人奴隶,武装黑人,清洗政府和军队中的反革命分子,采取坚决的措施迅速扭转战局。

从 1862 年夏天开始,解放黑奴战争进入第二阶段,林肯政府着手实行一系列的革命民主措施。

1862 年 5 月,林肯政府颁布了北方人民渴望已久的《宅地法》。规定:一切忠于联邦,年满 21 岁以上者,或为一家之长者,只要交纳 10 美元的登记费,就可以在西部获得一块 160 英亩的土地。在这块土地上连续耕种 5 年,就可以从政府领取执照,从法律上成为这块土地的主人。《宅地法》的颁布在当时具有极其重大的意义。第一,这一法令的实施,在美国造成了数量众多的小农土地所有者,大大促进了农业资本主义美国式道路的发展,加速了对西部地区的开发,使美国很快成为世界上最重要的产粮国之一;第二,《宅地法》满足了北方劳动人民多年的愿望,从而极大地调动了北方广大农民群众反对奴隶制度的革命积极性。

1862 年 7 月,林肯总统又签署了《没收法案》,规定没收叛乱分子的全部财产,解放他们的奴隶,黑人可以参加联邦军队镇压叛乱。

1862 年 9 月 24 日,林肯颁布了预告性的《解放黑奴宣言》。这一文件的公布以法律的形式宣判了在美国历史上存在了 260 年之久的黑人奴隶制度的死刑,解放了几百万世代当牛作马的黑人奴隶。被马克思称为是:"在联邦成立以来美国史上最重要的文件。"①

紧接着,林肯政府又果断地清洗了政府和军队中的一些反革命分子,逮捕了一些叛徒和奸细。1863 年 3 月颁布《征兵法》,开始改志愿兵役制为义务兵役制。1862 年,国会颁布了《累进所得税法》,每年收入在 600-10000 美元的人,要纳 3% 的所得税,收入在 10000 美元以上者,税率为 5%,后来又增加到 10%。

通过以上措施的实施,大大鼓舞了北方人民的革命热情和积极性,也增强了北军的战斗力,使战争发生了根本性的变化,很快扭转了战局。1863 年 7 月 1 日的葛底斯堡大捷成为南北战争的转折点。从此之后,北方军队完全掌握了战争的主动权,南军开始全面溃退。1865 年 4 月 3 日,联邦军队攻占里士满。9 月,作为南军主力的罗伯特·李的部队在弗吉尼亚的阿波马托克斯镇向北军投降。至此,持续 4 年之久的美国南北战争,终于以北军的彻底胜利而告结束。

就在内战胜利的前夕,1864 年 11 月,林肯再度当选为美国总统。南方奴隶主寄予大选的希望再次破灭。1865 年 4 月 14 日晚(即南军投降的第 6 天),林肯总统在华盛顿福特剧院看戏时,被一个奴隶主利益的代表,演员布思(布斯,

---

① 马克思恩格斯全集[M]. 15 卷. 北京:人民出版社,1972:586。

Booth)开枪打伤,第二天凌晨逝世。但是,林肯因其从事进步事业而受到美国及世界各国人民的怀念。应当说,林肯是继华盛顿之后第二位杰出的美国总统。

在内战中,北方的胜利标志着南方奴隶主阶级武装叛乱的彻底失败。然而,如何对南方的经济结构和政治制度进行改造,即如何重建南方,就成为战后摆在联邦政府面前的一大课题。

1865年4月林肯被刺逝世后,按照《宪法》规定,由副总统、民主党人安德鲁·约翰逊继任总统职位。约翰逊上台以后采取反动的重建措施,大赦参加叛乱的奴隶主分子,恢复他们的政治权利和土地财产。由于联邦政府的妥协态度,奴隶主反动势力又重新抬头。1866年,南方开始出现"三K党"等恐怖组织,专门从事迫害黑人和进步白人的活动。

南方反动势力的猖獗,不仅激起了广大黑人的不满和反抗,也引起了北方人民的愤慨。1867年,国会通过了重建南方的法案,决定对南方叛乱各州实行军事管制,并在军管之下进行经济、政治等改造。对南方的改造工作进行了长达10年的时间,最后迫使南方叛乱各州重新加入联邦。经过10年的重建,北方资产阶级虽然从经济、政治等许多方面控制了南方,所有种植园主通过重建,摇身一变,成了资产阶级的种植园主。1888年,联邦政府宣布撤销对南方的军事管制,改造南方工作最终以资产阶级和种植园主的妥协而结束。

1861—1865年的美国内战是美国历史上第二次资产阶级革命。在这场革命中北部的胜利,对于美国资本主义、工人运动和民族运动的发展都具有重大的历史意义:

第一,美国内战消灭了黑人奴隶制度,维护了联邦的统一,消灭了奴隶主阶级控制联邦政权的局面,以资产阶级专政取代了资产阶级与奴隶主阶级的联合专政,为美国资本主义的发展开辟了广阔的道路。此后,美国经济进入了一个迅速发展的时期。

第二,这次革命以民主的方式解决了西部的土地问题,为农业资本主义发展创造了有利条件。

第三,由于消灭了奴隶制度和巩固了国家的统一,使美国工人运动和黑人运动的发展进入了一个新的时期。列宁说,美国内战具有"极伟大的、世界历史性的、进步的各革命的意义"。

■ 学习思考题 ■

1. 亚欧资本主义萌芽的命运为何不同?
2. 文艺复兴的实质及其评价。
3. 西方民主革命的主要内容及意义。

第六章　工业文明

> 中世纪后期，主要可夸耀的事情，不是大教堂，不是史诗，也不是经院哲学，而是综合文明的建立；这一文明并非建立在辛勤劳作的奴隶或苦力的背脊上，而这样建立在非人力之上，这是史无前例的。
>
> ——小林恩·怀特

工业文明是以人类历史上具有深远意义的第三次革命即工业革命为标志和中心内容而确立的一种文明社会形态。第三次工业革命大约发生在约 250 年前，它是以近代的科学技术进步和经济发展为基础，以机器生产取代手工生产为特征的革命。它促成了人类经济活动重心从农业经济到工业经济的转变，实现了社会发展从农业社会向工业社会的第三次转变，使人类文明从农业文明跨入了工业文明时代。工业文明是一种综合文明，它绝不能简单理解为工业化。从已往的工业化国家来看，工业文明的确立和构建至少有四个有机联系的、不可分割的组成部分：一是产业革命实现的工业化；二是民主政治变革实现的政治民主化；三是科学技术革命实现的科学化；四是现代城市发展实现的城市化和市民化。正是这四个方面的协调进化，使人类社会进入了新文明时代——工业文明时代。

第一节　工业革命与工业化

工业革命或者说产业革命是近现代文明发展的坚实经济基础，决定了人类社会工业化发展的价值取向。通过工业的三次革命性发展，使西方主要资本主义国家实现了工业化。其历程大致可分为三个阶段：以机械化为特征的第一次产业革命，以电气化和石油化为主要标志的第二次产业革命，以电子化为特点的第三次产业革命。

一、第一次产业革命——工业文明的初步确立

工业革命或者说产业革命，指的是资本主义生产从工场手工业阶段向大机器工业的过渡，也是从技术革命开始，最终引起社会革命的整个过程。在工业革命的兴起中，英国走在了世界前列。工业革命首先从英国开始，经历了从 18 世纪 60 年代到 19 世纪三四十年代将近一个世纪的时间。在英国的带动下，法、德、

美等国都先后进行了工业革命,英国成为工业革命的故乡。

1. 英国工业革命

人类工业时代的到来以 1763 年瓦特发明蒸汽机为标志,大约经历了 210 年。瓦特发明蒸汽机使人类发展获得了全新的动力,由此而引发的一系机器发明和技术革新,迅速改变了人类社会发展的面貌。

(1) 英国工业革命的进程

在英国工业革命前,资产阶级议会民主制度的确立,资本原始积累的扩大,为英国工业革命的发生提供了政治保障和经济前提。英国工场手工业的领先发展和繁荣则为英国工业革命的进行奠定了良好基础:一是精细的分工为手工工场向大机器工业过渡奠定了基础。17 世纪末到 18 世纪中期,英国的工场手工业得到蓬勃发展,表现在手工工场规模的进一步扩大,分工更加精细,数量也大大增加。当时,英国大约有 1/5 的居民从事传统的毛纺织业。二是手工工场培养了从事各种专门劳动的熟练工人,为机器的发明和使用创造了技术前提。另外,为了推动自然科学的发展和各种发明创造,欧洲各国相继创立了一系列近代科研机构。1662 年建立了英国伦敦皇家学会;1666 年成立了巴黎科学院;1700 年创立了柏林科学院等。这些科研机构对于自然科学的发展起了一定的促进作用。这一时期涌现出来的杰出的科学家,如牛顿、布莱克、拉瓦锡、波义尔等人,分别在物理学、化学等领域做出了杰出的贡献,也为机器的发明和生产技术的改进奠定了科学基础。

英国工业革命首先从棉纺织业开始,然后带动其他工业部门发生连锁反应,最后到制造和使用机器而完成。

在纺织机器的发明和使用中,1733—1738 年钟表匠凯伊发明了飞梭,使生产效率提高了 6 倍。1764 年,织工兼木匠哈格里夫斯发明了珍妮机,效率提高 18 倍。此后,理发师、木匠阿克莱特发明了水力纺纱机,童工出身的克隆普顿制成了新水力纺纱机,牧师卡特莱特在 1785 年制成了水力织布机,使织布效率提高了 40 倍。随着棉纺织业的发展和工业革命的推进,近代资本主义大工厂开始出现,这是英国工业革命的棉纺织业阶段。由于水力机械严重受制于自然水力资源的供给和气候、季节变化等因素,使动力问题日益成为工业革命的关键。

图 6-1　19 世纪初的瓦特蒸汽机

动力问题的解决以 1763 年瓦特发明和改良的蒸汽机为标志(图 6-1)。蒸汽机的问世突破了自然条件对工业发展的限制,推动了所有工业部门的发展和进步。恩格斯说:分工、水力、特别是蒸汽力的利用、机器的应用,这就是18世纪中叶起工业用来摇撼旧世界基础的三个伟大的杠杆。① 蒸汽机问世后,不仅迅速应用于棉纺织业,也迅速推广到其他工业部门,重工业和交通运输业很快发展起来(表6-1)。

表6-1 重工业及交通运输业的进步

时间	发明者	发明或改进项目	特点或意义
1735年	德尔比父子	焦炭炼铁法	不仅用焦炭炼铁,而且设置了强有力的鼓风设备
1760年	斯密冻	蒸汽鼓风法	标志着近代大规模冶炼业的开始
1784年	柯尔特	用煤混合氧气炼铁及搅炼和碾轧的方法	提高生铁产量15倍,此后工业革命由轻工业阶段进入重工业阶段
1807年	富尔顿	蒸汽机船	1811年英国仿造成用于内河和沿海。1819年横渡大西洋成功,改变了水路交通面貌
1814年	斯蒂芬逊	铁路机车	1825年从斯托克顿到达林顿的世界上第一条铁路建成。1830年曼彻斯特到利物浦的铁路正式通车。此后,铁路迅速遍及全英国

从18世纪中叶到19世纪初,从纺织业开始的英国第一次工业革命,以一系列生产机器的改良和发明、生产技术方法的进步为基础,使英国迅速建立起全国性的工业体系,工业化布局随着交通运输的发展而迅速扩大,工业城市由沿海沿河散布到内陆;在轻工业发达的同时,重工业得到确立和发展,农业则因工业发展的需要而进一步被纳入为工业发展需要而生产的体系中,工业化变革深入到各行各业。

到19世纪三四十年代,大机器生产在纺织业中已经取得统治地位,机器制造业也进入机械化阶段,标志着工业革命在英国的完成。

继英国之后,法、德、美、荷、比、意等国也在18世纪末到19世纪初经历了工业革命的历程。工业革命大大改变了世界的面貌,从此,世界进入了一个全新的时代。

(2)英国工业革命的后果

工业革命产生了巨大的政治、经济后果。第一,工业革命首先是一场生产力的全面革命,引起了社会生产力的巨大飞跃。经过工业革命,英国各主要工业部门的劳动生产率和生产产量都成十倍增长。1785—1850年,棉织品产量从4000万码,增至20亿码,增长49倍;煤的开采量从1770年的600吨增至1861年的

---

① 马克思恩格斯全集[M].2卷.北京:人民出版社,1972:300.

5700万吨，增长8倍以上；生铁产量从1740年的1700多吨增至1850年的225万吨，增长1300倍。自工业革命以来，英国的工业产值一直高于农业产值，纺织、冶金、煤炭、机器制造和交通运输发展成英国五大基本的工业部门。到19世纪60年代，英国的城市人口已占到总人口的61.8%，英国已经以世界上第一个工业国的面貌出现了。第二，工业革命也改变了英国的经济地理面貌。工业革命前，经济最发达、人口最密集的是以伦敦为中心的东南地区。经过工业革命，工业重心逐渐向北部推移，兰开夏成了棉织工业的主要中心；苏格兰也出现了以格拉斯哥为中心的新工业区。曼彻斯特、利物浦、伯明翰等新兴工业城市日益发展起来。第三，工业革命使工厂制度在英国得到确立。工业革命使得社会生产关系发生了重大变化。以机器为主体的工厂制度取代了以手工技术为基础的手工工厂。工人严格地被组织在工厂中，成为依附于机器的出卖劳动力的雇佣劳动者。工人同农业的联系被割断了，工人的劳动也失去了任何独立的性质。资本主义雇佣劳动制度在工业中迅速得到确立。第四，工业革命最主要的后果，是形成了近代产业资产阶级和产生无产阶级及其对抗。在工业革命的过程中，受生产力飞速发展的冲击，英国社会原有的阶级结构发生了重大的分化和组合，人数众多的工厂主和投资于工业的商人在经济中起着越来越大的作用，形成为资产阶级的主体。农民作为一个阶级被消灭了，手工业在大生产的竞争面前纷纷破产，被迫加入工人阶级的行列。到了工业革命完成的阶段，英国社会阶级结构已基本简化成土地贵族、资产阶级和无产阶级这三个基本阶级的关系。第五，增强了英国的国际地位。18世纪以前，英国落后于法国、意大利、西班牙。1820年，英国占世界工业生产总额的50%，世界贸易的18%。1839年，煤产量相当于法、比、普总和的3倍。19世纪中叶，英国成为世界工厂。第六，英国工业革命影响了世界。因人口流动、技术、产品输出等，英国工业革命的成果向欧洲大陆和美洲传播。国际范围内开始以英国、法国为标志，加速了经济的发展以及向资本主义的转变，资本主义的世界经济体系及政治格局逐步建立。

2. 工业化浪潮冲击下的欧美社会

英国的产业革命很快在欧洲大陆扩展，在世界历史上掀起了第一次工业化浪潮。在第一次工业化浪潮中，由于意大利、德国还没完成国家统一，俄国等还没完成民主革命的任务，因而第一次工业化首先从英国开始，然后主要向法国、德国等西欧国家和北美扩散。在工业浪潮的席卷下，法国、德国和美国初步确立了自己的工业化方向，工业革命取得了重大成就。

法国的工业化开始于1830年七月革命之后，金融大资产阶级登上政治舞台为法国工业革命提供了政治前提。法国的工业革命也从纺织业开始，特别是棉纺织业。这主要得益于英国纺织机器的引进。1846年，法国棉花年加工产量达6.4

万吨,有动力织布机约3.1万台。法国的丝织品在欧洲供不应求。与此同时,法国工业专门化达到一定程度。19世纪中期,法国出现了几大工业区,北部主要是纺织工业中心,洛林、卢瓦尔河流域是冶金工业重地,里昂是丝织业中心,巴黎则是服装、奢侈品的主要生产基地。到第二帝国末期(19世纪60年代),法国成为仅次于英国的世界第二工业国,第一次工业革命基本完成。与英国所不同的是:法国工业革命后,小农经济依旧活跃、城市化进展缓慢、工业结构不合理。

德国由于长期四分五裂影响了工商业的发展,直到1834年全德关税同盟成立,统一的经济市场在德国开始出现,各邦商业繁荣,制造业也开始发达起来。

德国工业革命兴起于19世纪30年代,这时英国已宣布取消了机器出口和熟练技工出口的禁令,使德国得以合法地大量引进英国的先进技术和熟练工人,大大缩短了德国产业革命的历程。1850—1870年德国工业迅速高涨,新企业、新工厂如雨后春笋,工业城市大量兴起。德国的重工业,特别是产煤业尤其突出。在20年中,德国煤产量增加了5倍,成为仅次于英国的世界第二产煤国。德国的铁路建设引人注目,自1835年从纽伦堡到富尔特的第一条铁路通车后,到40年代,全德建成了20条铁路,德国迅速从农业国向工业国转变。1871年"铁血宰相"俾斯麦通过三次王朝战争统一德国后,德国资本主义工业更是迅速发展,使德国很快成为世界强国之一。

美国拥有得天独厚的资源优势和地理、人力条件,崇尚自由的社会风气,使美国拥有更为广阔的发展空间。

美国工业革命始于18世纪末,最早起步的也是纺织业。他们仿效英国,在1790年建立了第一座纺纱厂。19世纪上半叶,美国工业进一步发展,工厂制度在各个工业部门已占支配地位。匹兹堡成为美国著名的冶金中心,1850年,美国工业产值第一次超过了农业产值。

工业的发展使美国劳动力供不应求,于是促使大量移民涌入美国;技术改造受到重视,为节省劳力,发明许多机器,这成了美国工业革命的特点。如轧棉机、收割机、造纸机、缝纫机、制鞋机、轮转印刷机等。还有各种进行标准化生产的机床。1861—1865年南北战争后,统一经济市场的形成,西部的开拓,为工业革命创造了跃进发展的新机会。农业产业化为工业革命创造了必要条件,西部开拓满足了工业化对粮食的需要。

工业化浪潮下,各国第一次产业革命大体起讫年代为:英国约1760—1830年;法国是1830—1860年;德国约1840—1875年;美国从1865—1890年。划分的主要标准是:有没有建立大机器工业生产体制;工业资本是否在经济事业中占优势。

第一次工业革命的基本特征是使用非生物能源(蒸汽),粗质量的机器大生产和并不太高的技术水平。其技术创新主要是基于长期的生产和生活的经验积累。例如，蒸汽机的发明是由技能娴熟的匠人，把手工活动的工艺积累起来加以合理化，用矿物燃料来驱动蒸汽机。那时的技术也有一定的科学含量，也就是说，有对自然界一般规律的认识。瓦特能够改良蒸汽机，是因为他有一定的热力学知识；但大多数技术都是在经验积累的基础上形成的。

第一次工业革命使北大西洋世界形成了一个以英国为首的资本主义经济共同体，并整体开始了由农业文明向工业文明、传统社会向现代社会的转变。工业化逐渐成为现代化的物质基础。

工业化还促使了相关国家社会生活的都市化。工业化浪潮使大量人口迅速涌向城市，1900年欧洲10万人以上的城市数达到了135个，总人口4600万，城市化成为工业社会的一大标志。城市化又促使田园牧歌式的稳定大家庭的解体，代之以"核心家庭"；人们不再日出而作，而是服从于资本需要和机器运作；衣食住行、娱乐等文明程度都有明显提高。

工业生产规模的不断扩大，使信贷关系应运而生，银行出现，金融家逐渐取代实业家，金融资本主义日益取代工业资本主义。社会的经济结构和阶级结构都发生了新变化。

二、第二次产业革命

第二次产业革命发生在19世纪后半期至20世纪中叶。它以新能源的利用、新机器和新产品的创制以及远距离传递信息手段的新发展等方面的成就，在人类文明发展史上占据了重要地位。其间出现的电力、钢铁、化工"三大技术"和汽车、飞机、无线电通信"三大文明"成就，极大地改变了人类社会的面貌。第二次产业革命引起的工业化浪潮不仅使英、法、美等国工业化程度进一步提高，而且向新的区域如波兰、俄国等中东欧地区和日本等远东地区扩散。

在这一阶段，汽轮机和内燃机技术沿着第一次产业革命的热机技术发展，电气技术则求助于电磁理论科学。因此，它既是第一次产业革命的延伸和继承发展，又出现了很多与前一阶段截然不同的因素和新的产业，并且对在前次产业革命基础上已经建立起来的产业结构、经济体制以及社会关系产生了新的影响，成为一个新时代的开始。有的学者主张称它为第二次产业革命。如果说，前次产业革命是"铁和煤的革命"，那么这次产业革命是"钢和电以及石油业的革命"。

这次革命的中心在美国和德国，虽然重要的新机器和生产新方法，有不少仍在英国发明，但是英国由于在技术上对蒸汽机的改进情有独钟，惧怕技术与设备的更新会带来新的耗费，从而坐失良机，显得相对落后。无传统技术负担的美、德等国终于上升为领先国家。

第二次产业革命不仅使工业化国家之间经济发展不平衡加剧，后起的资本主义国家生产呈跳跃式发展，赶上并超过老牌资本主义国家，而且使工业化国家和非工业化国家在社会经济发展水平上的差距也越来越大。

1870年左右发生第二次工业革命，其主要标志是电气化、内燃机的应用和化学工业的兴起；重工业、动力工业、能源工业和化学工业等领域崛起并迅速发展。

1. 电气工业

完全有理由认为第二次产业革命是从能源开始的。1857年，英国企业家荷尔姆斯在法拉第帮助下制成可供照明实用的蒸汽动力永磁电机。1866—1867年间，英国的惠斯通和德国工程师维尔纳·西门子(1816—1892年)几乎同时发明用电磁铁代替永久磁铁的自激磁场式发电机。

1870年，比利时的格拉姆(1826—1901年)发明环状电枢。1873年，德国的阿尔狄涅克又发明鼓状电枢，改进了自激磁场式发电机技术。这种发电机效率高，发电量大，成为现代电力工业的基石。

1882年，法国电气技师马·德普勒(1843—1918年)实现了直流远距离输电成功。他把电从米斯巴赫煤矿送到57千米外的慕尼黑博览会。成功地打破了因不能远距离送电而对工业发展的制约，使偏远山区的水力发电成为可用能源。

同年，美国的爱迪生公司建成火力发电站(珍珠街电站)，并把输电线结成网络。从此，发电站和电力网纷纷建立，电力供应的范围迅速扩大。

但是，随着电力工业的发展，直流低压输电损失很大，直流发电机的弱点也突出起来。19世纪八九十年代，交流电研究的步伐加快。英、德、俄、意、美等国的科技工作者相继发明交流发电机、交流电动机和变压器。1888年，第一个交流电供电系统建成。

电力工业的大发展与各种用电器的不断被研制出来密不可分。1873年，格拉姆发明早期实用电动机，有效地将电力转化为机械力。到1880年，用电机带动的各种机床、电车、电梯、起重机、压缩机等均已出现。电动升降机使人们上下高楼更加方便，为高层建筑的大量建造提供了条件，有力地促进了城市化进程。

19世纪90年代，许多国家都试图用电气牵引机车，在城郊和一些城市间出现电气铁路线。

在新创造中，对人类生活影响最大的是电灯的发明。1879年10月21日，爱迪生(1847—1931年)在学习前人的基础上制造碳丝白炽灯(用碳化的棉丝作灯丝，置入真空的玻璃体内)获得巨大成功，点燃了40多小时。后改用碳化竹丝作灯丝，使用时间长达1200小时。电灯的发明具有划时代的意义。曾任美国总统的胡佛(1874—1964年)评价说:"爱迪生驱散了黑暗,使我国在全世界大放异彩,名噪一时,给我们所有的人带来了好处。"

爱迪生是美国大发明家,他被称为"打开电气时代的领袖""创办现代研究所的先驱"。1876年,他在纽瓦克附近的门罗公园办起了世界上第一个工业研究所——"爱迪生发明工厂"(美国通用电气公司实验中心的前身),雇佣许多技术人员和工人帮他设计和试制。他一生共有近2000项发明,其中大多是电气方面的,有人说他踢坏了美国专利局的门槛。

爱迪生把科学技术研究与经济效益挂钩,体现了新一代发明家的特点。在宣读赫兹实验报告时,他坦率地承认:"我不是科学家,我是发明家。法拉第是科学家,他不为金钱而工作。他说他没有闲暇干那种事。可是,我为金钱而工作。我对自己所做的任何事情,都以金钱的多寡来衡量。要是钱的数量没有达到某种程度,我就认为干那种事是无益的。"

电的开发和利用,对人类社会的生产、生活和文明的进步带来难以估量的深远影响。独立的电力工业部门形成、壮大,发电机、电动机、电车、电动机车被大量生产并投入使用,产生或发展了相关的产业部门,制造业和交通运输业也相应发生巨大变化。人类进入电气化时代。第二产业和第三产业进一步崛起,第一产业也获益匪浅。

列宁认为:"电力工业是最能代表最新的技术成就和19世纪末、20世纪初的资本主义的一个工业部门。"①它导致了垄断资本主义世界的"新时期"。

2. 内燃机技术和石油业

第二次产业革命中对另一新能源的开发,是由依赖于液体燃料的内燃机提出的。内燃机因燃料直接在发动机气缸内燃烧而产生动力,以区别于蒸汽机(锅炉和气缸分开的)外燃机而得名。

1794年,英国人斯特利特发明燃气发动机,它成为以空气与燃料方式获取动力的最初设想。1820年,英国人塞西尔发明的燃气发动机初次运转成功。但是,当时蒸汽机正处于蓬勃发展中,对燃气发动机的发明起了抑制作用。

1876年,德国人尼克拉·奥古斯特·奥托(1832—1891年)按照法国科学家德罗夏1862年提出的四冲程循环原理,建成以煤气为燃料的四冲程内燃机。它完全摆脱了对蒸汽机的模仿,获得了更高的机械效率,在内燃机试制方面取得划时代的进步。

1897年,德国的鲁道夫·狄塞尔(1858—1913年)研制成功使用重液体燃料的内燃机(柴油机),它省去了点火装置和汽化器,可以用廉价的柴油作燃料。

---

① 列宁全集[M]. 2卷. 北京:人民出版社,1958:788.

内燃机使用液体燃料，不需要笨重的锅炉，优于蒸汽机是不言而喻的。它很快就在工业和交通运输业中得到广泛使用。最引人注目的成果，是汽车的出现。

1885—1886年，德国人戴姆勒和本茨（1844—1929年）各自独立地制成了最早可供实用的汽车，随后两人合办了汽车制造厂。1889年，戴姆勒开始用钢轮代替木轮，造出了钢轮汽车。1895年，施奈德·兰道莱特制造的汽车，破天荒地把发动机装在前边，这一革命性的变化一直持续到现在。后来，法国米其林兄弟公司发明可拆卸的充气橡胶轮胎。从此，轮胎汽车正式登上历史舞台。

1898年，只有21岁的法国青年路易·雷诺自行设计并制造出汽车。两年后，雷诺汽车成为世界上第一辆装有驾驶室的汽车。美国人亨利·福特（1863—1947年）于1893年试制出时速达到25英里的汽车。他于1903年创办福特汽车公司，通过技术革新和加强企业管理，实行流水作业法，使生产成本下降到原先的1/10。从此，汽车开始大量生产。福特公司20年间生产汽车1500万辆，占当时全世界产量的一半。福特被称为"汽车大王"。

内燃机的研制成功还导致飞机的发明。1903年，美国莱特兄弟在双翼滑翔机上安装了自制的汽油发动机和螺旋桨，制成"飞行者1号"，在北卡罗来纳州试飞。最好的一次留空59秒，飞行距离约260米，开辟了航空新纪元。

1909年7月，法国人路易·布莱里奥（1872—1936年）驾驶自己设计的"布莱里奥11号"单翼飞机，用37分钟成功地横越了英吉利海峡，行程约40千米，让人们感受到了飞机的实用价值。布莱里奥的这一举动，诚如《新编剑桥世界近代史》的作者所说："也许比莱特兄弟于1903年的创举更有意义。"

除了汽车与飞机外，人们还把内燃机安装在拖拉机、坦克、船舶以及铁路机车上。1913年，第一台柴油内燃机车问世。此后，内燃机车逐步取代了蒸汽机车。

这样，内燃机技术革命造成内燃机制造、交通工具制造和交通运输业的繁荣，成为第二次产业革命的重要组成部分。

内燃机使用液体燃料，推动了石油开采业和提炼业的发展。德国、俄国、美国的科技人员研制成功在高压、高温作用下分解石油的新技术，掌握了石油精炼方法，使石油在继电之后成为极重要的新能源。世界第一口油井于1859年在美国宾夕法尼亚州开钻。1872年俄国开辟巴库油田。此后，世界石油生产量直线上升。由1870年的80万吨增加到1900年2000万吨。

3. 材料革命和钢铁时代

机器制造业、电力工业和石油工业的发展推动了产业界对金属工业技术的需求，促使古老的冶金业产生巨大变革。最重要的成果是炼钢技术的改进。

1856年，英国军事工程师亨利·贝塞麦（1813—1898年）提出转炉炼钢的设想，通过向熔化的生铁中增吹空气，以减少其中的含碳量。贝氏设计的梨型炉，能翻转倒出钢水，是今天转炉的原型。1864 年，法国钢铁专家马丁父子和德国血统的英国发明家查尔斯·威廉·西门子(1823—1883 年)同时宣布研究成功平炉炼钢法。炉温高达 1600℃，能熔化废钢使之成为优质钢。这种方法称作"西门子—马丁炼钢法"。

1879 年，英国冶金技师托马斯(1850—1885 年)采用"碱性衬里转炉炼钢法"，使大量含高磷的低品位矿砂得以投入生产。

贝塞麦法、西门子—马丁法、托马斯法这三大炼钢技术的发明，再加旧有的高炉炼铁技术，构成近代钢铁技术体系。"钢铁时代"诞生了。钢与铁的产量大幅度增加。1870 年，世界钢产量只有 14 万吨，到 1895 年，产量就达 1460 万吨，价格也一路下跌。钢的种类增多。人们不仅能生产优质钢，而且能生产高碳钢、钨钢等各种特种钢。

钢在船舶制造、大炮铸造等用材方面取代了作为传统材料的木和铁。1874 年，美国修建钢结构的密西西比河拱桥，从此开始了"钢桥世纪"。

19 世纪最后几十年间，铁轨完全改成了钢轨，以致"铁路"的称呼从此名不副实。世界铁路长度迅速增加，从 1870 年的 20.9 万千米，发展到 1913 年的 110 万千米。地下铁路也开始大量修建。1860 年，世界上最早的地铁分别在伦敦的帕丁顿和欧洲大陆的布达佩斯修建。1898 年开始修建的巴黎地铁，采用新的施工方法，大大加快了进度。

为迎接 1889 年在法国举办的国际博览会，巴黎建造了一座以设计和工程负责人古斯塔夫·埃菲尔(1832—1923 年)命名的铁塔，该塔共用了 7000 吨优质钢。铁塔本身高 300 米，加上天线总高度达 320 米，成为当时世界上最高的建筑物。它预示着采用金属结构可极大地增加建筑高度。

在上述材料大发展的同时，法国人发明了钢筋混凝土，它既抗压又抗拉。不久，德国的一些工程师提出了它的构件设计公式。这是建筑业的技术革命，也是材料革命。1890 年，瑞士用这种材料建成跨度达 40 米的拱桥。随后，法、美等国出现了钢筋混凝土结构的仓库、厂房和住房。

4. 化工时代

新兴产业部门——化学工业的建立也是这次革命的重大成就。整个 19 世纪，化工生产的基本原料三酸(硫酸、硝酸、盐酸)和两碱(纯碱、烧碱)在产量和生产方法上都有很大进步。19 世纪 60 年代前，制烧碱劳动强度大，设备腐蚀严重。自从比利时人苏尔维发明用氨和食盐制苏打的氨碱法以后，成本不断降低。

早在 1828 年，德国化学家维勒用无机化合物人工合成有机化合物尿素，这就在无机物和有机物之间架起了桥梁。从此，有机化学也兴起了。

1856年，英国皇家理科学院学生柏琴在做制造治疗症疾特效药奎宁的实验时，偶然得到一种黑色液体，无意中一块布掉了进去，等他急忙捡出来时，布已被染成很漂亮的紫红色。就这样，第一种人工合成染料苯胺紫被发现了。

在柏琴的启示下，人们先分析天然染料的结构，然后用煤焦油作原料人工合成染料。研制成功了人造靛蓝的工业化生产方法。打破了印度人对染料业所拥有的垄断地位。

作为染料化学的副产品，人类还取得了合成药品的成功。此外，人们还从煤焦油中提炼氨、苯、香料、糖精等。1875年，柏琴发现合成香豆素的方法，香料工业从此兴起。

随着有机化学的发展，近代炸药发明了。1880年，德国化学家赫普用硝酸和硫酸处理从煤焦油中提取出来的甲苯，得到三硝基甲苯，1891年起当炸药使用，这就是梯恩梯炸药（TNT），成为有机化学最有实用价值的产品之一。

化学领域的众多发明和化学工业的迅速发展，使人们有理由把这时代称作"化工时代"。

5. 电信业的发达

电信事业在19世纪上半期打下了基础。1837年，美国艺术家塞缪尔·芬利·布里斯·莫尔斯（1791—1872年）制成实用有线电报机（电磁式有线电报机）。他还用点和线代表字母、数字和标点符号，发明了摩尔斯电码。在国会提供资金的支持下，1844年，他在华盛顿和巴尔的摩之间架设了第一条有线电报线路，全长64千米。电报通信方式在许多国家迅即发展起来。次年，英国就成立了电报公司。

摩尔斯电报业的推广与铁路运输业的发展分不开。19世纪50年代初，英法相连的海底电缆在英国多佛尔和法国加来间铺设。不久，地中海海底电缆联络网完成。1866年，横贯大西洋的海底电缆也铺设完成，欧洲市场与美国市场紧密连接起来。

电信事业的革命性发展在于1876年美籍苏格兰人亚历山大·贝尔制成的世界上最早的电磁式有线电话机，传话距离达3.2千米。后来，经贝尔、爱迪生和其他一些人不断改进，电话成为迅速传递信息的便捷工具。电话机发明后不到两年，电话局就成立了。到1910年，全世界已有1000万电话用户，最远通话距离1500千米。电信业本身属服务业，但其发展有赖于电信产品的大量生产，因此电信产业迅速崛起。

无线电技术的发展更使电信业如虎添翼。英国物理学家詹姆士·克拉克·麦克斯韦（1831—1879年）提出的电磁理论论证了电磁波的存在，并预言在自由空间，电磁波的传播速度等于光速，这就揭示了利用电磁波通信的光辉前途。

德国科学家亨利希·鲁道夫·赫兹(1857—1894年)通过对光波的频率和波长的实验，证实了麦克斯韦的设想，这为近代无线电通信、广播和无线电波的其他运用奠定了基础。

1894年，年仅20岁的意大利人古列尔莫·马可尼(1874—1937年)从赫兹去世的报告中了解到电磁波的性质，产生了利用电磁波进行无线电通信的想法。1895年，他用感应线圈和天线实现了1.5英里火花发电式摩尔斯电报实验。同年5月7日，俄国物理学家波波夫(1859—1905年)也成功地表演了用电磁波传递摩尔斯电码的操作。后来，苏联(俄罗斯)把这一天定为"无线电日"。

1899年，马可尼完成了跨越英吉利海峡相距31英里的通信试验。他成立了无线电报有限公司，又一个新兴产业在这次产业革命中诞生了。

电报和电话的发明，成为扩展人类感官功能的革命。它们与一系列新交通工具一起，把相距遥远的人们紧密联系起来。信息时代的到来已经迈出了坚实的一步。

6. 电影业的兴起

1877年，爱迪生发明记录和再现声音的仪器。以此为起点，留声机、麦克风、电唱机、录音机等不断被创制出来。人们的文化生活赖以丰富，现代政治活动也获得了强有力的宣传媒介手段。媒体对舆论的影响作用越发凸显出来。

1891年，爱迪生制成能连续摄影的活动摄影机，迈出了发明电影的关键一步。1895年，法国的卢米埃尔兄弟研究开发成功真正的电影。12月28日，他们在巴黎一家大咖啡馆将自己拍摄的影片放映在银幕上，让许多观众同时观赏。这一天后来就被确定为电影正式诞生的日子。

但在很长时间里放映的是无声电影。如有必要，只能请人来到放映场所临时"配音"。后来，爱迪生抱着"让穷人花1角钱，能看到过去只有富人才能看得起的歌舞戏剧"的强烈愿望，把电影放映机和留声机配合起来，设法使影像形象和声音相互协调，发明了有声电影。

电影业开始形成，并随即出现了一支专职的编剧、导演、演员、舞台布景、摄影技术人员和电影放映工作者队伍。一座座电影院和电影拍摄基地被建造起来。整个20世纪，电影业经久不衰。

总之，第二次产业革命是以科学知识引导，以新工艺、新材料、新能源、新产品大量涌现为特征，以新的科学技术进步和新兴产业的崛起为主要内容的更高水平的工业革命。它更加广泛地推动了主要资本主义国家的工业化的深入，加强工业化国家之间和各大陆之间的联系，为他们主导世界发展奠定了坚实基础。1900年，美、德、英、法四国的工业产值占了世界工业产值的72%。主要资本主义国家向垄断资本主义时期迈进。

三、第三次产业革命

第二次世界大战期间,各国出于战争的需要,加强了科学技术的研究,促成了战争结束前后出现的以核能、电子计算机、宇航三大技术为代表的新技术革命的兴起,拉动了20世纪六七十年代的第三次产业革命。这次产业革命引发的工业化浪潮主要在广大的亚洲、非洲和拉丁美洲国家激荡。

第三次产业革命是由开发"人脑"的教育产业和制造"电脑"的科研产业共同作用的成果。它使整个社会的产业结构发生根本变革并得到优化,先进农业取代传统农业,技术密集型新工业替代传统的劳动密集型工业。新的产业部门不断涌现,产业结构的非物质化趋势愈演愈烈。在非物质生产领域的第三产业,传统意义的服务业扩展为包括与信息产业联系的巨大新兴产业,其产值和就业人数急剧上升。而作为直接物质生产部门的第一产业和第二产业的产值、就业人数在国民经济中的比重相对下降。制造业为主的社会转变为服务业为主的社会。

1. 电子计算机的发展与自动化生产

无线电技术的发展是电子计算机诞生的直接前提。20世纪30年代无线电广播已遍布全球,1937年英国发明雷达,这些都要求电子电路和元件技术提高到新的水平。

1936年,英国数学家图灵(1912—1954年)为计算机研制解决了数理逻辑和计算理论问题。世界上公认的第一台电子计算机是1946年底美国研制成功的爱尼阿克(ENIAC,电子数值积分和自动计算机),每秒完成加法5000次。其计算程序为外插型,需要花很多时间事先将程序准备好。

1949年,英国根据美籍匈牙利数学家冯·诺伊曼(1903—1957年)程序内存的"离散变量自动电子计算机"(EDVAC)设计思想,研制出每秒运行几万次的冯·诺伊曼机。它用二进制代替十进制,又能将程序存储起来,大大提高了运算速度。以后,电子计算机进入工业生产阶段。1952年底,国际商用机器公司(IBM)第一台批量生产的IBM701在纽约向用户开放。第一代计算机(1946—1959年)使用电子真空管,因此普遍比较笨重。

随着晶体管技术的开发(1947年),1959年美国菲尔克公司研制成第一台大型通用晶体管计算机。电子计算机进入第二代(1959—1966年)。它功耗省、体积小、重量轻,而且运算速度提高到每秒几十万次。

第一、第二两代电子计算机主要是国家将其用于军事、科研、政府机构工作、飞机制造、航空公司业务管理,以及火箭、卫星、飞船的设计发射等。

1959年,美国得克萨斯仪器公司将电子元器件与电子线路组合起来,构成微型组合电路。其进一步发展,就是把各种元件都制作在一个单晶硅片上,使一个硅片包含许多电路,这就是集成电路。

1964年4月7日,美国商用机器公司(IBM)制成通用的集成电路3690系列计算机,标志着第三代电子计算机(1964—1978年)的诞生。其速度达到每秒千万次,成本大规模降低,计算机开始进入普及阶段。20世纪60年代以来,集成电路向大规模集成电路发展。在1970年前后,大规模集成电路电子计算机的诞生,使计算机进入第四代(1973—1984年)。1980年全世界拥有的微机超过1亿台。它的应用也进入社会化和个人化阶段。一般的企业、商店、学校和个人开始购买并使用计算机。

电子计算机的发展是新科学技术革命最重要的内容和主要的标志之一。它迅速影响并推动了产业革命,从根本上改变了人类的生产和生活方式。无论是以汽车工业为代表的技术密集型产业,还是以核电为代表的能源工业安全操作、废料处理,甚至调查开发人类无法涉足的海底世界,都需要机器人。

在生产领域,计算机被应用于实时控制(也叫过程控制),形成计算机管理生产系统(CIM),推动了自动化生产。

生产自动控制技术早在19世纪初就已出现。1946年美国的福特提出"自动化"概念。1950年,美国麻省理工学院教授诺伯特·维纳博士(1894—1964年)发表《控制论》,自动控制研究兴起热潮。1952年美国麻省理工学院运用电子计算机和自动控制技术研制出三坐标数控铣床,能按最佳控制要求在无人操作情况下加工复杂的曲面零件。机床工业从此进入数控新时期。它于1955年实现商业化。10年内,美国数控机床达到机床产量的20%。

接着,全自动化生产又经历了从生产线、生产车间到工厂的进步。在这过程中,发电厂、炼油厂、化工厂、钢铁厂等企业很快实现了自动线与计算机的结合,极大提高了生产效率,也提高了产品质量,并且十分安全可靠。自动化还开始应用到办公室和家庭,使管理工作更加科学化,日常生活更加方便舒适。

2. 核能技术的开发与新能源的利用

在第三次产业革命中,能源问题受到特别重视。人类继续直接或间接使用天然能源。1967年,法国在朗斯河口建成世界上第一座大型潮汐发电站。20世纪80年代,美国在夏威夷建成一座10万千瓦的温差发电厂。

在20世纪70年代世界能源危机后,太阳能、地热能、海洋能、生物能、风能等天然能源进一步被开发。煤炭的液化、气化和石油综合利用等新技术的研究得到加强。

人工能源也得到开发主要是原子能的利用,进而形成了人类最伟大的能源革命。1941年12月,意大利物理学家恩里科·费米(1901—1954年)领导美国第一个原子反应堆的建造。到1942年底,反应堆建成正式运转,第一次实现了输出能大于输入能的核反应,宣告了人类利用原子能时代的开始。

美国物理学家约翰·罗伯特·奥本海默(1904—1967年)负责原子弹的研制工作。1945年7月16日,第一颗铀原子弹(利用重原子核裂变)在美国西部沙漠地区试爆成功(图6-2)。

苏联为打破美国的核垄断,在苏联原子弹之父库尔恰托夫领导下急起直追。1949年8月29日,在哈萨克塞米巴拉金斯克成功试爆了第一颗原子弹。

图6-2 美国研制的核能飞船

接着,美国加紧研究核聚变技术。1952年11月1日在爱纽维特克采用液体重氢和三重氢湿式燃料成功爆炸了第一颗氢弹。1953年8月12日,苏联的氢弹在北极圈的弗兰格尔岛爆炸成功(利用固体燃料)。此后,英国在1952年、1956年,法国在1960年和1968年,中国在1964年、1967年,分别试验成功原子弹和氢弹。

第二代核武器是中子弹(以高能中子辐射为主要杀伤因素的低当量小型氢弹)。它也是利用聚变反应的热核武器,但从理论上讲,它不像普通氢弹那样包含裂变—聚变—裂变三个过程,而是一种纯聚变过程。它辐射强,污染小,有"干净核武器"之称。

在研制原子弹过程中,各国都先后建立原子反应堆,为和平利用原子能开辟了道路。

1954年6月,苏联在奥布宁斯克建成世界上第一座核电站(装机容量只有5000瓦)。1956年10月和1957年,英国和美国也相继建成核电站(装机容量分别为10万千瓦和23.6万千瓦)。

核电站在正常运转时相当安全。但万一出现事故,危害就极其严重。1986年4月26日,苏联切尔诺贝利核电站第4号机组爆炸,6000余人死亡,1万余人迁居他乡。目前的核电站均依靠核裂变反应获得能量,但裂变反应会产生大量核废料,至今仍未找到永久性处理办法。

原子能的副产品放射性同位素也得到广泛应用,在医学的诊断、治疗、生物机体内反应的研究,以及食品保存等很多方面起到越来越大的作用。

3. 航空航天业的发展

第二次世界大战极大地促进了航空事业。战前的飞机主要是用活塞式内燃机做动力的螺旋桨式,速度一般都低于音速。1939年8月,德国首先研制成喷气式飞机。1949年,英国德·哈威立公司研制出第一架喷气式客机"彗星1号",时速超过800千米。1951年,苏联研制成功米格战斗机。1954年,美国的喷气式远程运输机首次试飞。1957年1月，苏联研制成功第一代喷气客机图104。美国波音707喷气式客机也于1958年开始交付使用。

新技术革命在航天技术方面更有惊人的发展。1957年10月4日，苏联成功地将世界上第一颗人造地球卫星（重83.6千克）送上太空。人造天体的诞生开创了空间时代的新纪元。1958年2月1日，美国"探险者1号"人造卫星发射成功。

1959年1月2日，苏联发射第一颗人造行星。同年10月4日，苏联发射第3号宇宙火箭，当月27日，它拍摄的月球背面照片向全世界播发。

1961年4月12日，苏联宇航员尤里·加加林（1934—1968年）首次乘飞船"东方1号"绕地球一周，在太空邀游108分钟后安全返回地面。人类开始进入太空时代。

1964年8月19日，美国发射第一颗地球同步静止轨道通信卫星，火箭—卫星技术达到了一个新的水平。从此，全球卫星通信事业发展迅速。

1969年7月21日，美国"阿波罗11号"宇宙飞船登月成功，宇航员尼尔·阿姆斯特朗和奥尔德林在月球上留下了人类的第一个脚印。阿姆斯特朗的那句话"这对个人来说只是一小步，但对人类来说却是一次大飞跃"已成名言。

1970年4月24日，中国发射第一颗人造地球卫星"东方红1号"，成为继苏、美、法（1965.11.26）、日（1970.2.11）后第五个发射人造卫星的国家。

20世纪70年代以后，空间技术在许多方面由军备竞赛的重要手段转向民用。气象卫星、通信卫星、资源卫星、导航卫星等陆续升空，航天器中还出现轨道空间站，遥感技术发展到了航天遥感新阶段。

空间科学是一切科学技术的综合。从空间活动中发展起来的许多新技术，有卫星通信、遥感技术等，它们有巨大的科学价值和经济意义。空间研究和开发正迅速发展成为一项利润丰厚的事业。

此外，航空、航天业的发展，需求大量先进的电子设备，对材料业和精密切削加工技术也提出极高要求。因此，航空、航天业对整个科学技术、国民经济和社会发展都产生巨大影响，它代表着一个国家工业发展的水平，可以带动很多工业技术的发展。

4. 通信革命与信息时代

20世纪是通信革命的世纪。电子学和通信的关系非常密切。1920年，人们发现电离层对无线电短波的反射作用。从此，短波通信成为国际通信的主要传输手段，通信距离有了极大增加。

雷达的发明与运用，促进了微波（指波长在1米以下的电波。波长越短，传递信息的容量愈大）技术的发展。第二次世界大战后，发展起微波多路通信技术，在一条微波通信信道上能同时开通几千路甚至几万路电话。

20世纪60年代以后，无线电通信进入卫星时代。1965年4月6日，美国通信卫星公司控制的国际通信卫星财团发射了第一颗商用通信卫星。1980年发射的"国际通信卫星5号"由美、法、联邦德国、意、日共同研制，共耗资7500万美元。

另外，由于计算机在信息的传输、接受和处理过程方面具有高效能和通用性，其发展和应用成为信息革命的中心。自70年代以来，随计算机的日益普及，计算机网络系统建立起来，并出现集电话、计算机、电视机、录像机、打字机、报纸等众多功能于一身的信息器（dator）。人们开始用互联网获取信息。网上教育、网上医疗、网上电子商务等越来越红火。

通信技术的飞速发展还表现在传真机、寻呼机、移动电话等的大量生产和使用。信息服务业已成为发展最快的新兴行业之一。从1984年在上海开通第一个寻呼台，22年来，我们经过了BP机、"大哥大"兴亡全过程。到2006年4月底，全国内地手机用户达到了4.16亿，中国成了名副其实的世界无线通信大国。信息产业的发展引起整个社会生活的巨大变革。人类迈入了信息时代。

5. 材料业革命

新科学技术革命造成材料业的巨大变革，具有优异特性、特殊功能的新型材料层出不穷。它们主要包括合成化学材料、半导体材料和超导材料。

现代高分子聚合物主要是由石油或天然气作原料的合成纤维（涤纶、腈纶、锦纶等）、合成橡胶与塑料"三大合成材料"。它们日益取代天然纤维、天然橡胶和木材等大部分天然材料，在解决人们的穿着、建筑和交通等方面做出了巨大贡献。

晶体管的发明引起了电子工业革命，产生半导体电子学。硅生产技术的进步，使大功率晶体管、整流器、太阳能电池以及集成电路生产得以迅速发展，半导体工业崛起。科学正在探索新的半导体材料，例如，化合物半导体材料、有机半导体材料等。

超导电现象在20世纪初（1908年）就开始发现了。1958年，美国伊利诺伊大学的巴丁、库柏和斯里弗提出超导电量子理论，简称巴库斯（BCS）理论。超导电研究进入微观领域。超电材料具有零电阻和抗磁性两大特点，在科学技术和应用中显示出巨大的潜力，可广泛用于电工学和电子学方面。

第三次产业革命的特点是电子化。电子技术引起通信手段的革命，导致有关科技业、咨询业和信息业的勃兴。以电脑为核心，以智力产业为主导产业的社会称为信息社会，其到来标志着人类进入"后工业文明"时代，人类的生产、生活方式再次发生根本性变革。

在第三次产业革命中，科学的地位更加突出。以生命科学为例，其研究经历了从群体、个体、细胞，发展到分子水平的进步，从而提出用基因工程来改造生物，并被广泛用于生产、生活领域。在农业方面可以培育抗病新品种；在医学方面，可以有效地预防和治疗许多疾病；在环保方面，可以改善人类的生活环境。

第三次产业革命更大程度地造成环境污染。燃烧煤炭、石油和天然气等矿物燃料，向天空中释放了大量二氧化碳、二氧化硫和氧化氮等有害气体。温室效应形成，地球温度上升，带来严重的经济和社会后果。大工业还带来大气臭氧层的破坏、酸雨污染、化学品污染、塑料垃圾泛滥等，直接破坏了地球的生态平衡。核电站事故更酿成灾难。

第二节　政治的民主化变革

工业文明在政治上是以资产阶级民主革命为起点，与政治生活的民主化变革相伴随的。政治民主化既是工业文明的重要内容，也是工业文明发展的一个重要成果。"权利和权力"问题，即如何运用公共权力实现、保护人的天赋权利问题一直是近代西方政治思想的中心问题。正如恩格斯所说："代替教条和神权的是人权，代替教会的是国家。以前，经济关系和社会关系是由教会批准的，因此曾被认为是教会和教条所创造的。而现在这些关系则被认为是以权利为根据并由国家创造的。"①

因此，工业文明的发展在政治领域突出表现为政治的民主化变革。其基本走向一是政治生活民主化。如普选权的实现、各种权力的制衡、以新闻舆论为代表的第四种权力的崛起等。二是国家权力的强化。如中央集权制的加强或联邦制的发展，行政权力的建设，行政机关与立法机关的协调，国家机器对社会生活各方面的干预等。

众所周知，资本主义政治有它不可避免的局限性。例如，所谓的民主在很多方面只限于形式，而国家权力的强化当然更符合统治阶级的利益。但是，与封建制度相比，不能不认为是人类历史的巨大进步。限于篇幅，本章只扼要介绍英、美两国政治领域的重要变化。

一、英国民主政治的发展

1. 资产阶级议会君主制的形成

1688年的"光荣革命"标志着英国资产阶级革命的骤风暴雨已经过去。此后，英国政局相对稳定，资产阶级和土地贵族的联合统治得到确立，资产阶级两党制和内阁制逐步形成。当时，在英国政治舞台上起主要作用的是辉格党和托利党。

---

① 马克思恩格斯全集[M].北京：人民出版社，1972：546.

从本质上说，这两大政党都是资产阶级和新贵族利益的代表，都与大贵族有密切联系，只不过托利党更多地依赖农村乡绅，拥护斯图亚特王朝；辉格党则更多地依赖金融资产阶级。当然，这时的辉格党和托利党，还都不是现代意义上的政党，还都没有明确的政治纲领，组织也很不健全，时常发生分化。

在资产阶级取得统治地位的初期，国家的政治中心仍然是王室而不是议会。国王仍然大权在握，直接任命政府大臣，出席并主持内阁的前身——枢密院会议，决定国家的内政和外交政策。从威廉三世开始（1688—1702 年在位），枢密大臣在国王主持下商议国家内政外交于密室，内阁由此得名。从 1694 年辉格党首次组成政党内阁开始，在英国出现了辉格党与托利党轮流执政的局面。

到了汉诺威王朝统治时期（1714—1901 年），由于乔治一世（1714—1727 年）、乔治二世（1727—1760 年）都出生在德国，既不通英语，又不熟悉英国情况，仅把英国看成德国汉诺威选帝侯的附庸而不加重视。乔治一世即位后不久，就不再亲自主持内阁会议了。这样，从 1717 年起，国王不得出席内阁会议就正式形成为宪法惯例，内阁就此摆脱了国王的控制，完全按照执政党的意志行事。主持内阁会议的首席大臣后来成为首相。内阁对国会负责，定期向国会报告工作，而且逐渐形成惯例。一旦内阁受到下院多数议员的反对，就要辞职，或者下令解散下院，由重新选出的下院决定内阁的去留。18 世纪上半叶，在辉格党领袖渥尔波执政时期（1721—1742 年）开创了政党领袖担任内阁首相的先例，而他及内阁的集体辞职，又开创了责任制内阁的先例。此后，国王常常指定国会下院多数党领袖担任首相。这样，国会逐渐取得了对于行政权力的监督控制权。从此，英国资产阶级政党内阁及议会逐渐取代了国王的地位，成为国家的实际统治者，英国成为资产阶级议会君主制的典型国家。

进入 18 世纪后半叶，乔治三世（1760—1820 年）即位后，力图强化王权。他亲自安排内阁班底，任命主教和法官，极力重整朝纲。但随着资本主义经济的发展，资产阶级议会制已经得到确立，内阁大权在握，王权的衰落已不可挽回。维多利亚女王在位的 60 余年间（1837—1901 年），进一步丧失了全部实权。20 世纪以来，英国女王受到内阁更进一步的控制。今天的英国，国家大权完全为内阁和议会操纵，女王仅仅成为象征性的国家元首。

2. 两党轮流执政

罗伯特·渥尔波（1676—1745 年）开创"责任内阁制"后，已实行内阁对国会负责制。当下院不支持内阁的重大施政方针时，首相和各部大臣或全体辞职（1742 年渥尔波首创），或解散下院进行重选（1784 年小威廉·庇特开先例）。如新选出的下院对该内阁表示信任，就可继续执政；否则就让新下院的多数党去组阁。

1852年，英国责任内阁制最终确立。首相和内阁成员都从下院多数党议员中产生。只要下院多数对政府表示信任和支持，政府即可执政。所以，议会的最高权威（"议会主权"）得到尊重，议会对政府投不信任票被认为是议会监督和控制行政机构的有效手段。英国史上出现了议会制的黄金时代（1832—1867年）。

随着议会力量的加强，党派政治必然出现。早在斯图亚特王朝复辟时期（1660—1688年），围绕王位继承问题，国会内部形成托利党和辉格党两个政治派别。英国政党从这时开始产生。

后来，托利党逐渐演变为保守党，辉格党在19世纪中叶与其他政党合并为自由党。在英国工业界拥有世界垄断地位时，自由党在政治上占优势。1846—1874年的28年中，它执政长达24年。从1868年起，自由党和保守党交替执政，两党轮流执政的格局从此定型。

1900年，工党建立，工党当时称"工人代表委员会"。20世纪20年代，自由党走向衰败；1924年起，其地位由工党取代。但两党轮流执政的总格局没变。

因此，19世纪中叶以后，随着现代政党制度的确立，两党逐渐控制了国会的全部活动，取得胜利的政党领袖成为当然首相。首相及内阁其他成员其实就是议会多数党的领导核心。下院议员如果不服从党派纪律和领袖指导，就有断送政治前程的危险。这样，在一般情况下，由政党领袖组成的内阁自然能控制议会下院多数党的议员，使他们成为有组织并严格遵守党派纪律的力量。议员享有独立地位的时代结束了。内阁和国会的关系也发生变化，议会制的黄金时代结束，内阁的权力逐渐凌驾于议会之上。

3. 1867年国会改革和文官制度改革

在1832年的国会改革运动中，工商业资产阶级获得了胜利，得以跻身国家政权之中，广大工人、小资产阶级和农民仍然没有选举权和被选举权。所以在19世纪三四十年代，他们掀起了轰轰烈烈的宪章运动，力图争得普选权力，但终未成功；50年代以后，广大工人、中小资产阶级等阶层，都更加积极地参加了资产阶级激进派领导的争取国会选举改革的斗争。1865年，资产阶级激进派领袖科布登和布莱特领导建立了"全国改革同盟"。此后，争取国会选举改革的斗争就在全英国蓬勃展开。1866年8月，自由党约翰·罗素内阁向国会提出了一项改革法案，虽仅增加了40万选民，但仍遭下院多数议员反对并被否决。这就引起了各地人民的强烈抗议。伦敦、曼彻斯特、格拉斯哥、伯明翰等许多城市都发生了10万人以上的抗议活动，最后迫使自由党内阁倒台。1866年7月保守党德尔比内阁上台。次年，该内阁向国会提交了一份改革法案。经国会通过后，1867年8月15日由维多利亚女王签署批准正式生效。这就是英国历史上的第二次议会改革。1867年的改革法案重新调整了选区，取消了46个衰败市镇在下院的席位，将其转让给新兴的工业城市。法案还降低了选举资格限制，扩大了选民范围。在城市里，凡是交纳贫民救济金的房主和每年支付 10 镑以上房租、住期不少于 1 年的房客都有选举权。在农村，每年从私有土地上有 5 镑以上收入者或交纳 12 镑租金的佃户，也有选举权。这样，就把选民人数从过去的 135 万增加到 245 万人。广大农民、农业工人和矿工在这次改革中仍然没有获得政治权利。很明显，这次改革与工人阶级力争的普选制度相距还很远。不过，它毕竟扩大了选民范围，进一步巩固了工业资产阶级的统治地位。

在 19 世纪中叶国会改革的进程中，为了适应政府职能扩大和政府工作专业化发展的趋势，英国改革了文官制度，使其实现了向现代文官制度的转变。

以前，政府官员没有明确区分。随着官员的日益增多，逐渐有了政务官和文官的区分。政务官指英国政府中的阁员大臣和非阁员大臣，包括大臣、国务大臣和政务次官，他们都必须是议员。大臣在自己所在一院中代表自己主管的部门，而在议会的另一院中则由国务大臣或政务次官为代表。他们参加议会活动，参与制定政策，与内阁共进退。文官指常务次官以下的广大政府官员，他们负责执行政策。

英国官吏任免的大权最早属国王及枢密院，后来转到内阁首相和大臣手中。任免缺乏统一标准，任人唯亲，造成吏治腐败。随着两党轮流执政制形成，官吏更动频繁，也不利于政策的连续性。

1853 年，斯坦福·诺斯科特爵士和查尔斯·杜维廉爵士奉命研究文官制度的状况，制定改革方案，对文官的分等、选拔、提升和考核等提出了详细建议。

1855 年和 1870 年，枢密院先后颁布两道命令，在国会建立文官制度委员会，规定对文官的录用必须实行公开、竞争考试，量才择优选拔。1870 年以后，除外交部和内政部外，其他部门不再实行任命的办法；对在职文官建立定期考核制度，制定统一而较为公平的标准，按照能力和服务业绩确定对文官的升降奖惩；实行文官常任制度，去留不受政治影响；文官也不得兼任议员，不得介入党派政治活动，如想跻身政界，须先辞去现任官职。

英国文官制度的建立有很大的影响。其他国家在政治现代化过程中纷纷仿效，形成了现代公务员制度。

4. 民主的扩大

17 世纪中叶的资产阶级革命后，英国建立了土地贵族和资产阶级的联合专政。随着产业革命的开展，国内阶级力量的对比发生显著变化。工业资产阶级和广大人民群众展开了争取议会改革运动。通过 1832 年、1867 年和 1884 年三次议会改革，一次比一次扩大了选民人数，基本实现了成年男子普选权，也相对合理分配了议席，使之最终接近于均等代表制原则，有利于民主建设。

1918年，英国颁布《国民参政法》，将选举权扩大到几乎一切还不是选民的成年男子，及30岁以上符合一定条件的妇女。1928年，英国妇女取得了与男子同等的选举权。1948年，重复投票权被取消，实行一人一票制。

英国议会两院制传统源远流长。1258年，大贵族迫使亨利三世(1216—1272年)接受给予大议会最高立法权威的《牛津条例》。为加强自身的力量，大贵族主动将平民和骑士代表吸纳到议会中来。平民代表后来成为议会的一个单独组成部分，为两院制议会的发展奠定了基础。

到1343年，英国已经形成两院制体系。上院(即贵族院)，由贵族和高级教士代表组成；下院(即平民院、众议院)。随着议会制度的改革，上院越来越成为保守力量的堡垒。

1911年，英国通过议会法案，在"以代表民众之上院代替现时世袭之上院之办法一时尚难以实现"之际，对上院的宪法权力作了极重要的限制，规定凡与财政有关的法案，上院无否决权；其他法案凡经下院三次通过，上院即无权否决。

长期以来，英国的首相既有来自上院的，也有来自下院的。自有内阁以来到1914年，35名英国首相中，贵族占18名。随着上院大权旁落，首相大多由下院议员出任，并成为惯例。英国史上最后一名担任首相的贵族是1895年就任的索尔兹伯里侯爵。

国会内部关系的调整，极大削弱了贵族特权。议会权力无论在实践中还是在法律上都集中到下院，使作为政治制度的英国议会制朝着资产阶级民主化迈进了一大步。

尽管有上述变革，但是目前英国民主的程度还是落后于一些西方国家。突出表现是上院除极少数爱尔兰、苏格兰议员由选举产生外，绝大多数议员以世袭(公、侯、伯、子、男爵及大公，包括王室有爵位的男性成员)或封爵(社会各界有突出贡献者，其爵位终身制，不世袭)的方式产生，还有些则是由高级教士兼任的在职议员，他们由政府提名产生。这样，在组织上院时，人民群众不仅没有选举权，连发言权也没有。上院的组成不具备民主合法性。

因此，改革上院又成大势所趋。1999年1月20日，布莱尔首相领导的工党政府出台了《使议会现代化：改革上院》方案，提出废除上院贵族世袭制的立法。具体做法是先将世袭贵族议席减少到91席，经过一个过渡期后，全部取消世袭贵族的席位，从而改变上院议员的产生方式为由公众选举或推荐。工党发言人甚至说："世袭贵族享受特权已经够久了，以后那些带着各种爵位头衔的骗子和强盗的子孙将在议会改革的过程中被清除出去。"对于这种改革方案，英国王室态度明朗：他们将不再要求保留议会中的席位和投票权。这就表明，在21世纪初，英国政治民主化还将迈出重要步伐。

二、美国的政治民主化

美国是世界大国中鲜有的先立法后立政府的国家。为了保障有产者的私有财产和劳动成果,美国的开国者在联邦政府诞生前,就想通过立法来防止人民的民主权利被政府随意剥夺。因而,1787 年美国独立战争的英雄们在决定实现由邦联向联邦制转变前,制定了美国宪法。

1. 美国 1787 年宪法

1787 年的美国宪法,是一部典型的资产阶级宪法,其主要内容有以下几个方面:

第一,宣布美国为三权分立的联邦制共和国,实行总统制。总统既是国家元首和行政首脑,又是全国武装部队的总司令。总统由各州选民间接选出。宪法规定总统候选人应是年满 35 岁、出生在美国、并在美国居住 14 年以上的公民。每届总统任期 4 年,以两次为限,这是华盛顿开创的先例。1940 年,第 32 任总统富兰克林·罗斯福第 3 次当选总统,以后又第 4 次连任,打破了这一惯例。

第二,国会由参议院和众议院两院组成。参议院(上院)议员由各州议会选出,每州两名,任期 6 年,每两年改选其中的 1/3。众议院(下院)议员由选民直接选出,每州选出的众议员人数与该州人口成正比。众议员任期两年,届时全部改选。两院均有立法权,但任何法律都必须经过两院互相通过,总统批准方可生效。

第三,设置高等法院,作为最高司法机关。法官由总统提名、国会通过后正式出任,是为终身制。高等法院有解释一切法律和条约的权力。如它认为某项法律违反宪法时,即可宣布其无效。

第四,整个宪法自始至终贯串了"三权分立"的原则。宪法规定,国会有立法权,但总统有权加以"否决",国会又有权在一定条件下推翻否决。总统有权任命官员,但须经国会同意。国会有权在一定条件下对总统进行弹劾。法院独立,但法官由总统任命,并经国会同意。以后更发展为最高法院有权对法律进行司法审查等。实行三权分立的目的是,防止"几种权力逐步集中于同一部门"。使三种权力既分立而又互相制约,以保持平衡。

1787 年宪法公布以后,人民对于这部宪法有关人民的民主权利方面比《独立宣言》的大大倒退,非常不满。强烈要求在宪法中增加有关保障人权的内容。美国国会于 1789 年补充了宪法前 10 条修正案,即把《独立宣言》中有关人权的精神补充了进去。规定人民有言论、出版、集会、请愿、携带武器等权力;有宗教信仰自由;人民的身体和住宅不受侵犯等。经过修改补充的美国宪法,给予人民以一定程度的人权,这在当时欧洲封建专制制度仍然占统治地位的情况下,具有重大的进步意义。

1789年4月30日,联邦政府依法正式成立,华盛顿当选为第一任总统。

经过修改的美国宪法,无疑是一部进步文献,它巩固了资产阶级革命的一些成果,确立了共和政体及资产阶级民主原则,明确否定了邦联制度,把美国确定为一个联邦制共和国,这是美国国家政治、经济发展的重要里程碑。由此,也奠定了延续至今的美国政治制度的基本形式。

在当时世界君主制盛行的情况下,美国在大国中最先建立的这一新政体影响深远。联邦制的建立,中央权力的增强,对美国政治、经济的发展也产生了积极作用。美国历史上至今未发生过军事政变,与此不无关系。

2. 美国政治民主的改进

1869年后,争取妇女选举权运动在一些州兴起。经过长期斗争,1920年8月国会颁布了宪法第19条修正案。规定"合众国或各州不得因性别关系取消或剥夺合众国国民的投票权",美国妇女终于取得了形式上的选举权。

1929—1933年的经济危机使资本主义制度受到沉重打击。1932年美国总统选举,民主党人富兰克林·德拉诺·罗斯福(1882—1945年)当选。次年3月4日,他在就职演说中要求国会授予他对付危机的大权:"对紧急状态作战的广泛的行政权力,像我们真正遭受外敌侵略时所赋予的权力一样大。"

从1933年3月9日到6月16日,国会应罗斯福要求举行特别会议,通过了70多个法令,制定了一系列应急立法,史称"百日新政"。该阶段主要目标是医治大萧条造成的创伤,提出一些复兴经济的法案和计划。1935年后,则主要致力于具有长远意义的改革。

新政的内容一般被概括为"3R",即 recover(复兴)、relief(救济)和 reform(改革)。具体涉及整顿银行金融、调整工业生产、限制农业生产、兴建公共工程和实行社会救济。核心精神是国家干预经济的凯恩斯主义。它对财政金融和生产流通领域进行调控,从而稳定形势,恢复生产,维护议会民主制度。也为后来美国参加反法西斯战争奠定了物质基础。

罗斯福新政的实质,正如他本人于1938年所说:"作为一个国家,我们拒绝了任何彻底的革命计划。为了永远地纠正我们经济制度中的严重缺点,我们依靠的是旧民主秩序的新应用。"

最高法院与政府间展开了激烈争吵。前者于1935—1936年,先后宣布"新政"的两个主要法令《工业复兴法》和《农业调整法》违宪,予以废止。1936年总统竞选中,罗斯福再获大胜。利用这个有利时机,他在给国会的咨文中为避开修宪问题而不提限制最高法院的权力,只是建议改组最高法院,增加法官人数(这种做法有先例可援)。虽然国会未予通过,但大部分法官辞职。罗斯福新任命了

8名拥护"新政"的法官，改变了最高法院与政府的关系。

1939年4月，国会首次以立法形式授权总统颁布改组计划。此后，委托立法的范围日益扩大到军事、经济等范围，美国总统的权力更加扩大。有的美国学者甚至认为，现在美国国会的主要职责是"委托"总统立法，并赋予它们法律效力。

1945年4月12日，连选连任4届总统，执政时间长达12年之久的罗斯福总统患脑溢血逝世。在他之前，美国总统任期均不超过两届，虽宪法无明文规定，但实践中已形成惯例。开国元首华盛顿在任满两届后，坚决拒绝再次连任，并且在离职前不考虑接班人问题。他在告别演说中特别强调"那些领导政府的人们""把自己限制在各自的宪法范围内""避免在行使权力时一个部门侵犯其他部门的权力""个人集权就会造成一个真正专制主义的政府，不管它采取什么样的形式，正确估计到人心贪权和易于滥用权力，这就足以使我们相信这种状况是确实存在的"。

罗斯福的做法有总统终身制的危险。为了在法律上加以限制，1947年，国会通过第22条修正案（1951年2月27日生效），规定总统任期不得超过两届。总统有权任命最高法院法官（包括首席法官）、国务卿、各部部长、大使、公使、领事及政府其他官员；有权发布具有法律效力的行政命令；有权与外国缔结条约和宣布国家处于紧急状态等行政权力。总统在立法过程中占有头等重要的地位。总统每年向国会提出的咨文（如国情咨文、预算咨文和经济咨文等）等于一个全面的立法方案；总统还拥有对国会立法的否决权（但否决不得超过3次）。总统又是全国武装部队的总司令。平时，他握有调动军队的权力；战时，经过国会同意他又可独揽一切军事大权。这一变革体现了战后西方国家民主政治的一个新特点，即行政权力的集中。

1965年7月6日，国会又通过宪法第25条修正案，规定总统被免职、亡故或辞职时，由副总统继位；副总统职位出现空缺时，可以由总统提名，经国会两院多数票批准后补充。

因此，工业文明的顺利推进，没有政治的民主化保障是难以想象的。工业文明必须包含着政治的文明进步，而近现代政治文明的中心内容便是实施民主政治。

第三节 科学革命推动工业文明的科学化

科学化是工业文明的又一显著标志。近现代科学的发展经历了两次革命三个阶段。两次革命是指第一次科学革命和第二次科学革命。三个阶段包括：第一阶段（16—18世纪），表现为系统化的实验科学，形成了以牛顿经典物理学为基础的自然科学体系；第二阶段（19世纪），自然科学进一步发展，对社会科学发展的规律性进行了探讨;第三阶段是 19 世纪末以来,科学深入到微观世界和物体高速运动领域。科学的不断进步,使它成为后工业时代的第一生产力,促进了新的经济基础的形成和新文明时代的来临。科学的两次革命和三个阶段使工业化越来越离不开科学知识的引导,使工业革命的发明创造从以经验为基础转向了以科学为依托。

一、第一次科学革命和 19 世纪科学的发展

第一次科学革命始于文艺复兴时期的科学启蒙,它以哥白尼(1473—1543年)的《天体运行论》和维萨留斯(1514—1564 年)《人体结构》发表的 1543 年为起点,"这年在科学史上是从中世纪到近代的过渡中最有代表性的一年";到 17 世纪开花结果,标志性的事件是 1687 年牛顿发表《自然哲学的数学原理》。之所以称为"革命"是因为:①研究角度从把自然界作为一个整体加以考察走向分门别类的研究。自然科学从哲学中分化出来,自然界被分化成动物界、植物界、矿物界等,运动被分为物理运动、化学运动、生命运动等。②研究方法,从哲学思辨,即恩格斯所称的"自然哲学的直觉"走向科学实验。科学实验成为独立的实践活动。为科学方法论奠定基础的是英国弗兰西斯·培根和法国勒内·笛卡尔,前者重视实验和归纳法,后者重要哲学和演绎。③各门学科的核心知识相继出现了革命性的突破。1543 年哥白尼发表著名的《天体运行论》,确立了天体学说的基础。在物理学领域,伽利略发现自由落体定律和运动叠加原理,提出速度、加速度和惯性等物理概念;牛顿则发现万有引力定律,并系统总结出三大运动定律。在化学领域,自 1661 年波义尔提出化学元素概念后,拉瓦锡发现物质不灭定律,并于 1789 年出版了化学教科书《化学大纲》,使化学成为一门真正的科学;在生物学领域,在 17 世纪初,哈维发现血液循环,胡克发现植物细胞,列文虎克发现原生动物和细菌等,奠定了微生物学的基础。数学作为促进科学进步的重要工具也得到长足的发展,17 世纪中叶,笛卡尔和费尔马创立解析几何,牛顿和莱布尼茨独立发明微积分;18 世纪数学家伯努利、欧拉、拉格朗日等人开拓了一系列数学分支。

18 世纪末 19 世纪初,进化思想开始挑战牛顿和笛卡尔的不变论。康德(1724—1804 年)在 23 岁时就曾说:"我若想发现真理,那么,就应该置牛顿、莱布尼茨的威仪于丝毫不顾。"

19 世纪上半叶,能量转化、细胞、进化论等自然科学取得的一系列伟大成就使人们对自然过程的相互联系的认识有了很大的进步。

能量守恒和转化定律,又称焦耳—楞次定律,它被恩格斯称为自然界"伟大的运动基本定律"。能量守恒和转化定律是焦耳、迈尔、楞次、格罗夫等多位科

学家在总结了力学、热学、化学、生物化学、电磁学等诸多领域的研究成果后才概括出来的,是19世纪自然科学的一块重要理论基石。能量守恒定律告诉人们,机械力、热、光、电、磁,甚至还有化学力,在一定条件下都可以互相转化,而不发生任何力的消失。

19世纪30年代,德国植物学家施莱登首先指出所有植物体都是由细胞构成的。他的这个观点被德国动物学家施旺在动物组织和细胞研究中证实,所有动物也是由细胞构成的。施旺指出:"细胞是有机体,整个动物或植物体乃是细胞的集合体。它们依照一定的规律排列在动物体内。"在此基础上他们创立了细胞学说。细胞学说揭示了细胞是动植物有机体的基本结构单位,也是生命活动的基本单位。这样,就论证了整个生物界在结构上的统一性,细胞把生物界的所有物种都联系起来了,生物彼此之间存在着亲缘关系。这是对生物进化论的一个巨大的支持。细胞学说的建立有力地推动了生物学的发展,为辩证唯物论提供了重要的自然科学依据。由于细胞的发现,我们不仅知道一切高等有机体都是按照一个共同规律发育和生长的,而且通过细胞的变异,能改变自己,向更高的发育道路迈进。

1859年,英国生物学家和生物进化论的奠基者达尔文(图6-3),在其巨著《物种起源》中提出了生物进化的自然选择学说。达尔文进化论认为生物有一个缓慢的变化过程,物种不是被分别创造出来的,一个物种是从原有的另一物种传下来的。整个生物系统发展是一个从一到多、从简单到复杂、从低级到高级的演化过程,在进化中物种会发生变化。那么,生物是如何进化的?要真正解开进化之谜就必须搞清进化的原因和机制。

达尔文认为生存斗争是物种进化的前提,自然选择是物种进化的途径,在生存斗争中的自然选择是物种进化的机制,适者生存是自然选择的标准也是选择的结果。选择的原则是适者生存。

19世纪自然科学领域的长足进展突出表现在能量守恒和转化定律、细胞学说以及进化论的发现。恩格斯把

图6-3 达尔文

它们称作19世纪自然科学的三大发现。在这三大发现的基础上,19世纪末第二次革命来临。

二、第二次科学革命

19世纪末,古典理论科学处在巅峰状态,表现在牛顿力学概括了低速、宏观物体的运动规律,麦克斯韦方程组总结了电磁现象规律,热力学成为研究热现

象的理论。人们坚信物理学大厦的基本框架已经建成。然而世纪之交的一系列新发现，使经典物理学面临严峻挑战。一些科学家产生危机感，他们感叹"质消失了""原理普遍毁灭了"。另一些科学家勇敢地向经典物理学提出了挑战，并开始酝酿第二次科学革命。这一场从经典科学向现代科学的飞跃，以物理学革命为先导，取得了 X 射线、电子和放射性元素的发现三大重要成果，相继诞生的相对论、量子力学取代了牛顿力学成为物理世界普适的基础理论。接下来，在天文学、地质学和生物学等领域里发生了重大的理论变革。天文学方面，对宇宙结构有了初步认识，代表性成果为大爆炸模型；地质学方面，代表性成果为板块模型；生物学方面，在遗传科学、生命科学等方面向前迈进了一大步，代表性成果为 DNA 双螺旋分子结构模型。科学上的进步，使人类的认识不仅深入到了微观世界，而且扩展至宇宙观领域。尤其在天体演化、基本粒子和生命起源三个重要方面取得了极大进展，推进了现代科学的发展。X 射线、相对论和量子论是第二次革命最突出的科学成果。

X 射线是德国物理学家伦琴（1845—1923 年），于 1895 年在实验中发现。"如果把手放在放电装置和纸屏之间，可以看到较黑的骨髓的影像"，伦琴发现了这种极具穿透性的射线。由于还不了解其性质，伦琴便用数学上的未知数 X 为其命名，即 X 射线。随后 X 射线被广泛应用于医疗领域。

伦琴的发现拉开了原子物理学研究的序幕。1896 年，法国物理学家安托万·昂利·贝克勒尔（1852—1908 年）在研究荧光物质时，偶然发现能使照相底片感光的铀。这是人类对放射性认识的开始。铀也成为人们发现的第一种放射性物质。居里夫妇在放射性研究方面做出了更加卓越的贡献。他们通过潜心研究，先后发现了放射性元素钋（Polonium）和镭（Radium），成功地从废沥青铀矿中制得纯净的氯化镭，分离出了纯金属镭，并测定一些元素的半衰期，出版了《放射性通论》，两次获诺贝尔奖。1897 年，英国物理学家约瑟夫·约翰·汤姆逊（1856—1940 年）发现了电子。1899 年前后，α 射线和 β 射线被英籍新西兰物理学家欧内斯特·卢瑟福（1871—1937 年）发现。

X 射线、电子和放射性的发现，推动物理学从经典阶段向现代阶段转变。新的物理学革命爆发了。

相对论是 20 世纪关于物质运动与时间空间关系的新理论，由阿尔伯特·爱因斯坦（1879—1955 年）于 1904 年提出（图 6-4）。它取代了以牛顿为代表的经典物理学，成为现代物理学两大支柱之一，为 20 世纪科技的飞跃发展提供了理论基础。

1905 年，爱因斯坦在德国物理学年鉴上发表《论运动物体的动力学》，提出了狭义相对论（只涉及两个作相对匀速运动的惯性系，没有考虑到加速运动而得名），突破了牛顿的绝对时空观。在同年发表的《物体的惯性同它所含的质量有关吗》论文中，提出著名的质能关系公式 $E=mc^2$，该公式在理论上把物理学中的质量与能量守恒的两个定律统一起来。法国另一物理学家郎之万（1872—1942年）也独立得出 $E=mc^2$ 的结论，表明创立相对论的时机已经成熟。爱因斯坦在1915年又完成广义相对论，从新的高度彻底否定了牛顿的绝对时空观。

相对论的提出具有伟大的意义。它既适用于低速运动的物质，又适用于光速运动和接近光速运动的物

图 6-4　爱因斯坦

质，从而达到牛顿以来新的理论高度。作为科学理论，它在自然科学各领域显示出巨大生命力。在微观领域，狭义相对论连同质能关系公式得到广泛应用，并成为高能加速器和原子能应用等现代技术领域的计算基础，为人类利用核能开辟了广阔前景。在宏观领域，广义相对论引发了天文学革命，开拓了现代宇宙学的新道路，形成了天体物理学的新分支学科"相对论天体物理学"。相对论还推动了数学的发展，非欧几何学被赋予物理学的内涵，从而获得了新的生命力。此外，相对论也丰富了哲学的基本内容。

量子论是研究微观粒子结构及其运动规律的理论，在国际物理学家的大合作中形成了严密的理论体系。它的创立经历了从早期量子论到量子力学诞生的近30年的历程。

早期量子论以电子运动的古典力学与量子假设的不自然结合为基础，主要内容为普朗克能量子假设、爱因斯坦的光量子论和玻尔的原子理论。普朗克把能量不连续的新概念引入物理学，提出能量子概念，并创设了普朗克常数［值为 $h=6162606876(52)\times10^{-34}$ 焦·秒］。爱因斯坦在其启发下，提出光量子假说，指出"光能是与波动数成比例的不连续的光量子构成的"，为创立量子力学和揭示光的波粒两重性的本质奠定了基础。随后的丹麦物理学家尼尔斯·亨里克·戴维·玻尔（1885—1962年）把量子假设用于研究原子内部的能量，并于1913年发表了原子结构理论。玻尔在解释光谱分布的经验规律方面获得意外成功，突破了经典理论的框架，因此扩大了量子论的影响。1916年，爱因斯坦用统计的方法，由玻尔理论导出普朗克辐射定律，把普朗克、爱因斯坦、玻尔三人的工作结合成一个整体。

1923—1926年，量子力学循着两条相互排斥的道路发展。一条沿着波动力学前进，另一条沿着矩阵力学前进。1926年，薛定谔发表了题为《论海森堡—玻恩—约尔丹的量子力学和我的量子力学的关系》的论文，提出了波动力学和矩阵

力学在数学上完全等价的结论。从此,两大理论统称量子力学,而薛定谔的波动方程成为量子力学的基本方程。

量子论的意义不亚于相对论。它不仅标志着人们对客观规律的认识深入到了微观世界,而且适用于宏观世界。它是当代科技发展的重要理论基础之一,促进了原子物理学、固体物理学、量子化学和原子能技术等新兴学科和新技术的产生与发展。20世纪20年代以后,经典电磁理论和电子理论开始与量子力学相结合发展为量子电动力学,用来研究微观电磁过程。量子论对分子生物学也起了重要的启迪作用。此外,在哲学上提出了许多值得研究的问题,促进了哲学的变革,开辟了人类认识的新天地。

第四节 工业文明中的城市化

城市化是工业文明的有机组成部分,是全球经济社会现代化的重要特征。在整个工业文明时代,城市化与工业化存在着明显的互动关系。工业化反映了从传统的农业社会变为现代的工业社会,城市化反映了从传统的乡村社会变为现代的城市社会。工业化与城市化是一种相互促进、互为因果的关系。一方面,工业化促进城市化。近代城市化始于工业革命,19世纪是工业革命在欧美迅速扩散的时代,工业革命造成了城市的大量发展。人口向城市的集中是经济增长和差异化发展的自然结果,而这种经济增长和差异化发展的过程也就是工业化过程。另一方面,城市化也促进了工业化。城市以其优越的区位交通条件、发达的服务设施、广阔的市场需求,形成对工业、第三产业的强大吸引力,促进工业和第三产业在城市的高度聚集。作为经济过程的工业化和作为社会过程的城市化共同推进着社会现代化,促进着工业文明的成熟。

一、工业时代的城市化进程

马克思曾经说:"现代的历史是乡村城市化。"[1]而城市化是由于"某一民族的内部分工,首先引起工商业劳动和农业劳动的分离,从而也引起城乡的分离和城乡利益的对立"。[2] 这就是说,城市化的基本动因是以产业非农业化为特征的现代社会分工运动。所谓现代社会分工运动的载体就是工业化,所以城市化是现代产业革命——工业化的必然产物,它是一个客观过程,不是一个主观随意的产物。

1. 农业文明时代城市化概况

大约在5000多年以前,随着农业生产力的提高,少数新石器时代的村落发

---

[1] 马克思. 政治经济学批判[M]//马克思恩格斯全集:46卷上. 北京:人民出版社,1972:480.
[2] 马克思恩格斯全集[M]. 5卷. 北京:人民出版社,1972:24.

展成小集镇和城市，这一变化称为"城市革命"。世界最早的城市出现在今伊拉克境内，沿幼发拉底河和底格里斯河两岸而立。不过按现代的城市标准来说那时的城市很小，但与以前人类定居点相比，则是很大了。中国人民大学教授邬沧萍在其著作《世界人口纲要》中指出，世界上最早的城市是位于死海北岸的古里乔，距今 9000 年左右。亚当斯在其《城市的进化》一书中记述，大约公元前 1000 年，由于铁的使用，社会交通大为改善，生产迅速发展，城市人口增加，城市化开始慢慢加快。公元前几个世纪，欧洲的雅典逐渐发展为一个独立的城邦，而罗马城到公元 2 世纪，已拥有百万居民，成为罗马帝国这个地跨亚、非、欧的国家的中心。

农业文明时代的城市主要指古代和中世纪的城市，它们因受生产力发展水平的限制，可提供城市居民需要的农产品数量的制约，经历了一个长期而缓慢的发展过程。总的特点是，城市数目少、规模不大，城市人口在当地社会总人口中所占比例小，地区分布集中在灌溉农业发达、利于农业生产或便于向周围征集农产品的地带。例如，美索不达米亚平原、尼罗河下游、中国长江黄河下游冲积平原、印度河沿岸、中美洲、安第斯山中部及尼日利亚西南部等地。恩格斯在《家庭、私有制和国家的起源》一书中曾经描述过这种古代城市："交换是有限的，市场是狭小的，生产方式是稳定的、地方和外界是隔绝的。"并指出，这种"以土地财产和农业为基础的城市只能是王公贵族的营垒，帝国广阔疆界中实现行政统治的岛屿"。[1]

农业文明时代的城市主要为行政、宗教、军事或手工业中心，多建有防御性的城墙。水路运输发展后，在主要河口、地中海沿岸、中国东南沿海等地兴建了不少城市。地中海沿岸的威尼斯、热那亚，中国的泉州等，都是当时著名的商业贸易中心或重要贸易港口。除以行政、军事为主要职能的城市外，一般规模都不大。这时期内城市人口增长缓慢，直到 1800 年，世界城镇人口仅 2930 万，约占世界总人口的 3%。

2. 工业文明时代城市化的大发展

以英、法、德、美等最早进行工业革命的国家为例，工业化有力地推动了城市现代化的发展。18 世纪 60 年代发端于英国的工业革命，标志着人类社会现代化进程的启动，是人类社会划时代的事件。作为现代化核心内容的工业化，在西欧、北美迅速推开。工业化的推进，带来了城市的发展。同时，城市的发展又有力地促进了工业化进程。

英国是世界上第一个开始工业革命的国家，也是城市化最早起步和首先

---

[1] 马克思恩格斯全集[M].46 卷上．北京：人民出版社，1972：480.

完成的国家。1820年英国的工业生产占了世界的一半，成为"世界工厂"。工业化的推进，使英国出现了一大批工商业城市。1851年英格兰和威尔士的城市人口总和已经超过农村人口，占到全国人口的50.2%。1921年，英国城市化水平达到77%。英国实现城市化用了七八十年时间，城市化率在世界上一直领先。

法国工业革命开始于19世纪初。城市化也始于19世纪初期，经过一个多世纪才得以完成。法国的城市化的最大特点是速度比较慢，在整个19世纪，除巴黎及其周围地区外，没有出现大批工业城市，这主要是大量存在的小农经济制约了城市的快速发展。1851年，法国的城市化水平还只有25.2%，直到1931年城市化水平才达到51.2%。

德国工业革命的时间开始于19世纪30年代，比英、法、美都晚，但异军突起，速度快，城市改革比较彻底，城市化水平提高迅速，只用了60年左右的时间就基本完成了城市化，1891年城市人口已经超过农村人口。

美国的工业化起步比英国晚，城市化进程也比英国慢。1790年美国是一个完全的乡村国家，城市化水平仅5.1%，最大城市纽约还不到5万人。美国工业革命开始于19世纪初，小型工厂出现，城市化水平缓慢提高。到1840年，工业化率为26.0%，城市化率为10.8%。1840年后，蒸汽机大量投入使用，工业化得到推进，城市得到长足发展，城市人口的增长率开始远远超过全国总人口的增长率。1840年，万人以上的城市仅12个，10万人以上的城市仅2个，到1860年，万人以上的城市达101个，10万人以上的城市达8个，城市化水平达到19.8%，工业化率36.2%。20年城市化和工业化的快速发展，为南北战争奠定了良好现代经济基础。南北战争后，美国的铁路、大企业迅速发展，大大推动着工业化进程。城市化进入鼎盛时期，即"美国由农村搬入城市"的时期，城市人口比重迅速上升，1890年即达到35.1%。1920年是个划时代的年份，这一年，美国人口突破1亿，而在这1亿人口中，已有一半居住在城市，城市人口超过乡村人口，城市化水平达到51.2%，至此，美国成为一个城市化国家。经过经济大萧条的短暂徘徊后，城市化进程继续快速推进，到1970年达到73.6%。从这以后，美国城市化进程趋缓，1980年为73.7%，1990年为75.2%，此后便基本上维持在75%这样一个水平。

英、法、德、美等发达国家的工业化与城市化发展有以下基本特点：

①工业化是城市化的主要动力，城市化又反过来促进工业化。工业化与城市化结合得如此紧密，以致很难区分工业化和城市化的不同作用和影响。工业化水平决定了城市化水平，并赋予城市化以典型的工业化特征。城市化水平反过来决定了工业化水平，并赋予工业化以典型的城市化特征。工业化是城市化的动力，

但在不同阶段，第二产业和第三产业对城市化的推动力是不同的，一开始主要是工业，后来主要是第三产业。

②城市化水平虽然随经济增长而提高，但并不是直线上升的，而是呈一条被拉平了的"S"形走向曲线。整个过程可以分为三个阶段，第一阶段城市化速度缓慢，第二阶段城市化加速推进，第三阶段城市化进入缓慢甚至停滞时期。第一阶段基本上对应于工业化前期，第二阶段基本上对应于工业化中、后时期，第三阶段基本上对应于后工业社会时期。在社会快速发展的工业化时期，城市化与工业化紧密相关。至于何时城市化进入快速发展阶段，各国情况并不相同，美国是在城市化水平达到10%时开始加速发展的。

③一般来说，城市化水平达到50%，算是基本实现了城市化，由于一半以上的人口分布在城市，农村社会也基本变为了城市社会。城市化水平达到75%，人口城市化算已完成。以美国工业化启动以来的城市化过程为例，1790年美国城市人口在总人口中所占比例约只有5%。一个世纪过去，美国城市人口所占总人口比例提高到了1890年的35%左右。又一个百年过去，美国城市人口所占比例已达到75%。大部分人已聚居在城市中，城市化水平成了现代社会文明的标志，城市在现代经济、政治和科技文化中居中心地位（图6-5）。

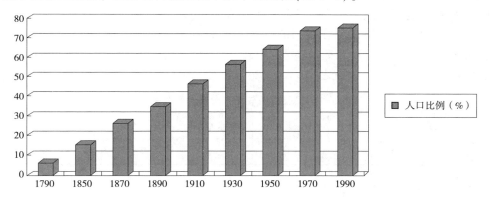

图6-5　美国工业化启动以来的城市化过程（城市人口占总人口的比例）①

④一个国家的工业化水平往往与这个国家最大城市的规模和实力相对应。一般来说，工业化水平最高的国家，拥有世界最大的城市。在整个19世纪，英国工业化领先于世界，是世界第一经济大国，它也拥有世界最大的城市——伦敦。美国后来居上，成为工业化第一大国，世界最大城市也随着转移到美国的纽约。同时世界最大的几个城市也基本上都在英、美、法、德等国家。1900年世界4个最大城市为伦敦（648万人）、纽约（424.2万人）、巴黎（333万人）、柏林（242.4

---

① 中国现代化战略研究课题组等. 中国现代化报告2004[M]. 北京：北京大学出版社，2004：9.

万人)。1920年世界4个最大城市为纽约(849万人)、伦敦(748.8万人)、柏林(380.1万人)、芝加哥(352.1万人)。

⑤工业布局与城市布局存在空间匹配关系。工业化的推进,需要城市作为发展依托。英、美早期的工业发展是布局在水力资源丰富的河流处。蒸汽机的使用,不仅是工业技术能力的变革,也使工业布局由分散向城市集中。工业发展受区域城市体系的影响。工业布局的形态从发展过程看有工业点、工业区、工业枢纽、工业地区、工业地带5种。工业枢纽一般对应于中心城市,工业地区一般对应于大都市区,工业地带一般对应于巨大城市带(见"工业布局与城市布局的匹配关系表)。城市化发展到一定阶段,城市化的内容进入新的时期,这就是大都市区化。所谓大都市区,一般来说,包括一个大型的人口中心及与该中心有较高的经济、社会整合程度的社区。美国是从1920年城市化水平达到50%以后开始大都市区化的。进入20世纪后,美国城市化出现了新的现象,一些规模较大的城市超越原有的地域界线,向周边扩展,将周围地区纳入城市化轨道,并与中心城市紧密相连,融为一体。大都市区化是工业化向纵深推进并与城市化的相互作用进一步深化的必然趋势。1920年,美国有2700个城市、58个大都市区。1990年发展到11000个城市、268个大都市区。大都市区的发展,进而形成大都市连绵区(或巨大城市带),它标志着城市化、大都市区化进入一个更高层次。在美国的巨大城市带有三个:东北部大西洋沿岸巨大城市带、大湖区巨大城市带、太平洋沿岸巨大城市带。在南部,以休斯顿为中心的巨大城市带也在形成之中(表6-2)。

表6-2 工业布局与城市布局的匹配关系

工业布局形态	工业点	工业区	工业枢纽	工业地区	工业地带
城市布局形态	城镇	中小城市	中心城市	大都市区	巨大城市带

工业化的深入和城市化的加速,使人类社会的重心越来越移向城市,城市数量大幅度增加,城市规模急剧扩大。工业化时代城市的大发展,使世界进入了城市化时期。1801—1851年的半个世纪,英国5000人以上的城镇从106座增至265座,城镇人口比重由26%上升至45%。经济发达的西欧、北美国家城市化进程也十分迅速。1850年,世界城市人口达8080万人,占总人口的6.4%,1900年增至2.44亿人,占总人口的比重上升到13.6%。此外,这一时期中小城镇增长速度超过了大城市,如1800—1900年世界各类城镇中,2万人以下的小城镇由20%上升到32%,2万至10万人的城镇由23%增至27%,而100万人以上大城市的相对比重从57%下降至41%。但欠发达的亚非拉大部分地区城市化进程缓慢,城市人口比重低。

工业时代城市的发展还使人类进入了城市领导乡村的新时期。马克思、列宁在有关著作中多次论述了这种城市的崭新地位与功能。他们认为，由于"以城市本身表明了人口、生产工具、资本、享乐和需求的集中；而在乡村里所看到的却是完全相反的情况：孤立和分散"。① 因而"城市是经济、政治和人民精神生活的中心，是前进的主要动力"，② 也是领导社会前进的（包括乡村）主要动力。

根据马克思主义的原意，结合现代城市新的发展，"城市化"这个范畴，大体可作如下界定：城市化是人类社会分工的一个发展阶段，是伴随着工业化进程而出现的非农业产业及人口从农业中分离出来，逐渐集聚到较小空间，形成以大工业为基础的开放型经济文化中心的过程。现代经济文化中心的城市对乡村发挥越来越大的率领作用，是国民经济和社会前进的增长点或发展极。

二、20世纪以来世界城市化发展的新特点

20世纪以来，科学技术的一系列进步，工业革命的深入，工业文明在全世界的播散和扩张，使世界城市化出现了许多新特点。

第一，全世界城市化进程加速，城市数目增多，规模扩大，大城市发展比以往迅速。20世纪以来，尤其是第二次世界大战以后，由于高自然增长率导致世界人口激增，1925—1974年，世界人口增加了1倍。加之经济迅速发展，大大加快了世界城市化的进程。据估计，1925年城市人口约占世界总人口的21%，1950年增为29.1%，1960年达35.3%，1970年为36.6%，1980年增至41.3%，1985年达44.5%，1990年为45%，其增长速度超过了总人口的增长速度。2000年世界城市化水平达到51.55%。据估测，2025年将达65%，2050年可超过70%。15万人以上的城市，18世纪仅15个，1900年才增加到38个。而在1950—1980年的30年中，仅百万人口以上的大城市就由71个增至234个，并出现了墨西哥城、圣保罗、伦敦、纽约、东京、上海这样千万人口的大城市（图6-6）。

图6-6 世界城市化速度日益加快

---

① 马克思恩格斯全集[M].3卷.北京：人民出版社，1972：57.
② 列宁全集[M].22卷.北京：人民出版社，1958：296.

第二，城市化发展的不平衡性加强。在欧洲、北美洲、澳大利亚、新西兰、日本和苏联等较发达地区，城市化发展较早，城市人口比重较高，至1980年城市人口高达7.8亿，占该地区总人口的69%，1985年达7.9亿，占71.5%。但其中各国各地区差别也很大，西欧城市人口比重为82%，个别国家如比利时、德国分别高达95%和92%，呈饱和状态；澳大利亚城市人口占86%，新西兰为83%，北欧、北美、日本为74%。东欧城市人口比重为59%，南欧为60%。在这些城市化程度高的国家和地区中，目前发展趋势是城市化进程减缓，逆城市化和郊区化加速。发展中国家和地区，工业化开始较晚，生产力发展水平较低，其城市化迅速发展始于20世纪，至1980年城市人口比重虽然仅有29%，但城市人口总数已达9.5亿，超过较发达地区，1985年城市人口比重达31.2%，约11.3亿人，城市化速度与西欧19世纪相当，发展潜力极大。拥有庞大人口的第三世界城市化水平还很低，尚处于规模空前的城市化早期阶段。由于农村人口多，经济落后，城市相对繁荣，农村人口为摆脱贫困处境，盲目流入城市，多数国家城市化发展与工业化发展极不协调。另外，城市人口自然增长率高，更加速了城市人口急剧上升。截止到2000年，非洲和亚洲城市人口比重仅为37%左右，而南美洲却高达75.4%。

第三，城市的范围、规模、功能等方面都出现了一系列新的变化，不少城市越来越超出自身的范围，而与毗邻的、相联系的区域连结起来，产生了巨型城市、城市连绵带和城市群等各种新的类型。

第四，城市用地结构日趋复杂。在城市化早期，由于城市规模不大，地区分工无明显界限，一般生产区和住宅区毗连。有些大城市即使拥有码头、仓库区，但分工也不明显。现代城市化使大城市内部产生了工业区、商业区、住宅区、文教区等明显的地域分工，同时各区间的联系日益频繁，城市内部用地由按文化程度和资产多少区分转变为按功能划分。但因经济和人口在大城市过分集中，造成许多严重的城市问题，如用地、用水、住宅和交通运输紧张，布局混乱，环境恶化，犯罪增加等，促使人口和企业逐渐向城市四周扩散。此外，由于大城市居住费用高等原因，造成大都市的人口和企业向中小城镇迁移，形成逆城市化。

第五，城市职能朝动态、综合方向发展。现代城市，特别是综合性的大城市的各种物质供应量、消耗量与日俱增，联系范围、规模日益增大，活动频率不断提高，使城市职能日趋复杂多样。在每个城市中，由于生产专业化和社会化的发展，劳动分工加深，企业对生产性服务提出了更多专业化要求。另外，随着劳动生产率提高，居民个人收入增加，对零售业、饮食业、社会保险、文化娱乐、医疗保健、教育等部门的服务需求增加，使现代城市中由服务、管理、运输、科技、文化教育等部门构成的第三产业不断加强，城市朝综合性方向发展。

三、城市化的一般规律

1. 城市化过程的阶段性规律

尽管世界各国城市化的起步时间、发展速度和目前的城市化水平有很大的差异，但总体来说，世界的城市化过程有一个比较明显的规律，呈现初始化、加速化和终极化三个不同的阶段性特征。

在初始阶段，农业经济占主导地位，比重较大，农业人口占有绝对优势，这一时刻农业生产率较低，农产品的剩余量较少，同时，人口增长处于高出生率、高死亡率的缓慢增长阶段，农村对劳动力的"推力"还不太紧迫。由于现代工业刚刚起步，规模较小，发展中受到资金和技术的制约，城市对农村人口的"拉力"也还不太大。"推力"和"拉力"的缓慢释放，必然使得农村人口向城市转移的速度较为缓慢，表现在城市化进程上，需要有一个相当长的时期，城市化水平才能够从百分之几上升到百分之二三十。事实上，世界城市化的这个过程，从两河流域的城市出现开始至世界城市化水平达到20.5%，历时5400多年。

在加速阶段，随着现代工业基础的逐步建立，经济得到相当程度的发展，工业规模和发展速度明显加快，城市的就业岗位增多，拉力增大。而农村生产率也得到相应提高，使更多的劳动力从土地上解放出来。同时，由于医疗条件的逐步改善，人口增长进入了高出生率、低死亡率的快速增长阶段。农村的人口压力增大，乡村的推力明显加大。在这种条件下，农村人口向城市集中的速度明显加快，城市化进入加速发展阶段。城市化水平在相对较短的时间里从百分之二三十达到百分之六七十。世界发达国家大约用了100年的时间达到这个水平。就整个世界而言，当前城市化仍处于积极推进过程之中。

在终极阶段，城市化水平达到百分之六七十之后，发展速度则转向缓慢。这时，全社会的人口进入低出生率、低死亡率、低增长率的阶段。同时农村人口经过前一时期的转移，人口压力减小，农业生产率进一步提高，农村的经济和生活条件大大改善，乡村人口向城市转移的动力较小。在城市的工业发展中资金、技术投入越来越重要，就业岗位增加的速度减缓，剩余劳动力开始走向第三产业。由于农村的推力和城市的拉力都趋向减小，城市化进程开始放慢，城市化水平徘徊不前，直到最后城乡间人口转移达到动态平衡。

2. 城市化的区域差异规律

城市化也是人类社会生产力不断发展、劳动地域分工不断深化在空间的转移和运动过程。在这一过程中，人类社会随着科学技术的进步，从自然界获取越来越多的物质流、能量流和信息流,完成了从狩猎社会、农业社会到工业社会的过渡。与之相适应,城市化也经历了准备、初始、高速发展的不同阶段。但是,在同一时期,不同区域中的生产力要素,包括物质、人力、能量、信息以及资本的流动速度和组合程度各不相同,决定了区域间城市化速度和水平的差异。例如,18世纪后期蒸汽机的出现,使英国首先进入工业化社会,并且使英国的城市化水平遥遥领先于其他国家。

在进入工业社会以后,由于生产技术和生产工具的变革,人类利用自然资源和自然条件的能力显著提高,区位、交通、信息条件在生产力和城市发展中的作用大为增强,人口质量、社会因素的影响也越来越重要。这些变化既为城市成为产业分布的集中点创造了条件,推动了城市化进程,又加剧了因这些要素分布与发展的不平衡性而导致的城市化区域性差异。

3. 城市化的聚集与扩散规律

城市化伊始,人类最基本的物质生产以及与之相适应的交换、分配、消费活动和居住活动不停地从分散的村庄向集中的城市聚集。然而在经历了5000多年的聚集发展之后,首先在发达国家出现了生产和生活由大城市向周围地区扩散的现象。由此丰富了当前以聚集为主流的城市化内容,同时预示了这样一个前景,即城市化过程将会出现由盛转衰的局面。

迄今为止,聚集是城市化最明显的特征。城市作为聚集的中心,在劳动技术、资金、交通运输、通信设施、市场容量、人力资源以及居住条件等方面,比周围地区拥有更多的优势,使生产活动不断向城市聚集,从而产生聚集的规模效应和经济效益,成为区域的增长点。聚集不仅可以使城市成为一个区域经济活动的中心,而且可以使已成为经济活动中心的城市带动整个区域的发展,实现程度更大的聚集。

城市化的过程,是人类生产和生活活动聚集的过程,但同时又是一个扩散的过程。不过,在城市化的不同阶段,聚集和扩散的主次有着明显的差异。在城市化迅速发展阶段,占主导地位的是聚集。到了城市化的终极阶段,开始出现扩散。城市化水平越高,城市的等级规模越大,扩散的作用就越强,扩散的范围就越广。

四、城市化发展趋势

1. 世界城市化势头依然强劲

首先是城市人口的增长。全世界的城市人口从1950年的7.5亿,增加到1990年的近23亿。有人估计,到2030年,世界城市人口将达到51亿。在不到100年的时间里,世界城市人口将增长近7倍。其次是世界城市化率,也将从1990年的43.2%提高到2030年的61.1%。最后是影响城市人口增长规模的城市人口年增长率,虽然 2025—2030 年的城市总人口的年增长率估计为 1.6%,低于 1950—1965 年的 3%,但由于城市人口的增长速度快于总人口年增长率 0.81% 的速度,所以世界城市化的速度在未来 30 年中将仍然呈加快的趋势。

中国 2016 年的城市化率为 57.4%,依照国际惯例,城市化率在 30%—70% 是城市发展的加速期,也就是说未来中国的城市化过程将维持短期的快速发展。到 2030 年中国城市化水平可以达到 70% 左右,基本进入城市社会。

2. 大城市化将仍是城市发展的主要趋势之一

20 世纪 50 年代以来,世界城市化速度加快,城市规模迅速扩大。尤其是大城市,不仅数量增加,而且规模也变得越来越大。在 1950 年,世界上只有纽约一个城市的人口超过 1000 万,占全世界城市总人口的 1.6%。到 1995 年,这样级别的城市达到 14 个,人口约 1.95 亿,占全世界城市总人口的 7.6%。至 2018 年,人口超过 1000 万的城市数量已达到 36 个,据联合国经济和社会事务部公布的《2018 年世界城市化趋势》报告,全球城市化水平为 55%,存在继续提升趋势。

从世界发达国家的城市化发展历程来看,基本上都经历了从农村到城市,再从分散的中小城市向大中心城市集中的过程。21 世纪是城市经济的世纪,大城市带之间的竞争和协作将决定新世纪世界经济发展的格局。

3. 世界性城市增多,国际大都市的作用进一步增强

随着世界贸易的增加,新的国际分工的逐步形成,跨国公司对各国经济的不断渗透,经济全球化的进程正在加快,从而使若干城市发展成为世界城市或国际性城市,并控制和主宰着全球的经济命脉。世界城市的形成和发展使世界城市体系出现了新等级体系结构,即世界级城市、跨国级城市、国家级城市、区域级城市和地方级城市。而且城市在全球经济中所扮演的角色也由于相互间联系的广泛性而尤为重要。

在工业社会,城市的增长潜力基本上取决于该城市的规模,而城市的规模也决定了该城市在世界城市体系等级结构中的层次。而在信息社会,城市的发展潜力却取决于该城市与全球其他城市的相互作用强度和协同作用程度,并不完全取决于它的规模大小。因此,较小的城市也可通过联系网络,利用城市之间的相互作用和相互协同,并依靠专业化优势来获得较大的发展潜力。

世界性城市或国际大都市在经济全球化的发展中,作为世界产业中心、金融中心、贸易中心、航运中心、研发中心等的地位和作用进步加强,对世界经济的发展、国际贸易格局的变化将产生巨大影响。一些国际大都市甚至成为控制世界经济、在世界范围内配置资源的重要枢纽。因此,随着工业社会和世界城市化的普遍发展,城市间的经济网络将会最终主宰全球经济命脉,使若干世界性的节点城市成为在空间权力上超越国家的实体,形成全球城市体系的格局。

4. "大集中、小分散"的城市化发展格局仍将延续

自 20 世纪 70 年代美国率先进入信息化社会以来,人们便开始关注信息革命可能带来的空间分散化趋势,并纷纷观察到城市边缘地带的快速增长过程,认定分散化趋势确实已经展开。但这一结论似乎还只适合于世界局部区域,就世界城市化的总体情况而言,集中化趋势仍占主流。近几十年来大都市区和大都市带在世界各国的快速发展也印证了这一集中化过程。

1960 年日本占国土面积 12% 的四大城市圈已独占了工业生产总值的 70%。然而当时的日本政府并没有充分认识到这一点,反而从国土均衡发展的理念出发,把向地方圈进行工业分散作为国土政策的第一目标。虽然一部分工业生产功能分散到了地方圈,但实际上今天日本 GDP 的近八成仍然集中在四大城市圈。这是因为服务业和信息业集中在这些大城市圈内,这些新崛起的产业更具有城市经济的属性。后来日本政府认识到了产业集聚和城市功能的重要性,并根据世界经济发展的新形势,及时调整了自己的城市化战略。在今后相当长的时期内,城市这种"大集中、小分散"的地域发展格局也许还会长久地持续下去。

5. 生态城市备受青睐

20 世纪 60 年代以来,绿色环境运动的兴起,国际社会对可持续发展的高度关注,以及人们对生活质量要求的提高,使公民对人居环境越来越重视。人们开始愿意为城市环境投入资金。以往"先污染,后治理"的工业化、城市化模式已无法继续。越来越多的国家和人民开始了环境合作,在发展战略的调整中重视资源和能源的节约,重视环境保护。清洁型、生态型和宜居型的城市化建设方兴未艾。

人们在肯定工业时代城市化对经济社会发展具有明显的推动作用,为人类提供了高度物质文明的同时,也认识到了各种"城市病",如交通堵塞、住宅拥挤、环境污染等对生产和生活的长远影响。"城市病"目前也逐步地扩展到广大的发展中国家。这些问题需要世界各国在推进城市化的进程中,结合各地的实际情况,积极思考,采取措施认真应对。

学习思考题

1. 如何理解工业文明是综合文明?
2. 如何评价近代欧美的政治民主化?
3. 结合科学革命的演进,思考李·约瑟难题该如何解答。

第七章 工业文明的扩展与回应

  一个音符无法表达出优美的旋律，一种颜色难以描绘出多彩的画卷。世界是一座丰富多彩的艺术殿堂，各国人民创造的独特文化都是这座殿堂里的瑰宝。一个民族的文化，往往凝聚着这个民族对世界和生命的历史认知和现实感受，也往往积淀着这个民族最深层的精神追求和行为准则。人类历史发展的过程，就是各种文明不断交流、融合、创新的过程。人类历史上各种文明都以各自的独特方式为人类进步作出了贡献。

——胡锦涛在耶鲁大学演讲

  工业文明是人类文明发展到一个更高级阶段的社会文明形态。从历史和发展的眼光来看，工业化先发国家占据了工业时代的主导地位。世界古文明相对闭塞和平等发展的格局被打破，开启了相互联系、整体发展的现代文明史。少数国家在获得工业文明的优势地位后，便向世界其他国家和地区扩张；后发国家和地区在与欧美等工业化国家发生冲突与碰撞的同时，又以他们为榜样，学习并吸纳工业文明的有益成果，把建立工业社会作为本国的社会经济目标。世界各文明的交往在冲突与融合、战争与和平中前行。

第一节 俄国的农奴制改革和工业化进程

  俄罗斯地处欧亚大陆和东西方文明的边缘，俄罗斯文明是独特的文明。东正教是俄罗斯文明的精神支柱。受拜占庭的影响，俄罗斯东正教具有保守主义、救世主义和集体主义的特点。尼康改革引起教会分裂，从而使东正教走向衰落。专制制度是俄罗斯文明的政治核心。军队和贵族官僚制度是专制制度的两根支柱。人民普遍的无权和普遍的受奴役，是专制制度的特点。彼得大帝义无反顾接受西方文明，但没有改变专制制度的本质。由于它是建立在压迫国内各族人民的基础上的，所以很容易被人民革命推翻，时代呼唤俄罗斯文明的改革和转换。

一、俄罗斯文明的兴起

  近代的俄罗斯帝国是由中世纪的莫斯科公国经过几个世纪的扩张逐渐发展起

来的。1480年,莫斯科公国摆脱了蒙古金帐汗国(钦察汗国,1243年拔都所建)的统治。67年后,伊凡四世建立起君主专制制度。1649年,沙皇阿列克谢·米哈伊洛维奇(1645—1676年)颁布一部《法典》,正式以法律的形式确认了农奴制度。从此,俄国逐渐成为一个典型的封建农奴制国家。

1. 彼得一世改革

封建农奴制度严重阻碍了俄国社会生产力的发展。在这种制度下,农奴的生活极为悲惨。农奴主可以把农奴连同土地一起转让或出卖;可以对农奴施以死刑以外的各种酷刑。农奴除了耕种自己的一小块份地外,还必须为农奴主服劳役(每周3天,盛行于黑土地带)或交纳代役租(盛行于非黑土地带),此外,还得向封建政府和教会纳税。

进入18世纪初年,俄国的工商业虽然有一定的发展,国力也有所增强,但比起西欧来仍然落后一两个世纪,起步较晚、地理闭塞是主要原因。

随着社会经济的缓慢发展,俄国地主和新兴的商人阶级愈来愈迫切地要求增加谷物的输出,加强与西欧各国的联系。然而,俄国隔绝闭塞的现状与地主和商人阶级的这种愿望发生了尖锐的矛盾。要解决这种矛盾,首先就需要夺取黑海和波罗的海的出海口,控制通往西欧各国的水路交通线。

首先把这一计划付诸实践的是沙皇彼得一世(1682—1725年)。1695年和1696年,彼得一世曾经两次发动对土耳其的战争,结果仅仅夺取了亚速城堡,夺取黑海出海口的计划遭到失败。

为了彻底战胜土耳其人,夺取黑海出海口,1697年3月,彼得一世派出多达250人的庞大使团赴西欧进行考察,一方面学习西欧各国的科学技术,特别是陆海军技术;另一方面寻求反对土耳其的联盟。彼得一世也化名彼得·米哈伊洛夫随同前往,直到1698年7月结束。彼得一世的西欧之行虽然在寻求反土联盟的计划上落了空,但是却从西欧国家学到了先进的造船及其他技术。同时,他还了解到,控制波罗的海出海口的瑞典同丹麦、波兰两个国家积怨已久、矛盾很深,彼得一世审时度势,认为这是夺取北方波罗的海出海口的大好时机。他决定立即结束对土耳其的战争,很快与丹麦、波兰结成反对瑞典的北方同盟,掉转矛头,首先对付瑞典。

1700年,北方同盟三国(俄国、丹麦、波兰)对瑞典的战争正式开始。瑞典国王查理十二英勇善战,迅速打败丹麦,在芬兰湾南岸的纳尔瓦大败俄军主力,并于1706年迫使波兰国王签订和约。

纳尔瓦的惨败并没有使彼得一世气馁,相反,他从中看到了俄国的腐败和落后,促使他下决心进行一场扎扎实实的改革。主要内容有:

第一,在政治上加强了中央集权,整顿和改组了从中央到地方的各级行政机构。彼得一世废除了经常干预沙皇权力的国家杜马,建立由他亲自指定的九人元老院和外交、陆军、海军、财政、贸易、矿务等9个部(以后又增至12个部);把全国划分为8州50个省,使之隶属于中央政权;彼得还废除了东正教教长的职务,设立了宗教院,把宗教控制在政府手中如此等。到了彼得晚年,在俄国基本上建立了一套比较完整的官僚体制,巩固了封建专制制度。

第二,在经济上围绕对外战争的需要,鼓励工商业的发展;在军事方面则扩充军队,壮大军事力量。彼得一世改革的根本目的是增强俄国的军事、经济实力,适应对外侵略扩张的需要。彼得一世立即下令解散贵族军队,实行征兵制,把陆军扩充到20万人,包括步、骑、炮、工4个兵种,海军扩充到拥有大小战船850只,兵员28000人。采用西欧方法训练军队,利用各种军事学校及留学来培养军官。为了保证这支日益增长的军事力量所需要的装备,彼得大力兴建军用工场,发展军火生产。通过这些政策的实施,俄国一跃而成为欧洲的陆军强国,也成为波罗的海的海上强国,为此后打败瑞典、土耳其,夺取波罗的海和黑海出海口,并四处侵略扩张打下了基础。

第三,在文化教育方面,提倡科学和文化。彼得一世创办了造船、航海、造炮、矿业、医护和工程技术等各种专门学校,在彼得堡创办海军学院。1703年创办俄国第一份报纸《新闻报》,彼得一世亲任主编。为了加快培养人才的速度,彼得一世把一批批青年派往西欧留学,并请外国专家来讲学。在这同时,他还提倡著书立说,简化俄文字母,采用公历(儒略历),创办了俄国第一个剧院和博物馆。通过以上措施,为俄国培养了大批的各类专门人材,满足了国家发展进步的需要,提高了俄国的科学文化水平。

总的来说,彼得一世的改革,虽然不能使俄国变成为一个资本主义强国。但它毕竟对于改变俄国的落后面貌起了巨大的推动作用。

改革中的俄国,力量得到极大的增强。1709年6月,俄国陆军在乌克兰的波尔塔瓦大败瑞典军队。1720年,俄军又击败瑞典海军,开始在瑞典本土登陆,兵锋直指瑞典首都斯德哥尔摩。1721年4月,瑞典被迫求和。根据战后的和约,俄国夺取了芬兰湾、卡累利阿、爱沙尼亚和阿脱维亚等波罗的海沿岸地区。这样,长达21年的北方战争(1700—1721年)最终以俄国取得波罗的海的出海口而宣告结束。

彼得一世的侵略扩张,为俄国农奴主及大商人争得了许多好处,自然而然得到他们的支持和拥戴。1721年10月22日,俄国正式宣布彼得为皇帝(即彼得大帝),俄国改称为俄罗斯帝国。至此,俄国封建专制制度发展到一个新的阶段。

彼得一世的一生,力图建立一个从波罗的海到太平洋,从北冰洋到印度洋的大俄罗斯帝国,并把这个目标作为他的基本国策。虽然在他统治时期这一目标未能实现,但却为此后的历代沙皇所继承。

2. 叶卡特琳娜二世的统治

彼得一世死后,俄国经历了近40年频繁的政变和政治动乱,到1762年,叶卡特琳娜二世即位(1762—1796年),俄国政局才稳定下来。

叶卡特琳娜二世继续加强农奴制度,在她统治俄国的34年间,农奴制扩大到伏尔加河和黑海北岸的广大地区。大量的农奴被赏赐给贵族,农奴对农奴主的人身依附关系大大加强,买卖农奴的现象已经极为普遍。

叶卡特琳娜二世是一个极端的封建专制主义者,但她却一贯把自己打扮成一个贤哲的君主、农奴制的反对者,口口声声要实行所谓的"开明专制"。为此她常常与法国的启蒙思想家伏尔泰、孟德斯鸠等人通信,声称要把他们的主张贯彻到自己的对内政策中去,在这块"开明专制"的遮羞布下,她推行了一整套反动措施,使俄国的封建专制制度达到登峰造极的地步。由此,叶卡特琳娜二世被称作"贵族的女皇",继彼得一世之后获得了"大帝"的称号。

在对外政策上,叶卡特琳娜二世完全继承了彼得一世的扩张衣钵,对邻国进行了大规模的侵略和鲸吞。她曾经说:"为了拯救帝国不受人民侵犯,我们必须发动战争。""要是不把土耳其人驱逐出欧洲,不把中国的傲慢加以征服,我是死不瞑目的。"在这种侵略主义思想的指导下,叶卡特琳娜二世利用当时有利的国际环境,于1768年和1787年两次发动对土耳其的大规模战争,夺取了土耳其黑海北岸的大片肥沃土地,取得了在通过海峡出入黑海的自由航行等权利。与此同时,叶卡特琳娜二世还在1772—1795年伙同普鲁士和奥地利三次瓜分波兰。此后,沙皇俄国就利用这条从波兰手中夺来的广阔走廊扮演了一个可耻的欧洲宪兵的角色。

二、俄国农奴制改革

1. 农奴制危机的加深

俄国农奴制危机的加深主要表现在以下方面:一是资本主义经济的发展;二是工业革命的到来;三是革命民主主义者反对农奴制的斗争;四是克里米亚战争成为农奴制改革的导火线。

第一,俄国资本主义经济的发展。19世纪上半叶,由于商品经济发展和沙皇政府实行的一些有利于工商业发展的政策,农奴制下俄国的社会生产力有了较快的发展。1804年,俄国拥有16名以上工人的手工工场1200家,1825—1828年增至1800家,50年代后期更增加到2800家。工人也增加了,1804年为22.5万人,1825年为34万人,1860年达到86万人。更为重要的变化是,农奴制工人在1804年占工人总数的48%,1825年为54%,1860年达87%。不过,在各个不同的生产部门中，资本主义关系发展的情况是不相同的。在棉织业、麻织业、丝织业和制革业等部门，资本主义手工工场占绝对优势。而在黑色冶金、呢绒、造纸等工业中仍以农奴劳动为主。即使在资本主义手工工场中做工的工人，也因为要向地主或国家交纳代役租，也不能完全摆脱依附农奴的地位，因而仍旧受到农奴制度的束缚。

与此相应，农业中资本主义生产关系也得到了发展。主要是在南俄黑海沿岸及伏尔加河下游地区。1801年，允许在一定条件下买卖土地的法令颁布后，商人、市民以及富农的土地所有制有所发展，农奴阶级也开始发生分化。但是，由于封建农奴制的束缚，农业中资本主义因素的发展极其缓慢。

第二，工业革命的兴起。受西欧国家第一次工业化浪潮的影响，19世纪三四十年代，还在处在农奴制统治的俄国便开始了工业革命，这是俄国工业革命的一个重大特点。

俄国的工业革命也首先从纺织业开始，通过引进外国先进技术进行工业化。19世纪初，一些纺织业手工工业开始采用蒸汽机，到20年代开始大规模进口机器，逐渐建立起一些资本主义性质的现代工厂。俄国自己的机器制造业直到50年代才开始有所发展。交通运输业的技术革命可以说开始于1815年。这一年在涅瓦河上出现了第一艘汽轮，到19世纪三四十年代，伏尔加河等河流开辟了定期的汽轮航线。19世纪30年代修筑了俄国第一条铁路，1851年建成从彼得堡—莫斯科的铁路。到1861年，全俄约建成1500俄里（1俄里约合1.0668千米）的铁路线。随着工农业生产和交通运输业的发展，俄国的国内外贸易都有了显著的增长。在19世纪上半叶，国内集市由3000个增加到4300个。19世纪的前60年，俄国的对外贸易增长2.5倍。

俄国资本主义经济和工业革命受到封建农奴制的严重阻碍。首先，农奴制把农民束缚在土地上，阻碍自由劳动力的形成。其次，已被资本主义企业雇佣的工人，按其社会地位说，大部分是代役租农民，他们须向地主交纳货币地租。这就使工厂主不得不把一部分剩余价值分给封建主，从而降低了进行扩大再生产的能力。最后，在农奴制下，广大农奴购买力极低，国内市场狭小，也限制了资本主义工业的发展。农奴制的束缚，使俄国工业发展的水平远远落后于其他主要资本主义国家。

随着生产力与生产关系之间的矛盾日益尖锐，俄国的阶级矛盾也不断激化，主要表现在农民和农奴起义的日益高涨。据不完全统计，1826—1854年，俄国共发生了709次农民起义，平均每年达24次以上。工人、士兵也掀起了反对沙皇专制制度的暴动。遭受阶级和民族双重压迫的波兰、立陶宛、哈萨克、高加索和西伯利亚的少数民族，也纷纷掀起了猛烈的斗争。农民和农奴起义的人民运动震撼了封建农奴制度的基础,集中地反映了农奴制危机的加深。农奴状态已经成为国家脚下的火药库了。

第三,革命民主主义者反对农奴制的斗争。封建农奴制度的危机和农奴反抗农奴主的斗争,反映在意识形态领域里,产生了农奴解放的理论。早在18世纪末,俄国著名作家拉吉舍夫就写了《从彼得堡到莫斯科旅行记》一书,号召人民起来推翻农奴制度。19世纪20年代,俄国贵族革命家发动了十二月党人起义,提出了解放农奴,无偿给予他们土地等要求。虽然最后遭受失败,但十二月党人的革命活动却开始了俄国解放农奴运动的第一个时期,即贵族革命家时期。

从19世纪40年代起,俄国解放农奴运动逐渐进入第二个时期,即资产阶级民主主义时期。这个时期的代表是直接在十二月党人影响下成长起来的赫尔岑和以别林斯基、车尔尼雪夫斯基、杜勃洛留波夫为代表的革命民主主义者。他们站在资产阶级立场上,利用发表文学评论,创办刊物等形式,积极鼓吹自由、平等、博爱,主张废除农奴制度,推翻沙皇专制制度建立资产阶级民主共和国。

亚历山大·伊万诺维奇·赫尔岑(1812—1870年),出生在俄国一个富有的地主家庭里。青年时代深受十二月党人的影响,从此投身于推翻农奴制度的革命宣传活动。他是由贵族革命家到革命民主主义者的过渡性人物,是俄国著名的思想家、作家,革命宣传鼓动家。他出版了一种革命的杂志《北极星》,表示他决心继承十二月党人的事业。1857—1867年,赫尔岑在国外还出版了有名的《钟声》杂志,号召一切进步的人们为反对专制制度和农奴制度而斗争。赫尔岑的主要功绩在于唤醒了以车尔尼雪夫斯基为代表的新一代革命民主主义知识分子。

维萨里昂·格里戈里也维奇·别林斯基(1811—1848年),出身在一个贫苦的海军军医家庭里,他是俄国资产阶级革命民主主义的先驱。早年在莫斯科大学读书时就以中篇小说《季米特里·加里宁》谴责农奴制度,被学校以"身体衰弱、低能"为由开除学籍。起初,他反对用革命的办法消灭农奴制度,企图用"启蒙教育"的改良办法达到废除农奴制度的目的。后来,他在革命运动的推动下逐渐抛弃了幻想。1847年,他在《给里戈里的信》中,不仅谴责里戈里背叛人民事业而投向沙皇制度的行为,而且深刻地揭露和批判了农奴制俄国的腐朽和黑暗,号召人们起来推翻沙皇专制制度。他说:俄国能否得救,不在于说教与祈求,而在于废除农奴制度,在于唤醒人民对于人的尊严感,在于教育人民。列宁称这封信是一篇"……没有经过审查的民主出版界的优秀作品……"。①

尼古拉·加夫里洛维奇·车尔尼雪夫斯基(1828—1889年),出生在萨拉托夫城一个神甫家庭里。早年在一所宗教学校上学,后来进了彼得堡大学。他接触过费

---

① 列宁全集[M].20卷.北京:人民出版社,1958:241.

尔巴哈哲学，逐渐成为一个空想社会主义者。从1853年起参加《现代人》杂志的编辑工作，后来成为这个杂志的实际领导者。这个杂志在他的领导下变成了革命民主主义者的机关刊物，他发表了一系列有关农民问题的文章，详尽地阐明了他的农民革命纲领。他号召人民举行武装起义，消灭农奴制度，推翻沙皇专制统治。

革命民主主义者都是一些单独的革命家和活动家。他们尖锐地批判了封建农奴制度，号召人们起来革命，成为俄国的启蒙主义者。

第四，克里米亚战争成为触动改革的导火线。进入19世纪以来，沙皇亚历山大一世（1801—1825年）和尼古拉一世（1825—1855年）继承了彼得一世和叶卡特琳娜二世的衣钵，加紧向巴尔干地区渗透和扩张。19世纪上半期，经过几十年的血腥征服，终于从伊朗手中夺取了格鲁吉亚、阿塞拜疆的一部分和亚美尼亚等地区。

沙皇俄国是最早侵略中国的国家之一。从17世纪中叶，沙俄殖民者就开始侵入黑龙江流域进行掠夺和屠杀。1858年和1860年，沙俄先后通过中俄《瑷珲条约》和《中俄北京条约》，割占中国黑龙江以北、乌苏里江以东共计100多万平方千米的领土。

争夺近东和巴尔干地区，历来是沙皇俄国建立世界霸权的头等目标。1827年，沙皇俄国以援助希腊民族解放运动为名，勾结英、法对土耳其作战。1828—1829年对土战争的胜利，大大加强了沙俄在巴尔干地区的地位。

到了19世纪50年代，沙俄趁土耳其帝国衰落的时机，又伸手这一地区，企图夺取黑海海峡，控制巴尔干地区。因而与英、法资本主义国家的殖民利益发生了尖锐的冲突。

克里米亚战争的导火线是"巴勒斯坦圣地"问题（巴勒斯坦此时属土耳其）。1853年初，俄国派出一个使团到君士坦丁堡，要求土耳其苏丹授权东正教教会掌握巴勒斯坦伯利恒教堂，遭到拒绝。此后俄土之间断绝了外交关系。1853年6月，8万俄军开进了摩尔达维亚和瓦拉几亚，土耳其下达了战争动员令。

1853年10月，土耳其在英、法的支持下宣布开战，俄土战争全面爆发。战争开始的当年11月，俄军重创土耳其舰队，控制了黑海的制海权。直接威胁到土耳其首都君士坦丁堡。沙俄对土耳其肆无忌惮的侵略，从根本上损害了英、法列强的殖民利益。1854年3月，英、法正式对沙俄宣战，后来萨丁王国也加入英、法一边，奥地利趁机派出两个军团进入多瑙河，要求俄国退出多瑙河两公国，战争日益扩大和复杂化。塞瓦斯托波尔之战是克里米亚战争的决定性战役，俄军在这次战役中的失败也就决定了它在克里米亚战争中的彻底失败。1856年3月，交战双方签订了《巴黎和约》。规定俄国在黑海海峡不能保有舰队，还必须拆除黑海沿岸的一切要塞；比萨拉比亚的一部分割让给摩尔达维亚和土耳其。

长达 3 年多的克里米亚战争，使俄国 52 万人伤亡，直接战争费用高达 50 多亿卢布，给俄国人民带来了巨大的突难。尼古拉一世建立世界帝国的美梦破灭，服毒自杀。俄国发动战争本来想以此缓和国内矛盾，维护农奴制度，克里米亚战争中的失败使沙皇搬起石头砸了自己的脚。

克里米亚战争大大加重了俄国人民的兵役和赋税负担，加上连年的自然灾害，人民生活恶化，许多地区的农民揭竿而起，纷纷发动起义。据不完全统计，1858—1860 年，俄国发生农民起义近 300 次，彻底动摇了农奴制度的经济基础，促进了革命形势的成熟。

群众性的农民斗争促使资产阶级自由主义运动日渐活跃起来。自由派地主和资产阶级开始公开谈论废除农奴制度的必要性。1857—1858 年，各省成立了贵族委员会来制定废除农奴制度的改革草案。

2. 1861 年农奴制度改革

1861 年俄历 2 月 19 日（公历 3 月 3 日），亚历山大二世正式批准了关于废除农奴制的法令和特别诏书。主要内容如下。

①关于农奴的人身解放。《2 月 19 日法令》反映了农奴主一手实行的改革的资产阶级性质。法令宣布了农民的人身自由。

《2 月 19 日法令》从法律上宣布了农奴的人身解放，但是在实际上，他们并没有得到充分的公民权利。

②关于宅园地和份地及赎取办法。《2 月 19 日法令》规定，农民在获得人身自由的同时可以得到一块份地或宅旁园地。法令基本上把俄罗斯欧洲部分各省的土地划分为黑土、非黑土和草原 3 个地带，并且规定了每个地带份地的最高额和最低额。改革以后，全俄平均每个农民得到了 3.3 俄亩份地（1 俄亩约合 1.09 公顷，也译作"俄顷"。18—19 世纪时约合 1.456 公顷）。份地中最肥沃的部分以及改革前归地主和农民公有的水塘、牧场和森林都被地主霸占去了。

农民要得到自由、宅园地和份地，就必须向地主交付赎金。当时，地主分给农民的全部份地大约价值 6.5 亿卢布，而农民必须交付的钱近 9 亿卢布。农民同地主订立赎地契约时，必须立刻付出赎金的 20%—25%，其余的 75%—80% 由国家暂时垫付给地主，农民在 49 年内分期本利偿还给国家。截至 1905 年革命，农民实际交付的赎金超过了 20 亿卢布。

③关于改革后农民的管理组织。为了加强对改革后农民的控制，政府把农民组织在固有的农民村社中，实行连环保制度。由几个村社组成乡，村社和乡的公职人员由农民代表选出，负责监督农民完成各种义务，而且直接隶属于地方行政机构，必须执行政府的一切法令。此外还特设了一个由地方贵族产生的调停吏，负责处理地主与农民之间的一切关系，村社和乡的公职人员也必须完全听从调停

吏的管辖。这样，从前受个别地主支配的农民，改革后在相当程度上处于地主贵族集体权力的控制之下。

经过农奴制改革，从农奴制度的束缚下一共解放了男性农民2120多万人。女性农民也同时获得解放，但她们得不到土地，因此也不用付赎金。一部分破产成为自由雇佣工人，为资本主义提供了自由劳动力。所以说1861年俄国农奴制改革是一场资产阶级性质的改革，它是俄国由封建生产方式过渡到资本主义方式的转折点。

但是，由于1861年农奴制改革是由封建农奴主自上而下进行的，因而极不彻底，它保留了浓厚的封建残余。因此，彻底推翻沙皇专制制度和地主土地所有制，就成为未来资产阶级革命的基本任务。

三、俄国的工业化进程

俄国的工业化进程是在西欧工业革命的影响下起步，其工业革命与工业化几乎同步发生。其工业化的第一阶段发生在俄国农奴制改革前后，大约是19世纪20—90年代。工业化初期以引进西欧的技术、机器设备和学习欧洲发达国家的经验为主。改革后的20年工业革命迅速扩展。其工业化从纺织业扩散到食品业、交通运输业、机器制造业、五金加工业等，形成了不同的工业中心。莫斯科成为纺织工业中心，彼得堡是机器制造工业和五金加工业的中心。国家全力扶植重工业的发展，而由市场推动轻工业的发展。由于缺乏资金和技术，不得不大量吸收外国资本，进口外国机器。与此同时，俄国大量出口谷物。俄国逐渐与资本主义世界市场融于一体。

从19世纪80年代起，俄国工业革命进入集约和结束阶段。90年代，俄国工业进入快速发展时期。现代冶金、燃料工业基地和石油工业基地在顿涅茨和巴库建立。工业生产年均增长达9%。1893—1900年，共修建了2.2万俄里铁路，比前20年修建的总和还多。到1901年，全国铁路增至5.6万俄里，形成了完整的铁路交通网。在国民经济总额中，工业生产总额和农业生产总额持平。城市化程度达到15%。俄国艰难地由农业国向工业—农业国转变。但是，19世纪90年代的工业高涨被1900—1903年的工业危机所打断。发生危机的重要原因是农业落后和国内市场狭窄。在危机之后，俄国进入了战争和革命的年代，经济长期萧条。从1910年起，又进入经济高涨时期。1910—1913年，工业生产增长45%，年均增长11%。[①]其中轻工业增长32%，重工业增长67%。[②] 工业生产广泛采用电力和内燃机，俄国工业的生产技术现代化达到新的高度。可这次工业高涨很快

---

① 舍佩列夫.1904—1914年的沙皇政府和资产阶级，工商业的政策问题，列宁格勒，1987：22.

② Отечественная история，1999(2)：7.

被第一次世界大战打断。1913年，俄国工业生产总值在美国、德国、英国、法国之后居世界第五位。

俄国工业化进程虽然明显受到欧洲工业化国家的影响，但其工业化进程是自主进行的。俄国工业化的设计师是谢尔盖·维特（1849—1915年）。他在1893年制定了《工商业发展纲要》，提出了加速工业发展战略，即以国家干预为主导，以财政稳定为杠杆，以保护关税、出口粮食、引进外资、征收重税为手段，以缩小与西欧国家间的经济与技术差距为目标的发展战略。但是这种战略是建立在剥夺农民基础上的一种牺牲农业来换取快速工业化的发展战略。重工业的发展和铁路的建设是在与农业市场几乎完全脱钩的情况下进行的。在快速工业化的背景下，农业的落后状况进一步恶化了。工业化和落后农业之间的矛盾，实质上是资本主义现代化工业与农奴制残余和中世纪村社的矛盾。随着1900—1903年经济危机的到来，维持的工业化政策受到批评，1903年他被免去财政大臣职务。

为了改变农业的落后状态，实现农业现代化，1906年升任大臣会议主席的彼得·斯托雷平（1862—1911年）着手实行土地改革。斯托雷平改革的基本思想是消灭村社，扶植富农经济，扩大土地私有制，保卫地主土地所有制，使农业适应资本主义的发展。为此，他拟订了1906年11月9日法令和1906年3月4日土地规划条例，该法令和条例经国家杜马、国务会议审议通过和尼古拉二世批准后成为1910年6月14日法律和1911年5月29日法律。

经过1861—1917年的工业化发展，俄国成为世界上重要的工业化国家，资本主义的现代化阶段也已经完成。1917—1991年则是社会主义工业化和现代化阶段。

俄国工业化的主要障碍有三方面。第一，农奴制始终像幽灵一样困扰着俄国。一方面，1861年改革不仅没有废除中世纪的村社组织，反而加强了村社的经济职能。农民赎买份地，地主不是同农民而是同村社签订契约。村社限制农民离开农村，遏制了劳动力的自由流动。农民获得的份地通常低于改革前拥有土地的数量，地主占去了一部分农民的好地。俄国农民的不自由和任人宰割的状况在欧洲是独一无二的。另一方面，地主土地所有制是农奴制残余的主要表现。根据1900年的资料，在私人所有的土地中，贵族占有79.8%，而农民只占有5.5%，商人和市民占有12.8%；20世纪初，拥有500俄亩以上大地产的地主占有很大比重，甚至形成了拥有5万俄亩的土地寡头集团。155个大地主的土地面积达1620万俄亩，几乎占全国私有土地的20%。由于农民缺乏土地，农村存在着大量剩余劳动力，地主可以通过工役制继续奴役农民，他们让农民用自己的农具和耕畜为其耕种土地。工役制妨碍了地主用先进农具和雇佣劳动者按资本主义方式经营农业。根据列宁的统计，在俄罗斯欧洲部分的43个省中，有19个省的地主经济资本主义制度已占优势，这主要是波罗的海和西部各省；有17个省的地主经济工役制度占优势，这主要是黑土地区；还有7个省是混合经济占优势。

第二，根深蒂固的专制制度。19世纪六七十年代的"大改革"，标志着俄国由封建君主制向资产阶级君主制的转变。但是，政治的民主化、法制化比经济的现代化更为滞后。"大改革"竟没有把建立俄国式的代议机构即国家杜马提上议事日程。在各地建立的地方自治会议、地方自治局和城市杜马，却成为资产阶级自由主义的大学校，在这所大学校里，培育了一批立宪主义者。1905年革命才迫使沙皇政府真正走上资产阶级君主立宪制的轨道。《10月17日宣言》赋予人民有人身不可侵犯的权利及信仰、言论、集会和结社的自由，赋予国家杜马以立法职能，使它同国务会议一起成为国家的最高立法机关。被拖延100年的国家杜马终于召开。1905年的《10月17日宣言》和1906年的新版《国家根本法》是俄国政治现代化和国家法制化的转折点。但是，沙皇仍有任命官吏、解散杜马的权力。沙皇专制制度仍是旧生产力的代表，是资本主义发展和政治现代化不可逾越的障碍机制。

第三，维护农奴制度和专制制度的精神支柱——东正教。东正教国家实行政教合一，皇权凌驾于教权。教会靠国家和地主赐予的地产维持生活。俄国东正教会适应国家的需要，向广大教徒灌输虔信上帝、忠于沙皇、服从地主的思想，成为沙皇政府统治人民的驯服工具。东正教会还因其墨守陈规而成为沙皇政府反对改革、镇压革命的重要力量。东正教会的依附性和保守性逐渐削弱了它在人民群众中的影响。反官方教会的旧礼仪派和各种教派纷纷崛起，无神论思想在群众中广泛传播。东正教官方教会随着沙皇政权的衰落而衰落。东正教在历史上曾也发挥过积极作用，每当国难临头、外敌入侵，东正教会就表现出了强大的民族凝聚力。在1812年反对拿破仑入侵的战争中，发挥了宣传、动员和组织作用。但由于它对皇权的依附性和保守性，使它成为阻碍俄国工业化和现代化的主要障碍之一。

第二节 日本明治维新与富国强兵之路

一、日本明治维新

1. 日本明治维新的背景

日本的明治维新是在幕府统治发生危机、资本主义经济因素成长、外国帝国主义入侵的背景下发生的。

第一，德川幕府的统治使幕府体制走向了衰落。1600 年，德川家康在关原之战中彻底打败了敌对的军阀势力，基本上完成了日本的统一事业。1603 年，德川家族获得了世袭的"征夷大将军"（简称将军）的称号，在江户（今东京）设置了幕府，日本历史进入了德川幕府的统治时期。在德川幕府的统治下，幕府成了全国最高统治机构，掌握实权，天皇政治权力被剥夺。全国被划分为大小不一的封建领地，将军占全国土地的 1/4。其他的领地分属于大大小小 260 个大名（诸侯）。将军和大名又把自己的领地分成小块转赐给家臣，或者给他们一定的贡赋作为俸禄，这种家臣就是武士。通过层层转赐构成了日本封建社会特有的等级制度：将军、大名和武士，他们成了日本的统治者。从此，日本开始崇尚武士道精神。

在幕府体制下，被统治阶级也被划成不同的等级，而且等级制度非常严密。全社会被分为"士、农、工、商"四个等级，"士"拥有各种特权，是日本最基层的统治阶级，其他三个等级是被统治阶级，政治上没有任何权力，深受封建制度的束缚和限制，饱受压迫和种种歧视。经济上，沉重的赋税导致民不聊生，积怨重重。正是专制统治、苛政杂税、森严的等级，导致了幕府后期社会矛盾的激化和倒幕运动的兴起。

第二，资本主义因素的成长。17 世纪，日本的社会生产力有了显著提高，商品经济日益发展，资本主义生产关系开始萌芽。主要表现在耕地面积不断扩大，农作物品种日益增多。桑、棉、茶、漆、烟草、蓝靛、甘蔗、油菜等经济作物的种植已经非常普遍。丝绸、棉布、纸张、陶瓷等手工业品的品种和产量也都有所增加。城市人口不断增多，19 世纪中叶，江户人口达到 100 万以上。特别是 18 世纪中叶以后，资本主义性质的手工工场陆续在一些生产部门中出现。在分散的手工工场之外，一些商人包买主还自己设立棉纺织工场，使用"机织下女"从事纺织。于是，集中的手工工场首先在棉纺织业中出现。随着农业和手工业的发展，商业贸易也日渐活跃。以江户、大阪为中心的陆、海路交通有了很大的发展。长崎成为对外贸易的重要城市。但是，直到倒幕运动开始的时候，资本主义手工工场在日本仍然没有占据主导地位，资产阶级也没有形成为独立的政治力量。

资本主义生产关系的产生和商品经济的发展，引起了阶级关系的深刻变化和幕府制度的解体。在农村，富农、商人和高利贷者招募农民开垦新田，成为新兴的地主阶级，并开始反对封建领主制度。作为封建统治重要支柱的武士阶层也日益发生分化。在城市中形成了城市特权商人阶层。沉重的封建剥削和高利贷压榨导致农民起义和市民暴动此伏彼起。

在各地起义的冲击下，19 世纪三四十年代（天宝年间），各藩及德川幕府不得不进行改革，史称"天宝改革"。其主要内容是，政治方面，打破封建等级观念,破格提拔下级武士参加藩政,鼓励学习西方科学技术,创办军火工业;在经济方面,整理各藩财政,豁免武士债务,公布藩政府和大名的收支账目等。西南诸藩的改革,目的在于巩固藩政,但其中有些措施在客观上利于资本主义的发展,因此基本上获得了成功。改革增强了西南各藩的经济和军事实力。此后西南各强藩迅速兴起,成为抗衡幕府的强大力量。

1841 年,德川幕府实行幕政改革。主要内容是恢复自然经济、抑制工商业的发展。解散享有特权的商人同业公会,向商人征收重税;减免封建领主对幕府的欠款;禁止农民流入城市,压制以"兰学"为代表的西方科技文化的盛行等。幕府改革的目的在于巩固封建统治,阻挠资本主义的发展,因此遭到全国人民的强烈反对,以失败告终。幕府改革的失败,削弱了中央政权的力量,加深了封建统治的危机。

第三,外国资本主义的入侵和民族危机的加深。与幕府统治内部危机同时迸发的是民族危机。19 世纪初,英、美、俄等国政府曾经先后遣使日本,要求开港通商,都遭到幕府的拒绝。此后,幕府指使沿海各藩,凡是靠近日本港口的外国舰船一律给予炮击。中英鸦片战争爆发以后,幕府害怕引起同欧洲列强的冲突,1842 年下令,允许外国船只在日本的某些港口加煤加水。

到了 19 世纪四五十年代,英、法、美等资本主义国家加强了对远东地区的殖民扩张,日本也就成了他们的一个目标。首先用炮舰打开日本国门的是美国。在美国的武力威胁和压迫下,1854 年 3 月 31 日,日美双方签订《日美友好条约》(又称《神奈川条约》),规定日本开放下田、箱根(今函馆)两港为美国舰船的停泊地,对美船人员供给食物、煤炭等,价格由日本规定;允许美国在这两港设领事,并获得最惠国待遇。《神奈川条约》打开了日本的大门,结束了日本 200 多年闭关自守的局面。不久,英、俄、荷等国援引美国先例和日本签订了类似的条约。1858 年 6 月美国又强迫日本签订了《日美友好通商条约》(亦称《江户条约》)。日本向美国开放函馆、神奈川、长崎、新潟、兵库五港通商,允许美国商人贸易期间在江户和大阪停留,实行对美国有利的低关税率,承认美国在日本的领事裁判权。接着,荷兰、俄国、英国等资本主义列强又先后与日本签订了类似的条约,借机索取巨额赔款,同时利用不平等条约粗暴地干涉日本内政。欧美列强通过签订《改税协定》,把主要商品的进口税率一律降低到 5%。开港后,1860—1867 年,日本的进出口贸易额急剧增加,其中出口额增加两倍半,进口额增加 13 倍。大量的外国工业品涌入日本市场,破坏了农民的家庭手工业和工场手工业。同时,外国资本家又以低价收购日本的生丝、棉花和粮食,大大影响了日本的丝织业和棉织业的生产,造成粮食恐慌,大量的手工业工人破产失业。日本变成了资本主义国家的商品市场和原料产地。日本的民族危机空前加重。

幕府体制的衰落，资本主义因素的成长和深重的民族危机，导致日本国内各阶级矛盾的严重激化，引发了一系列起义和市民暴动，统治阶级内部围绕着将军继承问题和开国问题也发生了激烈的派系斗争。一方面，以长州藩的吉田松阴和萨摩藩的西乡隆盛为代表的西南各藩的改革派，利用当时国内各阶层普遍反对开国的气氛，倡导攘夷排外，进行反对幕府的活动；另一方面，中下级武士和部分大名在幕府的高压政策下利用农民和市民不断起义的有利形势，逐渐同一部分公卿、大名及不满幕府统治的资产阶级结成倒幕同盟。他们以"尊王攘夷"为口号，掀起了轰轰烈烈的倒幕运动。

在人民起义和倒幕派的强大压力下，幕府采取了怀柔和镇压的两手策略。一方面，力图建立将军与天皇为首的大名和上级武士的联盟；另一方面，积极策划用武力镇压西南诸藩的倒幕势力。幕府的两手策略并未使形势得到扭转。1867年冬，天皇向长州、萨摩两藩发布了"讨幕秘诏"，幕府将军德川庆喜看到形势不利，提出辞去将军职位并归政于天皇的要求。于是，天皇下诏废其摄政、关白、征夷大将军等职。至此统治日本200多年的德川幕府宣告结束。

1868年1月3日，睦仁天皇颁布了"天政复古诏书"，宣布废除幕府制度和成立新的中央政府，9月后改为明治元年。明治政府通过一系列措施扫除幕府残余势力，平息反动大名的叛乱，统一了日本全国。这就为日本天皇进行自上而下的改良奠定了基础。

2. 明治维新的内容

天皇睦仁在改革派武士的支持下，进行了日本历史上划时代的改革。改革的主要内容包括改良既有的统治制度和发展资本主义两个方面。

1868年3月14日，天皇睦仁宣读了《五条誓文》：①广兴会议，万机决于公论。②上下一心，大展经纶。③公卿与武家同心，以至于庶民，须使各遂其志，人心不倦。④破旧来之陋习，立基于天地之公道。⑤求知识于世界，大振皇基。在《五条誓文》的结语中宣称："将实行我国前所未有之变革"。因此，《五条誓文》标志着后来被称之为"明治维新"的开始。1868年4月21日，政府又颁布了《政体书》，即新政府组织法，它规定了政府的政治体制，所以在某种程度上具有宪法的性质。《五条誓文》和《政体书》涉及政治、经济、文化、外交等各个方面，成为明治维新的基本纲领。

这些改革措施主要有四个方面。一是奉还版籍。政府通过批准各藩"奉还"领地和部民，却不重新授封，巧妙地剥夺了他们对土地和部民的领有权，使各藩主成为新政权的地方官员。这样，中央政府完成了收回旧藩政治权力的第一步。二是废藩置县即废除藩国制度，打破藩界。通过这一重大措施，改变了以往藩政割据的局面，最终完成了对旧藩主政治权力的收回。三是废除封建等级制和取消武士特权。实行"四民平等",取消各等级之间在职业、通婚、日常生活等各方面的限制。这一项改革,取消了封建等级制,扩大了政权的统治基础。四是改革土地制度,实行新地税法。在维新中,日本取消了种植商品作物的各种限制,允许作物栽培自由,废除土地买卖的禁令,确认土地所有者的私有权,同时,从法律上废除了封建领主的土地所有制,确立了近代土地所有制和货币地税,促进了商品经济和资本原始积累的发展。通过这些政策和措施,日本革新了既有的统治制度,为日本向资本主义的过渡奠定了基础。

日本在破除旧的生产关系和封建法规之后,实行了许多发展资本主义的政策,其中最重要的有"殖产兴业""文明开化"和"富国强兵"等。

日本为了建立近代化的陆海军和大工业,先后聘请了大批外国专家和技师,引进先进设备和管理方法,建立以国家为主、铁路和矿业为重点的近代化工矿企业。同时积极扶植资本主义工商业,设立通商司,奖励贸易,取消商人的专利同业公会,统一全国货币,修建铁路、公路,发展邮电事业和银行金融业,建立军工厂和模范工厂。这些措施促进了日本统一市场的形成,加速了资本主义工商业的发展。与此同时,也使日本形成了工业化与军事化紧密相连的特点。

在工业化的背景下,日本在军事上实行改革,建立了近代化的军队和警察。还建立了天皇近卫军,颁布了义务兵役制,开始实行征兵制,组成近代常备军("皇军"),向军队灌输反动的武士道和忠君爱国思想。同时设立内务省,统一指挥全国的警察,建立了从中央到地方的中央集权的国家警察制度。通过工业化和军事改革使日本初步实现了富国强兵的目标。

日本在发展经济和军事的同时,十分重视文化教育和国家开放。一方面,采取一系列有利于教育发展的措施,设立了文部省,统管全国教育事业;实行新学制,普及小学教育,大力发展师范教育;注意进行民族传统教育;创办东京大学,作为输入近代科学技术、培养科技人员的中心。另一方面,注重学习西方科学技术,大力发展欧洲式教育。这些措施促进了日本国民思想的开放和社会的开化,为日本社会的近现代转型创造了良好的思想条件。

明治维新通过自上而下的改良,使日本走上了发展资本主义的道路,成为亚洲最早实现工业化的国家,为日本跻身于工业世界奠定了基础。但是由于明治维新具有不彻底性,保留了大量的封建残余,加上其军国主义传统,使日本发展成为带有封建军国主义特征的资本主义国家。

二、日本的对外侵略与扩张

明治维新以后,日本在自身未摆脱对欧美列强的屈从地位情况下,就和英美工业化国家一样,走上了对外侵略扩张的道路。其矛头首先指向琉球、朝鲜和我国台湾。琉球与中国向有宗藩关系，1872年，日本擅自封琉球国王为"藩王"。1873年日本就琉球渔民在台湾被杀一事（1871年）与中国政府"交涉"，遭到总理衙门的据理驳斥。1875年，日本阻止琉球国向中国入贡。更于1879年吞并琉球国，改为冲绳县。

1875年，日本舰队炮击朝鲜江华岛。次年，强迫朝鲜订立《江华条约》。日本取得了开放港口、免税贸易、治外法权和领事裁判权等特权。朝鲜开始沦为日本的半殖民地。

1874年4月日本成立所谓"台湾事务局"，5月日军3000人入侵中国台湾，我福建海陆军到台抵御（当时台湾隶属福建省）。在美英的帮助下，日本迫使清政府签订了屈辱的《北京条约》，获取"退军赔款"50万两白银。

1892年执政的伊藤博文内阁，为了准备对朝鲜和中国的侵略，急需英、美帝国主义的支持；而英、美也力图利用日本排挤和对抗俄国在中国的势力，于是它们很快勾结起来。1894年7月，日本与英国签订条约，宣布5年后废除原在幕府时期签订的不平等条约。英国放弃治外法权，日本全面开放内地；以相互平等作为实施最惠国待遇的基本原则；日本提高关税率5%—10%（由此提高到10%～15%）。此后，日本又陆续与美、德、法、俄等国签订类似的条约。这一系列条约的签订，使日本在亚洲第一个摆脱了不平等条约的奴役，变为世界列强之一。

日英条约签订后的第九天，即1894年7月25日，日本就迫不及待地发动了侵略朝鲜的战争。并与派兵援助朝鲜的中国开战，是为中日甲午战争。1895年，战败的中国清政府屈辱地与日本签订了不平等的《马关条约》，"承认"朝鲜独立，"割让"中国台湾、澎湖列岛及辽东半岛，赔款2亿两白银。虽然由于沙俄、法国、德国等列强的干预归还了辽东半岛，但是日本要求在中国开设工厂的条款却为帝国主义各国对中国进行资本输出打开了大门。

甲午战争后，日本积极扩军备战，参与了帝国主义各国瓜分中国的狂潮，把中国的福建省划为它的势力范围。1900年日本又参加了八国联军对华战争，先后派兵2.5万名，成为八国中出兵最多的国家。《辛丑条约》（1901年）签订后，由于日本与沙俄的矛盾引发了1904—1905年的日俄战争。最终，在1905年9月5日，迫使俄国签订《朴茨茅斯条约》，日本取得中国辽东半岛和俄国库页岛南部，以及对朝鲜的独占统治。在1905年底，日本又强迫中国清政府签订《中日东三省事宜条约》，迫使清政府开放吉林、哈尔滨、满洲里等为商埠。到1910年，日本正式吞并朝鲜，朝鲜完全沦为日本的殖民地，并以此为跳板加强了对中国东北的侵略。

日本对外的侵略与扩张，不仅强化了日本的封建军国主义传统，而且使日本走上了一条独特的工业化之路，使日本迅速成长为一个封建军事帝国主义国家。

三、日本的工业化之路

明治维新之后,长期的对外侵略与扩张加速了日本资本原始积累的进程。为日本工业资本主义的发展开辟了广阔市场。通过1894—1895年的中日甲午战争,日本独霸了朝鲜和部分中国市场,使它的对外贸易在1895—1905年增长了1.5倍。对华贸易约占日本出口总额的一半,棉纱几乎全部输往中国和朝鲜。国际贸易大大刺激了纺织工业的生产。1893—1903年,全国的纱绽数增加了2.5倍,棉纱产量增加了3倍。战争促进了日本以军事工业为中心的重工业和交通运输业的大发展。战时政府支出的24500万日元的军费,大部分用于发展军事工业。战后,按照新的扩军方案,直接军费始终保持在国家全部预算的40%左右。中国赔款的2.3亿两白银的90%以上也用在扩展军备方面。战争的巨额赔款,使日本在1897年改银本位制为金本位制,健全了日本国内的信用制度,促进了银行业的飞速发展,至此,日本近代工业的主要部门已经取代手工业和手工工场占居了优势地位,工业革命取得了阶段性胜利。

1904—1905年的日俄战争加快了日本向垄断资本主义过渡的步伐。战争刺激了日本国内兴办企业的新高潮。从1905年下半年至1907年仅一年多的时间,用于新建、扩建企业的投资就达67477万日元,相当于过去10年投资总额的两倍。这个高潮虽被1907年的经济危机打断,但战争对经济的刺激作用并未完全消失。1904—1914年的10年,雇佣工人在10人以上的工厂增加1倍以上,其中使用机械动力的工厂增加了1.7倍,发动机马力数增加了9倍,在厂职工增加2.1倍。由此可见,日本的对外侵略与扩张,无疑在其工业化中发挥了重要作用。正如列宁所指出的那样,日本帝国主义是依靠"军事力量上的垄断权"和"掠夺异族如中国等等的极为有利地位的垄断权,部分地补充和代替了现代最新金融资本的垄断权"。①

与此同时,日本的工业化进程具有鲜明的政府主导型特征。在明治维新中,日本加强了政府对经济的干预,大量参与经济活动,通过建立国有工厂,扶植私人资本,推进工业革命,使日本资本主义具有了浓厚的国家资本主义性质。

因此,日本的工业革命从一开始就是自上而下进行的。明治政权巩固后,很快就接收了过去将军和大名的封建性企业,接着从西方国家买进技术装备,对这些企业进行改组和改造,并陆续兴办了一大批国有工厂企业。这些企业主要分为4种

---

① 列宁选集[M].2卷.北京:人民出版社,1958:893.

类型：①兵工厂、火药厂、造船厂等军事工业，这是国有工业的重点。②交通运输和通信事业。这个部门既有重要的军事意义，又是发展资本主义的重要条件。③开办十余处金、银、铜、煤矿，以增强国家金银铜等资源和能源的供应。④在棉、丝纺织业方面，建立了一批"模范工厂"以引导私人企业采用西方工厂制度和先进技术装备。这些企业带有明显的官营性质，确保了日本政府在工业化中的主导地位。

官营企业的效益并不理想，大量的亏损使明治政府认识到官办道路是走不通的，于是日本政府改变了策略，促使日本工业化向新的阶段发展，即民营化阶段。一方面，日本政府采取了扶植民间包买商资本直接向机器大工业过渡的方针，把官营企业直接下放给民间资本（主要是大包买商资本），甚至廉价出让工厂企业；另一方面，政府通过给予特权、补助金、借款、赠予等办法鼓励民间资本特别是包买商资本进入工业行业。使它们成为大机器大工业行业的主体。于是，大大小小的包买商、金融业者和地主（主要集中在棉纺织业和丝织业），以及三井、三菱、住友、藤田、涩泽等政商和财阀（主要集中在铁道和大规模建设业）就成了"企业勃兴"的主要担当者。民间资本开始在日本工业化中发挥基础性的作用。

民间资本的加入，加速了日本资本主义的发展，使日本逐渐从自由资本主义阶段走向垄断资本主义阶段，垄断组织纷纷出现。19世纪80年代，在纺织、造纸和制麻业中出现了卡特尔组织。20世纪初，在其他一些主要工业部门中也相继产生了卡特尔、辛迪加、托拉斯及康采恩性质的垄断组织。如制糖业辛迪加，水泥业卡特尔，石油业卡特尔等，并在此基础上进一步形成了金融寡头，如三井、三菱、住友、安田等，它们不仅都拥有银行，而且直接投资于各种企业，并向朝鲜、中国进行资本输出，使日本到19世纪末20世纪初进入了帝国主义阶段。

由于日本明治维新的不彻底性，使日本农民的土地问题始终都没有得到彻底解决，从而影响了国内市场的扩大和自由劳动力的充分提供，制约了日本资本主义的进一步发展。狭小的国内市场、严重的资金短缺与资源小国的现实，使日本走向了穷兵黩武的帝国主义之路，以至于在经历了第二次世界大战的惨败之后，才在美国的扶持下，又重新开始了工业化复兴之路。

总之，日本的资本主义工业化道路并不平坦。一方面，明治维新为资本主义发展扫清了障碍；另一方面，却并没有使日本避免遭受外国侵略的命运。但是，面对西方工业文明的扩张和外国帝国主义的侵略，日本却选择了自主发展和引进开放的道路，使日本在学习西方的过程中确立了自己的工业化模式，在国内工业化发展的基础上通过对外扩张，跻身于帝国主义行列。

第三节　英国的殖民统治与印度反殖革新

当殖民掠夺在资本主义破晓中出现的时候，印度的中世纪史尚未终结。在工业时代到来前，英国通过东印度公司(1600年成立)已开始了对印度的殖民掠夺和殖民统治。工业革命的成功进一步加强了英国殖民统治的实力，使印度走向现代化的道路变得十分艰难。但是，印度作为一个世界文明古国，面对外来的殖民侵略和扩张，还是在反殖革新中走上了独特的现代化之路。

一、英国的殖民统治

1. 英国政府对印度的直接统治

1600—1757年英国对印度的殖民掠夺和控制主要是通过东印度公司来实现的。但随着英国工业革命的迅猛发展，英国政府在工业资本家的推动下，加强了对印度的殖民控制，使英国在印度的殖民统治进入了新阶段——政府直接对印度实施殖民统治的阶段。

18世纪工业革命的兴起增强了英国工业资本家的势力，他们力图控制印度，使英国工业品畅销印度各地。为此，工业资本家们认为东印度公司垄断贸易是英国工业发展的障碍，于是，便不遗余力地迫使东印度公司增加英国工业品的出口，要求政府当局加强直接干预。1773年，英国议会通过《东印度公司管理法》，其目的是迫使政府管理东印度公司在伦敦和印度的事务，要使政府取得对英属印度的政治指导权。1784年英国议会又通过《改善东印度公司和不列颠领地行政法》(即《印度法》)，使政府享有了对印度的政策管理权。

工业资本扩张的强大压力使18世纪末至19世纪初成为英国在印度扩张领土最突出的时期。在1763—1818年的55年，英国在印度直接进行过30次兼并土地的战争；在1766—1818年的52年，英国与印度地方政权签订了23次割地条约；在1765—1815年的50年，英国夺得了欧洲其他国家在印度的绝大多数据点。到1818年6月，除旁遮普和信德外，英国已经控制整个印度，印度成了英属印度帝国。

1818年后，英国一方面巩固殖民统治；另一方面利用印度的人力财力继续兼并和扩张。1843年兼并了信德，1849年吞噬了旁遮普。1814—1816年发动侵略尼泊尔的战争。此后，又发动过两次侵略缅甸的战争，侵略阿富汗的战争，侵略中国的鸦片战争，以及对锡克教徒两次战争。1853年和1856年先后兼并了贝拉尔和奥德两土邦。贝拉尔成为英国理想的原棉供应地，奥德则变成了英国棉织品的销售市场。

英国为了加强统治，19世纪三四十年代，在印度大兴铁路；50年代开通电报，殖民统治走向以现代工业和科技为基础的阶段。工业文明的扩张，使英国自信实力强大，不再需要依靠当地旧势力的协助就可以单独地统治印度。于是，采用"绝嗣丧权原则"，兼并了印度土邦萨塔拉（1848年）、那格浦尔（1853年）和詹西（1854年），激起了1857年的印度民族大起义。结果，英国镇压了起义，并正式结束了名存实亡的莫卧儿王朝，也结束了东印度公司。1858年颁布了英国女王诏书，开启了英国政府直接统治印度的新时期。

1858—1947年，英国政府一直统治着印度，印度政府名存实亡。根据《帝国立法参事会的法案》规定，印度由英王通过印度事务大臣进行管理，印度事务大臣接管原属东印度公司董事会及印度事务管理局的全部职权。印度事务大臣必须是内阁成员，并对议会负责。同时，设立一个顾问性质的印度委员会协助印度事务大臣管理印度。印度委员会的人员不超过15人，不少于10人，任期7年，由印度事务大臣任命，其中至少有9人曾在印度任职（或居住）10年。在印度的最高机关是印度政府。印度政府由印度总督及其执行委员会组成。印度总督称为"参事会总督"，也称副王，由英王任命，任期5年。总督的执行委员会成员6人，任期5年，也由英王任命。外交部部长由总督兼任，其他各部由执行委员会分配。立法工作由执行委员会的扩大会议进行。扩大会议的成员有在职官员、应邀人士和当选人士。《帝国立法参事会的法案》规定，增补成员61人，使立法会议的成员共达68人。《1909年法令》实行穆斯林分别选举制，使教派政治进入行政体制，毒害印度政治生活。

在英国殖民统治下，全印度被分成13个省，其中五大省为孟加拉、孟买、马德拉斯、旁遮普和联合省。省有级别，且级别差距很大。级别最高的省称管区，有马德拉斯和孟买。这两省的省督及其执行委员也由英王任命。由副督管理的省有孟加拉、联合省、旁遮普、缅甸、"东孟加拉和阿萨姆"（阿萨姆于1905年从孟加拉分出，1911年重新合并），副督由总督任命。

省下设县，全印度共有249个县。除马德拉斯外，每省设专区，每专区设专员管理若干县。县级官员名称不一。"正规"省的县级官员称税务长，资历是印度文官。"非正规"省的县级官员称副专员，资历较低，有的还可能是军人。

县以下的单位，一般设区域和塔锡尔。区级官员大多是司法助理，塔锡尔级官员大多是税务助理。全印度的土邦约有700个。大土邦只有海得拉巴、迈索尔、巴罗达、"克什米尔和查谟"。把许多小土邦划成土邦地区，如拉杰普塔纳驻理区和中印度监理区。拉杰普塔纳全区有20个土邦；中印度区有148个土邦。有些省里也有土邦。孟买省有354个小土邦，旁遮普有34个土邦，孟加拉有26个土邦。英国对土邦有严密的监督制度，严禁国内外结盟。

此外，田赋征收制、军警、司法、文官、市政、教育等典章制度无一不是为实现殖民统治的终极目标而服务的。英国的殖民统治虽然在客观上对印度起了一定的积极作用，但对印度民族国家的成长所起的消极作用远远超过于它的积极作用。

2. 英国对印度的殖民掠夺和剥削

英国对印度的殖民掠夺和剥削经历商业资本、工业资本和金融资本3个时期。英国的商业资本侵入印度是同英国东印度公司分不开的。1702—1813年，英国东印度公司通过贸易、直接掠夺、在孟加拉、比哈尔、奥里萨等地实行以柴明达尔为对象的永久性土地整理(1793年)等方式对印度进行殖民掠夺和剥削。直到19世纪中叶以前，在各种掠夺和剥削中一直以田赋为主。19世纪中叶，田赋约占东印度公司总收入的2/3。

随着英国工业革命的完成，工业资产阶级的成长，1813年英国议会取消了英国东印度公司在印度的贸易垄断权。从此，印度逐渐成为英国的商品市场和原料产地，情况发生了深刻的变化。印度从一个商品输出国转变为英国工业品特别是棉织品的输入国。19世纪50年代，棉织品占英国对印输出品的2/3，占英国棉织品出口总值的1/4以上。印度向英国出口的棉花数量也扶摇直上。1849—1852年，印度向英国输出的棉花总值增长了1.04倍。

1833年英国议会做出决定，准许英国人在印度经营种植园。这是英国把印度直接变成原料产地的开始。英国殖民当局强迫印度农民种植各种经济作物。大约从19世纪40年代以后，印度的大批原料运往英国，主要有棉花、黄麻、靛蓝、羊毛、粮食等。从19世纪50年代中期到80年代中期，从印度输往英国的原料增加了3倍，其中棉花和谷物增加了6倍，黄麻增加了63倍。

从19世纪中期起，英国资本开始输入印度。19世纪后期，英国对印度的投资主要限于铁路、水利和种植园，其中以铁路为主(始于1848年)。第一次世界大战以后，英国资本大量进入印度的工业部门。1914年英国在印度的投资总额约为5亿英镑，1933年增至10亿英镑。一些英国大公司利用20世纪二三十年代的关税保护政策、廉价的劳动力和有利的市场，在印度发展了一批子公司。

印度成为英国商品市场、原料产地和投资场所的结果，使印度的大量财富流入英国，史书称之为"财富外流"。1764年英国东印度公司主宰孟加拉，在此后的3年内，财富外流达570万英镑。从1757—1857年的100年，平均每年"财富外流"约为二三百万英镑。19世纪后期至20世纪初，"财富外流"则有了明显的增长。大量"财富外流"成为印度贫困落后的根本原因。

二、印度的反殖革新之路

1. 印度民族工业的成长和人民反殖斗争

英国的资本输入为印度资本主义的发展提供了客观条件。从 19 世纪中叶起，印度开始发展民族工业（主要是纺织工业）。19 世纪七八十年代，在西印度的孟买和艾哈迈达巴德形成了第一批工业资产阶级。他们主要由帕西族商人和古吉拉特商人组成。从第一次世界大战结束到 20 世纪 30 年代初，在印度东部的加尔各答、北部的坎普尔和德里，出现了第一批由马尔瓦利商人发展而成的工业资产阶级。在南印度的马德拉斯和马杜赖，出现了一批由奈杜种姓商人组成的纺织业资产阶级。由于三次民族解放斗争高潮（1905—1908 年，1919—1922 年，1928—1935 年）的推动和两次世界大战的刺激，印度的民族工业得到较快的发展，资本和生产集中的程度较高。在 20 世纪 30 年代后期，印度已形成了第一批民族资本垄断集团。其中塔塔财团、比尔拉财团、达尔米亚财团的实力最强。

印度的商业资本从 19 世纪后期转入民族工业，但由于英国的工业品已经占领了印度的市场，英国的财政资本支配着印度的主要工业部门和金融系统，控制了印度的交通、运输、外贸、税收。因此，印度资产阶级在发展自己的民族工业时，同英帝国主义在经济上的矛盾十分尖锐，与英帝国主义在政治上的矛盾日益突出。他们要求参政，要求独立地掌握财政、国防和外交，而英国殖民当局不仅寸权不让，而且利用国家机器镇压印度的民族解放运动。这种经济上、政治上的矛盾决定了印度资产阶级具有要求摆脱英国殖民统治，建立自己的民族国家，走独立发展资本主义道路的基本性质。但是印度资产阶级在当时毕竟是生长于殖民地的资产阶级，它对帝国主义，特别是英帝国主义还有依赖的一面。它在资金、技术、生产和流通等许多方面不得不依赖英印殖民政府；在工农运动高涨时，有时还需要英印殖民政府派兵镇压。因此，在争取民族独立的过程中对英帝国主义有动摇和妥协的一面。

英国的殖民主义征服和统治早就引发了印度人民的反殖斗争，由于英国殖民征服是通过逐个摧毁区域政权的方式进行的。所以，印度的反殖斗争基本上是区域规模的和种姓性质的斗争。据记载，在 1857 年民族大起义之前，至少发生过 50 次反抗殖民统治的斗争。其中规模较大的有 10 次，如 1778—1781 年拉贾·柴特·辛格的起义；1783 年朗普尔起义、迪纳杰普尔起义；1789 年比什努普尔起义；1796—1805 年帕扎亚土王起义；1799 年奥德纳瓦布维齐尔·阿里起义；1799 年米德纳普尔（县）丘尼尔部族起义；1801—1805 年波里加尔起义；1809 年贾特起义；1830—1831 年迈索尔农民起义；1855—1856 年桑塔尔部族起义。1857 年，由爱国封建主领导的最大一次民族斗争——印度民族大起义爆发。这次起义前后历时两年(1857年5月至1859年4月),波及北印度、中印度和南印度的广大地区,参加者除士兵外,还有广大的农民、手工业者和城市贫民。这是英国入侵印度后民族矛盾的总爆发,起义沉重地打击了英国的殖民统治。

印度的反殖斗争具有自己的特点。民族斗争乡村早于城市;种姓反抗早于全民族反抗;武装斗争早于和平斗争;区域规模早于全国规模;自发斗争早于有政治目标的斗争。因此,全部印度民族运动史表现为民族融合的历史。那就是通过反帝反殖的民族斗争,区域力量融合成民族国家的力量,各种姓的力量融合为各阶级的力量,城乡力量融合到了一起。这些为印度最终摆脱殖民统治奠定了社会政治基础。

2. 印度教改革

19世纪20年代,印度民族资产阶级知识分子诞生后,为了使印度摆脱殖民统治,发展资本主义,掀起了印度教改革运动。他们首先对传统的印度文化进行改造,掀起了宗教改革运动、社会改革运动,把近代资产阶级思想文化引入印度社会,为民族资本主义经济发展服务。在启发人们反对封建传统思想和宗教束缚的基础上提出了变革印度社会的政治要求。所以19世纪的宗教改革在印度民族解放运动史上具有重要意义。

宗教在印度这一东方国度里始终扮演着特别重要的角色。它不仅渗透到人们的精神、政治、经济和社会生活的各个方面,而且在历史上每一关键时期的变化中都扮演着重要角色。

印度教是8—9世纪时产生的。当时,以商羯罗为代表的改革家们对婆罗门教进行了彻底的改革,吸收了佛教的某些精神,例如佛教的不抵抗、禁欲以及因果报应等教义等,把释迦牟尼当作主神之一湿婆的化身列入其信仰的诸神之内,逐渐形成现代印度教的雏形。

到16世纪初,伊斯兰教势力的入侵,莫卧儿帝国的统治,都对印度教徒实行宗教歧视和迫害政策。如对印度教徒征收人头税,对印度教的商人信徒征收重税等,激起了印度教徒的愤慨。

由于印度教徒大多数是从事贸易、商业和各种专业的中产阶级,因此,当英国推翻莫卧儿帝国征服印度后,大多数伊斯兰教徒对西方思想文化采取敌视态度,而印度教徒则能够接受英语教育、西方思想。这样,印度教徒几乎独占了政府部门中的低级职位,如文官、职员、律师、医生和教员等,成为有影响的知识分子阶层。他们在掌握了西方的理性主义、自由主义以及平等博爱思想后,把学习西方,发展资本主义,建设近代文明社会作为理想目标。当他们以这种理想来考察印度教时,深深地感到旧的印度教神学体系已不能适应时代的需要,希望对它进行改革,使之现代化,并把这当成拯救印度教的道路和使国家进步的重要条件。

英国对印度宗教的政策也刺激了最早觉醒的民族知识分子起来改革印度教，以达到捍卫印度教作为民族特色的目的。英国在完成对印度的征服以前，官方并不提倡基督教的传播，对印度教的态度是又利用又置之不理。首先他们乐于看到这种陈腐的宗教体系禁锢人们的头脑，维护印度涣散的分裂状态。另一方面又利用印度教打击伊斯兰教。因此，到 19 世纪初，传统的宗教神学依旧是人们的主要思想形式，它在意识形态领域和社会生活中的支配地位也没有改变，在宗教领域里西方的影响十分微小。

但是，伴随着经济上自由贸易政策的实施和英国工业资本家利用传教士开辟市场的需要，1813 年英国议会通过印度基督教工作法，官方开始积极鼓励在印度传播基督教，并派遣大批传教士去印度传教，企图用精神征服来巩固武力征服的成果。英国传教士指责印度教是"落后的迷信"，宣传"唯有基督教所宣扬的才是真理"。① 他们首先在知识分子、士兵中进行传教，以后又在一般居民中传教，并渗透到慈善和文化事业。在印度各地建立教堂与教会，用各种办法招徕群众，结果使许多印度教的教徒改宗，放弃了印度教的信仰。1850 年特里维尼地区改宗的就达 4 万人，② 严重地威胁到印度的传统宗教和文化。对于印度教的这种危机感最为敏锐的是民族知识分子。1828 年被誉为"近代印度之父"的罗姆·摩罕·罗易在加尔各答创立梵社，首先举起了宗教改革的旗帜。梵社的宗教改革运动迅速发展并影响全国，1867 年祈祷社在马哈拉施特成立，1875 年斯瓦米·达亚南达·萨拉斯瓦蒂创立圣社……宗教改革组织纷纷出现。

宗教改革者都主张不分派系，崇拜一神，反对印度教的多神崇拜。罗姆·摩罕·罗易著有《一神的启示》，他根据印度教经典《吠陀》和《奥义书》指出，神只有一个，它是非人格化的，是"永恒的、不可理解和始终不变的实体，这个实体是万物的创造者和保护者，但没有任何名字或者称号，它可用来表示或适用于任何个别实体或多数实体或者是适用于任何人或者人类社会""神是属于所有生物的，没有种姓、名位或财产、变迁、失望、痛苦和死亡的区别"。③ 在这种理论基础上，罗易主张"……除了'最高实体'，什么也不崇拜，除了他，不应该崇拜任何东西"。④ 圣社的创立者达耶难陀也指出，这个神是"实在的、智慧的、安乐的、无形的、无限的、不变的、开始的……宇宙的创造者"。⑤ 他们所主张的这种神无疑地是一种理性的实体，

---

① 吴俊才. 印度史[M]. 台北：三民书局，1982：11.
② 林承节. 印度民族独立运动的兴起[M]. 北京：北京大学出版社，1984：68.
③ English works of Rammohun Roy. RajRammohunn Roy Allahabad, 1906：485.
④ English works of Rammohun Roy. RajRammohunn Roy Allahabad, 1906：109.
⑤ 黄心川. 达耶难陀·婆罗室伐底的宗教和社会思想述评[J]. 南亚研究，1983：4.

一种理性的对象。他们把原来印度教中当作人格性实体或人格化的神，变成了一种理性的对象或理性的实体，自然而然地把近代资产阶级的理性思想引进印度教，作为改革封建宗教的一把锐利武器。

一神论的思想是宗教改革理论的中心，其他一切改革主张都是从这里引出或与此密切相关的。我们知道，印度教教派繁多，各敬各的神，各有各的解释，使印度教实际陷于分解状态。教派繁多的印度教是分裂的各小土邦的精神支柱，它造成了各小土邦之间的争斗和对印度民族意识的淡漠与忽略，结果使英国人在印度国土上稳住了脚根。因而，在改革运动中，一神论思想的提出就具有了重要的意义。它鲜明地反映了实现印度教集中统一的要求，是正在诞生的资产阶级新兴力量要求实现民族统一的曲折反映。

自印度教创立以来，婆罗门一直居于统治地位，凡是崇拜神的各种仪式都由婆罗门主持（图 7-1）。自梵社改革运动开始后，婆罗门的居间作用和垄断解释神意的特权遭到反对。宗教改革派提出每个人都能直接认识神，这种认识主要靠内心信仰和正确的行为。例如，罗姆·摩罕·罗易说吠檀多清楚地表明："真正认识神完全可以不必遵循法典给印度教各阶级规定的规则仪式而达到。同样在吠陀中有很多例子说明，有些并不重视执行宗教仪式的人通过克制自己的感情、感觉、通过默思世界的主宰一神，也获得了关于神的真知。"①达耶难陀则宣布：所有的人都有研究吠陀的权利，改革者

图 7-1 舞王湿婆

反对婆罗门的特权，也就是反对少数人的封建特权，是把通向神的大门向所有人打开了，资产阶级的平等观念也就引进了印度教，为印度资本主义的发展扫清了一个思想上的障碍。

印度教繁琐的仪式和清规戒律也遭到了改革者的反对。印度教继承了婆罗门教复杂的祭祀礼仪，只有祭司才能掌握。人以祭品取悦于神，祭礼的供献有动物、植物和人。直到 19 世纪，还有以人作祭品奉献给湿婆神的配偶摩诃提毗女神的。祭祀的风气不仅盛行于社会，更深入于家庭。在家庭从投胎到结婚有十二净法，如出胎礼、归家礼等。结婚以后又有祭祀七种，如满月祀、祖先祀等，这些礼仪在愚民的同时严重地妨碍了民众的觉醒。对此改革者也有了一定的认识。

---

① 摩奴. 摩奴法论[M]. 蒋忠新，译. 北京：中国社会科学出版社，1986：74.

罗姆·摩罕·罗易在1828年1月18日的信中写道："繁文缛节和清规戒律使他们根本不能从事任何艰巨的事业。"反对印度教繁琐仪式的提出，一方面反映了正在诞生的资产阶级渴望有一个廉俭而实际的宗教为自己服务，这与欧洲资产阶级大革命之前要求廉俭教会的宗教改革有着异曲同工之处；另一方面反映了启蒙思想家为唤醒民众的觉醒，从宗教上所作的努力斗争。

对于怎样进行宗教改革，祈祷社的领导者马哈德夫戈文达·拉帕德曾作过一番精辟的论述，他说："我们中有些人认为，改革家的工作只要毅然与过去决裂，做他个人的理性认为正当和合适的事就行。这样看问题，就把长期形成的习惯和倾向抹煞了。"作为"真正的改革家并不是在一块干净的石板上写字，他的工作往往是要把写了一半的句子完成"。① 这是一种严肃的尊重历史、尊重实际的态度，只有适应印度国情的改革，才能成为真正的改革，并获得实际的效益。因为我们知道，宗教改革是一个如何对待民族传统的问题，它涉及亿万群众，弃旧更新固然需要，但如果完全抛开原来的内容和民族形式而采纳外国宗教的内容、形式，这种改革是群众不能接受的，而改革运动成败的关键取决于群众的态度。因此凯沙布·钱德拉·森等人到后期的做法是违背当时的历史条件和民众的感情，而达耶难陀等人所坚持的原则是符合当时印度国情的。

到19世纪后叶，随着民族矛盾的加剧，印度教越来越被有些民族主义者看成是民族传统的体现，他们希望以印度教来团结各方面的人士，提高他们的民族自豪感，以适应当时的需要；而自罗易开始的宗教改革运动一直遭到宗教封建正统势力的阻碍和反对。在这两方面的作用下，罗摩克利希那传道会应运而生，他们采取了一种妥协的办法，在奉纯粹的吠檀多教义作为它的理想的同时，又承认印度以后的发展和近代科学与技术发展的价值和作用，甚至赞同偶像崇拜。传道会一个重要特征就是信仰一切宗教的真理，罗摩克利希那一句代表性的话就是："一切不同的宗教观念，都不过是走向同一目标的不同道路。"② 也就是说，在这里神是一也是多，是有形也是无形，是普遍的也是具体的，而各种教派的教义都是真理，都是追求真理的道路。

这样，罗摩克利希那就以印度教原来的神学体系为基础，综合、调和了各改革派学说，最大限度地把各种改革派别的学说归纳在一起，构成一个印度教学说的新体系，客观上为19世纪20年代以来的宗教改革做了小结。他的这种继续改革的道路表面看来是复旧的，实际上是把印度教众神归结为一神；偶像崇拜、宗

---

① R·C马宗达，H·C赖乔杜里，卡利金卡尔·达塔. 高级印度史(下)[M]. 张澍霖，夏炎德，等译. 北京：商务印书馆，1986：948.

② R·C马宗达，H·C赖乔杜里，卡利金卡尔·达塔. 高级印度史(下)[M]. 张澍霖，夏炎德，等译. 北京：商务印书馆，1986：952.

教仪式被看作是认识神的初级形式，内心崇拜、精神完善被看作是高级形式，也就意味着在复旧的外表下，改革运动的成果实际上被肯定下来。传道会的改革者在群众中传播思想时，并不强调从群众中根除原有的社会宗教环境。各宗教信徒都不要改变信仰，而是要履行各宗教规定的义务，从不同的道路通向一神，显然这是在基督教的进攻面前保卫印度教的一种手段。

进入19世纪80年代后，随着民族主义运动的形成和发展宗教改革的意义相对下降，宗教改革已没有什么出路。印度教的改革运动冲击了"神学在知识活动的整个领域中的这种无上权威"。① 这些改革家把个性解放和民主原则扩大到了宗教领域并在运动中发展了民族思想，为以后的民族解放斗争奠定了基础。因此，印度教的改革从本质上讲这是一种资产阶级的启蒙运动。其目的是用资产阶级的神学世界观代替旧的神学体系，以适应资产阶级的需要。

3. 印度的资产阶级改良和民族解放斗争

1857年的民族大起义是印度民族斗争史上的重要转折点。在此之前是以爱国的封建主(包括爱国的封建王公)为领导的旧式起义或斗争，在此之后是以资产阶级为领导的新式起义或斗争。

在进行印度教改革运动的同时，一些资产阶级知识分子提出了政治改革的主张，开始了以局部改良为目标的政治运动。19世纪20—50年代，运动取得了一定的进展，其主要标志是成立了4个地区性民族主义组织，即孟加拉的英属印度协会(1851年)、孟买管区的德干协会(1851年)和孟买协会(1852年)，以及马德拉斯的本地人协会(1852年)。他们要求在印度逐步实行代议制；要求降低土地税和盐税，减少政府的行政、军事开支，发展民族工商业，兴办公共工程和交通事业，大力发展技术教育。19世纪六七十年代，资产阶级争取政治、经济改革的要求已逐步理论化，形成了一套反映资产阶级要求的理论。瑙罗吉和拉纳德提出了关于印度贫困和复兴道路的学说；在三大管区建立了一批新的、基础较过去广泛的区域性民族主义组织，如1870年成立的浦那人民协会，1876年成立的印度协会，1885年成立的孟买管区协会。在运动广泛发展的基础上，出现了建立全印统一的民族主义者组织的要求。

1885年12月28日，在孟买成立了全印统一的民族主义政治组织印度国民大会党，简称印度国大党。印度国大党的成立标志着印度的资产阶级民族改良主义运动已由分散走向统一，由地区性发展为全国性。但一直到20世纪初，国大党的政治主张仅限于实行代议制；其经济主张也只要求保护工商业和固定田赋。

---

① 恩格斯. 德国农民战争[M]//马克思恩格斯全集.7卷.北京：人民出版社，1959：400.

1905年，印度民族运动由改良走向革命。1905—1947年民族解放斗争成了主旋律，印度先后出现了4次民族解放斗争的高潮。其特点是以和平斗争为主，间以暴力斗争。

第一次民族解放斗争高潮(1905—1908年)。这次斗争的直接原因是反对英国分割孟加拉。国大党温和派领导人最初和极端派领导人一起发动和领导运动。以蒂拉克为首的极端派在运动兴起后，就提出"斯瓦拉吉""斯瓦德希"，抵制英货和民族教育4点纲领，力争把运动引向革命道路。在极端派的影响和压力下，1906年国大党加尔各答年会通过了以这4点为内容的斗争纲领。1906年运动扩展到全印。1907年运动继续发展。英国殖民当局实行分化瓦解政策，一面打击极端派，一面拉拢温和派。温和派在1907年国大党苏拉特年会上制造分裂，把极端派排除出国大党。国大党的分裂有利于英国殖民当局的镇压。1908年运动被镇压下去。

第二次民族解放斗争高潮(1919—1922年)。第一次世界大战、俄国十月革命和列宁的民族自决原则推动印度民族运动进入更高阶段。国大党在第一次世界大战期间始终支持英国，希望换取战后的印度自治。但战争结束后，殖民政府不仅继续执行战时军管法令，而且还增订了新的镇压法案，即罗拉特法。1919年2月间，甘地发动和平抵抗运动，并号召于4月6日举行总罢市，反对新的镇压法案。4月13日发生阿姆利则惨案，民情激昂。从此，甘地转变对英国的态度，由基本合作转向基本不合作，并于1920年改组国大党，使之成为有群众基础的资产阶级现代政党。国大党以新的斗争目标"使用和平和合法手段争取自治"代替过去使用宪法手段争取在帝国范围内的殖民地自治。从1921年底到1922年2月12日，甘地亲自领导群众运动，组织国民义勇团抵制英布。政府继续镇压，1922年初在押政治犯高达3万余人。当年，人民群众自行发动抗税斗争。甘地表示反对，指示群众按时纳税，并于2月1日给总督发出最后通牒，限期释放政治犯，过期不放，将再次发动和平抵抗运动。但因北方邦农民捣毁警察局，甘地于2月12日停止一切活动。从此，民族斗争蛰伏5年。

第三次民族解放斗争高潮(1928—1930年)。20世纪20年代末，印度工人阶级已经有了比较健全的组织，城市人民群众也有了较高的斗争信心。因此，在这个时期的宪法问题的争论中，阶级矛盾和民族矛盾都上升到一个新的阶段。1927年底尼赫鲁从欧洲回国。同年，国大党做出决议：以完全独立为斗争目标；抵制英国的西蒙调查团；国大党加入国际反帝联盟；尼赫鲁和鲍斯先后任国大党总书记。1928年孟买工人在抵制西蒙调查团的罢工运动中展现了出工人阶级的力量。1930年这一年，吉大港人民群众袭击当地的兵工厂；白沙瓦群众占领城市10天，士兵抗拒军官的开枪命令；绍拉浦尔纺织工人占领城市一周，并建立起自己的行政机构。

国大党被英国政府纠缠于宪法谈判。甘地再次亲自领导大约持续3个月（1930年2月至5月5日）的和平抵抗运动。在这个时期里，甘地组织了反盐法运动。他坚决反对一切自发的群众斗争。甘地所领导的反盐法和平抵抗运动于4月6日开始，5月5日因甘地被捕而中止。

在这次民族斗争高潮中，英帝国主义使用比过去更阴险、更残酷的手段来破坏印度的民族团结。政府首先发表印度总督的《欧文宣言》（1929年10月31日），从而引起民族运动内部的思想混乱。接着于1930年3月10日逮捕工人领袖31人，关押在密拉特监狱达4年之久。还利用3次伦敦圆桌会议，向全世界暴露印度民族运动内部的分歧，迫使印度接受英国的仲裁。在宪法谈判期间，则积极进行更大规模的镇压。从1930年6月到1931年3月被判刑的和平抵抗者达9万人；到1933年3月底在押政治犯达12万人。这次斗争高潮起于1928年初，止于1930年5月，持续约26个月。

第四次民族解放斗争高潮（1945—1946年）发生在第二次世界大战期间。印度的民族斗争和世界人民反法西斯战争紧密结合，成为世界人民斗争的一个组成部分。1945年印度出现印度教徒与伊斯兰群众一致行动的征兆。1946年2月18日孟买皇家印度海军海员的罢工发展成印度皇家海军起义。英国对这种新形势有所觉察，深恐民族大起义在印度重演，感到暴力镇压和政治权术都不能维护其殖民统治。因此，事变的第二天，英政府即派遣内阁特使团到印度谈判。1947年2月20日，英国宣布决定在1948年6月前移交政权，接着提出印巴分治的蒙巴顿方案。该方案规定，巴基斯坦和印度作为两个自治领分别于1947年8月14日和15日成立；英国在印度的殖民统治从此告终。

从1600年至1947年，英国在印度进行了300多年殖民掠夺和统治。这是以英国从近代开始居世界政治革命和工业革命的领先地位为基础的。工业革命使英国变成了世界强国，使它获得了在全世界扩张的强大经济实力。工业资本家推动了英国政府对印度实施直接的殖民统治，加深了印度殖民化程度，使印度争取民族独立和自主发展的道路变得尤为漫长。

第四节　中华工业文明的曲折发展

明清之后，由于鸦片战争的爆发，中国经济结构和社会结构都发生了深刻的变化。中国独立自主发展的局面被打破，工业化在西风沐浴中曲折启动。

一、中国工业化的艰难曲折

鸦片战争是西方列强在正常贸易失利的情况下发动的侵略战争。清朝政府在战争中表现出的腐败无能，使统治阶级中一部分开明分子决心以"夷之长技以制夷"。19世纪60年代，主张"中学为体，西学为用"的洋务派，开始了一场包括创办新式军事工业和民用工业在内的洋务运动。同一时期，中国的民族工业产生。中国社会的经济结构发生了重要的变化。

洋务运动的历史功绩，在于它开启了中国的现代化历程，催生了中国的近代民族工业和民族资产阶级。中国虽然在明清时期就产生了资本主义生产方式的萌芽，但没有出现工业革命。明清资本主义的萌芽被外国人的大炮打烂。洋务运动通过创办军事工业和民用工业，引进了大机器生产，为中国创建了近代的采矿、航运、铁路和通信事业。19世纪70年代，陈启源在广东创办了中国第一家民族资本主义企业——继昌隆缫丝厂，中国近代民族工业正式诞生。它的产生，一方面受洋务运动的刺激；另一方面也是外国资本主义影响的结果。鸦片战争后，外国资本主义的入侵，使中国扩大了商品市场，形成了劳动力市场，也积累了一定数量的货币财富，客观上为中国近代资本主义的产生准备了一定的条件。

中国工业化的起步对中国社会产生了巨大的影响。从生产方式来看，中国既有封建生产方式，也有资本主义生产方式，中国开始融入世界资本主义发展的大潮中，半封建社会形成。外国资本主义与本国封建势力相勾结，共同压迫民族资本主义，阻碍了中国近代化的发展。外国资本主义与中华民族的矛盾，封建主义与人民大众的矛盾成为中国近代社会的主要矛盾。从政治上看，中国产生了资产阶级这一新的政治力量，他们开始领导中国人民与封建势力和外国资本主义进行斗争，中国进入资产阶级民主革命的新阶段。

民族资本企业产生于半殖民半封建社会，其特点主要表现在三个方面。①多数为一些地主、官僚、士绅、商人、买办投资创办。②这些企业主要限于轻工业和小规模的机器修造及采矿业，投资较少，规模较小；设备简陋，技术落后；这些企业大部分集中在封建自然经济较早解体的上海、广州、天津等通商口岸或邻近通商口岸的地方。③与外国资本主义、本国封建势力既有矛盾，又有联系。

中国民族工业是在帝国主义和封建主义的夹缝中诞生的，它的发展特别艰难而曲折。《马关条约》签订以后，由于清政府允许外国人在中国开设工厂，对中国实行资本输出。中国民族资本家为救国救亡，掀起了"实业救国"运动，使中国的民族工业得到了初步发展。辛亥革命的爆发和第一世界大战的进行，国外帝国主义和国内封建势力暂时放松了对民族资本主义的压迫，中国民族工业得以进入"黄金时期"。民族工业的规模和数量都有明显扩大和增长，还出现了自己的"缫丝大王"和"面粉大王"(表7-1)。

表 7-1　1895—1919 年设立的厂矿及资本统计

年份	设立厂矿数(个)		资本额(万元)	
	总　数	年平均数	总数	年平均数
1895—1911 年	490	29	2096	131
1912—1919 年	472	59	9478	1185

资料来源：转自孙健著《中国经济史——近代部分(1840—1949 年)》，中国人民大学出版社 1989 年版。

　　这些工业具有如下特点，①民族工业的发展以轻工业为主，小工厂多，大工厂少，表明中国民族工业的基础还比较薄弱，没有形成独立完整的工业体系；②中国的民族工业虽然较前有了比较大的发展，但仍然没有摆脱帝国主义的控制；③中国的民族工业是趁欧美帝国主义忙于第一次世界大战暂时放松对中国压迫的空隙发展起来的，因而这种发展只能是暂时的、畸形的。有的工业产品服从于帝国主义战争的需要，反映了它对世界资本主义市场的依赖性。一战期间民族工业兴旺的景象，只是昙花一现。不过，我国民族工业的发展，为同一时期资产阶级的政治斗争如戊戌变法、辛亥革命等奠定了阶级基础和经济基础，也为旧民主主义革命向新民主主义革命的转化提供了条件。

　　中国工业化是在半殖民地半封建社会的背景下进行的，与欧美各国的工业化相比具有明显差异：第一，中国的工业化没有政治保障。欧美的工业化都是在资产阶级取得政权的前提下展开的，而中国却是在半殖民地、半封建的社会中进行。工业化进程不仅受到内部封建保守势力的抵制，还不断遭到外部帝国主义列强的倾轧、排斥和摧残，发展缓慢，历经曲折。第二，缺乏应有的经济基础。中国明清资本主义萌芽在外国的侵略下无法成长为中国近代工业的基础，中国的工业化只能另起炉灶。因而，缺乏必要的资本原始积累的过程，更没有良好的技术、人才和思想基础。不得不借助政治权力来弥补先天的不足。第三，在夹缝中诞生的民族工业，一开始就与封建主义和帝国主义保持着千丝万缕的联系。既要学习西方，引进西方先进技术和生产方式，又要与帝国主义在华企业竞争；既要反对封建主义压迫，为资本主义工业发展扫清道路，又不得不因力量的弱小而与封建势力妥协。更何况中国的民族工业一开始就离不开官商的参与，官商合办、官督商办是洋务运动期间民族工业常见的经营模式。第四，发展畸形。因为近代民族工业受到帝国主义、封建主义和官僚资本主义的长期挤压，无法建立起完整的工业体系。其产业结构以轻工业为主，重工业特别是钢铁、机械、电力、石油等工业尤为微弱；地区分布极不平衡，主要分布于东南沿海和沿江地区。

从 19 世纪 70 年代民族工业诞生到 1949 年中华人民共和国成立,历经近 80 年的风风雨雨,中国工业化仍然没有占经济的主导地位,中国仍是个以自给自足的小农经济为主体的落后的农业国。

二、从改良到革命的政治抉择

经济发展的艰难曲折与民族的政治苦难相依相伴。从 1840 年鸦片战争起,中国的先进分子、志士仁人,就在为中国的前途和命运思索着、奋斗着、抗争着。面对中西文明的激烈碰撞,他们要经历从改良到革命的艰难抉择。从鸦片战争时,三元里民众的抗英斗争到 1949 年中国人民从此站立起来了,整整花了一个多世纪。

帝国主义列强的军事、经济和文化侵略、太平天国运动的发生,使封建统治者中的一部分开明分子既看到了列强坚船利炮的威力,也意识到了封建统治的危机。

19 世纪 60 年代开始了洋务运动。该运动保持了与"师夷之长技以制夷"的思想联系(曾国藩、左宗棠等皆以师法林则徐、魏源自诩),在客观上成了中国工业化的真正开端。持续 30 余年的洋务运动虽然以失败告终,但这并不意味着洋务运动不该发生,问题在于洋务派所推行的官僚—国家资本主义的工业化道路未能行得通。纵观世界近代史,在封建势力强大和外来侵略威胁下,非原生型资本主义国家只能由政府—官僚系统主持和推进工业化,这是一种普遍现象(如德国、俄国、日本等)。这一方面,差不多同时进行的日本明治维新与中国的洋务运动形成了鲜明的对照。① 很显然,洋务运动缺乏工业化和近代化的整体构思和明确意图,它所标榜的"自强""中兴"立足点仍在于维护中国传统社会(尤其是在政治和文化方面)的正统性,对于民间工商业的发展也没有采取积极鼓励措施,更没有触及农村变革问题。洋务派一般认为,西方所长仅在其"船坚炮利",后来又认识到要"自强",还需"求富"。至于"政教之本"则中国当然优于西方,这就是冯桂芬提出,到张之洞集其大成的"中学为体,西学为用"说。但是,洋务运动后期,一些早期资产阶级知识分子如冯桂芬、马建中、郑观应等开始传播西方资产阶级思想,揭露和抨击封建专制主义,为此后的维新运动奠定了重要的思想基础。

1894—1895 年的中日甲午战争,是从洋务运动过渡到维新运动的重要契机与转折。中日甲午战争以清政府的惨败而告终,丧权辱国的《马关条约》的签订,使洋务运动标榜的"自强""中兴"神话彻底破产,清朝"天朝大国"的政治权威彻底动摇,士大夫传统的文化优越感也受到极大冲击。被视为蕞尔岛国的日本在短

---

① 依田憙家. 中日近代化比较研究[M]. 上海:三联书店,1988:3.

短30年里学习西方，讲求富强，实施宪政，一举打败中国，树立了一个民族自强和近代化的榜样。因此，清政府全面检讨施政已不可免。同时，战后中国政治格局也出现了一些新特点，战败使清政府中的顽固派势力和淮系洋务官僚受到沉重打击，改良派倡导的改革政治、开放民营的主张得到正在兴起的民族资产阶级的响应与支持，以光绪皇帝为首的帝党集团开始与形成中的维新派联盟，一些地方实力派如张之洞、袁世凯等也决定暂时接近帝党与维新派联盟。中国政治发展的这种新走向以康有为为首的维新集团的最后形成并走上政治舞台而完成。1898年依靠皇帝进行自上而下改良的戊戌变法正式开始。

以维新派为代表的资产阶级上层想依靠一个没有实权的皇帝，在中国仿效日本明治维新进行自上而下的改良，使中国走上资本主义的发展道路。这种改良方式虽然当时的中国根本行不通，但百日维新还是使民主观念深入人心，尤其是启迪了后来者——孙中山（图7-2），使他从一个资产阶级的改良分子转变为一个革命者。"戊戌六君子"以自己的热血唤醒一部分志士仁人为国家民族而奋斗。维新变法不仅是一场严肃的政治斗争，而且也是一场激烈的阶级斗争。没有阶级斗争的解决，想通过单纯的政治形式主义解决办法是难以行得通的。这就是导致戊戌变法的悲剧性结果的基本原因。

图7-2 孙中山

戊戌变法的失败，是中国通过资产阶级与地主官僚结成的联盟，以自上而下的改良来确立资本主义道路的失败。① 戊戌变法后不久，敏锐的俄国资产阶级自由派刊物《欧洲通报》立即发表了评论："费力本国皇帝的保守派，只是加速了帝国内部瓦解的过程，因为我们看到代替自上而下的、救国的变法维新运动的，是自下而上的革命运动……"②戊戌变法不仅未能消除中国近代社会发展过程中的基本矛盾，反而使其一切方面都更加尖锐化和紧迫化了，这就必然要导致对解决这些矛盾的重新探索，这正是1900年前后中国政治发展的新特点。一方面是在帝国主义与封建主义双重压迫下痛苦呻吟的农民阶级不断掀起抗税和反洋教运动，最后汇成波澜壮阔的义和团运动，从而重新复活了农民革命运动的传统；另一方面，清政府在庚子战争后，迫于内外压力，不得不实行"新政"；资产阶级则以唐才常发起的自立军起义为契机，迅速地转向革命；孙中山革命派发动的惠

---

① 依田熹家. 中日近代化比较研究[M]. 上海：三联书店，1988：134-135.
② 齐赫文斯基. 十九世纪末中国的维新运动与康有为[M]. 上海：三联书店，1962：241.

州起义则标志着资产阶级民主革命路线的确立。

像甲午战败激起戊戌变法一样,庚子战争的失败,清政府又重新祭起了变法的旗帜。清政府允诺进行宪政改革,废止科举制,设置咨议局和咨政院,建立近代常备军等。这些都标志着中国在政治近代化方面的发展。然而,与这种形式上的改革形成鲜明对比的是,政治权力却朝着越来越不利于资产阶级的方向发展,甚至连一些支持"光宣新政"的洋务派大员(张之洞、袁世凯等)也被排除在新政之外,保守的王室贵族企图在"新政"名义下重新收揽因镇压太平天国和兴办洋务而急剧扩大的汉族官僚的权力。此外,"新政"也失去了戊戌变法所具有的爱国色彩与民族主义动力,越来越成为适应帝国主义殖民侵略的工具。正是在政治权力重新配置和维护民族权益的问题上,清政府推行"新政"的诚意与严肃性遭到越来越大的怀疑,致使一度热衷于"新政"的民族资产阶级失去了对清政府的信任,最终汇入了辛亥革命的历史洪流之中。

义和团运动"扫清灭洋"的口号实际上已经可以充当资产阶级革命纲领了。正如时论所评述的那样,"使义和团一战而胜,奏凯而旋,有志者乘其机而导之以国民义务,民权独立,扫专制主义之颓风,则此际排外灭洋者为义和团,安知顺手倾满洲政府,大倡改革非义和团耶?"①如果把义和团看作是以农民为主体的人民群众运动,把"有志者"看作是资产阶级革命派,那么1900年的义和团运动、自立军起义和惠州起义,恰好构成了农民革命—资产阶级革命互动的形势,标志着中国革命从农民革命向资产阶级民主革命的过渡。

正如毛泽东同志指出的:"中国反帝反封建的资产阶级民主革命,正规地说来,是从孙中山先生开始的。"②从第一次广州起义到惠州起义,资产阶级民主革命路线最终得以确立。1905年同盟会的成立实现了革命派的政治联合,标志着中国第一个资产阶级革命政党的诞生。同盟会以会党、新军为中介,发动了一系列武装起义,最终形成以武昌起义为高潮的辛亥革命。资产阶级革命派通过政治领导和理论宣传,使传统的农民运动被纳入了资产阶级革命轨道,从而形成了真正的资产阶级革命路线,即通过人民群众的发动与武装起义,确立资产阶级政权,实行社会改革。革命派明确地将这种革命路线称为"平民革命""国民革命",并引鉴欧美资产阶级革命经验,自觉地以"中等社会"身份自居,以期教育、引导"下层社会",实现革命和社会变革。同盟会制订的《革命方略》也明确地将革命规划为"军法之治""约法之治""宪法之治"三个阶段。这种认识表现了资产阶级革命派高度的理论自觉,提高了辛亥革命的历史水平。

---

① 张楠,王忍之.辛亥革命前十年时论选集[M].1卷(上).北京:生活·读书·新知三联书店,1960:58—59.
② 毛泽东.毛泽东选集[M].2卷.北京:人民出版社,1964:527.

由孙中山提出并集大成的旧三民主义充当了辛亥资产阶级革命的纲领。这一纲领如列宁所指出的,"孙中山纲领的每一行都渗透了战斗的、真诚的民主主义。它充分认识到'种族革命'的不足,丝毫没有对政治表示冷淡,甚至丝毫没有忽视政治自由或容许中国专制制度与中国'社会改革'、中国立宪改革等并存的思想。这是带有共和制度的要求的完整的民主主义。它直接提出群众生活状况及群众斗争问题,热烈地同情被剥削劳动者,相信他们是正义的和有力量的"。①

随着20世纪的到来,以资产阶级民主革命方式解决中国的现代化问题已成为历史要求,革命派及时提出并完善了民主革命理论。通过1905—1907年的理论论战,孙中山等革命派进一步批判了改良派的维新主张及其资产阶级—地主官僚联盟的近代化路线。革命派用卢梭的激进民主主义、法国和美国革命思想、共和国等思想取代了改良派宣扬的君主立宪主张和英、日立宪榜样。革命与改良、共和与君宪之争已不再是一个纯理论问题,而是何者最能适应中国近代史,最符合清末中国政治发展形势需要的问题。清末最后10年历史发展的特点是有利于革命派的主张的,这正是革命派的革命与共和主张在理论宣传和历史实践中得以取胜的基本原因。

在非西方式的资产阶级革命与近代化过程中,民族主义始终是一个强大的推动力。尽管辛亥革命没有直接提出反帝口号,但以孙中山为代表的革命民主派仍然抓住了近代民族革命的基本内核("五族共和"、中华民族的统一、独立与完整),并以此来推动辛亥革命的成功进行。

孙中山领导的辛亥革命虽然是资产阶级的,但他在"三民主义"中抛弃了种族主义,兼顾了农民利益,提出了"节制资本"和"平均地权"的思想,表现了中国资产阶级政治家特有的民族思想传统。孙中山希望在解决民权问题的同时,能摆脱西方资本主义两极分化的严重社会弊端,使民生问题能够一揽子解决,这体现了中国资产阶级政治家"大同"的胸怀。但由于革命的复杂性,资产阶级革命派始终没有形成明确的土地纲领。在革命派那里,主要表现为对农民土地问题和生活问题的强烈关注(刘师培、章太炎、黄兴等);在革命派发动和领导的起义中,提出了一些带有平分土地色彩的口号(萍浏醴起义及龙华会章程);在解释民生主义时,也将它与中国历史上带有土地平分与国有色彩的措施联系在一起;或者把土地问题的解决与资本主义工商业发展前景相联系。民生主义主张的平均地权、土地国有、单一税等措施已经从近代经济进步角度包含了农村土地问题的资本主义解决方案。正是在这个意义上,列宁说这种"主观社会主义思想和纲领,事实上仅仅是改变'不动产'的'一切法律基础'的纲领""是纯粹资本主义的,十足资本主义的纲领"是"使农业中的资本主义得到最迅速发展的土地纲领"。②

---

① 列宁选集[M].2卷.北京:人民出版社,1958:424.
② 列宁选集[M].2卷.北京:人民出版社,1958:426-428.

旧三民主义及其指导下的辛亥资产阶级革命在更高历史水平上综合了解决中国近代化问题的两种模式和两条路线，使中国近代化的基本问题及其前景全面而清楚地展现了出来。辛亥革命从历次农民革命中吸取了实行农村土地变革、发动下层群众、通过武装斗争推翻清朝统治、捍卫民族统一与独立等积极因素；抛弃了皇权主义、平均主义等不利因素，选择了以暴力革命的方式彻底重建近代政治制度与政治权威，全面发展近代资本主义工商业的革命道路；从百日维新中吸取了资产阶级改良派发展资本主义，确立近代宪政、爱国救亡等积极因素，抛弃了保皇与改良、忽视农村变革与人民运动等不利因素，并在激进民主主义的方式掀起了革命高潮，推翻了统治中国 2000 多年的封建专制，颁布了一系列资产阶级的施政纲领和发展资本主义的方针，有利于中国资本主义工业化的发展。但辛亥革命只赶跑了皇帝，中国半殖民地半封建的社会性质并没有改变。近代中国争取民族民主的两大历史任务也因资产阶级的妥协而不了了之。正是从这个意义上，我们又说辛亥革命是无花果，资产阶级的议会、内阁和约法最终被北洋军阀的政客逐一废弃。民族民主革命的使命不得不落到更加彻底的革命阶级身上。

只有在中国无产阶级先锋队——中国共产党的领导下，中国人民才推翻了压在自己身上的三座大山——帝国主义、封建主义和官僚资本主义，取得了新民主主义革命的胜利，建立了人民共和国，"中国人民从此站立起来了"。

中华人民共和国成立以来，走过了 70 年。中国在现代化、工业化道路上，取得了引人瞩目的成绩。我们不仅在旧中国的废墟上建立起独立的比较完整的工业体系和国民经济体系，而且还取得了诸如"两弹一星"等重大科技成果。

但是，中国的现代化、工业化之路任重而道远，与时俱进推进新型工业化和生态现代化成为中华民族实现国家富强、民族复兴的重要战略选择。

第五节　伊斯兰文明与基督教文明的碰撞

伊斯兰世界的政治、经济和文化自近代以来就一直不同程度地受到西方的挑战和侵蚀。20 世纪 70 年代，伊斯兰复兴运动的迅速发展，中东反美、反西方情绪的高涨，有着一定的历史原因。海湾战争后，伊斯兰与美国的冲突有所加剧，一些极端势力乘机迅速膨胀，恐怖活动不断升级，直至发生 9·11 事件。有人把它们解释为不同"文明的冲突"，以美国为首的西方世界与伊斯兰世界对此所做出的后续反应似乎也加深了文明冲突的印象。那么，进入工业文明后，伊斯兰文明与基督文明究竟怎么了？是什么使彼此不能相容？

事实上，虽然西方工业化国家在工业文明中一路领先，但与伊斯兰文明并不只有冲突和排斥，双方在碰撞中也有互相影响和彼此吸纳。

一、工业时代之前伊斯兰文明与基督教文明的关系

从伊斯兰教诞生之日起,伊斯兰世界与西方的关系就非同一般。在穆斯林眼里,西方基督教的经典《圣经》是有缺陷的,世上只有伊斯兰教的《古兰经》才是完美无缺的、一字不差的真主的言语。除了在宗教上对基督教的西方提出挑战外,阿拉伯人还高举伊斯兰教的大旗,展开了持续的对外武力征服运动,并且建立了与唐代中国并驾齐驱的世界性大帝国——阿拉伯帝国,控制了广大地中海地区,这让基督教世界首次真切感受到了来自伊斯兰的威胁。因为伊斯兰的扩张与中国元朝的西进不同。中国元朝的西进主要是军事扩张和政治控制,没有系统的宗教和文化渗透。伊斯兰则是在宗教鼓舞下实施的军事扩张,这就使基督神权受到了前所未有的挑战。

阿拉伯帝国的迅速崛起和伊斯兰教的广泛传播,在神学和政治两个方面直接挑战并危及了基督教在当时世界上的地位。面对咄咄逼人的伊斯兰,基督教以自己的方式进行了反击,他们甚至对伊斯兰教的先知穆罕默德进行人身攻击。

尽管对伊斯兰教及其先知进行了攻击,但是仍然令西方基督教不安的是,伊斯兰教徒在征服地往往会由少数最终发展成为多数,使众多的基督徒皈依伊斯兰。此外,征服地上那些仍然信奉基督教的人也会被阿拉伯化。于是,基督教便先是将这些伊斯兰征服者妖魔化、斥之为野蛮人或异教徒,然后再喊出打击异教徒、解放耶路撒冷圣地等口号。11—13世纪,他们对伊斯兰世界展开了8次军事行动,这就是历史上著名的"十字军东征"。"十字军东征"耗时200多年,但结果并不理想,基督教世界伤痕累累,而伊斯兰世界却空前鼎盛,"伊斯兰异教徒"没有被击溃。十字军东征给基督教世界和伊斯兰世界的关系蒙上了难以解脱的阴影。在穆斯林看来,十字军东征是基督教好斗的明显例证,是基督教西方侵略东方的先兆,是基督教敌视伊斯兰的生动显现。①

13世纪后,"伊斯兰世界进入了政治上和思想上的停滞时期"。成吉思汗指挥的蒙古骑兵曾横扫整个中亚和西亚地区,使统一的伊斯兰世界变得四分五裂,支离破碎。繁荣的伊斯兰文化受到极大的摧残,伊斯兰的迅速发展受到了扼制。直到16世纪出现了逊尼派土耳其人建立的奥斯曼帝国,什叶派伊朗人建立的萨法维王朝和印度穆斯林建立的莫卧儿王朝之后,一度衰落的伊斯兰世界才又重新兴盛和强大起来。

奥斯曼土耳其在13世纪立国之后,经过一段时期的发展,很快走上了对外扩张的道路。1360—1402年,穆拉德一世通过马查河、科索沃等战役,征服了

---

① J.L.埃斯波西托.伊斯兰威胁——神话还是现实?[M].北京:社会科学文献出版社,1999:51-52.

多瑙河以南地区。其子巴耶塞特一世向东方占领了幼发拉底河上游,接着在尼科波尔战役中又大败欧洲联军。经历帖木儿侵略而一度中衰后,1451—1512年,奥斯曼再次强大起来,先后消灭了拜占庭帝国,占领了巴尔干,完成了安纳托利亚的统一。1512—1571年,塞利姆一世击败了伊朗萨菲王朝,消灭了埃及马木鲁克王朝。随后,苏莱曼一世几乎完全征服匈牙利,占领突尼斯,建立起了横跨亚欧非三洲的庞大帝国。因此,15—17世纪,奥斯曼土耳其帝国对欧洲而言几乎是不可战胜的,以致有的学者惊呼这是"世界的现实恐怖"。这一时期,西方对伊斯兰威胁的恐惧达到极点。十字军东征和奥斯曼对欧洲的征服,使基督教世界和伊斯兰世界长期处于对抗和战争状态。在这一过程中,信奉基督教的欧洲往往处于守势。但是,西方的文艺复兴、宗教改革、工业革命改变了这一的局面。

在18世纪工业革命后,欧洲国家凭借强大的经济和军事实力,开始向外大规模进行殖民扩张。处于东西方之间的伊斯兰世界首当其冲成为欧洲殖民主义的侵略目标。在欧洲帝国主义强大攻势下,伊斯兰世界完全陷入了被动挨打的地位。1798年拿破仑的军队在埃及亚历山大港登陆,标志着伊斯兰世界全面衰落的开始。① 从此以后,伊斯兰世界逐步沦为基督教西方的殖民地、半殖民地或保护领地,丧失了政治独立和民族尊严,大部分的穆斯林受到了西方殖民主义者的奴役,基督教文明第一次取得了对伊斯兰世界长时间的绝对优势地位。在这期间,穆斯林虽然进行了不屈不挠的抗争,但是在20世纪中叶以前,双方整体上的这种从属地位并没有发生改变,广大的穆斯林民众只能把愤恨深深埋藏在心里。为了便于控制,欧洲人把伊斯兰世界划分成一块又一块地区,作为自己的势力范围。于是,世界地图上出现了伊拉克、利比亚、黎巴嫩、巴勒斯坦、索马里等许多国家。从荷兰统治下的印度尼西亚,英国统治下的印度、埃及,到法国、意大利和西班牙统治下的北非,各穆斯林国家不仅丧失了政治和经济上的独立,在思想和文化上也逐渐失去了原有的特征。

欧洲殖民主义者除了从人力和资源上对这些国家和地区进行疯狂的掠夺外,还不遗余力地进行思想和文化的侵略。伊斯兰教被说成了"野蛮和愚昧"的宗教。他们说,"基督教本质上是一种讲灵魂的宗教,而伊斯兰教本质上是不讲灵魂的"。欧洲国家派出了许多基督教传教士到中东、东南亚等地开办教会学校,办一些慈善机构,争夺民心,企图使当地的穆斯林改信基督教。为了维护伊斯兰教的价值和各民族的尊严,穆斯林曾在伊斯兰教旗帜下对西方帝国主义的侵略进行了反抗和斗争。主要斗争有,阿拉伯半岛的瓦哈比运动,波斯的巴布教派运动,苏丹的马赫迪运动,阿富汗的抗英斗争以及土耳其奥斯曼苏丹

---

① 吴云贵,周燮藩. 近现代伊斯兰教思潮与运动[M]. 北京:社会科学文献出版社,2000:5.

哈米德二世倡导的泛伊斯兰活动等。

苏丹的马赫迪教派运动由出身贫苦家庭的伊斯兰教学者穆罕默德·艾哈迈德（约 1844—1885 年）领导。1881 年，他自称为"马赫迪"，提出要铲除不义和一切腐败现象，反对压迫，均贫富，纯化伊斯兰教等，号召人民起来积极参加"圣战"，赶走英国殖民者和异族的统治，建立平等、正义的理想之国。他领导苏丹人民举行大规模的武装起义，接连击败英埃联军后，于 1885 年攻占喀土穆，击毙英国殖民军头子戈登，并统一各部落，建立马赫迪国家。他以伊斯兰教法治国，奉行马赫迪教义。马赫迪运动前后坚持斗争 10 多年，1896 年遭英埃联军镇压而失败。

伊朗巴布教派由设拉子谢赫派首领米尔扎·阿里·穆罕默德所创建。他自称"巴布"（即信仰之门）和新时代的"先知"，宣称马赫迪即将降临，并将在人间建立起平等、公正和幸福的"正义王国"。他主张废除封建剥削，实行财产公有，新制度和法律保障人身自由和人民财产，保障贸易和商业利益。他宣扬人类社会依次更替而发展，要以他的《默示录》取代《古兰经》，创立巴布教派，信众日渐增加。1847 年巴布被捕后，其追随者在毛拉和下层商人的领导下在伊朗各地发动起义，1852 年相继失败，巴布派信众惨遭杀害。巴布教派起义反映了下层群众对封建统治和伊斯兰教现状的不满。

18 世纪中叶出现于阿拉伯半岛的瓦哈比派运动是伊斯兰教近代复兴运动的先驱。该派主张恢复早期伊斯兰教的精神，反抗外来侵略和奥斯曼帝国的奴役和压迫。20 世纪，内志部落酋长伊本·沙特（1880—1953 年）以瓦哈比派教义为旗帜，并用武力重新统一内志和汉志，在 1932 年创建沙特阿拉伯王国，瓦哈比派随之振兴，成为该国占统治地位的教派。瓦哈比派的复古主义思想，对北非的赛努西运动、印度的圣战者运动、印度尼西亚的比达里派运动及泛伊斯兰主义的代表人物都产生过巨大影响。

遗憾的是，这一时期伊斯兰人民的反殖民主义斗争或以失败而告终，或只局限于某一地区，没能对整个伊斯兰世界产生较大影响。正如一位巴基斯坦穆斯林历史学家赛义德·马茂德所说：19 世纪是伊斯兰教的昏暗时期。其间，所有的伊斯兰国家都已开始崩溃。西方与伊斯兰教之间的长期斗争，似乎已经以前者的胜利而告终。

二、从模仿到复兴

在西方工业文明的影响下，伊斯兰国家曾选择过西式的工业化发展道路，将西方模式用于本国的改革实践。持"文明的冲突"论的塞缪尔·亨廷顿也承认："几个世纪内，非西方民族曾一直羡慕西方社会的经济繁荣、先进技术、军事实力和政治凝聚力。他们在西方的价值和体制中寻求成功的秘诀，如果发现自认为可能的答案，他们就尝试在自己的社会中加以运用。为了变得富有和强大，他们不得不效仿西方。"①

在模仿中，最突出的是土耳其的凯末尔改革。被誉为"土耳其之父"的凯末尔为移植西方制度，对土耳其进行了风风火火的世俗化改革。1925年土耳其获得国家独立和民族解放后，凯末尔政府立即制定新宪法，废除政教合一的制度，确立了国家共和体制，并在全国范围内开展了一场深刻的改革运动，以将土耳其社会从封建和宗教的束缚下解放出来。改革内容主要由世俗化运动、司法改革、解放妇女、文字改革等构成。1931年5月，凯末尔又提出了作为土耳其共和国立国纲领的六条根本意义的原则，这六条原则后来被总结为六大主义，即共和主义、民族主义、平民主义、革命主义、世俗主义和国家主义，写进了土耳其共和国新宪法第二条。这六大主义成了土耳其政府制定政策的理论基础和指导思想，是土耳其共和国的官方政治意识形态。这六大主义使土耳其的一系列改革走向深入。凯末尔改革是当时亚非欧民族国家独立与改革唯一成功的例子。

凯末尔改革后，土耳其完全接受了西方的制度、观念，承认了西方的文明，并且用事实证明由此而给土耳其带来的力量和活力。因此，这个国家也就成了中东最西方化的国家。但是作为伊斯兰世界中一个最西方化的改革模范，尽管几十年里不断进行世俗化和现代化改革，土耳其却依旧不能摆脱半农业化国家的命运。长期以来，土耳其共和国的领导者们在凯末尔改革的指导下巧妙利用东西方矛盾有效地捍卫了土耳其共和国的领土与主权完整，但是作为一个98%国民均信仰伊斯兰教的国家，在世俗化进程中，如何实现国家现代化的问题一直困扰着土耳其。

"学习西方"并没有给伊斯兰世界带来它所期望的繁荣和尊严。由于种种原因，一些"西化"的伊斯兰国家出现了经济失调、贫富悬殊、腐败现象严重、国内矛盾激化以及西方文化对本土文化的挑战和侵蚀等。于是，许多穆斯林把伊斯兰世界的落后和面临的问题归咎于西方殖民主义统治和帝国主义侵略，认为现代社会的一切不平等现象，国家和民族的一切挫折和失败，社会风气的败坏和道德沦丧都是世俗化和西方思想、文化腐蚀的结果。一些穆斯林还认为，用西方模式来调整社会结构，实际上是推行"殖民文化"，是将西方的价值观和生活方式强加于穆斯林社会，从而导致伊斯兰国家政治、经济、社会制度的异化及传统价值观的失落。当越来越多的穆斯林认为失败和挫折是因为远离了伊斯兰教，远离了

---

① 塞缪尔·亨廷顿.文明的冲突与世界秩序的重建[M].北京：新华出版社，1998：31-32.

真主时,"伊斯兰化"便自然成为解决问题的根本,伊斯兰复兴运动由此而兴。

伊斯兰教作为一种传统文化,对全球各地的穆斯林有着重大影响,在民族、国家危急时刻,穆斯林常常到伊斯兰教中寻求出路。从18世纪下半叶起,面临西方的政治、经济、文化等全方位的入侵,伊斯兰世界就普遍出现了宗教复兴运动,这种复兴运动可以分为两大类——传统主义和现代主义。传统主义表现出浓浓的怀古情结,他们企图在传统中寻求解决现实困境的途径,呼吁以"圣战"来恢复伊斯兰教的本来精神,是一种"复古主义",它对外来的新思想、新观念一律采取排斥态度。而现代主义则不然,它在高举伊斯兰教旗帜的同时,强调要适应当前的社会特点和要求,对外来文化采取有选择的吸收和利用的功利主义态度。① 土耳其现代民族主义国家的建立在当时给穆斯林指出了一条道路——在民族主义的指引下建立现代化国家。尽管传统主义者对此表示怀疑和反对,但是现代主义者接受了这一选择,并使之成为时代潮流。在两次世界大战期间,以及第二次世界大战以后全球范围内的民族、民主解放运动浪潮中,现代主义者积极配合民族主义的反殖、反帝和反本地旧势力的斗争。

但是,对伊斯兰世界特别是中东国家的穆斯林而言,犹太复国主义的发展和以美国为首的西方国家支持以色列建国成为他们一个难以愈合的伤口。1948年,以色列的建国礼炮带来的不仅仅是一个新的国家,而且还有此后绵延不断的中东战争和冲突。1948年、1956年、1967年接连三次的阿拉伯与以色列的战争均以阿拉伯人的失败而告终,阿拉伯民族主义威信扫地。在这种情况下,能够缓解他们的痛苦、并能给他们希望的,只有伊斯兰教。因此,1967年阿以第三次战争后,伊斯兰复兴运动迅速发展。36个伊斯兰国家参与的"伊斯兰会议组织"宣告成立,该组织号召全世界的穆斯林团结一致,以"圣战"的方式来解放被以色列占领的伊斯兰教圣地耶路撒冷。伊斯兰会议组织连同已经存在的"世界穆斯林大会"(1926年)和"伊斯兰世界联盟"(1962年)一起,为伊斯兰教进入当代国际政治领域起了重大的推进作用。②

深处困境的穆斯林继续探索自己的发展道路。1979年,在古老的中东大地上,诞生了一个新的共和国——伊朗伊斯兰共和国。这个共和国的诞生源于一场举世震惊的革命即1978—1979年的伊朗革命。不管是新成立的共和国还是之前的革命,都被冠以"伊斯兰"的名义,他们共同的领袖霍梅尼更是一再高唱伊斯兰战歌,呼吁全世界各地的穆斯林将伊斯兰革命进行到底,起来反抗自己的统治者,建立神权性质的共和国;反对"邪恶"的犹太复国主义,反抗西方特别是美国的殖民主义,实现伊斯兰的世界新秩序。伊朗伊斯兰革命的成功和神权性质的共和国的建立激发了全

---

① 金宜久. 伊斯兰教[M]. 北京:宗教文化出版社,1997:354.
② 肖宪. 传统的回归:当代复兴运动[M]. 北京:中国社会科学出版社,1994:19-24.

世界不满现状的穆斯林的斗志。革命成功后,中东、北美、东南亚等各地的穆斯林领袖汇集德黑兰,与伊朗兄弟欢呼雀跃,他们从伊朗的实践中获得了梦寐以求的解救方式:只要唤醒困惑已久的穆斯林,恢复他们对自己宗教的信心,固守对宗教的信仰,伊斯兰教就会再次成为全世界的主导。伊朗革命者顺应了各地穆斯林的发展诉求,他们推出了输出革命的外交政策,致使各地的伊斯兰复兴运动获得了进一步发展,使一些阿拉伯国家出现了不同程度的动荡。

伊朗伊斯兰革命及其连锁反应让西方人目瞪口呆。对于美国而言,伊朗伊斯兰革命更是有直接的意义:它不仅失去了一个长期以来非常顺从的附属国,而且美国驻德黑兰的大使馆还在1979年11月被伊朗的激进势力占领,有数十位美国外交官被扣,一直到1981年这些人才全部获得自由。在霍梅尼眼中,美国是一个无恶不作的"大撒旦",是世界上所有被压迫者的公敌,伊朗人民和其他所有伊斯兰国家人民的全部灾难都是外国势力尤其是美国一手造成的,他直言美国总统是伊朗人在世界上最愤恨的人,认为时下穆斯林的当务之急就是反对美国,必须调动一切力量去对付美国。可以说,伊朗伊斯兰革命的成功及其新生共和国的激进外交政策加深了当代西方特别是美国对伊斯兰的担忧与关注,让它们感受到"伊斯兰威胁"的脚步。

霍梅尼领导的伊朗革命进一步扩大了伊斯兰教在国际政治舞台上的影响,同时也把近现代以来的伊斯兰复兴运动推向了最高峰。革命催生了伊朗伊斯兰共和国,对当时的西方价值观念以及伊斯兰世界的固有统治造成了猛烈冲击,伊朗输出革命的对外政策也引发了几乎整个伊斯兰世界的动荡,这都严重危及到西方特别是美国的切身利益,"伊斯兰威胁论"由此而生。

纵观近代以来伊斯兰文明的演变,我们可以发现伊斯兰文明与基督文明并不只有冲突与对抗,伴随着西方殖民主义的入侵和本国资本主义生产关系不同程度的发展,西方的政治法律思想、科学文化及生活方式渐渐渗透和传入一些伊斯兰国家,使其社会生活、宗教信仰、价值观念、文化传统等均发生了急剧的变化。世俗化和西方化使伊斯兰社会发生了重大变革。为寻求伊斯兰世界发展的出路,捍卫国家独立和摆脱经济文化落后的状况,伊斯兰世界逐渐出现了复古主义、泛伊斯兰主义、现代主义和伊斯兰社会主义等不同色彩的社会思潮及运动。旨在复兴伊斯兰教,维护伊斯兰教的文化传统,使伊斯兰教与现代生活相协调,以适应社会经济发展的新变化。

穆沙拉夫曾指出,克服伊斯兰文明与西方基督教文明之间冲突的出路在于:一是穆斯林世界要摈弃极端主义和寻求社会经济解放;二是要全世界应公正地解决政治争端,帮助穆斯林世界发展教育,杜绝贫困。[1]

---

[1] 穆沙拉夫在北大演讲称巴中将发展更有活力关系,news.eastday.com,2003年11月4日.

伊斯兰文明与西方基督教文明虽然是两种异质的文明，但异质并不意味着冲突的必然。不同文明之间冲突与共存是文明交往的常见形态。文明共存是融合各种文明不同的特质、扬弃不合时宜文明，形成多样化的新的文明体系。文明冲突是文明发展演进的动力，文明的冲突中包含着文明的共存和融合。文明在产生同一性的同时也必将产生多元性，两者互为前提，辩证统一。刻意强调伊斯兰文明与西方基督教文明之间冲突不符合文明的规律性趋势。历史表明，每一次文明冲突的结果往往是进一步形成文明共存与融合，而每一次经过文明共存与融合产生的新的文明又会孕育着更深刻的文明冲突。文明冲突与文明共存引发世界文明的变迁、演进、发展和多样化，不同文明在交融中发生碰撞而走向整合。因此，伊斯兰文明与西方基督教文明之间解决冲突的出路在于认识和掌握文明交往的规律和趋势，认清冲突背后的利益驱动因素，在承认、尊重和维护文明多样性规律的基础上，谋求平等互利的利益格局。

▨ 学习思考题 ▨

1. 比较俄罗斯与日本工业化的社会历史条件、各自特点及影响。
2. 如何理解印度教在印度近代化中的地位和作用。
3. 如何认识和评价中西工业化的互动关系。
4. 伊斯兰文明与基督教文明能共存吗？

第八章 工业文明时代的思想文化

> 困难不在于创立新思想，而在于脱离从小就灌输到我们头脑里的并已经渗透到我们思维各个角落的旧思想。
>
> ——凯恩斯

在200多年的工业化进程中，以哲学为代表的思想文化发生了震撼人心、改变社会的重大变革。正是资产阶级民主革命的狂飙突起，工业革命的激荡绵延，使世界经济社会理论、哲学思想、文化艺术都发生了质的飞跃。浪漫与现实、理性与非理性的各种思潮激荡其间，改变着人们的思维方式和生活观念，综合影响了哲学、文化和艺术等的发展方向。200多年思想文化的变化错综复杂，但主要可归为"两次高潮""两种思想文化"。"两次高潮"是指工业化以来资产阶级哲学、思想文化界等都先后出现过两次主流明确、令人激动的高潮，使西方思想文化完成了近现代化的转变；"两种思想文化"表明工业文明中两种异质思想文化的存在，即资产阶级的思想文化和无产阶级的思想文化。两者有冲突、碰撞，也有吸纳与融合，共同推动着工业文明时代思想文化的演进！

第一节 社会经济理论的现代化发展

工业文明以来的主流社会经济理论经历了从古典政治经济学到现代社会经济学的发展。这种发展既为工业文明时代资本主义经济的蓬勃向前奠定了必要的理论基础，也为我们加深对工业文明时代资本主义经济的规律性认识创造了条件。300多年中，杰出的经济学家用他们的思想影响了世界经济的实践，指导着工业化国家社会经济政策的调整和战略思想的改变。主要代表人物有亚当·斯密、大卫·李嘉图、托马斯·罗伯特·马尔萨斯、约翰·梅纳·凯恩斯、保罗·萨缪尔森和罗伯特·卢卡斯等。他们不仅是古典政治经济学和现代西方社会经济学的代表，也反映着工业文明时代世界经济理论主导者由英国向美国的转移。

一、英国古典政治经济学

英国古典政治经济学始于17世纪中叶，18世纪下半叶工业革命兴起后进入高潮。亚当·斯密、大卫·李嘉图、托马斯·罗伯特·马尔萨斯是高潮时期的主要代表。

亚当·斯密(1723—1790年)是英国古典政治经济学的奠基者。1776年，亚当·斯密发表了著名的文章《关于国民财富的本质和原因的研究》(即《国富论》)，系统阐述了他的政治经济学思想，奠定了劳动价值论的基础。亚当·斯密认为，商品的价值是由生产商品所耗费的劳动决定的，劳动是商品价值的源泉。这是他思想中的正确部分。但是，亚当·斯密不了解价值的本质，他既不了解什么条件下的劳动创造了价值，也不了解什么样的劳动能够创造价值。因此，他认为价值是由工资、利润和地租构成的。并以此得出结论，说工人、资本家和地主都是"劳动者"。在谈到利润的时候，亚当·斯密承认利润是劳动者所创造的价值的一部分，但是，他把利润和剩余价值混为一谈，把利润说成是生产费用的一部分，从而掩盖了资本主义剥削的实质。

作为一个工商业资产阶级的政治经济学家，亚当·斯密反对重商主义，反对国家干涉工商业活动，反对建立任何组织，主张放任主义，进行自由竞争。他把全社会的人分为三个阶级，即工人阶级、资本家阶级和地主阶级，并且指出了三个阶级之间剥削与被剥削的关系，认为这种剥削与被剥削的关系同资本主义制度一样，是合乎自然法则、永恒不变的东西。这样，亚当·斯密为资产阶级初步建立起了完整的政治经济学理论体系。

大卫·李嘉图(1772—1823年)是工业资产阶级的代言人。他批判地继承了亚当·斯密的经济学和社会学思想，颂扬资本主义制度，主张废除谷物法，实行自由贸易。

大卫·李嘉图的价值论是古典政治经济学发展的高峰。他认为商品的价值是由生产商品所耗费的劳动量，即劳动时间决定的，价值量与商品包含的劳动量成正比。工资、利润和地租都来自于劳动。只要劳动时间不变，由劳动生产出来的商品价值就不会因工资的变化而变化。李嘉图的这种思想，发展了亚当·斯密的劳动价值论，否定了"工资决定价格"的错误观点。这也正是他思想中最有价值的部分。但是，李嘉图还不明确劳动的二重性、价值和交换价值的内在联系，混淆了价值和生产价格。他形而上学地看待资本主义生产关系，认为在资本主义社会里，全部生产物在地主、资本家和劳动者三大阶级中分配。地主有土地而得到地租；资本家凭借资产得到利润；工人出卖劳动，获取工资。这三种分配形式在量上此消彼长，使得三大阶级在经济利益上彼此对立。他认为资本主义的生产目的就是获得更多的剩余价值，因此，主张自由的市场经济，断定资本主义是自由的制度，是唯一合理的、永恒不变的社会制度。

马尔萨斯(1766—1843年)在1798年以匿名发表的《人口原理》而一举成名，成为资产阶级人口理论的创立者和古典政治经济学家。1851—1901年英国总人口 1690 万增长到了 3080 万。工业革命带来了社会生产率和人口增长率的大幅提高，也带来了日益严重的社会问题。经济的周期性危机、社会的两极分化和工厂恶劣的工作环境等让人们为社会所潜伏的危机而忧心忡忡。解决问题的各种乌托邦思想影响了马尔萨斯，使他试图借人口问题研究来解决社会危机。

马尔萨斯在《人口原理》中提出的人口理论主要包括两个公理和三个命题。他认为食物为人类生存所必需，两性间的情欲是必然的，这是人类本性所决定的两大公理。马尔萨斯提出的三个相关性命题是：人口的增加必然为生活资料所限制；生产资料增加，人口也必然增加；占优势的人口增加力，为贫困和罪恶所抑制，使人口和生活资料保持均衡。问题是这种均衡在当时已无法实现。马尔萨斯认为其原因是人口增长的速度要比生活资料增长的速度快得多。即人口是按几何级数增加，而生活资料是按算术级数增加的。他的结论是人口增长快于生活资料的增长是劳动人民失业、贫困和饥饿的根源。这一结论导出了马尔萨斯人口理论的核心，即他试图证明人类贫困及由此产生的不幸与罪恶的根源在于人类自身的本性——人类无限增殖的现象。

马尔萨斯还宣称，在自然界里，多余的个体将在生存竞争中被消灭，而在人类社会中，当人口增长到不受人为的限制时，就会出现人口过剩的危机。世界上存在着过多的人口，就要分成为不同的阶级。他认为，减少人口使之与生活资料相适应的最根本的办法是饥饿、贫困、瘟疫和战争。因此，马尔萨斯及其追随者不仅反对任何改善工人生活环境的努力，而且劝说穷人不要结婚生育，甚至要求法律禁止破产工人结婚生小孩。显然，马尔萨斯的人口理论反映的是工业资本主义的利益，把贫困与灾难归结于人口增长，掩盖了资本主义制度的实质。

但是，马尔萨斯的人口理论涉及了人类文明进程中的一个重大问题，即人口问题，引发了人们对人口问题的关注，促进了马克思主义科学人口理论的诞生。马克思主义科学人口理论指出了人口规律是社会规律、历史规律。人虽然是消费者，但更重要的是生产者。人口增长和人口数量的变化可以促进或延缓社会的发展。在充分发挥人的劳动创造作用的同时，人类也要控制自己，做到有计划地增长。第二次世界大战以后，出现的新马尔萨斯主义，公开宣扬种族优劣不平等，国家需要生存空间，试图通过战争实现人种改良。新兴人力资本理论代表人物对此进行了有力驳斥。他们认为空间、能源和耕地并不能决定人类前途和命运，人类的前途和命运将由人类的才智进化来决定。

总之，以亚当·斯密、大卫·李嘉图和马尔萨斯为代表的英国古典政治经济学家，首先提出了劳动价值论的学说，并且在不同程度上初步探讨了资本主义社会的利润、利息和地租、剩余价值的具体形式，对资本主义社会中的各个阶级做了经济上的分析，最早接触到阶级斗争的经济根源问题。马尔萨斯的人口论则从新的视角探讨了资本主义进程中的经济与社会问题。他们思想中的科学成分为马克思主义政治经济学的产生提供了源泉。但是,由于阶级和历史的局限,决定了在他们的学说中不可避免地存在着许多庸俗的因素。因此,他们不可能建立起真正科学的价值论和政治经济学理论。

二、现代经济理论的确立与发展

19世纪末第二次工业革命的发展,使垄断经济在世界各主要资本主义国家中占据了主导地位,世界主要工业化国家也在很大程度开始左右世界政治经济的发展。1900年,美、德、英、法四国的工业产值就占了世界工业产值的72%。但是,经济的发展并没有、也不能解决资本主义的贫困、危机和战争。1929—1933年的经济大危机和两次世界大战的发生,宣告了古典政治经济学无法解决现代资本主义发展中的经济社会问题。因此,在古典政治经济学的基础上创新经济社会理论成为时代课题,凯恩斯、萨缪尔森、卢卡斯等以天才般的智慧,促成了资产阶级古典政治经济学向现代经济学的转化,成为西方现代经济学的奠基者和理论代表,他们的理论成就是社会经济理论第二次发展高潮中最闪光的。

约翰·梅纳德·凯恩斯(1883—1946年)被称为20世纪最具影响力的经济学家(图8-1)。他创立的宏观经济学与弗洛伊德所创的精神分析法、爱因斯坦发现的相对论一起被称为20世纪人类知识界的三大革命。

凯恩斯是一个拥有胆识的卓越社会经济学家。第一次世界大战结束后,他作为英国出席凡尔赛会议的代表团成员,就因抗议协约国对于德国的经济制裁过于苛刻而中途辞职。1919年他发表了《和平的经济后果》,预见了日后德国民族主义情绪的高涨而可能导致的灾难。1921年,他的博士论文《概率论》成为统计学的经典之作。针对20世纪20年代末开始席卷西

图8-1 凯恩斯

方的经济大萧条,凯恩斯在1930年发表了《货币论》,1936年发表了《就业、利息和货币通论》,提出了"诊治"大萧条的处方,创立了研究国民经济的宏观经济学,使之与研究个体消费行为和生产行为的微观经济学、对经济现象作统计分析的计量经济学一起构成了现代经济学完整的三位一体理论体系。

凯恩斯的宏观经济学对古典政治经济学信奉的"自由经济"提出了质疑。自由经济学派从供求双方出发,认为,无需政府干预,市场会通过价格这只"看不见的手"对任何经济失调进行自动调节。可大萧条时表现出的需求不足和严重失业现象,使自由经济理论遭到了打击。凯恩斯在《就业、利息和货币总论》中认

为经济不景气的主要原因是"有效需求不足",提出了政府干预的必要性和重要性。形成了通过刺激需求,来扩大就业的有效需求理论。这是凯恩斯主义的核心。他认为资本主义经济经常处于"小于充分就业均衡"状态,政府可以通过建设桥梁、大坝等公共项目,雇用失业人员,扩大就业,促进需求。因此,凯恩斯主义信奉国家通过对经济的积极干预,通过政府赤字支出对总需求的扩张作用,来刺激有效需求,实现充分就业,克服经济危机。于是,凯恩斯把政府的首要职能转化为主要以财政政策来控制、刺激有效需求,以扩大就业。

凯恩斯主义成为指导大危机后罗斯福"新政"的主要理论。凯恩斯主义的有效需求理论与罗斯福的"新政",帮助美国渡过了大危机,并取得了辉煌的成就。因此,第二次世界大战后,西方主要帝国主义国家纷纷仿效美国,实行凯恩斯主义,使凯恩斯经济学在第二次世界大战后30多年的时间里一直成为西方经济学界的正统经济学。对相关国家经济的较快恢复和缓和劳资矛盾做出了重要贡献。但长期实行凯恩斯主义会导致政府财政的高赤字和市场经济的高通涨,从而影响人民就业和生活。20世纪六七十年代,西方国家"滞胀"局面的出现,使凯恩斯主义失灵了。70年代,美国的物价年平均涨幅达到7%,日本为8.9%,法国为9.1%,英国为12.4%。在1973年石油斗争的冲击下,资本主义世界发生了战后以来最严重的一次经济危机。在这次危机中,美国的工业生产下降了16个月,降幅达15.1%。日本的工业生产也下降了16个月,下降幅度达19.3%。西欧国家中以英国的危机持续时间最长,达27个月,其他国家的这次危机也都比战后的历次危机严重。超越凯恩斯主义成了新的时代课题。

萨缪尔森(1915—2009年)是对新古典经济学和凯恩斯经济学进行综合并提出自己理论体系的代表人物。他被认为是最后一位经济学通才,"现代经济学之父"。他写就了世界上最为实用和畅销的经济学教科书《经济学》(图8-2),使现代经济学和西方经济学的思维方式深入人心,奠定了现代经济学的基础。其理论观点体现了西方经济学整整一代人的正统理论观点,并且成为西方国家制定社会经济政策的理论基础。正是有赖于他的"新古典综合"理论的成功,才使凯恩斯的国家干预说产生了广泛的影响并改变了资本主义市场经济运行的基本模式,使"国家干预"与"自由市场"并行不悖。

保罗·萨缪尔森是一位经济奇才。年轻时,有人问他学习经济学最大的遗憾是什么,他就回答:"是不能获得诺贝尔奖。"因为那时还没有设立诺贝

图8-2 萨缪尔森《经济学》第十七版(中文版)

尔经济学奖。而1970年，萨缪尔森成为获得诺贝尔奖的第一位美国经济学家，了却生平最大的遗憾。他的《经济学》在1948年出版时，就有人断言："下一代人将跟随萨缪尔森学习经济学。"

作为经济学的最后一个通才，萨缪尔森的研究范围横跨经济学、统计学和数学等多个领域，将凯恩斯主义和传统的微观经济学结合起来，以"新古典综合派"风格确立了西方经济学的现代框架，每一个流派都在其中得到了清晰的解释和公正的评价。在萨缪尔森之前，经济学曾经出现过两次综合。第一次是约翰·穆勒1848年的《政治经济学原理》。该书为了挽救李嘉图体系的崩溃，将李嘉图的理论同其反对派的理论进行了综合。第二次综合是马歇尔1890年出版的《经济学原理》。该书将边际效用学派的理论进行综合，建立了第一个微观经济学体系。第三次综合当属萨缪尔森的《经济学》，该书将马歇尔等人的微观经济学同凯恩斯的宏观经济学进行了综合，建立了第一个经济学的完整体系，为此后的经济学奠定了基本的格局。

作为现代经济理论的新发展，萨缪尔森的经济理论是20世纪30年代以后，特别是第二次世界大战以后，西方资产阶级经济学发展的主要代表。萨缪尔森是促使经济理论数理化的开创性人物。正如瑞典皇家科学院在授予萨缪尔森诺贝尔奖时所说："他发展了数理和动态经济理论，其研究涉及经济学全部领域。"萨缪尔森对西方经济学所作的发展主要体现在两个方面：一是将数学形式主义与新古典理论结合在一起，为西方经济学界提供了一套理论分析的规范和评判学术成就的准则。这套规范和准则为营造现代西方经济学的学术分析提供了一套精巧的建造术。这是西方经济学界所需要的，它迎合了学术权威们的口味。正是依赖这类建造术，现代西方经济学才逐步演变成为一门独自发展、自我完善的数理逻辑体系；二是在分析总结已有理论的同时，在经济学某些专门领域提出新的理论。例如，在生产方面，把追求本企业最大利润作为企业生产的宗旨；在消费方面，作者把追求个人最大满足作为个人消费所遵循的准则，并且认为只有这样才是合理的。在社会保障方面，认为资本主义市场经济制度是一种理想的社会制度。

萨缪尔森的《经济学》自1948年问世至今共修订了16次，被译成43种语言，在世界各地广受欢迎。

罗伯特·卢卡斯（1937年—）是当代宏观经济学的缔造者（图8-3），1995年诺贝尔经济学奖得主。罗伯特·卢卡斯的主要贡献是提出了理性预期理论。他在1960—1980年发表的一系列论文，直接冲击了长期占据主流地位的凯恩斯经济学，甚至被人认为是一场颠覆性的革命，一场标志着凯恩斯学派终结和理性

图8-3 罗伯特·卢卡斯

预期学派诞生的革命。正是这一系列的论文使卢卡斯获得了1995年的诺贝尔经济学奖。瑞典皇家科学院的颁奖词至今依然动人心魄——"卢卡斯提出的理性预期假说，改造了宏观经济分析和深化了我们对经济政策的理解。卢卡斯已经使得直到70年代为止所发表的大多数经济理论站不住脚了。他也是自那时以来最有影响的经济学家之一。"

因此，在卢卡斯众多学术成果之中，影响最大的是"理性预期假说"，他所属的学派也叫理性预期学派，这个学派本来是芝加哥大学一个保守学派(现代货币主义学派)的分支，但80年代以后迅速崛起，已经发展成为颇有影响的学派。

所谓理性预期，是指各经济主体在做出经济决策之前，会根据掌握的各种信息对与当前决策有关的经济变量的未来值进行预测。这种预期影响经济中所有参与者的行为，并对经济活动产生重大影响。

约翰·穆斯在1961年的《理性预期和价格变动理论》一文中，最早提出"理性预期"的概念。但卢卡斯对理性预期假说进行了深化，并把它作为工具分析了宏观经济政策的有效性问题，提出著名的"卢卡斯批判"——在个人和企业进行理性预期条件下，政府宏观经济政策无效。这一观点对奉行国家干预政策的凯恩斯主义给予了沉重的打击，也被称为是理性预期革命。

理性预期理论的基本观点有：①理性预期假设；②中性假说和非中性假说；③自然率假说；④政府行为。理性预期理论分析方法的主要特点是：①预期的形成本身成为经济分析的对象；②把经济活动当事者基于理性预期所可能采取的对策作为研究的对象；③坚持新古典的信条；④同时在此学派的理论中，还大量运用数学方法。在理性预期假设的基础上，卢卡斯对宏观经济学进行了全方位的颠覆和重建。对社会总需求、社会总供给、货币、通货膨胀、经济周期等重要的宏观经济概念重新定义。在货币理论方面，卢卡斯提出了货币中性理论。按照他的定义，一切经济活动都是根据理性预期进行的，货币数量的增加和减少，不影响实际的经济变量。系统的货币活动，仅仅影响诸如价格水平、通货膨胀率等名义变量。货币的中性，使得政府的货币活动和财政活动失效，实际的经济变量，只由经济中的实际因素(技术条件、人力资本等)决定。

卢卡斯的另一个重要批判是针对著名的菲利浦斯曲线(失业与通货膨胀之间的一种相互替代的关系)。按照理性预期学派的观点，失业作为一种实际的经济变量，是由诸如劳动力市场的供求关系、生产的技术条件、经济技术结构等实际因素决定的，而与货币数量及价格水平没有关系。

卢卡斯对经济理论发展的主要贡献表现在：第一，理性预期理论把对预期形成问题的分析纳入经济学领域，是对经济学的一个重大的贡献。它强调理性预期在经济生活中的作用，突出了作为理性的经济人的经济当事人的理性预期行为，同时强调经济决策应建立在理性预期的基础之上,这对于经济决策的科学化具有极为重要的意义,并且还提出正确处理经济决策之间的关系,是保证经济正常运转的关键。

第二,把理性预期纳入需求决定的分析,是经济理论上的进步。它把分析的着眼点放在人们的具体的消费行为和投资行为的决定上,从分析具体的消费行为和具体的投资行为中推导出社会总需求,就使得对总需求的分析真正立足于坚实的基础之上。

第三,分析了理性预期与社会总供给的关系。这是理性预期与社会总需求的必要补充,也弥补了凯恩斯宏观经济学的不足。它一方面贯彻了传统的新古典经济学的理性原则,立足于微观经济活动中的企业家的最优化的行为;另一方面,又把传统的新古典经济学的理性原则引申为理性预期原则,把经济人的理性预期行为作为其追求最优化行为的一个重要的组成部分。这在分析方法上、在经济分析的内容上都有一定创新。

第四,货币理论上,与凯恩斯主义的货币理论和货币主义的货币理论不同,理性预期学派把货币理论和价值理论结合起来,以寻求货币资产与生息的金融资产(债券等)关系。提出了中性货币理论和货币机制的分析。

第五,在失业与通货膨胀的关系上,理性预期学派以理性预期的理论观点和特有的分析方法,否定了菲利浦曲线的失业率与通货膨胀率之间的互替关系,彻底地反对政府对经济实行干预上,完全否认稳定经济的政策有效性。

第六,提出政策无效论。其理论依据之一就是理性预期理论,认为政府的干预在短期内也是无效的。无论是短期还是长期,都不能实行干预的措施。另一个理论依据是"中性货币"理论,认为联邦准备当局的货币行为不能控制实际利率,也不能从根本上影响实际的经济变量。

第七,经济周期理论。卢卡斯的理性预期的经济周期理论观点只是在对时间序列分析中加进了理性预期的因素,把经济周期理论同理性预期的分析直接联系起来。否认了凯恩斯自愿失业和非自愿失业的划分,认为不能在总的失业中划分出哪一部分是"自愿失业",哪一部分是"非自愿失业"。此外,按他的看法,失业是由于经济中的随机变量的变动而引起的,那么,最重要的是把政策也作为经济中的一个变量(或随机变量)发挥作用,或者把政策看成是一种经济的"投入",使之实现最好的"产出"(即实现最好的政策效果)。最好的政策是使经济中的随机变量的负面影响达到最小化的政策。

总之,在工业文明进程中,西方社会经济理论随着人类实践的发展而不断前行,完成了近现代化的演进。这种进化现在仍在继续之中,在卢卡斯之后还有供应派、货币主义和混合经济学等多种现代经济理论。它们对西方经济政策和策略的调整、社会的发展起到了巨大的指导作用,为人类经济社会的发展积累了丰富的经济理论知识,值得世界各国进行有效吸纳。

第二节 德国古典哲学和非理性主义思潮

一、德国古典哲学

德国古典哲学虽然是在18世纪末至19世纪上半叶德国资本主义发展的独特条件下产生的,但它代表着工业文明前期欧洲哲学的整体水平,是近代科学技术进步和工业化强劲发展在思想哲学领域的深刻反映。"在从笛卡儿到黑格尔和从霍布斯到费尔巴哈这一长时期内,推动哲学家前进的,决不像他们所想象的那样,只是纯粹思想的力量。恰恰相反,真正推动他们前进的,主要是自然科学和工业的强大而日益迅速的进步"。① 正是欧洲工业资本主义发展日益加剧了欧洲各国经济政治的不平衡,使德国处于容克贵族势力强大压力下的资产阶级苦闷、彷徨,他们既向往英、法这样的资产阶级革命性进步,又害怕难以驾驭的暴力,只能"用抽象的思维活动伴随了现代各国的发展,而没有积极参加这种发展的实际斗争。"② 因此,德国古典哲学,特别是它的辩证法,反映了英国产业革命和法国大革命所引起的急剧的社会变化,但也表现了德国资产阶级的软弱性,它的理论往往具有抽象的、思辨的形式。

德国古典哲学广泛吸收了以前哲学家们的思想成果。例如,以笛卡尔和斯宾诺莎为代表的理性主义学派的思想、17—18世纪英法经验主义学派和启蒙运动学派的观点等。德国古典哲学家们在总结前人哲学学说的基础上,提出并探讨了一些新的重大哲学问题,把哲学思维提高到一个新的水平。但是,德国古典哲学并不是一个统一的学派。在哲学基本问题上,康德是二元论者,费希特是主观唯心主义者,谢林和黑格尔是客观唯心主义者,费尔巴哈则是坚定的唯物主义者。然而德国古典哲学又有其内在的首尾一贯的发展规律,康德开始了德国哲学的革命,经过费希特和谢林的努力,最后由黑格尔集德国唯心主义之大成,完成了包罗万象的哲学体系。到了费尔巴哈,德国哲学开始向另一个方向发展。费尔巴哈对以黑格尔为代表的德国唯心主义哲学进行了批判和清算,重新确立了唯物主义的权威,但同时也充分暴露出费尔巴哈唯物主义的根本缺陷,表明它在原有的基础上已不可能继续前进了。这样,德国古典哲学就完成了它的历史使命而宣告终

---

① 恩格斯. 路德维希·费尔巴哈和德国古典哲学的终结[M]//马克思主义经典著作选读. 北京:人民出版社,1999:271.

② 马克思恩格斯选集[M].1卷. 北京:人民出版社,1976:10.

结。德国古典哲学的发展为马克思主义哲学的产生提供了重要的理论来源。恩格斯说，如果不是先有德国哲学，特别是黑格尔哲学，那么科学社会主义就决不可能创立。这充分肯定了德国古典哲学的重要历史地位。

康德(1724—1804年)是德国古典哲学的创始人和杰出代表，近代西方哲学史上二元论、先验论和不可知论的代表，有重大贡献的自然科学家(图8-4)。

康德的主要代表作有：1755年匿名出版的《自然通史与天体论》，它第一次在长期统治人们思想的形而上学自然观上打开了缺口。1769年是康德的哲学思想发展的关键一年。由于受英国经验主义影响，特别是领悟到休谟所提的有关因果联系有无必然性问题的重要意义，他从莱布尼茨—沃尔夫学派哲学的"独断的美梦"中猛醒过来。1780年，康德写出了《纯粹理性批判》，标志其哲学思想进入批判时期。在1781—1790年的10年间，构成批判哲学体系的《纯粹理性批判》《实践理性导论》《判断力批判》3部巨著相继问世，使康德在德国的声望与日俱增，他的新哲学的影响不断扩大。18世纪90年代康德出版的著作有《论永久和平》《法学的形而上学原理》《伦理学的形而上学原理》《学科的论争》《实践观点的人类学》，以及逝世之前由他的朋友编辑出版的《逻辑学》《自然地理学》和《教育学》等。

图8-4　康德

康德的主要思想与所处的时代密切相关。当时，欧洲哲学思想主要有两种重要理论：由洛克、休谟等人发展出来的经验主义，以及笛卡尔等人的理性主义。经验主义者认为人类对世界的认识与知识来源于人的经验，而理性主义者则认为人类的知识来自于人自身的理性。

康德则在一定程度上接纳了两者的观点。康德认为知识是人类同时透过感官与理性得到的。经验对知识的产生是必要的，但不是唯一的要素。把经验转换为知识，就需要理性(康德与亚里士多德一样，将这种理性称为"范畴")，而理性则是天赋的。人类通过范畴的框架来获得外界的经验，没有范畴就无法感知世界。因此范畴与经验一样，是获得知识的必要条件。他意识到，事物本身与人所看到的事物是不同的，人永远无法确知事物的真正面貌。在《纯粹理性批判》一书中康德指出，没有人可以想象一个存在于没有时间与空间的世界中的物体，因此他强调没有时间与空间，经验就是不可能的，这两者先于一切。此外康德也认为经验必需来自于心灵以外。也就是说，一个人可以感知、理解他周围的世界，但永远无法感知、理解自己本身，因为知识的产生需要时间、空间与范畴三个要件。

在因果律方面，康德推翻了休谟的观点。休谟认为因果律并不存在，人类只是由于习惯才认为两个现象之间有关联。但是康德认为因果律是人类理性的结果，康德赞同休谟认为因果律不是来自于经验，但他相信可以证明自然法则，因为自然法则就是人类认知的法则。因果律其实就是人类理性的表现。伦理学方面，康德否定意志受外因支配的说法，认为意志为自己立法，人类辨别是非的能力是与生俱来的，并不是后天获得的。

康德的思想大体可分为三个阶段：一是先批判期哲学。康德在匿名出版的《自然通史和天体论》里，生动地解释了无限宇宙的各部分在空间中的联系，探索天体的根源及其运动变化的规律；提出了在天文学史上有重大意义的太阳系自然形成的"星云说"。他立足于牛顿力学，而在世界观上却超出牛顿。这一时期他持上帝是无所不在的理性秩序的近似泛神论的观点，对因果律表示怀疑；提出道德行为根本在于个人意志决定的观点。二是过渡期哲学。18世纪60年代末，康德全面地考虑了休谟对因果律的疑难，他欣赏休谟根据经验论对因果联系观念的起源问题所做的分析，但是坚决反对休谟否认因果联系必然性的错误结论。三是批判期哲学。在这个时期，康德建立起独特的批判哲学体系，其中包括以先验论、二元论和不可知论为基本特征的认识论，以及在此基础上的伦理学、美学等。

"现象"和"自在之物"是贯穿康德哲学体系的两个基本概念。但康德所说的现象，并不是指我们日常所说的客观事物的表面现象，而是指一种主观的感觉表象。他把我们日常感官所接触的日月星辰、山川大地、树木鸟兽以及社会生活中的种种事物，统统称为"现象世界"。同时，他肯定在我们之外存在着"自在之物"，尽管人们不能认识它。可见康德是一位反对唯物主义反映论的不可知论者。在康德哲学中，感觉不反映对象，现象不表现本质，主体和客体之间、本质和现象之间存在着一条不可逾越的鸿沟。这样，在康德面前就存在着两个世界：一个是可以认识的此岸的"现象世界"；另一个是不可认识的"自在之物"的世界。康德借助于这个二元论，在批判神学、肯定科学的同时，又保留神学；在论证资产阶级理想的合理性的同时，又证明其实现的不可能。总之，就整体而言，康德哲学就是围绕着"现象"和"自在之物"的关系，也即思维和存在是否具有同一性这个基本问题展开的。他的二元论、不可知论哲学的基本点就是否认思维和存在具有同一性。

康德的哲学思想的主要成果：是在马克思主义产生前，使辩证法在德国古典哲学中得到了最详尽、最全面的探究，虽然这种辩证法是建立在唯心主义基础上的。康德哲学是18世纪资产阶级启蒙思想在德国的特殊表现，高度的思辨性是这种思想的一个特征。它对后世的影响是双重的。对费希特、谢林和黑格尔而言，他是德国哲学革命的先驱，起到了积极的发动作用。但是，到19世纪60年代,德国资产阶级利用康德哲学的思辨性的崇高理想来对付无产阶级革命运动。这时出现了"回到康德"以至"要了解康德,必须超过康德"的呼声,目的是从彻底唯心主义立场解释康德。第二国际修正主义者和新康德主义者都是这样出现的。19世纪末,意志主义者、不同流派的实证主义者和实用主义者也都接受了康德哲学的一定影响。马克思、恩格斯对康德哲学的唯心主义进行过揭露和评论。列宁在十月革命前夕对康德哲学更是做了系统的分析批判。近几十年来,康德哲学在西方哲学界仍是研究的重要科目,具有很大的影响。

乔治·威廉·黑格尔(1770—1831年),德国古典唯心主义辩证法哲学的集大成者(图8-5),他对西方社会从中古向近代过渡的世界性变革,包括从古罗马帝国灭亡到法国大革命的历史,对于当时许多自然科学和社会历史研究的成就等,都做了哲学上的概括,创立了欧洲哲学史上最庞大的客观唯心主义体系。黑格尔也是第一个系统地阐发了唯心主义辩证法的哲学家,又因其哲学思想之深邃,被誉为是最具玄奥灵动的思考力的哲学家。

图8-5 黑格尔

康德的思想体系形成于法国革命之前,黑格尔的思想体系形成于法国革命之后。黑格尔的主要著作有:《哲学全书》《逻辑学》(通称《大逻辑》)《法哲学原理》《哲学史讲演录》《历史哲学讲演录》《美学讲演录》《精神现象学》等。1807年3月,《精神现象学》的出版标志着由康德开始的德国哲学革命进入了新的阶段,也标志着黑格尔已经成为一位成熟的哲学家。

黑格尔主张,理念是第一性的,它以纯概念的形式在逻辑学中不断发展,然后理念外化成为自然界,最后又在精神哲学的各门科学中回到理念自身。这样,他建立了一个以理念为基础的、包括了一切科学的庞大的客观唯心主义体系。

黑格尔在哲学史上的主要贡献是,把矛盾看作一切事物的真理与本质,论述了辩证法就是对立面的统一。他在论述每一个概念、事物和整个体系的发展中自始至终都贯彻了这种辩证法的原则,这是人类思想史上最惊人的大胆思考之一。黑格尔辩证法的理念包括对立统一、质量互变、否定之否定三大规律;关于事物自身运动、普遍联系和相互转化;关于辩证法贯穿其中的本体论、认识论、逻辑的统一;关于事物发展中渐进过程的中断、飞跃、质量交错线、螺旋上升的圆圈形式;关于主体与客体、个别与一般、特殊与普遍、有限与无限、有与无、量与质、本质与现象、内容与形式、可能与现实、原因与结果、自在与自为、肯定与否定、抽象与具体、自由与必然、整体与部分、分析与综合以及过渡、反思、中介、外化、对象化、物化、异化、扬弃等系统的辩证范畴，从而为从哲学高度把握运动、变化、发展的整体世界，提供了思想武器。

黑格尔客观唯心主义和神秘思辨的哲学思想主要表现为，他把理性认识即"绝对精神"夸大和绝对化，并以此作为整个世界的本原和灵魂。列宁称为"聪明的唯心主义"。

黑格尔的唯心主义体系是保守的，甚至可以说反动的，他把自己的哲学体系和反动的普鲁士国家结成了一个不可分割的整体。他把普鲁士国家看成是"绝对精神"的最终体现，又把作为普鲁士国家哲学的黑格尔自己的体系看作是"绝对精神"最完满的自我认识。这就鲜明地表明了黑格尔哲学体系直接为反动政治服务的性质。

不过，黑格尔哲学是19世纪德国具有代表性的世界观体系，集德国古典哲学之大成，具有百科全书式的丰富性和深刻性，居于整个时代哲学的高峰。恩格斯是这样评价黑格尔的，他说"近代德国哲学在黑格尔的体系中达到了顶峰，在这个体系中，黑格尔第一次——这是他的巨大功绩——把整个自然的、历史的和精神的世界描写为处于不断运动、变化、转化和发展中，并企图揭示这种运动和发展的内在联系。"①因此，黑格尔哲学中包含着很丰富的、进步的、革命的"合理内核"，即贯穿其哲学体系的辩证法，只是他用唯心主义观点表述了辩证法的基本特征。黑格尔的辩证法是服务于他的唯心体系的，是用来论证他的唯心论而反对唯物论的。正如恩格斯所说，在黑格尔那里，"方法为了迎合体系就不得不背叛自己"，②"革命的方面就被过分茂密的保守的方面所闷死"。③

黑格尔哲学培养了整整一代人，在德国形成一个声势浩大、成员众多的学派，后来更是超越了国界。马克思和恩格斯曾公开声明自己是黑格尔的学生，指出继续识别和吸收黑格尔哲学中合理内容的重要意义。第一个社会主义国家的创立者列宁同样也坚持了这一方向，他通过研究黑格尔，提出了发展辩证唯物论的宏大革命理论和纲领。

费尔巴哈（1804—1872年）出身于巴伐利亚一个法学教授之家，是德国古典哲学的最后一位伟大代表，属唯物主义哲学家。曾因宣传无神论，遭受迫害，隐居乡间，从事哲学研究。主要著作有《黑格尔哲学批判》《基督教的本质》《哲学改革的预拟提纲》《未来哲学原理》等。

在西方哲学史上，费尔巴哈第一次较为明确地提出了思维对存在或精神对自

---

① 马克思恩格斯选集[M].3卷.北京：人民出版社，1972：63.
② 马克思恩格斯选集[M].4卷.北京：人民出版社，1972：225.
③ 马克思恩格斯选集[M].4卷.北京：人民出版社，1972：214.

然界的关系问题是哲学的根本问题,而且用"颠倒"的方式对这一问题做出了与黑格尔思辨的唯心主义截然相反的唯物主义的解答。他尖锐地批判了黑格尔的唯心主义体系,恢复了唯物主义的权威。他批判黑格尔把物质与精神的关系加以颠倒,主张物质先于精神,认为物质是第一性的,思想是第二性的;自然界是客观存在的,人的思维、意识是客观物质的反映。他把自然界与人提到了首要的地位,承认自然界的可知性、规律性与必然性。这对青年马克思、恩格斯曾产生过重大影响。但是,费尔巴哈所说的人,是生物学上的自然人,而不是社会的人,因此,其唯物主义是"人本学唯物主义"。费尔巴哈在批判黑格尔哲学时,丢掉了其中的辩证法,这使他始终未能摆脱机械唯物主义的缺陷。在社会历史观方面,费尔巴哈是唯心主义的。他虽然批判了康德的不可知论,主张人的认识能力是无限的,但看不到人对客观存在的主观能动性,不了解社会实践在认识中的作用。

费尔巴哈还揭露了黑格尔思辨哲学的神学性及其与宗教神学的关系,把黑格尔哲学称为"理性神秘论"。费尔巴哈认为,黑格尔思辨哲学是真正的、彻底的、理性的神学,其本质不是别的,只是理性化了的、实在化了的上帝的本质。他还认为:"黑格尔辩证法的秘密,最后只归结到一点,就是他用哲学否定了神学,然后又用神学否定了哲学。"费尔巴哈揭露了黑格尔的思辨哲学和宗教神学的内在联系。他指出,黑格尔哲学是神学最后的避难所和最后的理性支柱。因此,谁不扬弃黑格尔哲学,谁就不扬弃神学。在政治上,费尔巴哈反对君主政体,主张建立民主共和制。1870年,他参加德国社会民主党,晚年阅读了马克思的《资本论》。

费尔巴哈对黑格尔哲学的批判,结束了唯心主义在德国哲学界的长期统治,恢复了唯物主义的权威,为新时代、新哲学的产生提供了理论前提。但是应当指出,费尔巴哈对黑格尔哲学的批判也存在着缺陷和局限。费尔巴哈虽然揭露了黑格尔哲学"体系"的秘密,批判了黑格尔哲学的唯心主义性质,但是由于他没有看到黑格尔哲学体系与方法的矛盾,没有看到黑格尔哲学体系中包含的丰富的辩证法思想。正如恩格斯所说的,他没有批判地克服黑格尔哲学,而只是简单地把它当作无用的东西抛了一边。所以马克思和恩格斯批判地吸取了费尔巴哈唯物主义的"基本内核",把它发展成为科学的辩证唯物主义理论。

费尔巴哈对黑格尔的批判宣告了德国古典哲学的终结,作为德国古典哲学的直接继承者,马克思主义这一无产阶级的思想体系登上了世界历史舞台。马克思和恩格斯充分肯定了德国古典哲学的积极成果,批判了黑格尔的唯心主义,把辩证法从他神秘的哲学体系的束缚下解救出来,同时又批判了费尔巴哈的人本主义,吸取了他的唯物主义哲学的基本内核。他们把辩证法与唯物主义有机地结合起来，创立了辩证唯物主义和历史唯物主义，开辟了哲学史上的新纪元。

综上所述，德国古典哲学的最大成就，是从世界观的高度用辩证法代替了形而上学。德国古典唯心主义哲学家反对把世界看作固定不变、没有矛盾的东西，而把它理解为具有矛盾发展的不断变化的运动过程，这就从根本上推翻了长期以来统治人们头脑的形而上学世界观。

德国古典哲学的巨大历史意义在于，它为马克思主义的产生提供了理论前提，成为马克思主义的理论来源之一。德国古典哲学对以后资产阶级哲学思想的发展也有很大影响，但资产阶级哲学家们完全不能正确地分辨德国古典哲学中的精华和糟粕。他们曲解或根本抛弃辩证法，着重发挥了德国古典哲学家们的唯心主义、不可知论以及一切神秘和保守的思想。

二、非理性主义哲学思潮

19世纪后期，资本主义社会的发展为非理性主义思潮的产生奠定了社会基础。理性主义曾带来了科学技术的繁荣和巨大的物质财富，同时由技术统治的社会犹如一架机器，人也成了"单向度的人"。[1] 个体成了机器上的零件，人类失去了精神的家园。资本主义经济危机尤其是文化危机日益严重，尖锐的阶级矛盾，残酷的生存竞争和日益扩大的贫富差距，使人们对原先的科学与理性、人性与美德产生了怀疑。社会的动荡与生活的变动不居，更使人悲观与迷惘，空虚与无所归依的感觉开始在西欧社会蔓延。"这种对理性普遍失去信念的社会背景必然导致了理性主义哲学的危机。"[2]非理性主义思想正是源于人对自身、社会和现实生活的不信任，对原有科学理性、文化价值深表怀疑的产物。

西方现代非理性主义哲学思潮在康德哲学中已初露端倪。当康德将"现象"与"自在之物"对立，承认人类理性认识能力的有限性和"彼岸世界"的无限性，并强调意志的作用时，已给后世的非理性主义哲学提供了某种思想启示。现代非理性主义哲学思潮从19世纪后期一直延续到20世纪初。其哲学思潮主要包括三个方面：唯意志论、精神分析理论和存在主义。

1. 唯意志论

唯意志论又称"唯意志主义"。它是一种片面地夸大意志的作用，把意志看成是世界万物的本质和基础的哲学学说。

唯意志论产生于19世纪20年代的德国，流行于19世纪下半期和20世纪初，它是一种主张意志是宇宙的本体、意志高于理性的唯心主义和非理性主义哲学。德国的叔本华和尼采被西方思想界称为唯意志主义的两块界碑。

---

[1] 马尔库塞. 单向度的人[M]. 重庆：重庆出版社，1990：2.
[2] 刘放桐. 新编现代西方哲学[M]. 北京：人民出版社，2000：12.

阿图尔·叔本华（1788—1860年）是西方唯意志论的创始人（图8-6），他认为生命乃至世界的本质是生存意志。他的主要代表作有《作为意志和表象的世界》（1819年）、《伦理学的两个根本问题》（1841年）等。

叔本华认为，意志是一种完全敌视客观世界的神秘的生活力，即一种"盲目的、不可遏止的冲动"。他把这种意志说成是世界的基础、本源，是"世界的内在内容和本质"。"世界上形形色色的事物，都是这个意志的表现、客观化，世界只是这个意志的一面镜子"。①世界的一切都具有以主体为条件、并为主体而存在的性质。离开观察者被观察物本身是不存在的。因此，世界是我的意志成了叔本华哲学的核心命题。世界的本质是意志，而意志是一种求生存的欲望冲动。心理的、非生物的、非理性的"自我"都是一种盲目的求生存的欲望冲动，即"生存意志"。这种求生存的意志就是"自我"的本质。人的躯体是自我生存意志的表现并受其支配，身体的行为是客观化了的意志活动；同时，人的各种器官也是自我的生存意志的外化和创造物。动物的弱肉强食和本能、植物的适应环境、无机物的反应活动，都不过是生存意志的表露，都是意志以盲目的自然力作用的结果。

图8-6 叔本华

意志是主人，理性是奴仆。叔本华的意志是世界的本质的本体论观点，是建立在他的反理性主义的认识论基础上的。他认为直观是一切真理的源泉，一切科学的基础。只有直接或间接地以直观为根据，才能达到对生存意志的认识。认识或把握生存意志只能依靠生存意志本身，即依靠意志的自我反省、内省、自我体验。这种非理性的"直觉"，是无需理性思维的直接领悟。叔本华认为，理性是驯服地为意志服务的工具，它的任务就是意志的根本要求——生存。人的非理性的心理活动主宰和胜于人的理性，它支配人的一切思想和行为。他把理性和科学限定在认识现象世界的范围和作为意志工具的作用之中。

人生就是苦难，悲观主义的人生观是叔本华的唯意志论和反理性主义的必然结果。他认为，生存意志的本质就是痛苦，因为它对生存的一切欲求都是由于匮乏感，由于对自己现状的不满足。欲求的产生和实现过程充满着痛苦，满足之后又产生新的痛苦，因为欲求是无止境的，痛苦也就无边无际。意志越旺盛，智力越发达，痛苦也就愈深重。世界是地狱，欲望是罪恶的源泉，人们在苦难中，穷于维持和肯定自己的生存，就会产生尔虞我诈、弱肉强食、残暴和自私，牺牲或

---

① 刘放桐. 新编现代西方哲学[M]. 北京：人民出版社，2000：72.

否定他人的生存，所以利己主义是必然的。叔本华寻找着解脱人生苦难的良方，这就是必须彻底否定生存意志。但认为极端的方式是不足取的，如：自杀或患神经病。真正可取的方式是"意志转向"，即把自己的欲望、生存意志束之高阁，对一切事物保持一种内心的冷漠。"意志转向"的第一个途径是从事纯学术的哲学沉思，这种理智的活动可以暂时限制、缓和、镇静、洗涤意志和欲望，但不能消灭痛苦。第二个途径是从事纯艺术的创造，凭借直觉以体验意志，达到主体"自失"于观审之中。第三个途径是树立道德上的同情心和恻隐之心。第四种途径是达到宗教境界，走禁欲之路才是最普遍、最有效的永久解脱之路。禁欲主义的实际行动，必须以直观认识为先导，从自愿放弃一切欲望开始，通过甘于痛苦，达到死亡寂灭，即永久的"无我"境地。叔本华就是这样从悲观主义通过禁欲主义而走向了虚无主义。

图 8-7　尼采

弗里德里希·威廉·尼采（1844—1900 年）（图 8-7）继承、改造并发展了叔本华的生命意志哲学思想，把生存意志的消极悲观主义改造为权力意志的积极行动主义。"追求权力意志"和"重新估价一切价值"两个基本观点贯穿于他的全部哲学之中。他的主要著作有《悲剧的诞生》（1872 年）、《人性的、太人性的》（1878 年）、《查拉图斯特拉如是说》（1884 年）、《善恶的彼岸》（1886 年）、《道德体系论》（1887 年）、《权力意志论》（1889—1895 年）等。

尼采一生离经叛道，但确实解答了人类社会向哲学家提出的一些现实问题，这使他的哲学不可避免地对以后的哲学家产生重大的影响。同时，也对近百年来资本主义乃至整个世界的社会生活产生了相当大的影响。

尼采在肯定了叔本华的"生存意志"的基础上，将它进一步解释为"权力意志"，即一种支配、控制周围环境，应用统治和占有的权力进行创造的本能。生命意志就是谋求支配事物和他人的权力意志，万事万物的变化都不过是权力意志的创造和表现。权力意志是一种无所不在的力量，是奔腾泛滥的力量的海洋，是纯粹的流变和永恒的回流、永远的轮回。在它的盲目冲撞中，世界的发展表现为一个"循环的力"，历史只不过是"不差毫厘的重演"，没有确定的未来目标。在这种永恒的轮回中，尼采追求的是一种以下降求得上升、以痛苦求得快乐、以毁灭求得新生的悲剧观。他在充分肯定现实的世界和人生的基础上，认为一个不变的世界并不是人们的幸运，因此就必须对一切传统的价值观念和道德观念进行否定，"要重估一切价值"。尼采强调人的本质就是"权力意志"，权力意志不断的自我扩张和相互冲撞，表现为人与人之间的尔虞我诈、争权夺利，所以"人性恶"，人都是利己的。生命的基础就是粗野的利己主义：侵略和防御。一切道德上的是非、善恶都要以权力意志为衡量的标准。而旧道德提倡的爱安稳、爱和平、与世无争、不求进取、乐天知命、自我牺牲，都是对"生命意志的否定"，阻碍人向上升进，它抑制了权力意志的发展和人类社会的进化。

尼采在冷酷地推倒一切传统价值的同时，还把自己作为"杀死上帝的凶手"，反对基督教。他认为基督教文化、道德、价值观念与生命是敌对的，它已经崩溃，应该被抛弃，"上帝死了"，而"超人"出现了。超人就是对传统观念和道德的超越。超人有一种信念，他的存在和意志具有绝对的意义。超人就是动态的生命和人生，是一种永恒不息的征服。超人是这样一种人，他是优秀的民族精华，是从古至今的上等人和英雄中提升出来的新类型的人，是权力意志的最高体现和最理想的化身，是新文化的创造者和新世界的统治者，是超越了现实的人类。尼采认为人们应该欢呼这种全无同情、怜悯之心，只把群众当作发挥他们权力意志的工具，心安理得地接受千万人牺牲的"超人"的出现。

唯意志论在德国影响最大，在法、英和北欧一些国家也有流行。由于这些国家的具体历史条件不同，唯意志论在理论形式上也存在某些差异，但他们的基本观点是一致的。他们都把情感意志的性质加以歪曲，将其作用无限夸大，根本否认客观物质世界及其规律的客观实在性，主张意志是第一性的，是世界的本体，是一切事物产生和变化的决定力量。唯意志论公开站在反对唯物主义、反对进步的方面，是一种具有反理性主义的、直觉主义特征的唯心主义哲学。作为有重大思想影响的哲学流派，它是随着19世纪40年代马克思主义哲学产生而出现，并被资产阶级当作对抗马克思主义哲学的重要的思想工具之一，也是法西斯主义的思想来源之一。

2. 精神分析理论

弗洛伊德和他创立的精神分析理论，不仅促进了现代心理学的发展，也为非理性主义哲学思潮开辟了精神园地。

西格蒙德·弗洛伊德(1856—1939年)是奥地利精神病学家，精神分析学派的创始人(图8-8)，20世纪西方最著名的心理学家。他的主要著作有：《歇斯底里研究》(1895年)，《梦的解析》(1900年)，《性欲三论》(1905年)，《论无意识》(1915年)，《自我与本我》(1923年)，《焦虑问题》(1926年)，《自我和防御机制》(1936年)。

精神分析学说作为一个完整的理论体系，包含着相互制约而不可分割的三个组成部分：精神病治疗方

图8-8 弗洛伊德

法及其理论、心理学和哲学。其中心理学中的无意识学说和性的学说是精神分析理论最具有独特性和最核心的部分，是精神分析理论同其他心理学理论相区别的根本标志，要认清弗洛伊德关于精神分析学说的本质，首先应当认识精神分析理论的这两个基本命题。

弗洛伊德关于梦的理论为无意识研究开辟了通道。弗洛伊德认为梦是一种心理现象，梦的内容在于愿望的达成，其动机在于某种愿望。1900年《梦的解析》出版，标志着弗洛伊德释梦理论的形成。通过对梦的秘密的解析，使弗洛伊德的研究深入到了潜藏在人类意识下面的广阔的无意识领域。的确，"梦是通往潜意识领域的捷径"，但了解潜意识的需要渠道并非只有梦。弗洛伊德认为，自由联想、口误等行为，以及精神病的病症等，都是无意识现象的有意识表现。

意识层次理论是精神分析理论的核心。早年，弗洛伊德将意识分为意识和前意识，后来进一步将意识分为意识、前意识和潜意识。弗洛伊德认为，处于精神活动最表层的是意识，是指人们可以自己察觉的心理部分，是人在清醒状态下一种有目的的心理活动；前意识（无意识）介于意识和潜意识之间，处于前意识的心理活动平时不能意识到，集中注意或加以提醒即可进入意识。潜意识在一般情况下，人们不可能觉察到，甚至不承认它的存在，只有用自由联想或对梦进行深入分析等，才能逐步把它们揭示出来，使之意识化。简单地说，人的心理活动好似一座浮在海中的冰山，露在水面易被人们察觉的是意识；伴随人们心理活动起浮、时隐时现的是前意识；终年隐藏在水下的是潜意识。揭示潜意识的存在这是弗洛伊德精神分析理论的一大贡献，它不仅影响了心理学，也广泛影响了艺术、语言学、哲学、教育学以及电影等。

弗洛伊德晚年将无意识理论与人格理论结合起来，形成其人格结构理论。他将人格分为三部分，即本我、自我和超我。本我是指原始的自己，包含生存所需的基本欲望、冲动和生命力。本我是一切心理能量之源，本我按快乐原则行事，它不理会社会道德、外在的行为规范，它唯一的要求是获得快乐，避免痛苦，本我的目标乃是求得个体的舒适，生存及繁殖，它是无意识的，不被个体所觉察。自我，其德文原意即是指"自己"，是自己可意识到的执行思考、感觉、判断或记忆的部分，自我的机能是寻求"本我"冲动得以满足，而同时保护整个机体不受伤害，它遵循的是"现实原则"，为本我服务。超我，是人格结构中代表理想的部分，它是个体在成长过程中通过内化道德规范，内化社会及文化环境的价值观念而形成，其机能主要在监督、批判及管束自己的行为，超我的特点是追求完美，所以它与本我一样是非现实的，超我大部分也是无意识的，要求自我按社会可接受的方式去满足本我，它所遵循的是"道德原则"。

一个健康的人格，本我、自我和超我是均衡协调的。本我在于追求自身的生存，寻求本能欲望的满足，是必要的原动力。超我在于监督约束自身的行为，不致违反社会道德准则，以保证正常的人际关系，维持正常的社会秩序。而自我对外符合超我的要求，对内调整本我的欲望，以适应现实环境，并保持心理平衡，以保证行为的合理性。

弗洛伊德认为，心理疾病的根源在于早年生活的心灵创伤，及由此遗留下来的被压入潜意识的心理冲突，潜意识中未解决的心理冲突，即成为日后发病的根源。精神分析的工作就是要把压抑在潜意识中的那些童年创伤和痛苦体验挖掘出来，启发病人重新认识这些经验，并加以分析、解释，使病人获得一种感情体验的领悟。病人一旦洞悉到问题的根源，就有可能去正视这些冲突和焦虑，摆脱感情的羁绊，理智地对待它们。

此外，弗洛伊德还认为一个人的所作所为、所思所想、情感反应常与过去的经验有关。正常人的各种心理现象、神经症病人的各种症状，都有它的意义和原因，尽管本人意识不到。我们常常会把一些不合情理、不合逻辑的言行视为失误，或感到莫名其妙，或解释为心不在焉。弗洛伊德注意到了人们在日常生活中出现的失误。这些貌似偶然的事件，都和人们的内心冲突有联系。偶然出现的失误，都含有潜在的动机、深层的含义。通过客观分析，从人们的口误、笔误、遗忘、行为闪失或开玩笑中，去透视他们的内心世界，剖析其隐藏在背后的潜意识的内容。

由此可见，弗洛伊德的哲学思想是属于唯心主义的。但是，他作为精神病学家和医生，无论是在精神病学的理论方面，还是在精神病的临床实践方面，都做出了自己的贡献。他将思想的触角引向了传统学术陌生而隐秘的意识世界，在一定意义上深化了人类对自我的认识，对非理性主义思潮起了推波助澜的作用。我们不能否认他的理论是现代精神分析心理学的一面旗帜。美国著名心理史专家波林教授说，在心理学史中至少有4个很伟大的人物，这4个人就是达尔文、赫尔姆霍茨、詹姆士和弗洛伊德。在弗洛伊德的身上，"我们看到一个具有伟大品质的人。……他已使潜意识心灵这个概念变成了常识……正是这个弗洛伊德，他把动力概念引进了心理学，使心理学者们看到了它，又采用了它……谁想在今后三个世纪内写出一部心理学史，而不提弗洛伊德的姓名，那就不可能自诩是一部心理学通史了……伟大的人物乃是史学家笔下不容忽视的人物。"

3. 存在主义

存在主义的产生有着深刻的社会历史背景。两次世界大战使人的生存受到威胁，在战争中人的尊严被践踏，战后的经济萧条和各种社会问题又加深了人们心理上的阴影，形成了普遍的生存危机感。战后科技对社会生活的渗透，又使人们受到机械的控制和管理，人被平均化、整体化，个人的独立性和自主创造性被泯灭,"被异化了"成为人们的共同感觉。所有这一切,都已经不能用传统社会进步和人生观来说明和解释,失去了生存的精神支柱而感到空虚和惶惑不安的人们,需要重新思考生存的目的和意义。为此,存在主义产生并发展起来。

存在主义产生于 20 世纪初的德国。40 年代后,其中心转移到法国并开始兴盛。到 50 年代,存在主义风行全球进入鼎盛时期。进入 70 年代,存在主义不能为人们指出消除异化的现实、可行的道路而走向衰落。丹麦哲学家克尔凯郭尔的存在神学、德国尼采的唯意志论和胡塞尔的现象学是其理论先驱。存在主义真正创始人是德国哲学家海德格尔,主要代表人物有德国的雅斯贝尔斯,法国的萨特、梅洛-庞蒂、马塞尔、加缪,美国的巴雷持、蒂利希、怀尔德等。

海德格尔(1889—1976 年)是 20 世纪著名的德国哲学家,现象学的重要代表和存在主义哲学的创始人。但终因拥护纳粹主义而留下了一生都无法洗刷的污点。其主要著作有《现象学的基本问题》和《存在与时间》等。

海德格尔认为,存在主义就是要研究和解决"存在"的意识问题。"存在"的问题比"存在者"的问题更根本,因为必须有"在",才有"在者"。传统哲学的本体论是在没有弄清楚存在本身的含义或者说存在究竟是怎样"在"以前,就回答它们是什么,以存在者是什么的问题代替了什么是"在"的问题。传统哲学所说的存在究竟是否"在",其实也是尚未确定的,因而这样的本体论是没有根基的。先要研究存在究竟怎样"在",而且只有"在"才是一切存在者存在的基础和根源。要克服以往本体论的错误,关键就在于从对"存在者"的研究转向对"在"的研究。他的基本本体论正是一种追问"在"的问题的本体论。他进而指出,首先应当追问人的存在,他把这种领悟到自己"在"的人的存在叫作"存在",而把个人对"在"的领悟本身或各种特定的对"在"的领悟方式,叫作"此在"。正是这种对"在"的领悟即"此在",成了通向一切其他存在的门户。海德格尔还强调不能借助感觉、思维等认识形式,揭示或证明"此在"的"在",而真正的存在是人的存在,我的存在。因为只有人才能领悟到自己的"在"。世界外来的存在必以人的存在为前提,所有"在者"即整个世界都是"我"的"在"的结果。

强调人的意识的自由存在是海德格尔哲学的一个特点。他运用了现象学的方法,把本质归结为非理性的"自我"。否认了客观世界及其规律,坦言"必须以自我存在的结构来解释世界""如果没有存在,也就没有世界;这个存在就是我的存在。"[①]突出了非理性因素对历史进程的影响,贬低了人的理性;认为直觉、灵感、顿悟、潜意识是最为重要的认识途径与方法。

"烦"和"死亡"是海德格尔哲学的一个突出特征。只有处于烦、畏、死等心

[①] 海德尔格. 存在与时间[M]. 北京:三联书店,1987:22.

理状态下才能体验到本真的"在"。他认为,人不但要与世界打交道,还要与他人打交道,于是就出现了"烦心"。人只存在于"烦"的世界叫沉沦,当人沉沦于"烦"的世界时,其存在只是一种"深闭状态"。只有在"鲜明展开的状态",才能摆脱"烦"而创造自我。人只有在面临死亡时,才能最深刻地体会到自己的存在。"哲学就是对死亡的研究。"

萨特(1905—1980年)是法国存在主义的主要代表,是影响巨大的哲学家,还是著名的文学家和社会活动家(图8-9)。主要哲学著作有:《存在与虚无》(1943年)、《存在主义是一种人道主义》(1946年)等。

萨特存在主义的第一原理是"存在先于本质"。和所有存在主义哲学家一样,萨特认为哲学的基本问题应是"存在"问题。但是,传统哲学无论是唯物主义还是唯心主义,都以主体与客体、认识与外部世界的对立为前提,因而是二元论的。他要消除这种二元论,建立一种一元的存在哲学。萨特认为"我思"是一切真

图 8-9　萨特

理都不能离开的,因此是本体论的出发点。但是这"我思"和笛卡尔的我思是不同的,因为后者已有了主客体的明确区分,是自觉到主体存在的"反思的我思",作为出发点的"我思"应该是主客体都没有明确区分,尚未意识到主体的"反思前的我思"。存在被划分为两个领域,外部世界是"自在的存在",意识活动是"自为的存在"。存在是统一的,自在与自为不可分割在联系着。在自为与自在的联系中,归根到底起能动综合作用的主导者还是自为本身。自为和自在的综合,是唯一的实在。这种一元现象就是萨特哲学的本体。

萨特真正关心的是人生问题。他的哲学的目的是要干预人生、介入社会生活。人生论在他的哲学中就占有极重要的地位。他认为,外部世界虽然是自在的、先在的,但它没意义、没有规定性即没有本质,是"超现象的"。人却不同,人的存在的基本特征是自为,因此人之初是空无所有,是欠缺,本身什么都不是而又要成为什么。其存在就是不断否定外物又不断充实自身的过程,以此获得自己的规定性。人不是上帝造就而是自我创造的,人就是其一切行动的总和,人的行动也是自身选择的结果。人的本质不是凝固不变,而是不断在发展变化。盖棺才能定论,人的存在就永远先于本质。"人就是自由"是萨特的人生论的核心思想。他认为,自由不是人的一种属性,而是人的存在方式。人按自己的意志、愿望选择,没有任何先决条件,也不在于要得到什么预定要求的结果,重要的是自己去选择、自己去决定,这才是绝对的自由。放弃自由意味着放弃选择、逃避自身,放弃人的自为存在,所以自由是人生的最高价值。

总之，现代非理性主义思想的共同点是均以非理性为基点，从人的存在出发，竭力克服和批判传统理性主义的形而上学性，从整体性的意义上加深对生命的理解，深入研究了人的本质与个体性。

非理性主义在现代哲学的探索中兼有合理与不合理的因素。一方面，非理性主义批驳了理性的局限，开拓了人的认识视阈，非理性主义的胜利不是理性的失败，相反人们更清楚的认识了理性的张力。非理性主义打破了传统、封闭、偏颇的一元理性之思，竭力托起思维的天穹，引发人们开始思量一个新的多元理性概念。同时，它凸显了人的个体性，深入探讨了人的本质，呼唤重视人的内心状态、人的命运、人的价值等。这些都是合理的。另一方面，非理性主义毫无疑问也存在着局限，例如，对理性主义批判的片面性。"非理性主义不懂得要通过人的社会实践、改造客观世界来扬弃自然、社会和人所面临的矛盾与危机，而是强调回归人的内心的非理性体验来解决危机，导致了个人的非理性冲动与社会的理性原则、伦理规范之间不可调和的矛盾与冲突。"①对人及人的自身解放的认识也存在错误。非理性主义者认为人是非理性的存在。正如存在主义者萨特所言："人不外是自己造成的东西，这就是存在主义的第一原理。这个原理，也就是所谓主观性。"②非理性不懂得要通过社会实践来解决人类面临的危机，单纯强调非理性的回归，结果造成了个体与社会的冲突。人的自身的解放道路也变得更加曲折。

尽管理性与非理性在认识的演进史上发生着地位的变迁，但是它们在哲学的演进中始终相互补充、相互依存、此消彼长，在相互反驳与借鉴中获得发展与统一。

第三节 欧美的文学艺术

经济领域和政治领域划时代的变革呼唤和推动了新兴阶级文学艺术的革命性进步。在两个多世纪工业化进程中，西方文学艺术的主流经历了从浪漫主义到批判的现实主义的转变。

一、浪漫主义的文学艺术

浪漫主义文学艺术产生于18世纪末，繁荣于19世纪上半叶。其产生的社会历史条件主要有以下几点：

第一，它发生在欧洲由封建社会向资本主义社会急剧过渡，上升的资产阶级

---

① 何颖. 理性及其价值研究[M]. 北京：中国社会科学出版社，2003：143-144.
② 萨特. 存在主义哲学[M]. 北京：商务印书馆，1983：18.

与没落的封建贵族进行激烈的、反复的搏斗的历史转折时期。1789年爆发的法国大革命不仅彻底摧毁了法国封建制度的根基,而且震撼了几百年来由封建贵族盘踞的整个欧洲。1815年,俄、普、奥等国组成了"神圣同盟",联合波旁王朝的残余势力,扑向革命的法国。拿破仑与封建列强之间爆发的战争,既维护资产阶级取得的成果,传播了资产阶级思想和法国大革命的精神,同时又演变为掠夺性的战争。随着资本主义的上升发展,英法等国贫富两极分化的现象日益严重。19世纪40年代,各国无产阶级争取生存权利的斗争如火如荼;各民族争取自由独立的斗争日益高涨,终于发展成席卷欧洲的1848年革命运动。自此以后,欧洲其他各国先后向资本主义过渡。

第二,法国大革命催生了浪漫主义思潮。法国大革命不仅产生了巨大的政治影响,而且带来了激烈的思想文化斗争。①法国大革命标榜的"自由、平等、博爱"不胫而走,迅速传遍欧洲,深入到人们的意识之中。出现了以贡斯当(1767—1830年)和斯塔尔夫人为代表的自由主义思潮,要求国家保证个人的人身、信仰、言论、职业、经营、选举、集会等自由。这反映了资产阶级关系确立后"自由竞争不能忍受任何限制,不能忍受任何国家监督"的现实。对个人独立和极端自由的强调,成为浪漫主义文学的核心思想。②《人权宣言》所宣布的自由竞争的法则,使人们对未来好运的期望变得更加炽热,耽于好梦和幻想成为普遍的社会心理状态。③大革命的后果使不同阶级的心理和思想发生了深刻变化。贵族们在大革命后感到失去了天堂,于是便出现了悲观颓唐、消沉阴郁的情绪,表现出来对人生虚幻、命运多舛的感慨以及对神秘彼岸的热烈向往。资产者、小资产者则因启蒙思想家所描绘的理想社会图景无法实现而失望、苦闷和彷徨。相反,一些拥护革命的作家则对革命和未来充满了激动和期盼。为了祝贺攻克巴士底狱,在德国图宾根的大学里竖立了一尊自由神胸像,歌德、谢林和荷尔德林在城郊植下了自由树,《耶拿文学报》刊载了有关大革命的政治著作,《柏林月刊》征集对人权的争论文章。这些社会现象和心理为浪漫主义的盛行提供了肥沃的土壤。

第三,德国古典哲学和空想社会主义为欧美浪漫主义文学提供了思想理论基础。康德的形而上学区分了本体和现象,认为人是自然法则的制订者,人的精神具有对时空的直觉,对原因、现实、实体和整体的理解天生的能力。在建造世界时也形成了认识,由此证明了世界的理想性质和神秘性质。浪漫主义的非理性在康德那里找到了合理的解释。至于法国和英国的空想社会主义,则从另一个角度给浪漫主义输送了思想。法国的圣西门、傅立叶和英国的欧文在揭露资本主义种种弊端,否定现行社会合理性的同时,都提出了未来社会的美好图景。他们强调阶级调和、阶级互爱,并努力以自己的行动来实现这样的理想社会。他们对未来社会的天才预测和乐观憧憬也使浪漫主义有了精神依托。

浪漫主义就是文学上的"自由主义",即扬弃了古典主义所崇尚的理性,推崇主观、情感的世界,充分表现自我与个性。在艺术表现手法上,浪漫主义大胆发挥主观想象力,以强烈的情感,抒发对大自然、对人的自我感受。由于主观与客观条件的差异,浪漫主义在产生之初就形成了消极浪漫主义和积极浪漫主义两大流派。消极浪漫主义首先产生于德国,然后向英、法蔓延。19世纪初积极浪漫主义取代消极浪漫主义,成为西方文学运动的主流。浪漫主义文学艺术的成绩主要体现在诗歌、小说和戏剧方面。

在欧美浪漫主义的发展历程中出现过三次高潮。第一次是在1805年左右,这一时期是英国的湖畔派诗人创作的高峰期,法国的夏多布里昂和斯塔尔夫人开始引荐德国的浪漫主义理论。第二次高潮则从英国诗人拜伦开始,他的作品在1815年至1825年间风靡欧洲,雪莱和济慈紧随其后。这一时期法国文坛相对沉寂,但也有拉马丁和维尼等才华横溢的诗人。此外,意大利的白尔谢、曼佐尼以及德国的霍夫曼等人也是这一时期重要的浪漫派作家。浪漫主义文学的第三个高潮发生在法国,约从1827年至1848年,以浪漫主义文学的集大成者维克多·雨果为代表。这一时期,浪漫主义思潮也波及俄国、东欧和美国,在美国产生了麦尔维尔、惠特曼等浪漫主义大师。1848年以后,浪漫主义文学运动基本结束,但是浪漫主义思潮却并没有销声匿迹,一直持续发展到今天。

各国的浪漫主义在不同时期都有各自的主要代表及其成就。

英国是最早出现浪漫主义文学的国家之一。英国的浪漫主义作家不满资本主义城市文明的发展,具有愤世嫉俗、归隐自然的倾向。18世纪中后期的诗人罗伯特·彭斯和威廉·布莱克成为浪漫主义文学的先驱。彭斯从苏格兰民歌中吸取养料,他的《苏格兰方言诗集》擅长抒情和讽刺,语言通俗;布莱克的《天真之歌》《经验之歌》则具有象征意义和神秘色彩,在20世纪大放异彩,影响了整个现代英国诗坛。但英国浪漫主义第一批真正的大师则是被称为"湖畔派"的3位诗人。威廉·华兹华斯(1770—1850年)是湖畔派诗人中成就最高者,他与"湖畔派"另一诗人萨缪尔·柯勒律治(1772—1834年)共同出版《抒情歌谣集》,成为英国浪漫主义文学的奠基之作。另一位诗人骚塞的诗歌极富古幽之情,与世俗格格不入。湖畔派3位诗人均蛰居于英国西北湖区,过着中世纪和宗法式的乡村生活,是浪漫主义文学中温婉清丽的代表。乔治·拜伦(1788—1824年)和雪莱(1792—1822年)两位诗人将英国的浪漫主义文学推向高峰。他们和湖畔派诗人的不同之处在于其作品更具战斗意识和政治倾向。雪莱的代表作《解放了的普罗米修斯》通过神话描写被压迫的人民的苦难和暴君的必然下场,预言革命一定会到来。他的短诗《西风颂》《致云雀》等音韵铿锵,更有"冬天如果来了,春天还会远吗?"等名句传世。拜伦是19世纪上半期最为著名的浪漫主义诗人,他一生游历各地,其诗作充满异域情调。代表作《唐璜》是对资本主义制度的一场深入骨髓的剖析,发人深省。英国浪漫主义文学的代表人物还包括约翰·济慈(1795—1821年)。他的创作生涯只有5年,却写出了著名的抒情诗《夜莺颂》和《希腊古瓮颂》,沉醉于古代世界田园牧歌的美景之中。瓦尔特·司各特(1771—1823年)以创作小说为主,《艾凡赫》以12世纪的英国为背景,塑造绿林英雄罗宾汉的形象,他是欧洲历史小说的创始人。

德国是浪漫主义思潮的发源地。政治经济的落后、资产阶级的软弱以及唯心主义哲学的盛行,决定了德国早期的浪漫主义具有浓厚的神秘主义和宗教色彩。施莱格尔兄弟是德国浪漫主义思潮的理论奠基人,他们以《雅典娜神殿》为阵地,阐述个性解放、艺术无目的论的浪漫主义理念。在施莱格尔兄弟的影响下,德国出现了包括诺瓦利斯(1772—1801年)、蒂克(1773—1853年)在内的一批早期浪漫主义诗人。诺瓦利斯的《夜的颂歌》歌颂"神圣的、不可言传的、神秘的"夜,并赞美死亡的美妙感觉。蒂克著有《民间童话集》三卷,开创了童话小说的新题材。1805年以后,德国出现了"海得尔堡浪漫派",代表人物是克莱门斯·布仑塔诺(1778—1842年)和阿希姆·封·阿尔尼姆(1781—1838年)。前者的抒情诗《催眠歌》具有民歌风味,诗情浓郁。两人曾合作出版民歌集《男孩的神奇号角》,搜集收录了德国近300年的民歌。雅各·格林(1785—1863年)和威廉·格林(1786—1859年)是语言学家和民俗学家,他们编成《儿童与家庭童话集》称为世界童话作品中的精品(图8-10)。1809年以后,德国浪漫主义形成了另一个中心。克莱斯特(1777—1811年)的喜剧《破瓮记》抨击普鲁士官场和司法制度的腐败,充满民间喜剧的幽默讽刺特色。霍夫曼(1776—1822年)的《雄猫穆尔的人生观》展示一个尔虞我诈、男盗女娼的市侩世界,想象和构思奇特。大诗人海涅早年也是一个浪漫派诗人,后来转向现实主义。总体上看,德国的浪漫主义特征不很明显,但风格变化比较多。到后期,逐渐融入强大的现实主义文学潮流。

图8-10 《格林童话》封面

在法国,大革命的曲折莫测决定了浪漫主义文学具有更加鲜明的政治色彩。夏多布里昂(1768—1848年)和斯塔尔夫人(1766—1817年)是法国浪漫主义的早期代表。前者带有贵族倾向,《基督教真谛》主张复兴中世纪礼教,但其作品对美洲丛林和大草原奇异风光以及古代废墟富于抒情色彩的描写,成为浪漫主义文学异国情调和描绘"废墟美"的滥觞。他的小说《勒内》和《阿达拉》都描写世俗爱情和宗教信仰的矛盾,悱恻缠绵。而斯塔尔夫人则具有民主倾向,她的《论文学》和《论德国》致力于传播浪漫主义理念,不遗余力地抨击法国的古典主义传统。法国浪漫主义中期的代表包括阿尔封斯·德·拉马丁(1790—1869年)和阿尔弗莱·德·维尼(1797—1863年)。前者擅长写抒情诗,是法国浪漫主义诗歌的先驱,《沉思集》情景交融,善用对照和象征笔法;后者则以哲理诗著称,《古今诗集》和《命运集》宣扬孤傲坚忍精神,表达悲天悯人的思想。

图 8-11　雨果

1830年以后,维克多·雨果(图 8-11)成为法国浪漫主义文学的领导者,他也是整个西方浪漫主义文学的集大成者。1830年,雨果的剧作《欧那尼》的上演标志着浪漫主义在法国最终战胜了古典主义。雨果是浪漫主义作家中鲜有的全才,在诗歌、小说、戏剧等领域都有重大建树。其小说《巴黎圣母院》《九三年》《悲惨世界》《笑面人》等具有史诗般雄壮的风格,是浪漫主义小说的经典之作。雨果一生支持共和,反对帝制,在1851年曾流亡海外,直至1870年才返回法国。在诗歌和戏剧领域,雨果也取得很高的成就。他在最大程度上拓展了法语诗歌的表现形式和创作笔法,极大地丰富了法语诗歌的修辞技巧,对后世产生巨大影响。雨果逝世的时候,全欧洲共有逾200万人来到法国参加他的葬礼。和雨果同时代的法国浪漫主义作家还包括女作家乔治·桑(1802—1876年)。她的创作拓展了浪漫主义文学阴柔的特性,尤其擅写女性问题小说和田园小说。代表作《康素爱萝》和《魔沼》都是典型的浪漫主义小说,充满诗情画意和真挚情感。大仲马(1802—1870年)创作了大量历史小说,《三个火枪手》和《基督山伯爵》将通俗小说的发展推向极致。

在俄国和东欧地区,浪漫主义文学艺术深受西欧影响。俄国的浪漫主义文学是在拿破仑入侵失败和1825年十二月党人革命之后出现的。俄国浪漫主义文学以诗歌为主,富有强烈的战斗精神。茹科夫斯基(1783—1852年)对俄国浪漫主义的形成起了重要作用,被誉为第一位俄国抒情诗人。他的《俄国军营的歌手》歌颂军人的爱国壮举,赞美俄罗斯民族伟大的复兴。雷列耶夫(1795—1826年)创办《北极星》,宣传浪漫主义思想。莱蒙托夫(1814—1841年)是俄国最坚定的浪漫主义诗人,长篇叙事诗《童僧》和《恶魔》塑造具有叛逆性格的英雄形象,表达反暴政的革命理念。小说《当代英雄》第一次塑造"多余人"形象,是心理分析小说的先驱。东欧浪漫主义文学的代表人物有波兰的亚当·密茨凯维奇(1798—1855年)和匈牙利的裴多菲(1823—1849年)。东欧浪漫主义文学的特征是和反对异族奴役、争取民族独立的斗争结合起来。密茨凯维奇的《先人祭》抨击沙俄侵略者的血腥屠杀，揭露卖国贵族的行径。裴多菲则以《民族之歌》和《自由与爱情》等诗作歌颂为争取自由的斗争。

美国由于其历史、文化的差异，以欧洲通行的文学流派的概念来衡量美国文学的发展实际上并不十分准确。但由于美国文学也是整个西方文学的一个部分，因此通常人们也将美国文学史放入整个西方文学史的框架内来研究。美国的浪漫主义文学也深受西欧浪漫主义文学的影响。19世纪上半叶，美国资本主义迅速发展，民族意识和爱国热情高涨，摆脱英国文学的束缚、重视人的精神创造和追求自由的超验主义蔚为大观，至此美国浪漫主义文学开始蓬勃发展。爱默生（1803—1882年）和梭罗（1817—1862年）是超验主义理论家，最先提出浪漫主义的主张。他们强调人的精神作用和直觉的意义，认为自然界充满灵性，人应该回归自然。梭罗的《瓦尔登湖》是美国浪漫主义文学的奠基之作。美国前期浪漫主义作家的代表人物包括华盛顿·欧文（1783—1859年）、詹姆斯·库柏（1789—1851年）和爱伦·坡。欧文被称为美国文学之父，在他的小说中，"美国文学"这一概念第一次浮出水面，不再深受英国文学的拘束。库柏是美国民族文学的奠基人之一，他开创了以《皮袜子故事集》为代表的边疆传奇小说，最重要的一部是《最后一个莫希干人》。爱伦·坡主张艺术要使读者获得刺激而达到灵魂的升华，他的小说大部分以死亡、凶杀、复仇为题材，揭示人的幻觉状态和变态心理，他和法国诗人波德莱尔共同被尊为象征主义文学的先驱。美国后期的浪漫主义文学以纳撒尼尔·霍桑（1804—1864年）、沃尔特·惠特曼（1819—1892年）和赫尔曼·麦尔维尔（1819—1891年）为代表。霍桑的《红字》反映清教徒殖民统治的黑暗以及教会的虚伪和不公，象征手法运用纯熟。惠特曼耗费一生的经历编纂、扩充的诗集《草叶集》，歌颂了美利坚民族意识的觉醒，成为美国现代文学的鼻祖。麦尔维尔是美国浪漫主义小说家中成就最高者，擅长描写航海奇遇和异域风情，代表作《白鲸》是美国文学史上最杰出的小说之一。

19世纪浪漫主义文学有以下四个思想特点。第一，强调创作的绝对自由，反对古典主义的清规戒律，要求突破文学描绘现实的范围。雨果指出："浪漫主义……只不过是文学上的自由主义而已"，其目的"只求带给国家一种自由，即艺术的自由或思想的自由"。个性解放是他们高举的旗帜，以反对社会对人的精神束缚和压迫，这是他们宣扬的时代新精神。第二，从民主主义的立场，或者从留恋旧制度的立场，抨击封建制度或者资本主义的罪恶现象。第三，酷爱描写中世纪和以往的历史，从司各特开始，至雨果、大仲马等浪漫派小说家，大都以历史题材为描写对象。但浪漫派并不重视是否反映历史的本质面貌，他们往往只撷取历史的一个小插曲，以任凭作者自由驰骋，大仲马的小说就是如此。第四，偏重于描写自然风光，厌恶资本主义文明和现实，崇尚卢梭"回归自然"的主张。他们把自然看作一种神秘力量或某种精神境界的象征。

19世纪浪漫主义文学的艺术特点也有四个。第一，强调个人感情的自由抒发，有强烈的主观性。浪漫派作家把抒发情感置于首要地位，对内心世界进行深入的挖掘。由此浪漫派发现了"自我"，它成为对人和世界的新视野的源泉。费希特的论断是他们遵循的原则，"从你周围的一切掉转目光，朝向你的内心王国吧，这是哲学向它的信徒们道出的第一个要求。你身外之物没有什么重要的，你本身是唯一的问题"。浪漫派认为爱情是人最强烈的情感表现之一，因而爱情便成为浪漫派作家竭力表现的对象。第二，浪漫派对各种艺术形式进行了卓有成效的探索，其中最引人注目的是对民间文学的重视以及诗体长篇小说的创造。在德国和英国，浪漫主义就是从搜集民间文学开始的。浪漫派从民歌民谣、民间传说中撷取题材，学习表现手法，采用民间口语、民歌韵律创作，大大丰富了文学的表现手法。拜伦首创的诗体长篇小说，是在诗剧的基础上发展起来的，它视野宽广，将欧洲各国的社会生活熔于一炉。第三，浪漫主义文学惯用对比和夸张，重视丑的美学价值，大力提倡想象。雨果是对比艺术的倡导者和大师，他提出："丑就在美的旁边，畸形靠近着优美，丑怪藏在崇高的背后，美与恶并存，光明与黑暗相共。"他把这种对照原则运用于小说、诗歌和戏剧创作中。浪漫派作家已经懂得丑在美学上的重要价值。他们把想象视作"各种才能之母后"，为了取得惊人的效果，他们充分发挥想象，浪漫色彩由此而生。第四，忧郁感伤的情调为浪漫派作家所爱好。斯塔尔夫人说过："忧郁的诗歌是最能与哲理相一致的诗歌。忧郁较之其他心灵状态更深地进入人的性格和命运。"忧郁是浪漫派作家与周围现实不相协调而产生的精神状态，有贵族倾向的作家以此表达不满时代潮流的态度。

浪漫主义文学艺术思潮对整个西方文学艺术的发展产生了重要影响。浪漫主义强调创作的绝对自由，彻底摧毁了统治欧洲文坛几千年的古典主义的清规戒律，是西方文学在近代历史上的又一次"文艺复兴"。20世纪的现代主义文学的诸流派，都可以看作是浪漫主义文学蜕变、演进的结果。很多现代主义者自称"新浪漫派"，可见浪漫主义文学与现代主义文学之间密切的联系。与此同时，人类历史上没有任何一个文学思潮和风云变幻的社会变革如此密切的结合。浪漫主义文学是近代历史上人们对科学理性、物质主义带来的异化现象的一次彻底的检视和清算。浪漫主义颠覆了西方资本主义旧的价值理性，以强烈的反叛精神构建了一个新的文化模式。

就浪漫主义思潮所涉及的广泛性而言，浪漫主义并不是一个单一的文学思潮，而是涵盖了艺术的其他门类。在美术界，英国的康斯太布尔和泰纳分别以

《德达姆的溪谷》和《国会大厦的燃烧》等浪漫主义作品享有盛誉。法国画家热里科和德拉克洛瓦创作过许多惊心动魄的浪漫主义绘画,表达自己对风云变幻的社会环境的理解,前者以《梅杜萨之筏》为代表,后者以《自由在街垒中领导着人民》为杰作。浪漫主义的乐坛名家更是出类拔萃。有音乐泰斗贝多芬、歌曲之王舒伯特、德国作曲家门德尔松和舒曼、法国音乐家柏辽兹和圣·桑。肖邦、李斯特等音乐家风格幽婉深邃,比才的歌剧热情奔放。他们都是浪漫主义艺术的典范。文学和艺术各门类之间彼此影响,共同构成了声势浩大的19世纪浪漫主义文艺风潮。

二、批判现实主义

批判现实主义是在浪漫主义方兴未艾时就已经出现的一股新文艺思潮。它从法、英崛起,并迅速发展为19世纪最主要、最壮阔,也最有益的文学艺术潮流。批判现实主义要求冷静地认识现实、反映现实、批判现实,其指导思想是资产阶级的人道主义和个人主义。批判现实主义与浪漫主义一样涉及文学、艺术等多方面。

在文学方面,从19世纪30年代起,现实主义逐渐成为文学的主流。它使古典主义几乎绝迹,浪漫主义退居次要地位。现实主义文学按事实描写生活,它因对现存秩序的强烈批判又被称为批判现实主义文学。它详尽分析人类行为互相冲突的趋势,描绘个人在克服周围环境带来的挫折中所进行的斗争。现实主义者爱用长篇小说这种形式,因此长篇小说的创作出现了空前繁荣的局面。

批判现实主义的发祥地是法国。1830年司汤达(1783—1842年)发表的《红与黑》通常被认为是批判现实主义的开山之作。此后,在批判现实主义的文坛上涌现出了一大批文学巨匠和经久不衰之作。

巴尔扎克(1799—1850年)是法国伟大的现实主义文学大师,欧洲批判现实主义文学的奠基人和杰出代表(图8-12)。巴尔扎克以其敏锐的洞察力和深刻的批判力,冷静观察和分析社会,倾其毕生精力创作96部长、中、短篇小说和随笔,铸就了他的《人间喜剧》。他通过塑造"高老头""欧也妮·葛朗台"等小说人物,深刻揭露了资本主义社会金钱的罪恶和人与人之间的金钱关系。在《人间喜剧》的《前言》中,他阐述了其现实主义创作方法和基本原则,从理论上为法国批判现实主义文学奠定了基础。巴尔扎克在艺术上的巨大成就主要在于,他的小说结构匠心独运、多种多样、不拘一格,善于将集中概括与精确描摹相结合,以外形反映内心本质等手法来塑造人物。他还善于以精细入微、生动逼真

图8-12 巴尔扎克

的环境描写再现时代风貌。因此,100多年来,他的作品传遍了全世界,对世界文学的发展和人类进步产生了巨大的影响。马克思、恩格斯称赞他"是超群的小说家""现实主义大师"。继巴尔扎克之后,福楼拜以《包法利夫人》、莫泊桑以《羊脂球》和《项链》等成为法国批判现实主义的主要代表。

英国批判现实主义的作家主要有狄更斯、夏洛蒂·勃朗特等。狄更斯(1812—1870年)一生共创作了14部长篇小说,许多中、短篇小说和杂文、游记、戏剧、小品。其中最著名的作品是描写劳资矛盾的长篇代表作《艰难时代》(1854年)和描写1789年法国革命的另一篇代表作《双城记》(1859年)。《艰难时代》展示了工业资本家对工人的残酷剥削和压迫,描写了工人阶级的团结斗争,并批判了为资本家剥削辩护的自由竞争原则和功利主义学说。《双城记》以法国贵族的荒淫残暴、人民群众的重重苦难和法国大革命的历史威力,来影射当时的英国社会现实,预示这场"可怕的大火"也将在英国重演。其他作品有《奥列佛·特维斯特》(又译《雾都孤儿》,1838年)、《大卫·科波菲尔》(1850年,图8-13)和《远大前程》(1861年)等。狄更斯在艺术上以妙趣横生的幽默、细致入微的心理分析,以及现实主义描写与浪漫主义气氛的有机结合著称。

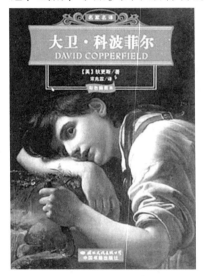

图8-13 《大卫·科波菲尔》封面

美国以马克·吐温、欧·亨利、杰克·伦敦为代表。马克·吐温(1835—1910年)被誉为"美国文学中的林肯",他是美国批判现实主义文学的奠基人,世界著名的短篇小说大师。他经历了美国从"自由"资本主义到帝国主义的发展过程,其思想和创作也表现为从轻快调笑到辛辣讽刺再到悲观厌世的发展阶段。他的早期创作,如短篇小说《竞选州长》(1870年)、《哥尔斯密的朋友再度出洋》(1870年)等,以幽默、诙谐的笔法嘲笑美国"民主选举"的荒谬和"民主天堂"的本质。1886年,他发表的长篇小说《哈克贝里·费恩历险记》,通过描写白人小孩哈克贝里跟逃亡黑奴吉姆结伴在密西西比河流浪的故事,不仅批判封建家庭结仇械斗的野蛮,揭露私刑的毫无理性,而且讽刺宗教的虚伪愚昧,谴责蓄奴制的罪恶,并歌颂黑奴的优秀品质,宣传不分种族地位人人都享有自由权利的进步主张。作品文字清新有力,审视角度自然而独特,被视为美国文学史上具划时代意义的现实主义著作。

俄国的批判现实主义文艺形成于19世纪三四十年代,五六十年代走向繁荣,七八十年代进入鼎盛阶段。它延续时间在欧洲是最长的。俄国批判现实主义的锋芒针对俄国的封建农奴制，也涉及俄国正在发展的资本主义，它表现的社会生活比较广阔，多方面地展示了俄国的社会状况，对现实矛盾的揭露具有相当的深度，提出了许多重大的社会问题。19世纪初，打败拿破仑入侵和1825年"十二月党人起义"促进了俄国民族意识的觉醒和民主主义思想的形成。以浪漫主义兼现实主义诗人普希金的诗体小说《叶甫盖尼·奥涅金》为标志，俄国文艺界出现了一批如克雷洛夫、莱蒙托夫、吉普林斯基、特罗平宁、维涅齐昂诺夫等既有浪漫主义情怀，又具鲜明的现实主义精神的诗人或画家。随着俄国人民反对农奴制的运动和革命思想的传播，在19世纪30—40年代，作家、政论家别林斯基、赫尔岑等，提出了文艺的民族性和以现实生活为创作素材的口号，使19世纪中期的文艺展现了新的面貌。这个时期果戈理、屠格涅夫的文学创作和菲多托夫的绘画，对俄国批判现实主义文艺流派的发展具有不可低估的影响。

19世纪60年代俄国农奴制的废除使俄国文化领域展示了新的局面，在哲学、政论、美学方面，出现了像车尔尼雪夫斯基、杜勃罗留波夫的唯物主义美学理论。车尔尼雪夫斯基在1855年的著名论文《艺术与现实的美学关系》中，明确提出了批判现实主义的创作原则，在理论上为蓬勃兴起的文艺运动以有力的指导。大型文学刊物《现代人》杂志，在诗人涅克拉素夫主持下在社会上十分活跃，一大批作家聚集在杂志周围。文学巨匠列夫·托尔斯泰等在作品中创造了一系列鲜明而富于哲理的文学形象。在音乐界，1855年前后以巴拉基列夫为首俄国进步青年作曲家组成的"强力集团"（即新俄罗斯乐派），成为俄罗斯民族声乐艺术创作队伍中的一支主力军。他们以探索俄国音乐的民族化之路为己任。俄国文学、音乐创作中批判现实主义的活跃，如一阵疾风，卷起了造型艺术的骚动。以讽刺性画笔揭露农奴制溃疡的代表画家是帕·安·费多托夫（1815—1852年）。他以油画《少校求婚》成名，被称为造型艺术中的果戈理，是俄罗斯批判现实主义绘画的奠基人。19世纪末至20世纪初俄国批判现实主义画家克拉姆克依、列宾、苏里柯夫，希施金、列维坦等组成了"巡回展览画派"。

19世纪的批判现实主义思潮既是历史的继承，又是现实的创新。它汇总了18世纪以前的文学经验，补充了文艺复兴时代现实主义历史具体性之不足，摆脱了古典主义的理性原则，克服了启蒙时代现实主义的说教成分和浪漫主义的主观性。它又从文艺复兴文学中接受了性格描绘的具体性从古典主义和启蒙时代文学中接受了社会分析因素，从浪漫主义中汲取了一些激情，但它逐渐丧失了前代文学中特有的乐观主义，却沾染了无法摆脱的悲观主义。19世纪的批判现实主义仿佛是文艺复兴和启蒙时代现实主义特点的有机结合；又在新的历史条件下加以发展。它能从事物的运动和发展中，从人与环境的多种关系中去描写人，特别是它在再现典型环境中的典型性格,再现社会生活的真实,直接分析社会的经济关系,对现实作出尖锐的揭露和批判方面,又达到前所未有的程度。在世界文学史上,19世纪的批判现实主义文学,成了欧洲资产阶级文学艺术发展的最高峰。

三、20世纪上半叶资产阶级的文学和艺术

在第一次世界大战以后,许多作家对资本主义世界的丑恶现实认识不清,只看到一些个别事物和表面现象,弄不清本质,搞不清丑恶现象产生的原因,更不用说去纠正它了,因而陷入绝望之中,于是产生了所谓"先锋主义"派。他们认为必须把旧文学和艺术的传统一扫而光,建立完全新的艺术形式。他们采取的是表现主义方法,即为了达到最大限度的表现力,采用歪曲的形式来描写实在世界,或用幻想式的反常形式,或用怪诞手法处理形象等。表现主义未能上升到具体地表现现实的高度。但是也有些艺术家,例如,德国的布莱希特、法国的阿拉贡、智利的聂鲁达等,克服了"先锋主义"派的左倾幼稚病,变成了杰出的现实主义大师。

第一次世界大战以后,现实主义文学潮流还是有了很大发展,一些负有国际声誉的作家写出了现实主义的优秀作品。在现实主义作家中,有一些人摆脱了战争梦魇的纠缠,变成了革命者;但也有一些人,由于害怕新的斗争、牺牲,未能克服内心世界观的冲突。他们以厌恶的眼光看待洋洋得意的资产者,把虚伪和凶狠的资本主义世界看成是不可理解的紊乱,但又不去同它斗争,而是到友谊和爱情中,到普通底层人们的高尚情操和善良性格中去寻找世外桃源。这种人被称为"迷惘的一代"。同时,在资本主义世界的文学中,也产生了社会主义现实主义的作品。

法国文学也像其他许多欧洲国家文学一样,受着"先锋主义"的影响,安德烈·纪德的长篇小说《伪币制造者》(1926年),尽管存在着颓废主义情调,却包含了对资产阶级思想意识和道德的尖锐批评。罗曼·罗兰则逐渐摆脱抽象人道主义思想,转向了社会主义现实主义。他在长篇小说《母与子》中清算了资产阶级自由主义与个人主义。在两次世界大战期间,法国共产党影响下的一批进步文学家,他们为争取和平与民主,反对法西斯威胁而进行斗争。亨利·巴比塞的长篇小说《火线》(1917年)和《光明》(1919年),不仅描写了战争的恐怖,而且描写了战争中的人,描写了人怎样认识战争,并准备公开反对战争。

在英国文学中,"先锋主义"的著名代表是詹姆斯·乔埃斯。他的小说《尤利西斯》(1922年)描写了都柏林三个居民一天的生活。乔埃斯断定资产阶级文明已经走到绝境,但同时他却找不到出路。在他的创作中,"意识流"的方法表现得最充分。萧伯纳在其优秀剧作《伤心之家》(1917年)中预言了更强烈的爆炸必然

发生，最后将使"伤心之家"归于毁灭。1929年，萧伯纳创作了尖锐批评资产阶级议会制度的剧本《苹果车》。在萧伯纳的全部创作中，贯穿了对资产阶级社会的批判精神，但未能指明改造社会制度的真正的道路。批判现实主义的大师高尔斯华绥最重要的艺术创作乃是描写英国资产阶级家庭——福尔赛的故事。这是一连串的优秀的长篇小说，描写了19世纪80年代中期到20世纪20年代中期英国资产阶级的日常生活，是揭露资产阶级堕落和腐朽的杰作，是资产阶级崩溃的哀歌。理查·奥尔丁顿是英国"迷惘的一代"文学的代表，他在长篇小说《英雄之死》(1929年)中，塑造了一个参加世界大战的青年知识分子的形象，一个很快看出资产阶级爱国主义之虚伪，被大战弄得精神颓丧、意志消沉，而迎着敌人的枪口走去的英雄。作品的基调灰暗颓丧。

十月革命以后，在美国出现了社会主义文学潮流。美国著名政论家、美国共产主义劳工党的创始人之一约翰·里德(1887—1920年)撰写了《震撼世界的十天》。这部作品描绘了十月社会主义革命的过程，歌颂了新世界的诞生。美国"迷惘的一代"文学最著名的代表是海明威(图8-14)。他刻画了大战后迷惘苦闷的青年一群。其代表作有《太阳照样升起》(1926年)和《永别了，武器》(1929年)等。海明威的思想在后来发生了变化，他同情美国劳动人民的斗争，参加

图 8-14　海明威

了西班牙的反法西斯战争，创作了以西班牙内战为背景的剧本《第五纵队》(1938年)和长篇小说《战地钟声》(1940年)，使他超越了"迷惘的一代"的文学水平。"迷惘的一代"文学的著名代表还有福克纳和斯科特·费茨杰拉德。

两次世界大战期间德国文学的主流是批判现实主义文学，其杰出的代表人物是亨利·曼和托马斯·曼兄弟二人、列昂·弗希特万格等作家。他们通过自己的小说表明了反法西斯的立场。雷马克是德国"迷惘的一代"文学的代表。他的《西线无战事》(1929年)是为一次战役的牺牲者撰写的杰出的作品，被译成几十种文字。

战后在东欧出现了一些反映时代重要问题的现实主义文学作品，迅速博得了世界读者的赞赏。捷克斯洛伐克的讽刺小说作家雅洛斯拉夫·哈谢克在1923年写出了长篇小说《好兵帅克》。这部小说以一个普通的捷克士兵帅克在第一次世界大战中的经历为情节线索，广泛揭露奥匈帝国统治者的凶恶专横及其军队的腐败堕落。作者成功地塑造了帅克这个绝妙的典型。《好兵帅克》已被译成包括中文在内的近30种文字，受到世界人民的喜爱。

十月革命后，在日本文学史上出现了无产阶级的文学运动，参加这一运动的

有批评家兼第一个苏联文学的翻译家藏原惟人、无产阶级作家小林多喜二等人。小林多喜二的《蟹工船》和《三月十五日》是这一时期的优秀作品。这时期的日本资产阶级文学经历着危机，作家和诗人们陷入了个人感情、心理分析和自我反省等狭窄的框框之内，或者为了逃避现实而转入历史题材。其中有些人自杀，以了终生。

20世纪上半叶电影艺术的发展开辟了艺术进化的新天地。1895年电影发明后，电影艺术以飞快的速度向前发展。第一次世界大战前，欧洲是生产电影影片的主要国家。战争开始以后，欧洲国家由于缺少原料，美国成了影片的主要生产国。大战结束的时候，查·卓别林的滑稽片、汤·英斯的草莽骑士、道格拉斯·范朋克主演的惊险片和玛丽·璧克馥的感伤片充塞了世界各国的银幕。加利福尼亚州洛杉矶城郊的电影制片厂的集中地——好莱坞成了美国经济和国家出口的重要部门。20年代是无声电影，30年代出现了有声电影。最初的有声电影只是把舞台演出机械地搬上银幕，被人们称为"百分之百的对话"影片。无声电影的伟大成就几乎为人们所遗忘或抛弃。在世界经济危机的年代，好莱坞的电影竭力使观众脱离痛苦的现实。它拍摄了一些以场面宏伟、布景豪华，并以舞女来吸引观众的音乐影片；也拍摄一些描写强盗的影片和恐怖影片。只有少数导演创造了美国电影艺术可以引为自豪的现实主义作品，查·卓别林的《城市之光》《摩登时代》《大独裁者》（图8-15）等。这几部电影充满了对"小人物"的热爱、对资本主义弊病的揭露和对法西斯主义的尖锐讽刺。

图8-15 《摩登时代》影碟封面

在法国，20世纪30年代的优秀影片如《巴黎屋檐下》《最后的亿万富翁》《马赛曲》等是由雷·克莱尔、让·雷诺阿等这样一些现实主义导演摄制的。这些影片通常是悲剧性的宿命论题材，反映了当时法国面临严重考验而无准备的社会情绪。在英国的电影艺术中出现了约·格里尔森导演拍摄的许多光辉的纪录影片。在德国，法西斯上台后，电影变成了希特勒法西斯的宣传工具，有名望的电影工作者几乎全都流亡国外。

在音乐和美术领域，资产阶级文化衰退的明显表现，就是表现主义的盛行。表现主义的代表人物打着达到最大限度表现力的幌子，用歪曲的、变形的形式来描写实在世界。在音乐中，追求夸张地表现感情、以致达到歇斯底里的紧张程度，对一些可怕的、病态的、不正常的东西过分地感兴趣，这在歌剧和声乐中尤为突出。在美术作品中，人被描写得越来越野蛮，精神和肉体越来越衰退。这些作品只能散布悲观失望情绪和消极思想。在资本主义各国，也出现过一些进步的艺术家团体，它们反对形式主义流派（表现主义是形式主义流派的一种）的颓废势力，反对宣传法西斯思想，主张发展革命艺术。1937年，西班牙画家帕布洛·毕加索创作了《格尔尼卡》。格尔尼卡是西班牙北部巴斯克地区的小镇，在西班牙内战期间遭到纳粹德国飞机的轰炸，在短短的15分钟内死了几千人。毕加索在听到这场惨剧之后开始创作这幅画。这幅画虽然具有抽象派象征主义的形式，画家没有绘出一枚炸弹，也没有绘出一滴血，但是整个画面是对于战争和暴行的控诉，是毕加索对于法西斯暴徒一个愤怒的、富有表现力的回答。

第四节　社会主义的思想文化

社会主义的思想文化是工业文明时代的新兴的、代表无产阶级的思想文化，它与资产阶级思想文化异质，但同样是工业文明时代经济、政治和社会发展的产物，是社会变革、生活变化在思想与感情方面的一种反映。

一、社会主义理论从空想到科学的发展

1. 空想社会主义理论与实践

早期空想社会主义的理论主张从资本主义在西欧萌芽时就出现了，它以批判资本主义、试图建立超越资本主义的更加美好的社会为理想，是代表成长中的无产阶级利益的不成熟的理论与实践。

最早的空想社会主义者是资本主义发展最早最快的英国的托马斯·莫尔（1478—1535年），他的不朽之作《关于最完美的国家制度和乌托邦新岛的既有益又有趣的金书》（后人简称《乌托邦》）轰动了英国和整个欧洲大陆。莫尔在《乌托邦》中，批判了当时英国和欧洲大陆的资本主义现实，指出私有制是万恶之源。认为只有公有制才能实现产品的平均分配，才能根除一切社会问题。描述了他心中的理想社会"乌托邦"。在那里，社会基本单位是"户"，每户有男女40人左右，外加两个农奴，由选出的老年长者当家长。所有公民都是城市居民，基本职业是家庭手工业。整个社会"按需分配"，实现途径是消灭一切寄生现象，消灭一切无实用的多余行业，人应当过一种"符合于自然

图8-16　《托马斯·莫尔传》封面

的生活"。他还提出关于社会政治、管理的设想。莫尔认为领导人应当选举,候选人由人民决定;领导人应当是人民的公仆;一切公务须经议事会或民众大会进行3天研究或辩论才能决定等(图8-16)。

托马斯·康帕内拉是意大利的早期空想社会主义思想代表,他的"太阳城"是在研究过柏拉图的《理想国》和莫尔《乌托邦》的基础上,于狱中完成的(因反西班牙侵略者被叛徒出卖入狱25年)。其理想社会的最高统治者是一位被称作"太阳"的司祭。司祭是世俗和宗教界的总首脑,其下有"威力""智慧"和"爱"3位领导人。康帕内拉也认为私有制是"万恶之固",产生私有制的原因是存在家庭和愚昧无知。因此主张消灭家庭,实行"公妻制",反对纵欲。婚姻由领导做主,体健美貌、品德优良者配对成双,生育后代,反之则不准生育。用社会大家庭代表原义上的家庭,人与人之间是兄弟姐妹或父母子女,处处充满情谊和快乐。建立公有制代替私有制等。人人都把劳动看成光荣的事。

托马斯·闵采尔既是一位领导农民战争的德国革命者,又是一位早期空想社会主义代表。他的理想是建立"千年太平天国",在这个社会中财产公有,人人劳动,人人平等,产品实行共同分配。组织形式是公社,管理机构是社员选举的议会。恩格斯说闵采尔已经猜测到了共产主义。

这3位早期空想社会主义者都勇敢地批判了资本主义社会经济、政治不平等的弊端,进而提示出私有制是一切罪恶的根源,并在批判旧世界中为早期无产者和劳动人民描绘了美好的新世界,这是十分难能可贵的。但由于当时资本主义的各种矛盾还没有明显暴露,无产阶级阶级意识还很薄弱,所以他们的学说往往披上宗教神学的外衣,都以极为虚幻的形式表现出共产主义思想的微光。

在17—18世纪空想社会主义发展的基础上,19世纪的空想社会主义取得了很大进步。法国圣西门的"实业制度",傅立叶的"和谐制度",英国罗伯特·欧文的"共产主义试验"等,在理论和实践上为科学社会主义的诞生创造了一定条件。

圣西门(1760—1825年)承认历史的发展是有规律的,在发展的总过程中,每一次新旧社会制度更替,都是历史的进步。法国大革命让他预言,旧的社会制度必将为理想的"实业制度"所代替。在"实业制度"下,由实业者和学者掌握社会政治、经济、文化各方面的权力;社会的唯一目的应当是尽善尽美地运用科学、艺术和手工业的知识来满足人们的需要,特别是满足人数最多的最贫穷阶级的物质生活和精神生活的需要;人人要劳动,人人有劳动权,没有失业现象,实行"按能力计报酬,按工效定能力"的原则。他把希望寄托于统治阶级的理性和善心,幻想国王和资产者会帮助无产阶级建立实业制度。这就使得他的社会主义学说不能不流于空想,自己也因失望而自杀。圣西门的主要论著有《寓言》(1819

年)、《新基督教》(1825年)、《论实业制度》(1820—1821年)、《实业家问答》(1823—1824年)等。

傅立叶(1772—1837年)是法国哲学家、经济学家、空想社会主义者。傅立叶无情地批判了资本主义制度,揭露了资产阶级平等、自由和博爱的虚伪性,指出资本主义工厂是"温和的监狱",雇佣劳动是奴隶制的复活,经济危机是生产过剩引起的"多血症的危机"。他设想的理想社会是"和谐社会",社会基层单位是自给自足、独立的"法郎吉"。法郎吉是傅立叶设想的一种生产消费协作团体。法郎吉投股集资,劳动者和资产者都可入股,人人参加劳动。以劳动、资本、才能(包括知识)三者为标准,按一定比例进行分配。他认为法郎吉比资本主义制度更能合理分配财富,并可以为任何政治制度包括君主制度所采纳。傅立叶的学说在批判资本主义制度、启发工人觉悟方面曾起过进步作用,但他幻想用宣传、说服和示范的办法实现他的理想社会。他在法国,特别是在美国建立了协作移民区进行试验,结果以失败告终。

罗伯特·欧文(1771—1858年)是19世纪英国空想社会主义者及教育改革家。欧文靠自我奋斗出人头地,因此有一种顽强不拔的精神。但他和其他许多在工业革命中发迹的人不同,他对积累个人财富并不感兴趣,决心要用自己的行动创立一个美好的世界。欧文认为"人的性格毫无例外地总是由外力为他形成的"。[1] 只要有良好的环境和正确的引导,一切人都能够从良弃恶。因此,他希望通过自己的样板能说服一切富人,让他们共同努力,为人类创造出较好的生活环境。他在1812—1814年所写的《新社会观,或论人类性格的形成》,就表达了这样一个思想。在新拉纳克厂,他开办学校,建立各种为成人"陶冶性格"所用的机构,其目的就是证明性格是由环境造就的。欧文特别强调教育的作用,这是欧文主义的一大特色。欧文的共产主义试验是建立"合作村",原则是"联合劳动、联合消费、联合保有财产和特权均等",财产公有是根本的特征。"合作村"既是独立的经济组织,又是基本的社会单元,在公有制的基础上,农、工、商、学等统一在"合作村"组织中。每个成员都各尽所能,共同劳动,又共同消费劳动产品。全体成员有平等的权利和义务,共同管理公社事务。显然,欧文是把"合作村"当作新社会的基石来设计的。为了使他的计划具有吸引力,他甚至为"合作村"设计了占地大小、人员多少、建筑物的分布、式样等各种细节。按照他的设计,"合作村"将是正方形,中间是主建筑物,为公共场所,四周是住宅、饭堂、托儿所等,外围是花园,最外层是大片农场。但正因为他把这一切都设计得太细了,因此他的计划就显得特别不现实,始终具有空想的性质。

---

[1] 罗伯特·欧文. 新社会观,或论人类性格的形成[M]//欧文选集·(上卷). 北京:商务印书馆,1965:49.

空想社会主义的历史功绩主要表现在：①他们的社会历史观中包含了趋向历史唯物主义的合理因素；②对资本主义制度作了前所未有的揭露和批判；③他们天才地预测了未来社会的许多特征和原则；④他们当中的有些人，例如闵采尔、巴贝夫、欧文等，还分别通过试验示范和暴力革命的形式，不倦地实践着他们的理论主张。因此，马克思和恩格斯高度评价说，"空想社会主义本身包含着这种社会主义的萌芽""德国的理论上的社会主义永远不会忘记，它是依靠圣西门、傅立叶和欧文这三位思想家而确立起来的。"①

空想社会主义的历史局限是：①没有真正发现社会主义代替资本主义是社会发展规律的客观要求，而是把实现社会主义的必然性建立在"理性""人道""永恒正义""绝对真理"和"天赋人权"等基础上；②没有真正找到实现社会主义的现实道路。大多把希望寄托在统治者的"良知""良心发现"等上面，或是自身"示范带头"，少数找到了阶级斗争和暴力革命的途径，但对怎样搞阶级斗争和暴力革命还缺乏科学的策略和方法；③他们仅仅把无产阶级当成是苦难的、要别人去解放的阶级，而看不到它自己能解放自己，看不到它才是真正的现实阶级力量。

空想社会主义这种"不成熟的理论，是和不成熟的资本主义生产状况、不成熟的阶级状况相适应的。"因此，"批判的空想的社会主义和共产主义的意义是同历史的发展成反比的。阶级斗争愈发展和愈具有确定的形式，这种超乎阶级斗争的幻想，这种反对阶级斗争的幻想，就愈发失去任何实践意义和任何理论根据。所以，虽然这些体系的创始人在许多方面是革命的，但是他们的信徒总是组成一些反动的宗派"。②

2. 科学社会主义的创立

图 8-17　马克思

科学社会主义是在批判19世纪40年代欧洲大陆先后产生的封建社会主义、资产阶级社会主义和小资产阶级的"真正的社会主义"基础上创立的。马克思、恩格斯为了将自己的学说与当时的那些浅薄的"社会主义"特别是自称为"科学社会主义"相区别而称为"共产主义"。他们认为当时欧洲的各种"社会主义意味着资产阶级的运动，共产主义则意味着工人的运动"（图 8-17）。

在《1848年至1850年的法兰西阶级斗争》一书中，为与反阶级斗争的空想社会主义相区别，马克思又使

---

① 马克思恩格斯选集[M].2卷.北京：人民出版社，1972：300-301.
② 马克思恩格斯选集[M].1卷.北京：人民出版社，1972：283.

用了"革命的社会主义"并将之视为"共产主义"的同义词。1848年欧洲革命使各种非科学的社会主义逐渐偃旗息鼓,只有工人运动还高举社会主义的旗帜,这就使马克思、恩格斯在《资本论》第一卷出版后将工人解放运动及其目标表述为"社会主义"。

马克思正式使用"科学社会主义"是在1874—1875年《巴枯宁〈国家制度和无政府状态〉一书摘要》。

列宁作为马克思和恩格斯学说的继承人和实践者,将推翻俄国资产阶级临时政府的行动称之为无产阶级社会主义;并把从资本主义向未来社会的发展分为三个阶段,一是衰亡着的资本主义与生长着的共产主义相并存的阶段,二是社会主义阶段,三是共产主义阶段。

从科学"社会主义"概念的历史发展看,它具有三层含义。一是关于无产阶级解放的历史条件、基本途径和根本任务的科学理论;二是无产阶级领导广大被压迫阶级和被压迫民族推翻资本主义统治、建设新社会的现实运动;三是胜利的无产阶级上升为统治阶级以后建立的以消灭剥削、发展生产力、实现共同富裕为目的的社会制度。因此,社会主义是科学理论、现实运动和社会制度的统一体。

科学社会主义在19世纪40年代产生,有着深刻的政治经济条件及思想根源。

第一,在社会经济方面,①无产阶级运动迫切要求革命理论的指导。19世纪三四十年代,随着资本主义大生产的确立,资本主义的基本矛盾,即生产的社会化和生产资料的私人占有之间的矛盾很快暴露出来。从1825年开始,英国爆发了资本主义世界第一次经济危机,此后每隔10来年就循环一次。周期性的经济危机,一次比一次严重地打击着资本主义社会,同时也加深了无产阶级的贫困化,推动了无产阶级反对资产阶级的斗争。在反对资产阶级的长期斗争中,无产阶级的政治觉悟不断提高,斗争方式日益进步,这就是由自发的经济斗争逐渐转向有组织、有目的的政治斗争,甚至有些还发展到了武装斗争的阶段。但是,这一系列斗争以失败而告终,这使无产阶级日益强烈地感受到需要一个科学的革命理论来指导革命实践。这样,创立科学社会主义理论就成为时代的迫切要求和历史发展的必然。②空想共产主义及其他社会主义理论的破产,提高了各国工人阶级的思想认识水平,为马克思主义的产生创造了条件。

第二,在思想理论方面,科学社会主义产生的思想理论条件已经具备。按照列宁的说法,马克思主义的理论来源主要有三个,即德国的古典哲学、英国的古典政治经济学和英法两国的空想社会主义。对于他们提出的问题,马克思和恩格斯经过批判改造,创立了马克思主义的三个组成部分,马克思主义哲学——辩证唯物主义和历史唯物主义,政治经济学和科学社会主义。

马克思、恩格斯批判了德国古典哲学中黑格尔辩证法的唯心主义体系,批判地吸取了黑格尔哲学的"合理内核",即关于运动、发展和变化的思想,创立了唯物辩证法;马克思、恩格斯批判了费尔巴哈的机械唯物主义形而上学观点,吸取了费尔巴哈唯物主义的"基本内核"即物质第一性,精神第二性的唯物主义观点,创立了辩证唯物主义,并把它应用于研究社会历史,创立了历史唯物主义,从而推翻社会历史科学中的唯心主义统治,完成了唯物主义哲学史上的一次真正的革命。

马克思、恩格斯有分析、有批判地吸收了英国古典经济学家亚当·斯密和大卫·李嘉图创立的劳动价值论思想,从分析商品入手,深入、详尽地研究了资本主义生产,发现了剩余价值学说,从而揭开了资本主义剥削的秘密,创立了马克思主义的政治经济学。

在对空想社会主义思想中的错误观点进行批判,吸取他们对未来社会的合理设想和对资本主义社会的批判的基础上,创立了马克思主义的科学社会主义理论。明确指出,阶级斗争是阶级社会发展的动力。揭示了社会主义社会和共产主义社会的产生,发现了社会主义代替资本主义的必然性;论述了无产阶级革命和无产阶级专政的理论,阐明了无产阶级的历史使命,从而使社会主义由空想变成为科学。

此外,19世纪自然科学的发展和进步,也科学地证明了世界的物质性及物质运动和变化规律,有力地批判了唯心主义和形而上学。马克思、恩格斯在创立辩证唯物主义的过程中,吸收了这些自然科学的成就,特别是19世纪自然科学领域的三大发现,即"有机体细胞结构学说"(细胞学说)、"能量守衡及转化定律"和达尔文的"物种起源和发展"(进化论)的学说,从而使马克思主义的科学根据更加坚实。

第三,马克思、恩格斯早期的革命活动为科学社会主义的产生提供了主观条件。1818年5月5日,卡尔·马克思诞生在普鲁士莱茵省特里尔城的一个犹太人家庭里。马克思的父亲亨利希·马克思是一位学识渊博、有进步思想的律师。少年时代的马克思在多方面受到父亲深刻的影响。1835年,17岁的马克思中学毕业后按照父亲的训导进入波恩大学学习法律,一年后又转入柏林大学,仍然在法律系学习,但他把更多的精力用于研究历史和哲学。在大学学习期间,马克思参加了激进民主主义团体——青年黑格尔派,积极投身于反对普鲁士统治的斗争。1939年,马克思开始研究希腊哲学。1841年大学毕业时,23岁的马克思以《论德谟克利特的自然哲学和伊壁鸠鲁的自然哲学的区别》的学位论文,获得了耶拿大学哲学博士证书,并准备在波恩大学任教。但是,由于普鲁士反动当局迫害进步学者,马克思开始走上政治流浪者的生涯。这时的马克思,按其观点来说,还是一个黑格尔唯心主义者。

1841年7月，马克思研究了费尔巴哈《基督教的本质》一书，这使他开始了从唯心主义向唯物主义、从革命民主主义向共产主义的转变。1841年10月，马克思被聘为资产阶级民主主义报纸《莱茵报》的主编。在他的直接领导下，这家报纸不顾普鲁士反动当局的种种压制，刊登了大量揭露和抨击封建势力的文章，有些甚至把矛头直接指向了当局。在这期间，马克思相继研究了法国空想社会主义者的著作、18世纪法国大革命的历史和政治经济学。

1843年3月，由于遭受普鲁士政府的迫害，马克思辞去主编职务。6月，马克思与燕妮结婚。11月，马克思移居巴黎。在那里，马克思同德国工人及其革命者流亡团体——正义者同盟和法国工人的秘密组织都建立了亲密的联系，并且经常参加德、法两国工人和手工业者的革命活动。与此同时，马克思开始在理论上初步系统地批判黑格尔哲学，指出无产阶级是实现社会主义革命的真正力量，阐明了先进的革命理论对无产阶级革命斗争的重大作用。在《论犹太人问题》一文中，马克思批判了黑格尔派鲍威尔在民族问题上的唯心主义观点，提出了两种革命的思想，即资产阶级革命和社会主义革命，明确指出只有进行社会主义革命，消灭私有制，才能使全人类获得真正的解放。马克思的无产阶级世界观基本形成。

弗里德里希·恩格斯(图8-18)，1820年11月28日出生在普鲁士莱茵省的巴门城。恩格斯的父亲弗里德里希是巴门附近一家纺纱厂的厂主，他信仰虔诚主义，在政治上极为保守。

1834年秋，恩格斯进入爱北斐特中学读书。中学还未毕业，父亲就迫使他中断学业在自己工厂事务所工作。接着又在1838年把恩格斯送到不来梅一家商行当练习生。

1841年9月，恩格斯到柏林去服兵役。他除了学习和研究军事之外，还经常到柏林大学旁听哲学等课程。并对当时所谓权威哲学家的反动哲学观点进行了大胆的批判。在柏林，恩格斯参加了青年黑格尔派及其斗争活动，这对恩格斯来说，是一个重大的转折。

图8-18 恩格斯

同马克思一样，恩格斯虽然参加了青年黑格尔派，但他的思想并不完全受其限制。这就使他后来得以与黑格尔派彻底决裂。

1841年，费尔巴哈《基督教的本质》一书出版以后，对恩格斯的思想和世界观的转变起了极大的推动作用，使他彻底抛弃了唯心主义，并最后摆脱了宗教和虔诚主义的束缚。

1842年11月,恩格斯在去英国曼彻斯特一个纺纱厂当办事员的途中,拜访了马克思。在这第一次见面时,马克思就把恩格斯看成是柏林青年黑格尔派的同盟者。

在曼彻斯特,恩格斯深入工人群众,了解工人们的生活和斗争,结识了"正义者同盟"在英国的领导人鲍威尔和沙佩尔等人,并且同宪章派建立了密切的联系。正是在阶级斗争实践这所学校的辛勤学习,恩格斯的思想发生了飞跃,并对英国的古典政治经济学、空想社会主义进行了深入的研究,发表了一系列的论文。1844年2月,恩格斯《政治经济学批判大纲》一文在《德法年鉴》上发表。在这篇文章中,恩格斯从社会主义观点考察了资本主义经济制度的主要现象,揭露了竞争、生产无政府状态、商业危机都是私有制统治的必然结果。他指出,私有制是资产阶级社会一切经济矛盾的根源,只有"用消灭私有制、消灭竞争和利益对立的办法来结束这种人类堕落的现象"。才能使人类真正获得解放。恩格斯认为,资产阶级政治经济学是一门完整的发财致富的学说。恩格斯痛斥了马尔萨斯反动的人口论,指出这是最卑鄙、最下流的学说。这样,恩格斯在曼彻斯特也完成了从革命民主主义向共产主义,从黑格尔、费尔巴哈哲学向辩证唯物主义和历史唯物主义的转变。

1844年8月底,马克思和恩格斯在巴黎会面,这是两位革命导师共同战斗的起点。从此,二人结下了深厚的战斗友谊,开始了为共同创立科学共产主义理论体系、积极参加和领导工人运动的新的战斗历程。

正是在上述社会历史条件下,马克思、恩格斯批判地继承了人类社会发展的历史经验,创立了科学社会主义的理论和学说。

马克思、恩格斯科学共产主义基本原理主要反映在一系列著作和文章中。其中有,1845年马克思和恩格斯合作的第一部著作《神圣家族》、恩格斯《英国工人阶级状况》、马克思《关于费尔巴哈的提纲》,1845—1846年马克思和恩格斯合作的第二部著作《德意志意识形态》,1847年马克思《哲学的贫困》,特别是1848年《共产党宣言》。这些著作和文章的发表标志着马克思主义哲学、政治经济学和科学社会主义基本原理的确立,科学社会主义的理论体系完整的创立。

科学社会主义理论明确阐述了马克思主义关于阶级斗争的学说,阐述了资本主义社会的两大基本阶级——资产阶级和无产阶级产生、发展和斗争的过程。指明了无产阶级政党的性质、任务和历史作用,形成了无产阶级的政党学说和无产阶级专政学说。在运用历史唯物主义的观点和阶级分析的方法的基础上,深刻地揭露和批判了各种空想的反动的社会主义观点,分析了它们的阶级实质和对无产阶级革命的危害,阐述了无产阶级政党在革命斗争中的策略原则,规定了无产阶级及其政党只有用暴力推翻全部现存的社会制度才能实现共产主义的斗争道路,号召全世界无产者联合起来!

《共产党宣言》的发表,是世界近代史上具有重大历史意义的事件,它标志着科学社会主义的诞生和国际共产主义运动的开始。斯大林说:"马克思和恩格斯以自己的宣言创造了一个时代。"①列宁说:"这本书篇幅不多,价值却相当于多部巨著;它的精神至今还鼓舞着、推动着文明世界全体有组织的正在进行斗争的无产阶级。"②

因此,科学社会主义理论的创立,推动了无产阶级革命和社会主义革命时代的到来,促进了工业时代一种全新的文明——社会主义文明的诞生和发展!

二、苏维埃文明的文学艺术

当谈到工业文明时代文化时,我们不能不提到迥异于西方的苏维埃文明的文学艺术。作为工业文明时代文化发展的重要组成部分,俄罗斯苏维埃的文学艺术代表了这个时代无产阶级革命和社会主义实践的在情感与思想文化上的反映,并为推动人类文明的发展做出了应有的贡献。

1917年俄国发生的十月革命,是世界文明史上一件影响深远的大事。它在人类历史上建立了第一个苏维埃社会主义共和国,开启了伟大的社会主义建设实践。在建设社会主义的探索实践中创立了苏维埃文明,丰富了世界文明发展的形态。布尔什维克掌握政权后,其独特的生产组织方式、政治制度、意识形态和不同以往的政策,使俄国的文化艺术呈现出迥异于西方的发展趋向,取得了许多令人瞩目的文学艺术成就。

苏维埃的文学艺术是由布尔什维克领导,以服务于社会主义建设为指导思想的无产阶级文学艺术。这种文学的奠基者是阿·马·高尔基(图8-19)。他在十月革命前已经开始了杰出的文学创作活动。他的《鹰之歌》《海燕之歌》等讴歌了俄国人民觉悟起来,迎接革命来临的热情。他的长篇小说《母亲》(1906年)受到列宁的高度赞扬。

十月革命以后,苏联无产阶级的文学和艺术繁荣起来。共产党人批判了"纯艺术""为艺术而艺术"的理论,也批判了对古典文化遗产采取虚无主义的态度。列宁宣布:"艺术属于人民。"在实践中,1925年

图8-19 高尔基

---

① 斯大林全集[M].1卷.北京:人民出版社,1953:322.
② 列宁选集[M].1卷.北京:人民出版社,1995:93.

成立了俄国斯无产阶级作家联合会(简称"拉普"),1928 年又以"拉普"为核心成立了全苏无产阶级作家联合会联盟。这些组织强调文学的阶级性,主张在文艺创作中使用辩证唯物主义的创作方法。但由于此时布尔什维克政策禁止用行政命令对文学进行干预,再加上十月革命前后的风云激荡,使文学、美学流派纷呈,涌现出了一批比较杰出的作家和作品,形成了 20 世纪 20 年代苏维埃文学艺术创作的繁荣局面。例如,1924 年绥拉菲莫维奇发表了长篇小说《铁流》、法捷耶夫 1927 年发表长篇小说《毁灭》、肖洛霍夫 1928—1929 年出版长篇小说《静静的顿河》第一、二卷等。在诗歌创作领域,马雅可夫斯基开始成为新星,他创作的长诗《列宁》(1924 年)和《好!》(1927 年)成为社会主义现实主义诗歌的典范作品。这一时期的许多文学作品,主要反映了十月革命带来的剧烈社会变动及其对人们思想观念的冲击。

20 世纪 30 年代,随着斯大林政治经济体制的逐步确立,文艺界开始出现高度集中统一的局面。1932 年 4 月,联共(布)中央通过决议,决定解散拉普等文艺组织,筹组苏联作家协会。1934 年 8 月苏联作家协会成立,该组织直接接受布尔什维克的领导,并把社会主义现实主义定为苏联作家的基本创作原则和创作方法。苏联文艺创作中的争鸣局面从此结束。社会主义现实主义是 20 世纪二三十年代苏联一批优秀作家和文艺理论家共同创造的一种比较成熟的文艺理论,但这一理论很快被教条化了。再加上,斯大林把阶级斗争扩大化,把文艺问题当政治问题进行处理,使文艺日益成为政治的附庸和工具。20 世纪 30 年代和卫国战争期间,苏联产生过一些比较优秀的文学作品。例如,阿·托尔斯泰的《苦难的历程》、尼·奥斯特洛夫斯基的小说《钢铁是怎样炼成的》(1934 年)等。瓦·卡达耶夫的《时间啊,前进!》(1932 年)、亚·格·马雷什金的《来自穷乡僻壤的人们》(1937 年)、克雷莫夫的《油船"德宾特"号》等则是以工业化为题材的好作品。不过,这一时期更多的是公式化、人物形象脸谱化、把生活简单化的作品。

在斯大林逝世后,文学领域内僵化现象才出现松动。1954 年,作家爱伦堡在《旗帜》杂志上发表了中篇小说《解冻》的第一部,引起了巨大反响。随后苏联出现了"解冻"文学流派。1956 年苏共二十大后,出现了一大批对斯大林时代进行反思的作品。戈尔巴乔夫当政,提出"改革与新思维"后,苏联文学受意识形态支配的局面彻底结束。揭露和批判现实问题的作品成为文学艺术的主流。1988 年,苏联给写作《日瓦戈医生》并获得诺贝尔文学奖的鲍·帕斯捷纳克恢复了名誉。

苏维埃的音乐、美术、戏剧和电影等艺术领域也经历了与文学发展历程相类似的过程。20 世纪 20 年,苏维埃艺术在各个领域都取得了显著的成绩。弗·比里—别洛策尔柯夫斯基的《大风暴》(1925年)、康·特列尼约夫的《柳鲍芙·雅罗瓦娅》(1926年)、弗·伊凡诺夫的《14-69铁甲列车》(1927年)、弗·马雅可夫斯基的《臭虫》和《澡堂》(1928—1929年)等剧的上演,证明了舞台艺术的思想艺术水平有了很大的提高。弗·维什涅夫斯基的《乐观的悲剧》、尼·包哥廷的《带枪的人》等话剧的演出受到了观众热烈的赞扬。电影艺术发展迅速。1925年,由谢·爱森斯坦导演,摄制了无声电影《"波将金"战舰》。这部影片在世界上获得很高的评价,它在1927年的巴黎艺术展览会上荣获金质奖章;在1958年的布鲁塞尔国际展览会上被定为世界电影最佳作品之一。20世纪30年代苏联开始摄制有声故事影片。1934年上演了由格·瓦西里耶夫和谢·瓦西里耶夫导演的《恰巴耶夫》,它至今仍是世界电影杰作之一。还有一批根据著名小说改编的优秀影片,如《白痴》《白夜》《复活》《静静的顿河》《苦难的历程》《保尔·柯察金》《一个人的遭遇》《第四十一》《这里的黎明静悄悄》等。

在繁荣音乐事业方面,莱·格里爱尔、尼·米雅斯科夫斯基、谢·普罗科菲耶夫等做出了杰出贡献。德·萧斯塔科维奇的天才的第一交响曲获得了世界声望。他的作品构思卓绝、内容深刻。歌曲创作的优秀作品有亚·亚历山大罗夫的战斗歌曲,依·杜那耶夫斯基的充满青春活力的抒情歌曲(如《快乐的人们》等)、弗·札哈罗夫反映集体农庄新生活的具有独特风格的歌曲(如《沿着村庄》《有谁知道他》等)、马·勃兰切尔(如《卡秋莎》)等人的歌曲,这些歌曲都受到了人们普遍的赞赏和喜爱。

苏联的美术家和雕塑家创作了一批深受人民喜爱的艺术作品。保·弗·约汉逊的风俗画《苏维埃法庭》宣传苏维埃政权是人民利益和幸福的保护者。他的代表作《审讯共产党员》,刻画了千百万以自己的英勇和宝贵生命献给祖国的共产党员的形象,揭露了敌人必然灭亡的虚弱本质。这时期有特色的绘画作品有伊·勃罗德斯基的《列宁在斯莫尔尼》、米·格列柯夫的《加入布琼尼的队伍》和《机枪车》、亚·捷依涅夫的《保卫彼得格勒》、保·叶菲莫夫的政治漫画等。苏联雕刻家们的主要精力,像过去一样用在建造纪念像上,这些纪念像与早期的石膏纪念像不同,是用青铜和花岗石建筑的。其中最优秀的有列宁格勒芬兰车站的列宁纪念像、尼·安德列耶夫的一组列宁像和立在小剧院旁的《亚·奥斯特洛夫斯基纪念像》、薇·穆希娜的《工人与集体农庄女庄员》群像和《高尔基纪念像》等。雕塑与建筑相结合的特点创造了许多优秀作品,如阿·舒谢夫创造出苏联建筑术的杰作——列宁墓。莫斯科地下铁道、全苏农业展览会等也都体现了雕塑与建筑相结合的特点。

总的来说,苏维埃的艺术在后来长期高度集中的政治管理和领导体制下,出现了题材和风格单调、艺术评价标准政治化等倾向。学习西方风格往往受批判,传统艺术曾一度被忽视和隔断。直到进入20世纪80年代才有所变化。但苏维埃在音乐、美术、戏剧和电影等方面还是取得了一些比较突出的成就。

以俄罗斯苏维埃的文学艺术为代表的社会主义文学艺术,是工业文明时代世界文艺界的奇葩,是人类文明进程中不可忽视的成就。

■ 学习思考题 ■

1. 简述西方近现代经济理论的主要内容及对我们的启示。
2. 如何评价社会主义文学艺术的发展和变化?
3. 非理性主义的主要观点是什么?其影响如何?

结语：人类文明的趋势

一、人类文明的规律性是什么

"出乎史""入乎道"。习近平指出："历史就是历史，历史不能任意选择。"①在两百多万年的人类史中，文明的起源用了漫长的时间。从 250 年前到 6000 年前，总共花了约 250 万年。从公元前 4000 年至公元 1763 年，人类一直生活在农业文明时代，从起步到向新的文明过渡，总共花了 5800 年。工业文明从 1763—1970 年只花了 210 年，世界文明便又开始向新的文明迈进。因此，从文明的纵向进程来看，人类文明发展呈现明显加速发展的规律。我们不能企盼文明会放慢脚步，而只能主动适应文明进化的步伐。

文明的发展取决于人类实践的程度，取决于社会生产力的水平。今天，科学技术的日新月异，世界经济的全球化发展等都促使文明加速前行。每次科学技术的革命都加速了文明的传播和交流。新的数字化技术与信息高速公路的结合，使不同文明相互间的交流不再受任何时间与空间的阻隔，不再受人数的限制。今天把全套 33 卷不列颠百科全书的内容通过信息网络从一地传送到另一地只需要 4.7 秒钟。以亿为单位的经济交易可以在鼠标点击之间完成，中国的亿万农民也可以通过网络掌握世界各地的市场信息，学习各国有益的生产技术和文化理念。战争与冲突使文明变奏，但却改变不了人类文明的加速发展。

因此，世界文明的发展如同一个加速旋转的陀螺，人类实践水平越高，它获得的整体推动力就越大，旋转的速度也越快，它不会因为某个文明的停滞或消失而停止这种发展趋势。

在人类文明发展的不同阶段，不同国家和不同民族的发展水平是不同的。如今仍然有民族处于原始社会，没有进入文明时代。据世界银行公布的各国发展指标，到 20 世纪 90 年代中期，世界上大约有 10 个发达国家进入知识经济社会，40 多个中等收入和高收入国家与地区处于工业文明时代，80 多个发展中国家或地区还处于农业文明时代，有些国家或地区则处于从农业文明向工业文明过渡进程中。原始社会形态、农业文明和工业文明社会形态、孕育中的新文明社会形态，在如今世界上同时并存，体现着世界文明发展的多样性规律和特征。

---

① 习近平. 担负起历史赋予的光荣使命——时政——人民网. http://politics.people.com.cn/n1/2016/0519/c1001-28364380.html.

一切文明生而平等，在 1500 年前，各种文明基本上是平等交往，各自以其独特的方式对人类文明史的发展做出了应有的贡献。黑格尔认为，世界上的民族表现为多样性的存在，每一个民族都有自己的特殊的民族精神，遵循着自身特殊的发展道路，从而表现出世界文明的多样性。人的精神活动是最独立、最自由、最不可限制、最富创造力，因而也是最丰富的，而人类文明就是由人们极为丰富多彩的精神、物质活动创造出来的，所以不可能产生单一的、千篇一律的文明。

唯物史观揭示了人类文明是实践的产物。人类文明的起源不同，发展不平衡，各个民族、各个国家发展的步伐不一致。相同的经济基础"可以由于无数不同的经验的事实、自然条件、种族关系、各种从外部发生作用历史影响等等，而在现象上显示出无穷无尽的变异和程度差别"。[①] 人类文明从纵向的历时性角度看，具有累积性和承传性，从而表现出文明发展的连续性。从横向的共时性角度看，具有相互影响、相互交流、相互融合、相互建构的功能，文明的多样性和交融性是并行不悖的。多样文明之间的交融和震荡，成了人类文明发展的重要推动力。

二、人类文明的趋势

1. 扩张与战争拷问人类社会关系

随着工业文明的兴起，人类群体之间的血缘、种族关系日益被社会化、国际化。工业化国家之间的扩张与侵略战争等非文明行为从局部转变为世界性的，其后果主要表现在两方面，一是世界殖民体系的建立；二是两次世界大战的爆发。

（1）世界殖民体系的确立

近代世界的殖民活动开始于新航路开辟的 16—17 世纪。世界殖民体系的确立则是在第一次产业革命完成以后。产业革命的强力推动，使 19 世纪后期首先工业化的国家掀起了殖民扩张的新高潮，他们瓜分和重新瓜分世界领土的斗争空前激烈。1876—1914 年，英国、俄国、法国、德国、美国和日本 6 国，扩大了殖民地面积 2500 万平方千米，连同原有殖民地共达 6500 万平方千米，相当于它们本土面积之和(1650 万平方千米)的 4 倍。殖民地人口达到了 5.234 亿。

列强角逐的地区首先是非洲和太平洋岛屿，其次是西亚和东亚地区。在非洲，英国试图建立一个北起埃及开罗南至南非开普敦，纵贯非洲大陆的英属殖民大帝国；法国则要建立一个从塞内加尔到索马里兰，横穿非洲大陆的法属非洲殖民地；德国也想沿赤道两侧建立一个从大西洋到印度洋的赤道非洲殖民地；此外，意大利、比利时、葡萄牙也各有所图。

---

① 马克思恩格斯全集[M].25 卷.北京：人民出版社，1972：892.

到 1910 年，非洲面积的 90.4%，亚洲的 56.6%，美洲的 27.2%，大洋洲的 100% 已沦为殖民地，整个世界被列强基本瓜分完毕。资本主义工业化国家的势力深入到世界各个角落。一个互相联系互相影响的整体世界最终形成。

在外国工业资本势力的侵略下，有的文明因此而失落，人种被灭绝；更多的殖民地半殖民地则进一步沦为列强的农业附庸和工业品倾销市场，而且成了它们最有利的投资场所。

19 世纪 70 年代以后，主要资本主义国家把资本输出作为对外扩张的重要手段。英国和法国是两个主要的资本输出国。资本输出使输入地区人民受到沉重剥削，很多地区付出了政治、经济命脉被控制的代价，迫使这些地区不自觉地走上了工业化的资本主义道路。

殖民扩张加强了世界不同文明之间的相互联系，虽然这种联系可能是血腥的。促进了文明之间的渗透和互视，提高了世界文明的整体性发展水平。但这种恃强凌弱的扩张，终究是不文明并有损于文明多样性发展的。因而，在 19 世纪后期，特别是 20 世纪第二次世界大战后，反帝反殖、争取民族自决和文明的自主发展成为殖民地和半殖民地人民首要的选择。

(2) 两次世界大战的教训

工业经济发展的不平衡和由此决定的政治、文化的不平衡，使工业化国家之间矛盾重重。最终引发了两场世界性的战争，严重背离了人类文明进化的价值取向。

20 世纪初，由德、奥、匈、意为了重要瓜分世界而组成的同盟国集团，挑战英、法等老牌殖民地国家。于是英、法、俄组成协约国集团，两大帝国主义军事集团在 1914 年 7 月正式开战，第一次世界大战爆发。战争历时 4 年，参战国 33 个，卷入战争的人口达 15 亿，死伤 3000 万，最后以同盟国的失败而告终，获胜的英、法等国遭受了一定的战争创伤。1919—1921 年，垄断资本主义大国终于确立了凡尔赛-华盛顿体系。1917 年俄国爆发十月革命，动摇了资本主义世界体系，开创了无产阶级社会主义革命的新纪元。

事隔不到 20 年，德、日、意又结成了三国轴心，以煽动民族主义情绪为手段上台的法西斯主义，再次把人类推入战争的深渊。日本在 1931 年侵占中国东北，又于 1937 年发动全面侵华战争；1939 年 9 月 1 日，法西斯德国悍然入侵波兰，英、法对德宣战，大战正式爆发；1941 年德国入侵苏联，同年 12 月日本偷袭珍珠港……先后有 60 多个国家和地区、20 亿以上的人口被卷入战争。中、苏、美、英、法等国结成反法西斯联盟。1943 年 7 月，斯大林格勒保卫战扭转了世界反法西斯战场的局面。同年 9 月 3 日，意大利投降；1944 年 6 月英美军队在法国诺曼底登陆，开辟第二战场；1945 年 5 月 2 日苏军攻克柏林，8 日德国无条件投降。8月8日苏联对日宣战，出兵我国东北，我军也展开全面反攻，8月15日，日本宣布投降，9月2日签署投降书。反法西斯的第二次世界大战胜利结束。

在反法西斯斗争中，不同社会制度的国家进行了有效合作，因而推动了战争的胜利进程，为战后民主解决战败国问题和建立国际和平与合作新秩序创造了必要条件。

因此，两次世界大战使人类进一步认识了和平的意义，确保了半个多世纪以来世界的整体和平与发展。扩张与战争是对人类文明的倒行逆施，人类需要能协和万邦的文明心态，才能谋得文明的互利与共荣。

2. 对新文明的期盼

当人类进入20世纪五六十年代，人们就感觉到了工业社会的异样发展。在丹尼尔·贝尔、约翰·奈斯比特等一批学者的剖析和呼吁下，在一批新兴知识型企业的强烈示范下，人们意识到了后工业社会的来临和知识经济时代的到来。以数字技术为中心的新的科技浪潮的到来，则让人们有理由相信网络时代或信息社会的降临。80年代末90年代初"冷战"的结束，两极世界的瓦解，又让世界惊叹经济全球化的发展，于是政治多极化、经济全球化成为人们关注的焦点。那么，未来的世界究竟向哪里去？这些新的变化意味着怎样的文明时代？

20世纪五六十年代以来，发达工业化国家的新变化，一方面反映了工业文明对人类社会的巨大推动。工业文明创造了人类历史上无与伦比的、高度发达的物质成就和精神财富，极大地提高了人类改造自然、创造文化的能力，使科学技术成为第一生产力，知识成为劳动力必备的基础性条件。战后主要资本主义国家一系列政治、经济和社会的改革与创新也极大地提高了工业社会对社会关系的协调能力，阶级对抗缓和了，人民的生活有了社会保障。另一方面，也就是在20世纪中期，世界"八大公害事件"和关于脆弱的地球的照片，促成了另一场革命——环境革命和另一种社会运动——绿色环保运动的兴起。粮食危机、人口危机、能源危机、环境危机等全球性问题凸显出来，成为亟待解决的时代课题，激起了人类对工业文明前所未有的深刻反思。尖端军事科技让人类在企盼科技进步的同时提心吊胆！难道人类真的要把自己的命运交给能控制自己的"人体芯片"和那些使用尖端科技的杀人武器？人类在历经殖民战争的痛苦、两次世界大战的灾难、无数次局部冲突的折磨后，难道还要选择文明的冲突？经济全球化所加剧的全球经济竞争能把世界带向可持续发展的阳光大道吗？

罗马俱乐部关于《增长的极限》和《人类处在转折点》两份报告、联合国发表的《我们只有一个地球》、环境运动的深入和众多学者的呼吁，终于让越来越多的人认识到经济增长的有限性，关注到地球和自然界的承载力，开始重新思考人的本体论意义和价值。

半个多世纪过去了,我们发现,人类需要知识经济但更需要绿色经济;人们的生产和生活离不开科学技术,但人类更需要和平、绿色的高科技;人类要追求经济增长,但更需要能保障世代相传的可持续发展。经济全球化加剧了全球竞争,也加深了不同经济体的相互依赖,更加需要公正合理的世界政治、经济和科学文化秩序。因此,未来的文明必须是一个综合的整体文明,它必然由新的实践和新的社会品质来规定。

1962年美国生物学家雷切尔·卡逊出版的《寂静的春天》,犹如旷野中的一声呐喊,敲响了人类将因为破坏环境而受到大自然惩罚的警世之钟,促发了人类环境意识的觉醒。1968年4月来自10个国家的30位科学家齐集罗马山猫科学院,开始了对现在与未来人类困境的研究。1970年4月22日,美国哈佛大学法学院的一位刚满25岁的学生——丹尼斯·海斯(现号称世界"地球日之父")发起并组织了由全美2000多万人、约1万所中学、2000所高等院校和全国各大团体参加的、人类有史以来第一次规模宏大的群众性环境保护运动,它有力地推动了世界绿色运动和绿色事业的发展。科学技术的进步,使人类在1969年实现嫦娥奔月千年梦想的同时,激活了新科技革命时代的到来。美国宇航员尼尔·阿姆斯特朗踏上月球的脚,踏醒了基于自然和地球可以满足人类无限发展欲望的梦。宇航员从太空拍回的地球照片,让人们明白了地球在宇宙中的渺小,意识到地球也不过是一个脆弱的,如一艘宇宙飞船般有限的星球。人们在震惊中反思,反思中行动,震惊—反思—行动终于让智慧的人们决心开启另一扇通往环境—经济—社会全面、协调、可持续发展的大门。

20世纪70年代以来,在国际社会的推动下,世界绿色实践蓬勃发展。1972年联合国斯德哥尔摩"人类环境大会"的举行,1973年联合国环境规划署的成立,国际性环境组织——绿色和平组织的创建,保护环境的政府机构和组织在世界范围内的不断增加,许多国家的专家和学者开始从生态环境角度关注人类发展,研究国家主权、国际关系和权利斗争。1979年,勃兰特委员会曾指出:"过去人们常常是从军事冲突,甚至是从毁灭角度来理解战争,但是人们越来越认识到环境灾难、大规模饥馑等造成的混乱也可能同样危险。"[①]1987年,挪威前首相布伦特兰夫人在《我们共同的未来》中首次明确阐释了可持续发展概念,为1992年里约热内卢联合国环境与发展大会铺平了道路。

1992年,世界170多个国家和地区的领导人,在巴西里约热内卢参加人类史上最大的"环境与发展会议",试图为整个人类和地球找到新的进化模式。经过多方努力,通过了全球《21世纪议程》《里约环境与发展宣言》《关于森林问题的

---

① 陈汉文. 在世界舞台上[M]. 成都:四川人民出版社,1985:222.

原则声明》，正式确立了全球可持续发展战略并签署了《气候变化框架公约》《生物多样性公约》。发达国家承诺将向发展中国家提供数千亿美元用于生态恢复和可持续发展建设，以尽可能多地取得自然界的全球性平衡发展。

环境问题自此成为新的国际政治热点问题。美国总统克林顿1997年10月在发达国家地理学会上曾表示，"把一个美好的家园交给下一代是我们的神圣职责"。如今，国际社会重大活动几乎言必谈环境，国际上制定的各种环境公约及与环境有关的国际经济、政治、法律和文化规则的数量远远超出了其他领域。

世界上不少国家和地区在制定自己绿色计划的同时把环境保护纳入了国家发展战略体系，以谋求新的国际竞争优势和国家持续发展的整体长远利益。新加坡1992年制订了本国绿色计划，2002年又提出了到2012年新绿色计划。1998年欧盟确定了建立绿色欧洲的发展战略，1999年日本提出了"环境立国"的新国策。美国则几乎在1996年制定面向21世纪可持续美国计划的同时，正式开启了环境外交的时代。1996年4月9日美国国务卿沃伦·克里斯托弗在斯坦福大学发表了题为《美国外交与21世纪全球环境的挑战》的讲话。全面阐述环境与美国全球政策的关系。一项要求工业国家减少或限制温室气体排放的国际法律《京都议定书》，经过10年精疲力竭地谈判，终于在2005年2月16日生效。议定书得到了世界绝大多数国家的认同或依从。而身为全球最大的温室气体排放国家——美国（布什政府）至今却没有认同议定书。

没有鸟语花香的《寂静的春天》的现代化是死气沉沉、不可持续的。发达国家在完成了第一代环境问题的治理后，已恢复了绿水青山，其森林覆盖率普遍在20%—60%，有的国家更是高达60%以上，远远高于我国的水平。这些发达国家已经把谋求新的生态文明优势看作是提高21世纪国家综合竞争力的关键。

2012年，中国共产党第十八次代表大会提出了包含生态文明建设的"五位一体"国家战略发展总体布局。2019年4月28日，习近平主席在中国北京世界园艺博览会开幕式上发表了题为《共谋绿色生活，共建美丽家园》的讲话，再次强调"生态兴则文明兴，生态衰则文明衰"，提出我们要像保护自己的眼睛一样保护生态环境，像对待生命一样对待生态环境，同筑生态文明之基，同走绿色发展之路！

因此，我们有理由相信生态文明更能全面概括半个多世纪以来工业社会所发生的新变化，我们认为21世纪必定是生态文明的世纪！

参考文献

爱德华·麦克诺尔·伯恩斯,菲利普·李·拉尔夫.世界文明史[M].北京:商务印书馆,1988.
安德森.从古代到封建主义的过渡[M].郭方,等译.上海:上海人民出版社,2001.
阿西莫夫,怀特.诠释人类万年[M].梁鸿鹰,等译.呼和浩特:内蒙古人民出版社,1998.
巴格比.文化:历史的投影[M].上海:上海人民出版社,1987.
伯利斯坦德.走出蒙昧(上)[M].周作宇,等译.南京:江苏人民出版社,1998.
巴沙姆.印度文化史[M].北京:商务印书馆,1997.
布克哈特.意大利文艺复兴时期的文化[M].北京:商务印书馆,1983.
布洛克.西方人文主义传统[M].北京:三联书店,1997.
伯恩斯,拉尔夫.世界文明史[M].北京:商务印书馆,1987.
布瓦松纳.中世纪欧洲生活和劳动(5—15世纪)[M].北京:商务印书馆,1985.
陈钦庄,詹天祥,计翔翔.世界文明史简编[M].杭州:浙江大学出版社,2000.
陈小川,等.文艺复兴史纲[M].北京:中国人民大学出版社,1986.
陈佛松.世界文化史[M].武汉:华中理工大学出版社,1990.
陈晓红,毛锐.失落的文明:巴比伦[M].上海:华东师范大学出版社,2001.
崔连仲.从佛陀到阿育王[M].沈阳:辽宁大学出版社,1991.
杜兰.世界文明史[M].北京:东方出版社,2003.
董小燕.西方文明史纲[M].杭州:浙江大学出版社,2001.
高善必.印度古代文化与文明史纲[M].北京:商务印书馆,1998.
高福进.西方文化史论[M].上海:上海交通大学出版社,2001.
顾晓鸣.犹太——充满"悖论"的文化[M].杭州:浙江人民出版社,1990.
哈里斯.文化的起源[M].黄晴,译.北京:华夏出版社,1988.
霍莱斯特.欧洲中世纪简史[M].北京:商务印书馆,1988.
汉密尔顿.希腊方式——通向西方文明的源流[M].徐齐平,译.杭州:浙江人民出版社,1988.
基托.希腊人[M].徐卫翔,黄韬,译.上海:上海人民出版社,1998.
吉本.罗马帝国衰亡史[M].北京:商务印书馆,1997.
加托.中世纪[M].成都:四川人民出版社,2000.
J.S.布朗伯利.新编剑桥世界近代史[M].北京:中国社会科学出版社,1999.
克姆普.解剖古埃及[M].杭州:浙江人民出版社,2000.
李凤鸣,姚介厚.十八世纪法国启蒙运动[M].北京:北京出版社,1982.
李世安.世界文明史[M].北京:中国发展出版社,2000.
拉尔夫,等.世界文明史[M].北京:商务印书馆,1998.

刘文鹏. 古代埃及史[M]. 北京：商务印书馆，2000.
刘文鹏. 古代西亚北非文明[M]. 北京：中国社会科学出版社，1999.
刘德增，等. 亚细亚文明[M]. 济南：山东教育出版社，1998.
马克垚. 世界文明史[M]. 北京：北京大学出版社，2016.
马斯·弗里德曼. 世界是平的[M]. 3版. 何帆，肖莹莹，郝正非，译. 长沙：湖南科学技术出版社，2008.
麦克金德里克. 会说话的希腊石头[M]. 晏绍祥，译. 杭州：浙江人民出版社，2000.
皮朗. 中世纪欧洲经济社会史[M]. 上海：上海人民出版社，1964.
潘光，陈超南，余建华. 犹太文明[M]. 北京：中国社会科学出版社，1999.
秦惠彬. 伊斯兰文明[M]. 北京：中国社会科学出版社，1999.
让·凡尔库德. 古埃及探秘[M]. 吴岳添，译. 上海：上海书店出版社，1998.
任继愈，金宜久. 伊斯兰教史[M]. 北京：中国社会科学出版社，1990.
斯塔夫里阿诺斯. 全球通史[M]. 上海：上海社会科学出版社，1999.
斯宾格勒. 西方的没落[M]. 北京：商务印书馆，2000.
田昌五. 中华文化起源志[M]. 上海：上海人民出版社，1998.
塔帕尔. 印度古代文明[M]. 林太，译. 杭州：浙江人民出版社，1990.
汤普逊. 中世纪经济社会史[M]. 北京：商务印书馆，1961.
汤因比. 历史研究[M]. 上海：上海人民出版社，2000.
维尔·杜兰特. 世界文明史[M]. 4版. 北京：中国人民大学出版社，2005.
王勇，王宝平. 日本文化的历史踪迹[M]. 杭州：杭州大学出版社，1991.
韦尔斯. 世界史纲[M]. 吴文藻，等译. 北京：人民出版社，1982.
王加丰. 扩张体制与世界市场的开辟——地理大发现新论[M]. 北京：北京大学出版社，1999.
尤伯兰. 史前人类. 韦德福[M]. 杭州：浙江教育出版社，1999.
袁传伟，刘文龙. 世界文化史（近代卷）[M]. 杭州：浙江人民出版社，1999.
易杰雄，叶孟理. 欧洲文明的源头[M]. 北京：华夏出版社，2000.
于贵信. 古代罗马史[M]. 长春：吉林大学出版社，1988.
易杰雄，李秋零，田薇. 神光沐浴下的文化再生——文明在中世纪的艰难脚步[M]. 北京：华夏出版社，2000.
易杰雄，高九江. 启蒙推动下的欧洲文明[M]. 北京：华夏出版社，2000.
易杰雄，祖嘉合，梁雪影. 工业文明[M]. 北京：华夏出版社，2000.
朱维之. 希伯来文化[M]. 杭州：浙江人民出版社，1988.
张至善. 哥伦布首航美洲——历史文献与现代研究[M]. 北京：商务印书馆，1994.
张泽乾. 法国文明史[M]. 武汉：武汉大学出版社，1997.
庄锡昌. 世界文化史通论[M]. 杭州：浙江人民出版社，1989.
张广智. 世界文化史[M]. 杭州：浙江人民出版社，1999.
周一良，吴于廑. 世界通史资料选辑（上古部分）[M]. 北京：商务印书馆，1991.
赵建民，刘予苇. 日本通史[M]. 上海：复旦大学出版社，1989.

后　记

　　本书是在吸取和总结南京林业大学多年来《世界文明史》教学的经验和体会，吸纳国内外学者最新研究成果的基础上，为适应高校加强文史哲通识教育和开设《世界文明史》公共选修课的现实需要而编写的。

　　《世界文明史》的编著是一项极具挑战性的学术性工作，它的理论品性要求作者在历史学、考古学、哲学、文学等人文社会科学方面能有较深的理论素养和完备的知识体系，有敏锐的理性思维能力和历史洞察力，有着对《世界文明史》探究的执着与真诚。研究者应当孜孜以求，自强不息，以自己的开阔视野和人文情怀为学为人。

　　多年来的思考与劳作以及从事《世界文明史》教学和研究，取得了一些成果。在教授《世界文明史》课程期间，潜心钻研世界文明史文献资料以及国内外研究世界文明史的论著和学术文章，积累了大量史料，编写了多套讲义。本书在编著的过程中，不局限于目前已有的世界文明史研究藩篱，试图在观点、内容和体例编排上有一定的创新。作者在整个文明史的编写中始终强调立足现实，重视过去与现在、未来的接轨，对农业文明和工业文明的发展提出了自己独到见解。本书对工业文明兴起的前提及其与现代化之间的关系、对文明发展规律的总结、对新文明大胆的提炼等，表现出独特的视角。在体例安排上灵活、务实，不落俗套。能根据作者多年对世界文明史的理解确定章节，在有限的版面中初步实现了图文并茂。每一章开头的名人名言、两大部分的结语安排不但使本书的体例更加活泼，而且更灵活地表达了作者的观点，有利于激发学生的兴趣，加深同学对世界文明发展规律的认识和把握。书的整体风格追求简约、明了，适应高校，特别是理工科院校进行通识教育的需要。

　　本书以10多年来不断完善的最新讲稿为基础，写作提纲、版面设计、内容和体例安排，由作者确定和完成。

　　本书撰写的过程中，先后得到了袁梨梨、王祥、刘妍妍、朱伟、周喜林、刘润润、李玉兰、田海等师生的支持，在此表示真挚感谢。

　　本书在写作过程中得到了教育部高校示范马克思主义学院和优秀教学科研团队建设项目、江苏高校哲学社会研究重点项目、南京林业大学教学成果培育工程一期项目和南京林业大学中国特色生态文明建设与林业发展研究院的资助，得到了南京林业大学教务处、马克思主义学院等领导和教师的关心关爱，得到了中国林业出版社教育分社段植林社长、康红梅副社长、曹鑫茹编辑等的大力支持，在此一并表示衷心感谢。

在本书的编撰过程中，参阅了有关世界文明史的书刊资料，吸取了许多专家学者的研究成果，这些在相关部分做了说明，但仍难免挂一漏万，现借本书出版之际一并向原作者表示诚挚的谢意！

由于时间仓促、水平有限、学术功底尚浅，加上教学任务繁重，书中难免有诸多疏漏甚至错误之处，敬请专家学者和广大读者不吝赐教，予以批评指正。

曹顺仙

2019 年 5 月 7 日